Onésimo Teotó
José Leon Machado

Nas Margens do Rio Atlântico

Correspondência
(1997-1999)

Índice
NOTA INTRODUTÓRIA
CORRESPONDÊNCIA

NOTA INTRODUTÓRIA

Conheci o Onésimo nos anos 90 do século passado através das crónicas que ele publicava no *Jornal de Letras* (*JL*) e na revista *LER*. Achava-as divertidas e inteligentes. Em janeiro de 1997, enviei-lhe um dos meus diários e o romance *Na Ilha de Circe*. Não me recordo já onde consegui o seu endereço de correio. Talvez através do *site* da Universidade de Brown. A razão para eu lhe ter enviado os livrinhos prendia-se com o facto de estarem relacionados com a minha experiência nos Açores e ele ser açoriano. Pensei que talvez lhe interessassem. Ele teve a delicadeza de me agradecer por e-mail, o primeiro com que abre a presente coletânea (o meu endereço estava na ficha bibliográfica dos livrinhos). Teve assim início um intenso diálogo à distância, nas margens do *Rio Atlântico* (para usar o título de uma das suas obras), de um lado Providence, Rhode Island, USA; do outro Chaves, Trás-os-Montes, Portugal.

A presente coletânea recolhe apenas as mensagens eletrónicas trocadas entre fevereiro de 1997 e março de 1999, pela simples razão de que as mensagens a partir dessa última data até junho de 2013 se perderam. São duas as razões: eu mudei de provedor e de endereço eletrónico e isso causou a perda de muitas mensagens; e em 2013, devido ao escândalo de vigilância sobre a população por parte do governo americano, apaguei tudo o que tinha na caixa de correio. As mensagens que se salvaram entre 1997 e 1999 devem-se apenas ao facto de eu ter feito um *backup* dos ficheiros.

Na presente edição, foi uniformizada a formatação dos textos e corrigidos erros de digitalização e de pontuação. Dos cabeçalhos, próprios do correio eletrónico, foi mantida apenas a data. O assunto foi removido, ou porque muitas das mensagens não o tinham, ou porque, quando o tinham, não correspondia ao conteúdo. A coletânea recolhe 242 mensagens do Onésimo, 296 minhas, 2 cartas minhas e 10 postais do Onésimo. Não foram incluídas cerca de duas dezenas de mensagens, por não terem texto relevante e conterem *attachs* de textos alheios, como transcrições de mensagens, anedotas, notícias, artigos de jornais, polémicas da Internet, etc.

Na altura, eu tinha 31 anos de idade e o Onésimo 50. Foi um diálogo intelectualmente estimulante e enriquecedor. Embora nos tratássemos como iguais, na verdade eu considerava-o um exemplo a seguir, um mentor, enfim, uma espécie de pai espiritual. Conhecemo-nos pessoalmente cerca de um ano após o início do diálogo, em Lisboa, e a boa impressão que eu dele tinha foi confirmada. Era um homem afável e, como as suas crónicas, divertido e inteligente.

A coletânea é o testemunho do diálogo que mantivemos, com pormenores da vida familiar e profissional de cada um, mas é também o retrato de uma época, o final do segundo milénio, rica e agitada a nível social, cultural e literário.

O objetivo da edição é sobretudo a preservação, tendo em conta que o material eletrónico, apesar de se dizer que é eterno, é frágil e transitório, uma vez que não tem o suporte do papel, menos perecível. Se alguém tiver o interesse e a paciência de ler, tanto melhor. Não perderá o tempo. Como eu não o perdi ao reler e ao rever tudo o que eu e o Onésimo escrevemos num diálogo tão distante no espaço e tão presente no tempo.

Chaves, 29 de agosto de 2024
José Leon Machado

CORRESPONDÊNCIA

E-MAIL DO ONÉSIMO
Sábado, 15 de fevereiro de 1997, 22:08
Recebi os seus livros sem saber a que cargas de água os devia. Como recebo muitos assim, sem o autor dizer água vai nem roubei o seu endereço da lista de telefones ou do IRS, abri com curiosidade. Comecei por ler o diário porque gosto muito do género. Percebi que foram os Açores a razão da oferta. Mas fico na dúvida porque, se me conhece de algum lado, sabe que gosto mesmo daquelas ilhas e você esteve lá como se não estivesse. Sim, uma experiência, mas depois do atordoamento inicial no regresso a Santa Apolónia, ficou ao Brasinha uma agradável lembrança da Ana Otília. Pouco mais.

Como vê, até cheguei ao fim do outro livro, a que você chama ficção por não saber decidir-se entre a coletânea de contos com sequência e uma espécie de romance.

Gostei mais do diário pela sua autenticidade. Há uma certa trivialidade nas estórias de *A Ilha de Circe*, naturalmente porque não acontecia muito no quotidiano da tropa.

Você é muito jovem para publicar um diário, mas nem por isso o resultado deixa de ser interessante. *A Ilha de Circe* até acaba bastante bem, mas parece-me que se demorou demasiado com brincadeiras de tropa sem as preocupações interiores que ressaltam no diário.

De qualquer modo, um e outro correspondem a um sector da vida açoriana que nunca vi registado na literatura das ilhas. A parte final de *A Ilha de Circe* toca mesmo numa questão muito séria na história insular – a jovem que estraga a sua vida com um soldado do continente. Eles eram quase todos "barcos".

Dois pormenores: qual era a biblioteca portuguesa que em 1946 teria *As Moscas*, de Sartre? Segundo: conheço muito bem São Jorge e os jorgenses e quase posso afirmar que quando aquele jorgense perguntou se o continente era alguma ilha estava decididamente a fazer ironia com aquele ar meio parado deles.

Creio que deveria enviar exemplares dos livros ao meu amigo Dr. Vamberto Freitas (Departamento de Línguas Modernas, Universidade dos Açores, 9502 Ponta Delgada) Ele dirige um suplemento literário (o Suplemento Açoriano de Cultura). O mesmo deveria fazer a Álamo Oliveira (DRAC, Rua da Sé, 9700 Angra), que também tem um suplemento literário – "Vento Norte" – no *Diário Insular*. O SAC sai no *Correio dos Açores*, de Ponta Delgada.

Obrigado pela oferta. E agradeça a quem lhe sugeriu que mo enviasse e lhe deu o endereço. Como vê, li tudo. Tome isso como um elogio.

Com as saudações cordiais do
Onésimo T. Almeida

CARTA DO LEON MACHADO
Chaves, 15 de fevereiro de 1997

Caro Doutor Onésimo Teotónio:

Responde-lhe o José Leon Machado a agradecer a amabilidade do seu *mail*.

É claro que o conheço. Conheço-o, como quem diz: vou lendo os seus artigos no *JL*, artigos estes que muito me têm agradado pela leveza e descontração. Foi aliás um dos seus artigos que me levou, agora, a enviar-lhe os meus livros.

(Como é que se chamava o artigo? Era aquele em que você se queixava da carrada de livros que os autores lhe enviavam e esperavam ansiosamente uma carta, um bilhete, um telefonema que fosse a dizer que leu e gostou. Olhe, não me lembro do título, mas lembro-me de uma das frases que me tem feito bem recordar no dia-a-dia: «um livro só é realmente importante para o seu autor».)

Pois também eu, na vaga e baldada esperança de que o Doutor Onésimo, por um ou dois minutos, deitasse o seu olhar ao título dos meus livros, decidi enviar-lhos. Afinal, não sei se por uma qualquer intervenção de Mnemósine, teve paciência de os ler até ao fim. Isso, como pode adivinhar, é para mim uma honra, tanto mais que ambos os livros são por da minha parte tidos em pouca conta.

Dou-lhe inteira razão naquilo que diz acerca da *Ilha de Circe*. A trama narrativa perde bastante com as «brincadeiras de tropa». O romance, embora só publicado em 1996, foi terminado em 1993. É muito provável que, se fosse a revê-lo agora, acabaria por aplicar o conselho de Horácio: *inutilia truncat*.

Não quero que fique a pensar que eu não gostei dos Açores. Esse conjunto de ilhas perdidas no Atlântico causa sentimentos contraditórios. Se estamos lá, desejamos partir; se estamos longe, queremos voltar. Talvez o Doutor Onésimo saiba explicar isto melhor do que eu, uma vez que é de lá e vive longe.

Depois do serviço militar, nunca mais voltei às ilhas e cada ano vou adiando uma visita, não para ver a Ana Otília, que nunca existiu (ou talvez tenha existido), mas para voltar a cheirar aquele aroma de terra e mar que de algum modo me ficou entranhado numa qualquer parte do cérebro.

Quanto às *Moscas* de Sartre, na página 46 de *A Ilha de Circe* diz, depois de falar de vários livros existentes na biblioteca do quartel: «(Brasinha) Coroou as leituras macambúzias com *As Moscas* de Sartre. Este não existia na biblioteca, pois em 1940 os gostos não tendiam para tal espécie de autor. Emprestou-lho o alferes Correia, que o comprara numa livraria pela capa bonita, mas que nunca passara da primeira página por achar o texto de acesso obtuso.» É provável que o período não seja grande coisa. É até ambíguo. O

Sartre é que, sem dúvida nenhuma, não constava das bibliotecas portugueses em 1946.

Acerca dos jorgenses, concordo consigo. Eles eram uma reinação. Veja-se o Medeiros de *A Ilha de Circe*. Aquela personagem é verdadeira. Talvez ande agora com a vaca e o cão pelos prados sobre as fajãs a bocejar olhando o mar.

A sua morada: ninguém ma deu em particular. Como trabalho para a Porto Editora (pertenço a uma equipa que está a preparar alguns CD-ROMS sobre literatura) e há uma extensa base de dados com nomes e moradas dos autores portugueses, foi fácil pesquisar.

Ainda outra coisa, para lhe tirar um pouco mais de tempo: a minha esposa anda a preparar uma tese de Linguística Histórica sobre um texto medieval que relata a vida de São Teotónio, homónimo secundário do Doutor Onésimo. Quando estiver pronta, roubo-lhe um exemplar e envio-lho. Além dos substantivos em "ão", analisa umas outras tantas esquisitices escriptológicas. Pergunto-lhe já agora, por insistência científica da minha esposa, se o seu segundo nome é meramente ocasional ou há uma qualquer razão digna de apensar a uma tese. É que ela anda a estudar as paróquias que têm o santo por padroeiro e desconfia que nos Açores talvez exista uma.

Tentarei enviar exemplares dos livros aos senhores de que me fala.

E já agora, mais uma coisinha apenas, que tem a ver com os tais CD-ROMS que acima referi: não terá porventura o Doutor Onésimo um qualquer texto acerca de Fernando Pessoa? Não precisa de ser original. O nosso próximo trabalho é sobre o poeta da *Mensagem* e, além das suas obras, vamos juntar uns tantos textos teóricos. Eugénio de Andrade, Yvette Kace Centeno, Maria Alzira Seixo, Fernando Guimarães, Joel Serrão, J. B. Martinho, e muitos outros. Teria muito gosto se pudesse também participar. As contrapartidas não são aliciantes: a oferta de um CD.

Não o querendo maçar mais, despeço-me, agradecendo-lhe a atenção e em especial a amabilidade das palavras sobre os meus livros que, insisto, são de pouca monta.
Cumprimentos cordiais do
José Machado.
P.S. Se o seu computador não for um PC com o Windows 95, é provável que os acentos e os *cs* cedilhados sejam omitidos. Por esse facto, as minhas desculpas.

E-MAIL DO ONÉSIMO
Segunda-feira, 17 de fevereiro de 1997, 17:12
Caro José Machado:
Fiquei esclarecido sobre o que o terá levado a enviar-me os seus livros. Quando lhe disse que não percebia ter sido os Açores porque você não gostou de lá estar, não queria dizer-lhe que devesse ter gostado. Só que não me parecia razão enviá-los a quem gostava mesmo muito dos Açores. Compreendo perfeitamente que *de gustibus non disputandum*. Em relação às perguntas que me faz:

1. O meu Teotónio não vem de qualquer devoção açoriana a S. Teotónio. Que saiba, não há nenhum orago nos Açores a ele dedicado. Era o primeiro nome do meu padrinho de batismo. Assim em jeito de retribuição pela oferta dos seus livros, vou enviar-lhe uma coletânea de crónicas (em grande parte do *JL*, mas não só) onde está uma que fala disso do nome. E também está lá essa que referia sobre os livros que recebo.

2. Tenho várias coisas escritas sobre Pessoa. Algumas em inglês. Escrevi também um pequeno livro sobre a *Mensagem* que, por ter sido publicado nos Açores, não foi muito divulgado no Continente. Como deve ser muito para o CD-ROM, envio-lhe uma espécie de resumo dele e de dois artigos que se lhe seguiram. Saiu na edição crítica da *Mensagem* editada pela UNESCO e

organizada por José Augusto Seabra. Juntarei ainda outro artigo publicado na *Colóquio* sobre "A pátria da língua".

3. O meu computador é um PowerPC, Power Macintosh 7200/75, que, apesar da força que tem, não se preocupa com a acentuação portuguesa. Mas leio à mesma os textos que chegam, apesar de salpicados de siglas que vêm em vez de acentos.

Como sei que gosta de escrever, imagino que tenha algo entre mãos agora, não? Prossegue com o diário? Li à minha mulher algumas passagens do seu diário muito interessantes por me revelarem aspectos do Portugal de hoje com que não estou familiarizado. Vou muitas vezes a Portugal durante o ano, mas quase sempre só a Lisboa e de corrida. Os diários têm essa vantagem de registar essas imagens e estados de espírito.

Já me alonguei demasiado. As saudações cordiais deste outro lado do Atlântico,

Onésimo

E-MAIL DO LEON MACHADO
Segunda-feira, 17 de fevereiro de 1997, 23:03

Caro Doutor Onésimo

(Desta vez retiro os acentos para maior comodidade na leitura.)[1]

Esta coisa dos computadores e da Internet é mesmo assombrosa. Uma carta que demoraria quinze dias a chegar à América, chega agora em dois segundos, ou até menos. Isto é a revolução completa. Ainda por cima não há selos, papel, envelope...

(Começo mal, já se vê, mas não poderia deixar de escrever este desabafo informático.)

Pois terei todo o gosto em ler as suas crónicas, crónicas estas que eu já tinha conhecimento da publicação, mas nunca consegui encontrá-las em qualquer livraria. Nem mesmo nos hipermercados que, como saberá, estão a arruinar as livrarias portuguesas. O livro sumiu.

Quanto aos textos sobre Fernando Pessoa, não se preocupe com a extensão. Num CD cabe tudo (60 mil páginas de texto, dizem os entendidos, correspondendo mais ou menos aos volumes da Enciclopédia Verbo multiplicados por dois). A edição crítica da *Mensagem* editada pela UNESCO e organizada por José Augusto Seabra já a conheço, embora não disponha dela por estar esgotada (pelo menos e o que dizem nas livrarias). O José Augusto Seabra enviou-me umas fotocopias de algumas das páginas. Ele também participa no CD, como seria de esperar.

Quanto aos textos, se os tiver digitalizado no computador, pedia-lhe o seguinte, se tal for possível: que mos envie em disquete, ou em conjunto com um *mail* no formato universal chamado RTF. Este formato serve para converter textos do Word do Mac para o Word do PC. Pode até fazer uma pequena experiência mandando-me uma coisa qualquer para eu ver se chega em condições aceitáveis.

Peço-lhe isto pelo seguinte: se os textos chegarem em papel, teremos de digitalizá-los nós, o que, além de moroso, acarreta um sem número de possíveis gralhas. E essas, claro, serão sempre de evitar.

Pergunta-me se, a nível de escrita, tenho alguma coisa em mãos. Ultimamente tenho andado bastante ocupado com essa história dos CD-ROMs, de que sou coordenador literário. Já publicámos um sobre o Camões, que teve uma receção bastante boa. E neste momento, além do CD do Fernando Pessoa, preparamos um outro sobre o Barroco em Portugal. Está previsto saírem ambos este ano. O do Pessoa talvez em abril, se os textos dos autores mais retardatários chegarem atempadamente.

Além disso, tenho a minha tese sobre Literatura Comparada. Já está feita e entregue. A data de apresentação é no dia 3 de março e ando agora a relê-la. Nem imagina as gralhas que encontro! O doutor que for arguir vai cair-me em cima que será um consolo.

Apesar de tudo isto, arranjo um ou outro momento para escrever. O diário, principalmente. Escrevo-o sem ininterrupção desde os doze anos de idade. Como terá verificado, o volume que lhe enviei reporta-se a 1987/1988. Desde então foram escritos mais seis volumes. Vou-os publicando conforme posso. Recordo-me agora que há um outro que fala dos Açores e é, digamos assim, a conclusão daquele que leu. Hei de enviar-lho numa próxima oportunidade, se realmente o Doutor Onésimo quiser bocejar um pouco mais dos suspiros de um tropa quase imberbe.

Lembrei-me agora do título do tal artigo: "O ser (autor) e o nada". E já agora: o título do seu livro de crónicas não é por acaso qualquer coisa como *Que Nome É Esse, Ó Nézimo? E Outros Advérbios de Dúvida*? O artigo sobre o nome também o li no *JL*. Sabe que são você e o Fernando Venâncio que vão dando vida àquele jornal? O resto é de uma sensaboria, um diletantismo, um snobismo deprimentes.

Quanto à questão do Teotónio, estamos entendidos. A minha esposa, tão esperançada na descoberta da pólvora nas ilhas açorianas, apanhou uma deceção. Os linguistas são muito sensíveis às contrariedades. Precisavam de ler mais e, se possível, crónicas.

Cumprimentos à sua esposa e para si um muito obrigado pela atenção.

José Machado

E-MAIL DO ONÉSIMO
Sábado, 22 de fevereiro de 1997, 19:15

Caro José Machado:

Reparo agora que nunca lhe respondi à sua segunda mensagem. Acredite que não foi por mal. Tomei nota para tratar de lhe enviar o prometido, mas esta semana ainda conseguiu ser mais louca do que a anterior e não consegui enviar-lhe o livro nem os textos. Prometo fazê-lo no início da próxima. São centenas de pequenas coisas a juntar às outras que exigem mais tempo. E com os anos as coisas só pioram.

Sim, o livro de crónicas é o *Que Nome É Esse, Ó Nézimo?* A distribuição é muito fraca fora de Lisboa, Porto, Coimbra e Ponta Delgada. O eterno problema do livro português. Depois, as livrarias não têm o hábito, muito comum aqui, de se encarregarem de encomendar um livro que o cliente procura. Dizem só que não têm. Escrevi há tempos no *JL* uma crónica a contar precisamente uma experiência de procurar esse livro em quatro livrarias, pois precisava dele para ir ao *Acontece*.

Vou ver se consigo do computador aqueles ensaios sobre Pessoa. Vou mesmo tratar disso.

Mande-me, sim, esse outro volume do diário em que fala dos Açores. E a sua tese, sobre que é? Quem vai argui-la? É na U. do Minho? Já fui lá fazer duas conferências, a última das quais em 95. É uma universidade simpática.

Lamento ter desapontado a sua mulher. No meu livro de crónicas há uma história de uma linguista. Há de dar-lha a ler.

Desculpe-me. Não gosto nada de não responder a pessoas, mas isto do e-mail é perigoso. Se não respondemos mal chegam, corremos o risco de esquecer alguns. E veja lá que só fui verificar à minha caixa do "correio expedido" por achar estranho que você nunca mais tivesse dito nada. Se não fosse isso, ainda pensava que estava tudo bem da minha parte e, por qualquer razão, você não respondia. Bom fim de semana para si e para a sua mulher.

As melhores saudações do
Onésimo

E-MAIL DO LEON MACHADO
Domingo, 23 de fevereiro de 1997, 21:07

Caro Doutor Onésimo:

As cartas em papel, embora demorem o seu tempo a chegar, sempre se impõem mais do que um qualquer texto virtual escondido num qualquer ficheiro de um computador. Mas estas vão caindo em desuso cada vez mais.

Como sei que está a preparar os textos do Pessoa, aproveito este *mail* para experimentar até que ponto o seu PowerPC é capaz de converter os textos do Windows 95.

Envio-lhe em anexo dois ficheiros com um pequeno texto do Padre Manuel Bernardes. Um é em formato RTF e o outro em TXT. Veja se consegue abri-los no seu processador de texto e diga-me se a formatação em itálico e negrito, assim como os acentos, saíram bem. Se isso acontecer, poderá você fazer o mesmo, enviando-me num *mail* os textos do Pessoa.

Já enviei os meus livros aos senhores que me aconselhou, o Dr. Vamberto e o Álamo de Oliveira. Talvez cheguem no princípio da semana que vem.

E já agora, uma novidade, pelo menos para mim: como hoje de tarde me sobrou algum tempo, visitei algumas páginas na Internet sobre literatura portuguesa e encontrei o II ato da sua peça *No Seio desse Amargo Mar*. Li a fala do Professor Sardinha que inicia o ato, mas não continuei, pois detesto ler coisas no computador. Vou imprimir tudo e depois leio em papel com mais calma. De qualquer forma, a análise dos retratos do Antero acirrou-me a curiosidade para o resto.

Pergunta-me acerca da minha tese: é sobre literatura comparada, mais propriamente acerca do mito na literatura. O arguente é o Doutor José Augusto Mourão, do Departamento de Ciências da Comunicação da Universidade Nova de Lisboa. Eu não o conheço, nem pessoal nem longinquamente. Parece que é especialista em Semiótica. Estou com um bocado de receio, pois do assunto não percebo nada. A minha tese é sobre o mito... Vamos lá ver o que sucede no próximo dia 3 de março.

O meu orientador foi o Doutor Manuel dos Santos Alves, o da tese sobre o Eça de Queirós. É provável que o doutor Onésimo o tenha conhecido quando veio à Universidade do Minho. O Professor Aguiar e Silva é o diretor do curso.

Nada mais por hoje. Não se esqueça de pôr à prova a sua máquina com os ficheiros que envio.

Saudações do
José Machado

E-MAIL DO LEON MACHADO
Terça-feira, 11 de março de 1997, 22:51
Caro Doutor Onésimo:

As minhas sinceras desculpas pelo meu engano. Eu estava convencido de que lhe tinha enviado inicialmente o *Diário III*. Daí lhe ter enviado agora o IV. O exemplar excedente ofereça-o a quem lhe parecer. Farei o possível por lhe enviar ainda esta semana o volume III.

Quanto aos textos do Fernando Pessoa, são bem-vindos. O CD está praticamente pronto e a editora tem interesse em publicá-lo antes de junho deste ano.

Grato pela atenção,
José Machado

E-MAIL DO LEON MACHADO
Quinta-feira, 13 de março de 1997, 20:46
Caro Doutor Onésimo:

O vol. III do *Diário* enviei-o ontem pelo correio. É provável que chegue aí na próxima semana.

A minha morada é: **********.

Quanto à minha apresentação da tese: depois de o Doutor Mourão me ter demolido, como é da praxe, consegui ressuscitar das cinzas e responder-lhe com grande erudição. No fim deu-me a nota máxima.

Cumprimentos do
José Machado

E-MAIL DO LEON MACHADO
Quinta-feira, 20 de março 1997, 22:20

Caro Doutor Onésimo:

Recebi hoje o seu livro de crónicas, que muito agradeço. Já li a primeira, aquela que compila a douta opinião de Marvin Minsky que diz que o cérebro é um computador de carne. Quando terminar a leitura integral, lhe darei o meu parecer, que prevejo entusiasta, uma vez que conheço à partida algumas das crónicas.

Verifiquei, no entanto, que não me enviou os textos sobre o Fernando Pessoa, em disquete ou em fotocópia. Se ainda lhe convier enviar-mos, serão bem-vindos. Apesar de o CD-ROM estar praticamente pronto, ainda posso meter mais alguns textos na base de dados.

Despedi a semana passada o volume do *Diário III*. Não sei se terá chegado. Desta vez espero não me ter enganado.

Saiu uma crónica sua no *JL*. Ainda não a pude ler, assim como ao jornal, pela escassez de tempo derivada do trabalho de avaliação dos alunos no final do período letivo. A ver se o faço este fim de semana.

Ainda sobre si: descobri uma página na Internet com algumas das suas crónicas. Não sei se tem o aval do Doutor Onésimo. Mas a verdade é que isso me parece muito positivo. Se desejar, envio-lhe o endereço do *site*.

Cumprimentos do
José Machado

E-MAIL DO ONÉSIMO

Sexta-feira, 21 de março de 1997, 3:21

>Verifiquei, no entanto, que não me enviou os textos sobre o Fernando Pessoa, em disquete ou em fotocopia. Se ainda lhe convier enviar-mos, serão bem-vindos.

Vou enviar por correio expresso amanhã. Não os tinha e tive que fazer o chamado *scanning*.

>Expedi a semana passada o volume do *Diário III*. Não sei se terá chegado. Desta vez espero não me ter enganado.

Recebi-o há dois dias e vou começar a lê-lo em breve. A última semana e meia foi semi-louca. Culminou com as cerimónias da criação de uma Cátedra de História dos Descobrimentos Portugueses aqui na Brown, com montes de visitantes de Lisboa, Macau, Embaixador... Com tudo isto, coisas que queria fazer mais cedo ficaram para trás.

>Saiu uma crónica sua no *JL*. Ainda não a pude ler, assim como ao jornal, pela escassez de tempo...

Já foi há quase um mês. Mas eu também ando muito atrasado com montes de coisas para ler.

>Ainda sobre si: descobri uma página na Internet com algumas das suas crónicas. Não sei se tem o aval do Doutor Onésimo.

Não foi com minha autorização, mas conheço. O autor é um croata lusíssimo de coração e agora meu amigo. Indivíduo extraordinário.

Um dia destes escreverei com mais calma. Tenho montes de coisas urgentes que nestes dias ficaram para trás. E irei lendo o seu diário.

Saudações cordiais do
Onésimo

E-MAIL DO LEON MACHADO
Sexta-feira, 21 de março de 1997, 20:57
Caro Doutor Onésimo:
Recebi hoje um segundo pacote que continha os textos sobre Fernando Pessoa. Estive a dar uma olhada e pareceram-me todos muito interessantes. Por mim, pegava neles e metia-os integralmente no CD. Acontece, porém, que dispomos de pouco tempo para a digitalização e, se o doutor Onésimo concordar, insiro apenas os seguintes:

1. "Sobre o Sentido de 'a minha pátria e a língua portuguesa'", em *Colóquio / Letras*, 93, 1987.
2. "A Ideologia da Mensagem", em *Fernando Pessoa, Mensagem, Poemas Esotéricos*, 1996.
3. "Pessoa, a Mensagem e o mito em Georges Sorel", em *Actas do IV Congresso...*, 1991.

Os restantes ficarão para uma próxima oportunidade. É que temos de entregar a versão já pronta na editora no fim deste mês e realmente não há tempo para passar os textos todos. Poderíamos ganhar algum tempo se o Doutor Onésimo tivesse os textos já passados em formato PC. Em Mac, ou PowerPC, as coisas complicam-se.

Queria enviar-lhe a cópia dos textos já digitalizados para revisão de possíveis gralhas, mas não sei se chegarão aí com os acentos e as cedilhas... Isto das incompatibilidades entre os computadores é um aborrecimento. Comparo-os às incompatibilidades entre os cérebros humanos.

Olhe, o tema daria uma boa crónica escrita com a graça com que escreveu aquela que inicia o seu livro, livro que estou a ler com muito gosto e proveito cultural. Ontem à noite aviei 47 páginas e mais não foram porque a minha esposa não gosta que eu leia na cama.

Despeço-me agradecendo o envio dos textos. Logo que o programa seja "publicado" (não sei se é o termo correto para estes casos), envio-lhe um exemplar.

Cumprimentos do
José Machado

E-MAIL DO ONÉSIMO
Segunda-feira, 24 de março de 1997, 20:49
Caro José Machado:

Não se preocupe. Se não incluir os textos no CD, mal não virá ao mundo por isso. Tentei ver se a secretária conseguia, através do trabalho de um *scanner*, passar aqueles textos a disquete. Impossível. As máquinas não gostam de acentos e da barafunda. Se quiser mandar passar alguns aí, eu poderei rever as provas logo que cheguem. Poderiam vir por fax ou correio azul, que funciona muito bem. Diga-me se isso é possível.

Entretanto estou a ler o seu diário. O volume que deveria ter lido antes, porque assim já sei onde vai dar a sua ida à inspeção. Mas mesmo assim consigo abstrair-me e ler cada entrada como um pequeno texto. Não mudei a minha opinião. Lê-se muito bem e muitas daquelas entradas têm uma personalidade por trás.

A minha mulher não se importa que eu leia na cama. Ela também lê, embora não limitemos as nossas atividades à elevação do nosso nível cultural.

Um abraço.

Onésimo

E-MAIL DO LEON MACHADO

Segunda-feira, 24 de março de 1997, 23:02

Caro Doutor Onésimo:

Agradecendo a sua mensagem, venho informá-lo do seguinte: Consegui *scannear* os três artigos de que lhe falei. Os acentos, em geral, saíram bem, embora haja bastantes gralhas, principalmente num deles, devendo-se isto à fotocópia ser nalguns pontos pouco legível. No entanto, penso que ainda esta semana tudo estará corrigido. Peço-lhe, portanto, para não incomodar a sua secretária com isso.

Temos de entregar o programa pronto no fim deste mês, que é para a próxima semana. Como é provável que não haja tempo de lhe enviar os textos para correção e receber já tudo corrigido, pedia-lhe o impossível: que confiasse em mim na questão das gralhas. Eu próprio lerei os textos e corrigirei de acordo com o original. Não lhe prometo a perfeição (*Errare humanum est...*), mas pelo menos farei o possível. Talvez nesta situação me sirva de alguma coisa o tempo que passei num jornal de Braga a corrigir gralhas.

E falando de jornais: recebi hoje um número do *Correio dos Açores*. Eu não o mandei vir. Pressuponho que é uma cortesia do Vamberto Freitas, a quem enviei os meus livros. O número traz o Suplemento Açoriano de Cultura. Fiquei impressionado com o trabalho. Qual é o jornal português, e para mais de âmbito regional, que se dá ao luxo de publicar doze páginas sobre cultura?

Não sei se deva agradecer por escrito ao Vamberto.

E as suas crónicas vão sendo digeridas (desculpe a expressão) depois do jantar, à hora da novela, longe da televisão. Estou agora na página 127 e acabei de ler a crónica da "Filosofia em Saldo". Hei de falar ao meu sogro na ideia de um restaurante servido por

licenciados. O ano passado, em Portugal, ficaram 30 mil sem emprego. Talvez pudéssemos contratar alguns.
Cumprimentos à sua esposa e para si mais uma vez obrigado pela atenção dispensada a este minhoto chato.
José Machado

E-MAIL DO ONÉSIMO
Terça-feira, 25 de março de 1997, 07:23:52
Caro José Machado:
As vantagens de viver num país de acentos. Até as máquinas aprendem a lê-los.
Obrigadíssimo pelo seu interesse em ter os artigos no CD, a ponto de se encarregar de rever as provas. E com um revisor profissional tenho a certeza de que ficarão melhor revistas do que se fosse eu a fazê-lo. De facto, rarissimamente encontro uma gralha nos seus livros. Nos meus, já deve ter reparado que há várias correções. Bom, uma das razões é porque, à distância, muitas vezes optam por não me enviar as provas todas e ... Mas vou confiar em si. (Neste seu *Diário III*, na epígrafe, em inglês, escapou um *ly* em vez de *by*. Digo-lhe isto apenas para lhe confirmar que leio os seus livros com atenção.)
Ontem à noite não li o seu diário. Um conflito burocrático internacional manteve-me ao computador, ao fax e ao telefone até às tantas e esta madrugada às cinco já estava de novo em linha. Mas retomarei a leitura logo que amansem as águas. (Muitas vezes o humor não dá para nada e só um murro parece ser a solução.)
Um abraço cordial para esse minhoto que até aqui de chato não revelou nada, antes pelo contrário.
Onésimo

E-MAIL DO LEON MACHADO
Quarta-feira, 26 de março de 1997, 22:07

Caro Doutor Onésimo:

Esperando que o tal conflito burocrático tenha sido resolvido, venho informá-lo do andamento do trabalho de revisão dos artigos sobre Fernando Pessoa.

No texto da *Colóquio / Letras*, sobre o sentido de «a minha pátria é a língua portuguesa», p. 42, tenho uma pequena dúvida: pergunto se a correção feita a esferográfica é *enfatizou*.

O texto sobre a relação de Pessoa com Sorel, publicado nas *Actas do IV Congresso*, está em grafia brasileira. Pergunto se o poderei atualizar para a norma portuguesa, para uniformizar em relação aos textos dos outros autores.

Li os artigos e achei-os indispensáveis para o estudo do autor da *Mensagem*. O seu nome já foi inserido na base de dados e, curiosamente, é o primeiro da lista. Indexámos por ordem alfabética através do último nome.

Anteriormente o Eugénio de Andrade era o primeiro. Agora é o segundo. Creio que os seus antropónimos ainda darão muitas histórias... E não é só o Nésimo. O Almeida também dará o seu ar de graça (ou a pagar).

Quanto a gralhas, os meus diários, também têm algumas. Por mais cuidados, há de sempre passar a mais evidente. Como aquela de escrever Woody Allen com dois *d* (cf. p. 9 do *Diário III*). Sobre gralhas tinha algumas histórias para lhe contar. Mas não o maço.

As suas crónicas: estou praticamente a terminar. Um dia destes mando-lhe um exaustivo estudo crítico com notas de rodapé que poderá encaixilhar e pendurar por detrás da porta do seu gabinete.

Cumprimentos e uma boa Páscoa do
José Machado

E-MAIL DO ONÉSIMO
Quinta-feira, 27 de março de 1997, 09:14:26
>Esperando que o tal conflito burocrático tenha sido resolvido, venho...
O conflito está a dar em mais do que burocrático. Perco tempo e não lavo a cabeça ao burro.
>No texto da *Colóquio / Letras*, sobre o sentido de «a minha pátria é a língua portuguesa», p. 42, tenho uma pequena dúvida: pergunto se a correção feita a esferográfica é *enfatizou*.
Corrigi, de facto, a gralha na *Coloquio*. É *enfatizou*.
>O texto sobre a relação de Pessoa com Sorel, publicado nas *Actas do IV Congresso*, está em grafia brasileira. Pergunto se o poderei atualizar para a norma portuguesa, para uniformizar em relação aos textos dos outros autores.
Absolutamente.
>O seu nome já foi inserido na base de dados e, curiosamente, é o primeiro da lista. Indexámos por ordem alfabética através do último nome.
>Anteriormente o Eugénio de Andrade era o primeiro. Agora é o segundo.
Naquele tempo, em Portugal usava-se a ordem alfabética pelo primeiro nome. Fui sempre o último em todas as listas.
>Quanto a gralhas, os meus diários também têm algumas. Por mais cuidados, há de sempre passar a mais evidente.
Tenho encontrado algumas no *Diário III*. Nada graves.
>As suas crónicas: estou praticamente a terminar.
Espero que ao menos se esteja a divertir. Ontem li mais 30 páginas do seu diário e estou a gostar. Agora compreendo porque é que a Horta e Angra eram monótonas. Não lhe faltavam moças aí em Braga. Ainda me vou pôr a contá-las. E mesmo que fosse apenas para uns encontros e umas carícias, era muita mulher! (Vou para Braga!)

>Cumprimentos e uma boa Páscoa do...
Boa Páscoa para si. Vai ao Compasso este ano? Saudações amigas do
Onésimo

E-MAIL DO ONÉSIMO
Sábado, 29 de março de 1997, 18:01:06
Caro José Machado:
Esta resposta está com azar. Já tentei três vezes e, por uma razão ou outra, vai-se. Há semanas que não me acontecia isso. Quando estou a usar o *modem*, se um dos miúdos levanta um telefone no quarto deles ou noutro lugar qualquer da casa, vai-se-me a mensagem. Tenho de arranjar uma linha só para a Internet.
Respondi-lhe asnaticamente à pergunta sobre *enfatizar*. Se não erro, emendei à mão na *Colóquio* para *empatizar*. O verbo não existe em português, mas *simpatizar* não dá para expressar a comunhão de sentir entre Pessoa e a cultura portuguesa. Em inglês há o subst. *empathy*, e agora já se usa mesmo o verbo *empathize*. Use-o porque (e não preciso de explicar a um conhecedor de grego clássico), porque é de raiz grega. Por isso o melhor será pôr entre aspas *empatizar*.
Apresso-me a remeter esta para não perdê-la pela 4.ª vez e já volto a outra.
Saudações.
Onésimo

E-MAIL DO LEON MACHADO
Sábado, 29 de março de 1997, 18:08:01
Caro José Machado:

Li o resto ontem à noite. E gostei. Gostei até mais deste do que do outro sobre os anos da tropa. Parece ter mais coisas para contar e tem reflexões pessoais muito interessantes. Até o que diz sobre o Faial é interessante. (Claro, se eles lerem, não vão apreciar, evidentemente. Mas é uma visão de fora de alguém que disse o que sentiu.) Várias coisas teria a dizer se não fosse a absoluta falta de tempo. Cheguei ao fim das férias e não fiz 1/5 do que precisava. Mas aquela da sua pergunta no condicional «Se eu te pedisse se querias ser a minha namorada» (p. 60) fez-me lembrar a de um indivíduo dos anos 60 a lamentar a um jovem dos anos 90 a situação difícil desta geração em matéria de estabelecer contacto com as moças por causa do movimento feminista. O jovem, com ar esperto, disse: «Nada disso. Nunca tenho problemas. Há dias, estava com uma moça que eu sentia gostar mesmo de mim. Eu estava todo derretido por ela. Disse-lhe: Dá-me três razões pelas quais não poderias ir para a cama comigo se te pedisse. E ela respondeu: não me vem nenhuma à mente.»

A outra da amante G3 na tropa lembrou-me um açoriano amigo que me escreveu de Mafra a gozar essa de lhe dizerem que a amante dele era agora a G3. E ele: «Já viste? Que grande canhão me deram!» Mas li com muito interesse. Dá um retrato de uma juventude em Portugal que não é a do meu tempo, mas o retrato parece-me muito sincero. E bem escrito. Você tem muita coisa aí dentro para pôr cá para fora. Várias frases com grande efeito: «somos um povo triste de gente alegre» e «o México europeu à hora da sesta» são dois muito bons exemplos.

Avance. Escreva mais.

E Boa Páscoa para si e para a sua família.

Onésimo

E-MAIL DO LEON MACHADO
Segunda-feira, 31 de março de 1997, 22:55

Caro Doutor Onésimo:

As minhas desculpas por só agora lhe responder. As ferias da Páscoa afastam-me do computador. Terminei a leitura das suas crónicas juntamente com um romance do Paulo Coelho, aquele brasileiro que anda por aí (e por aqui) muito badalado. O homem não sabe escrever.

Mas vamos às suas crónicas: algumas, como lhe disse, já as tinha lido no *JL* ao longo dos últimos anos. Gostei, no entanto, de voltar a lê-las e de recordar as andanças e aragranças de um português dos Açores por terras americanas. Cada artigo mereceria referencia especial. Excluo-me disso, pois, como diz Borges num conto, teria de escrever exatamente o que você escreveu para ser completo e objetivo. Agradeço-lhe as horas de descontração e de riso (a minha esposa apanhou-me várias vezes à gargalhada e pensou que eu devia estar maluquinho ou pouco mais ou menos).

Embora todos os artigos sejam excecionais, refiro-lhe aqueles que me deram um gozo particular: o do ser (autor) e o nada, o do seu professor Chisholm (esse merece ser distribuído pelos estudantes portugueses de filosofia), o do esqui com as crianças (hei de oferecê-lo à minha esposa encaixilhado), o da odisseia do seu nome... Este recomendei-o à minha esposa (leu-o num riso de cair a casa abaixo) e relato-lhe o que ela me pediu para eu lhe dizer:

Ao contrário do que você refere na crónica, Teotónio não é nome grego, mas germânico. Aquele *Teo* não tem nada a ver, ao que parece, com *Deus*, como em *Teologia* e *Teodiceia*. Vem da raiz do antigo alemão *Teut*, que significa povo. Desta raiz se formou Teodorico, Teodemiro, Teodolindo, Deolinda (o nome da minha esposa) e Teotónio. Modernamente temos Teotónico, Teutão e o próprio nome da Alemanha: Deutshland. Para comprovar isto, a minha esposa contou-me que no século XII, época em que viveu

São Teotónio e que terá dado origem aos Teotónios atuais, os antropónimos de origem grega eram extremamente raros no norte de Portugal. 99 por cento dos nomes eram ou germânicos ou bíblicos. Mesmo os latinos tinham praticamente desaparecido. Documentos há-os às centenas (diz ela, que consultou alguns), desde o *Liber Fidei* de Braga (coleção de testamentos e doações desde o século VIII) até aos *Portugaliae Monumenta Historica*.

Depois de tanta erudição até eu fiquei turvado. Mas olhe que isto é pura ciência. De Grego, Latim, Linguística Histórica e assuntos afins ela está mais dentro do que eu. Ambos tirámos o mesmo curso e a minha esposa teve 17 a grego. Eu fiquei-me por um 13...

E por hoje, não o maço (com cedilha) mais.

Ainda isto, para lhe agradecer as palavras de incentivo derivadas da sua leitura do diário: não se admire com o número de raparigas que eu namorisquei em 1987 (já lá vão dez anos...). Muita parra, pouca uva. Nessa altura eu andava meio perdido. Tinha acabado de sair do Seminário e a enorme quantidade de rostos bonitos desnorteou-me um pouco. Apaixonava-me quase todos os dias por uma rapariga diferente. Só quando regressei dos Açores é que as coisas acalmaram. E estão agora tão calmas que até me aborreço.

Pois claro que continuarei a escrever. Embora saiba que o faço para a gaveta, ou quase. Qualquer dia envio-lhe as sequelas do diário. Afinal ainda não parei de o escrever. Parece-me, todavia, que os últimos são um pouco monótonos. Falo mais de literatices e menos de mim. Em próxima estreia toco-lhe à campainha. Mas olhe que você, irremediavelmente, já se tornou personagem daquele que agora ando a escrever!...

Perguntou-me numa das últimas mensagens se eu acompanharia o compasso na Páscoa. Quando casei, deixei-me disso. Já não encaixa na minha atual forma de vida. Um professor não pode andar de hissope na mão a deitar água benta nas casas com o rapaz da campainha à frente e o mordomo atras de cruz na mão. Acho isso muito bonito, muito típico, mas era incapaz de o fazer agora.

Não o maço mesmo mais.

Ah! Quanto ao *empatizou*, estamos entendidos. Pareceu-me realmente estranho: a frase não dava sentido.

Cumprimentos,
José Machado

E-MAIL DO ONÉSIMO
Segunda-feira, 31 de março de 1997, 17:06:38

Caro José Machado:

Morrendo e aprendendo. Mais um aditamento para uma crónica suplementar sobre o meu nome. Dê-me o nome da sua mulher para creditá-la. Nunca pensei nisso e nem fui verificar. Ouvi sempre dizer que era Theo-thonos e fiquei-me por aí. Nunca, nunca fiar mesmo! Mas diga-lhe que ela irá para uma adenda a uma crónica que já publiquei no *JL* continuando essa do nome (quando a reunir em livro.)

E mande coisas suas – originais – ao Vamberto Freitas. Mesmo páginas do diário.

Aliás, ele recorda-se de ter recebido *A Ilha de Circe*, mas não o diário. Mande, que ele está interessado em diversificar a colaboração. Ele já tem nota do seu nome.

Agradou-me saber que você se riu. Esse livro teve uma péssima distribuição e além disso saiu com uma capa em que não se conseguia ler o título. Foi meses depois que consegui que o revestissem com uma sobrecapa, mas os que já estavam por fora assim ficaram.

Acho bem que tenha tomado juízo. Não sei se quem trata disso é a moral ou a idade. Inclino-me para a última.

Por agora é tudo. Estou a ver se me ponho a pau, mas ando sempre atrasado. Tenho de enviar esta semana para a Salamandra uma outra coletânea de crónicas – *Rio Atlântico* – mas essas são mais sérias. Devem sair em junho.

Se o teatro lhe interessa, envio-lhe uma peça açoriana: *No Seio Desse Amargo Mar*. Mas só se lhe interessa. Não faça obséquio...

Dê notícias.

Saudações muito cordiais para si, e para a sua cara metade, do
Onésimo

E-MAIL DO ONÉSIMO
Terça-feira, 1 de abril de 1997, 16:48
Reli a sua mensagem esta manhã (ontem tinha-o feito muito à pressa). Quis ler à minha mulher aquela explicação erudita sobre Teotónio e reparei que, num parêntesis, me dizia que o nome da sua esposa era Deolinda. Passou-me esse pormenor na leitura e por isso lhe perguntei. A minha mulher reagiu como eu: como é que nunca nos questionámos sobre isso? É a história do ovo de Colombo. Diga então à sua Deolinda que lhe fico muito grato pela lição não só de Grego, como também de Onomástica e História. De facto, tudo aquilo faz perfeito sentido. Nessa altura ainda não havia humanistas a interessarem-se pelos gregos e aí para cima não havia árabes a trazer notícia deles. Agradeça pois à sua Deolinda a lição. E como gosto mesmo de aprender coisas novas, ganhei ontem muito bem o meu dia.

As melhores saudações do
Onésimo (Não me chame doutor. Toda a gente me chama é Onésimo.)

E-MAIL DO LEON MACHADO
Quarta-feira, 2 de abril de 1997, 10:16

Caro Onésimo:

Aí vai mais uma achega a propósito do Teotónio.

Ontem coloquei a seguinte objeção à minha esposa: Por que razão é que Teodorico, Teodolindo, etc., têm um *d* e Teotónio não tem? «Elementar, meu caro (disse ela). Em Teodorico e Teodolindo o segundo *t* do radical *Teut* sonorizou para *d*. Isso não aconteceu em Teotónio porque o segundo *t* ocorre na sílaba tónica.

Eu de Linguística sou praticamente um nabo e fiquei varado. Ponho-me a pensar como podem as mulheres nestas áreas científicas ultrapassar-nos. Será porque têm melhor apreensão do pormenor? Bem, eu nunca consegui fazer renda ou uma peça de croché... Quando era miúdo, por imitação do que a mamã fazia, tentei, mas não fiz mais do que espetar a agulha nos dedos.

Pois a minha esposa chama-se Deolinda ("serpente do povo", explicou-me ela uma vez. Parece que *lind* significava serpente no antigo alemão). Mas não gosta nada que a chamem assim. Prefere Linda. Como já uma vez lhe contei, está a preparar uma tese sobre o São Teotónio. Quando for apresentada, envia-lhe os calhamaços (são dois). Mas olhe que pouco proveito se tira dali: são gráficos e mais gráficos, listas de vocabulário, explicações fonéticas e outras futilidades.

É curioso você chamar-se Teotónio e vir a conhecer assim sem mais nem menos alguém que anda a estudar o São Teotónio...

Já agora, o nome de referência da futura mestra – Deolinda Cabrera – se por algum motivo o Onésimo se lembrar de a citar numa das suas crónicas. "Cabrera" porque ela é meia espanhola. Nasceu a quinhentos metros da fronteira galega (como o São Teotónio), numa aldeia que tinha sido espanhola até 1880 e tal. Mas isso são histórias muito complicadas.

Quanto à sua peça *No Seio Desse Amargo Mar*, se tiver um exemplar disponível e se isso não o maçar muito, envie-ma. Terei muito gosto em ler. Encontrei na Internet (naquela página do croata) um extrato dela e gostei do que li. Falava do retrato do Antero de Quental. O título é um achado. E já agora, um achado também é o título do seu novo livro de crónicas: *Rio Atlântico*.

No que diz respeito aos textos para o Vamberto Freitas, enviei-lhe ontem os dois diários pelo correio. Não sei é se lhe interessará muito publicar no *Correio dos Açores* alguns extratos. Creio que não será conveniente, tanto mais que pode ferir a sensibilidade dos ilhéus.

Saudações minhas e da Linda para si e para a sua esposa.

José Machado

E-MAIL DO ONÉSIMO
Segunda-feira, 7 de abril de 1997, 4:33
Caro José Machado:
Julgava que lhe tinha respondido ao seu e-mail, mas parece-me que não. Estive em Washington por causa da receção a Guterres e perdi-me um bocado no deve-haver do correio, pois para alem disso passei o resto do tempo livre a ultimar o manuscrito de *Rio Atlântico* para seguir amanhã para a editora em Lisboa.

Gostei da explicação para o *t* e o *d* de Teotónio e Teodorico. Os italianos diriam que *si non è vero...* Convence, sim senhor! Diga lá isso à sua Linda.

E da próxima vez que voltar a abordar o tema do meu nome numa crónica, lá incluirei essa informação devidamente creditada. (Já escrevi uma segunda crónica sobre o meu nome com histórias posteriores a essa incluída no livro e continuo a colecionar mais material que há de servir para uma terceira.)

Voltei a falar ao Vamberto Freitas. Você deveria escrever-lhe a dizer que recebe o "Suplemento". Deve enviar coisas para lá, e não é necessário que sejam "açorianas". Será preferível talvez enviar material inédito dos volumes seguintes do diário, embora ele possa muito bem retirar algumas páginas do já publicado. Mas ele tem a intenção de "universalizar" o "Suplemento" e eu tenho-o ajudado nisso arranjando-lhe colaboração do Brasil, daí do Continente, da Galiza, da Croácia, da Roménia, daqui dos Estados Unidos. O Vamberto viveu 27 anos na Califórnia e somos amigos há muitos anos.

Tudo por agora. (Só amanhã segue *No Seio Desse Amargo Mar*, mas não o imagino com insónias à espera que chegue o livro para ler.)

Vai um abraço para si, com os cumprimentos meus e da minha mulher para a sua esposa e para si.

Onésimo

E-MAIL DO LEON MACHADO
Terça-feira, 8 de abril de 1997, 10:57

Caro Onésimo:

Não é que parece de propósito? Foi só você falar de insónias e passei a noite sem pregar olho no travesseiro. É provável que a causa primeira não tenha a ver com a ânsia da chegada de *No Seio Desse Amargo Mar*, mas que o título me andou a saltar na imaginação como as cabras a cerca da quinta, lá isso andou.

Então você foi dos tais que estiveram na receção ao nosso querido primeiro-ministro? Sabe que alguns meios de comunicação social censuraram a forma como foram selecionados os representantes dos portugueses residentes nos EUA? Parece que não eram os cortesãos mais egrégios... Mas sobre isso pouco mais lhe sei dizer, uma vez que não dou grande atenção aos tais "meios".

Quanto ao Vamberto Freitas, mandei-lhe na semana passada os dois diários com uma carta anexa onde agradeço o envio do suplemento e falo de uma possível colaboração.

Presentemente, colaboro no *Semanário Transmontano* (o pasquim mais importante da região) com uma crónica mensal onde vou criticando alguns vícios da terra. As crónicas, alem de saírem no jornal em papel, estão também disponíveis na Web. Se quiser consultar as crónicas já publicadas, poderá aceder a elas através do seguinte endereço:

http://alfarrabio.di.uminho.pt/vercial/letras/cronicas.htm

Se realmente tiver disposição para deitar uma olhadela, recomendo-lhe "Acerca da Estupidez". Parece-me ser a crónica mais divertida e a mais sofrida também.

Se tiver tempo, dê ainda uma olhada na página de literatura portuguesa.

E já que falamos disto, permita-me informá-lo de que a American Online dispõe de *software* de Mac e PowerPC para envio de e-mail que aceita a acentuação portuguesa quando os computadores de origem e de destino são incompatíveis, como é o caso do seu e do meu. Facilmente poderá confirmar isso aí, creio eu.

E cá espero a sua peça de teatro.

Cumprimentos do
José Machado

E-MAIL DO ONÉSIMO
Terça-feira, 8 de abril de 1997, 23:25

Mas foi então o Antero o culpado. O título é dum soneto dele.

Parvoíces da comunicação. Há sempre problemas nas escolhas dos convites e há sempre chatices. Não têm mais sobre que escrever e entretêm-se com essas insignificâncias. Fui representar o Departamento. Não pagaria uma passagem de avião para

Washington só para isso. Nem tive tempo de lá passar o fim de semana. Fui e vim no mesmo dia.

Tentei telefonar há pouco ao Vamberto. Não o apanhei. Falar-lhe-ei disso.

Li essa sua crónica com piada (escrevi em tempos sobre temas semelhantes). Ia ler as outras e perdi a ligação. Voltarei a tentar. Pode muito bem publicar as crónicas mais literárias no "Suplemento".

Foi a que eu li.

O problema é que estou ligado à universidade e o sistema é outro. A vantagem é que tenho-o de graça. Na universidade e em casa. Sem acentos, mas também sem gastos.

Veja lá, não volte a passar outra noite em claro. Se voltar a acontecer, vou ter que enviá-la por fax. Não quero remorsos...

E as saudações cordiais do
Onésimo

E-MAIL DO LEON MACHADO
Quinta-feira, 10 de abril de 1997, 18:55

Caro Onésimo:

O título da peça não me tem causado espertina nas últimas noites. No entanto, não consigo dormir. Não sei se é cansaço, se é da primavera a puxar as carnes (o tempo da frol...), se as preocupações da vida que não tenho. A ver se quando chegar a peça durmo mais tranquilo, salvo seja...

Corroboro plenamente a sua opinião acerca dos jornalistas pátrios. Não terão mesmo mais de que falar? Teria algum interesse para o público português saber se os convidados foram os mais bem indicados para receber o primeiro-ministro em terras estrangeiras? Nenhum jornal disse com objetividade o que foi realmente fazer aos EUA o primeiro-ministro. Ficámos aqui todos a pensar que ele passou aí uns dias agradáveis de comezainas e encontros de copos com o Clinton. E não terá mesmo ido fazer mais nada? Ficámos sem saber.

E o seu *Rio Atlântico* já está nas rotativas? Ando a ler a sua "tentativa de reinterpretação" da *Mensagem* e tenho realmente pena de não poder meter no CD do Pessoa um extrato. O tema do mito interessa-me bastante (é a minha pequena obsessão – a sua já andou à volta da palavra *ideologia*) e a *Mensagem* é o corolário dos mitos portugueses dos últimos quinhentos anos. Pergunto-me por que razão Pessoa não escreveu um poema sobre Camões...

Mas não quero maçá-lo com as minhas interrogações anoéticas.

Cumprimentos,

José Machado

P.S. O endereço da página de literatura portuguesa é: http://alfarrabio.di.uminho.pt/vercial/

Qualquer dia peço-lhe autorização para pôr lá um texto seu.

E-MAIL DO LEON MACHADO
Sábado, 12 de abril de 1997, 15:08

Caro Onésimo:

Como não sei se já chegou aí o novo volume dos *Cadernos de Lanzarote* do José Saramago, mando-lhe esta notícia:

Na página 88 dos ditos *Cadernos*, aparece o seu nome duas vezes citado. Vem a propósito de uma médica oftalmologista que terá andado consigo na escola primária e que escreveu ao Saramago uma carta acerca do *Ensaio sobre a Cegueira*. «Leu, gostou, disse-o a Onésimo, que a animou a escrever-me», relata Saramago.

E por hoje é só.

Cumprimentos do

José Leon Machado

E-MAIL DO ONÉSIMO
Sábado, 12 de abril de 1997, 17:51

Sim, foi a minha primeira namorada na escola e que foi para o Canadá depois do 7.º ano do Liceu. Voltámos a namorar-nos por carta mais tarde. Hoje conversamos de vez em quando. Ela escreve muitas cartas. Pu-la a escrever um diário. A ideia de ser lida por anónimos inibe-a. Sugeri-lhe o diário, porque ela escreve cartas maravilhosas. Lê muito e sente muito. Seria um belo diário de uma exilada (porque ela quer é estar nos Açores e na minha freguesia, o Pico da Pedra), se ela conseguisse escrever o diário como escreve cartas. Sugeri-lhe mesmo que escrevesse um diário em forma de cartas a alguém em Portugal. Ainda não sei se vai resultar.

Não comprei ainda o novo volume do diário, mas já me tinham falado nisso. Mas obrigado de qualquer maneira.

Bom fim de semana para si.

Onésimo

E-MAIL DO ONÉSIMO
Sábado, 12 de abril de 1997, 17:58

Caro José Machado:

Espero que tenha dormido melhor. Às vezes a insónia é da consciência pesada. E W. C. Fields dizia que a melhor cura para a insónia é uma boa noite de sono profundo.

O *Rio Atlântico* já está para a editora e deve haver lançamento em Lisboa na Casa dos Açores a 27 de junho. Se não fosse tão longe, sugeria-lhe que aparecesse lá.

Espero que tenha conseguido dormir ao menos ao ler o meu livro sobre a *Mensagem*.

Como vão as aulas? Que tal é a qualidade do ensino secundário em Chaves? Ouço muitas coisas sobre a degradação do ensino em

Portugal. Que tal é a sua experiência? Imagino que o seu diário fale agora dessas coisas.

Bom fim de semana, tão primaveril como aqui.

Onésimo

E-MAIL DO LEON MACHADO
Sábado, 12 de abril de 1997, 22:42

Caro Onésimo:

Esta história das insónias, se não fôssemos nós a brincar com o assunto, poderia causar um grave incidente internacional. É que dormir pode ter vários sentidos e dormir bem depois de ler um livro pode significar duas coisas: ou que se gostou do que se leu e dorme-se o sono dos justos; ou o livro fez-nos mesmo sono pela chatice das páginas. Em caso algum o seu estudo sobre a *Mensagem* me causou esta segunda categoria soporífera. Já o mesmo não direi de certos ensaístas portugueses que me obriguei a ler para o estudo do mito...

Fui ver à minha ocupadíssima agenda e verifiquei que, para o dia 27 de junho, não tenho, para já, nada marcado. Isto quererá dizer que há fortes hipóteses de eu poder deslocar-me a Lisboa para a apresentação do seu livro. Fala em hipóteses, uma vez que tenho de contar com possíveis vigilâncias em exames na escola e essas são fruto do acaso. Faz-me isso lembrar a lei do indeterminismo baseada nas teorias de Planck.

Não duvido é que chegue você primeiro a Lisboa. A viagem, embora sejam meros 500 quilómetros, sempre é mais demorada do que em avião. Mas que quer? Em Chaves só há avionetas... Mas não se preocupe comigo. Gosto de viajar e precisava de ir à capital ver aquela história da Expo e da nova ponte, que parece que em portento é o fim do mundo.

De qualquer modo, mande-me você dizer onde e a que horas. Faltam pouco mais de dois meses... Será que a editora consegue pôr o livro pronto nessa altura?

Pelo menos do CD do Fernando Pessoa tenho a esperança de vir a entregar-lhe um exemplar em mãos.

Essa história que me conta da sua colega de carteira pôs-me a pensar. Não propriamente a relação amorosa entre ambos, que essa a si e a ela dirão respeito. Mas aquilo de ela sentir-se inibida ao escrever o diário. Tenho a impressão de que isso, presentemente, também me acontece. Quando nem sequer me passava pela ideia publicar os diários, eu era extremamente sincero naquilo que escrevia. Eu leio esses diários e vejo-me neles, nuzinho. Agora, quando escrevo, a sensação é outra, pois sei que haverá alguém do outro lado a ler-me. O Vergílio Ferreira, na *Conta-Corrente*, chegou a dizer qualquer coisa sobre isto. Dificilmente mostramos o que realmente somos em público. É por isso que eu gosto muito mais daquilo que escrevi há dez anos atrás, malgrado as arestas da sintaxe e do estilo, do que dos meus textos atuais, apesar de todos os artifícios verbais entretanto adquiridos.

Pergunta-me o Onésimo pelas aulas, pelo ensino. Nem sei que lhe diga. A coisa anda tão mal que me faltarão adjetivos (depreciativos).

Conto-lhe «o meu caso» (José Régio): sou professor efetivo de uma escola secundaria em Chaves. E porquê em Chaves? A minha esposa é daqui e, quando terminámos o curso, ela quis ficar ao pé da mamã. E lá viemos nós. Descobriríamos mais tarde que a ideia, embora trouxesse vantagens, trazia também desvantagens, pois tínhamos de deslocar-nos todas as semanas a Braga para o mestrado na Universidade.

Os alunos de Chaves, talvez devido ao facto de ser uma cidade do interior, são, em geral, fracos estudantes. Aldeias miseráveis, os pais a trabalharem na agricultura (não há indústrias), bastantes deles analfabetos, dificultam o trabalho do professor. É claro que nem sempre o facto de um aluno ser filho de um agricultor e viver no meio das vacas é razão *sine qua non* para este dar em mau estudante. A vida está cheia de casos que dizem que as coisas nem sempre são assim. Mas também é um facto que, numa casa onde há livros e onde a cultura não está abaixo do ter e do parecer, há bons estudantes.

O Ministério da Educação quer bons resultados. E os bons resultados leem-se na percentagem de sucesso no final do ano. Como normalmente o sucesso é negativo, inventou-se então um conjunto de disparates pedagógicos para falsear a tal percentagem. Os alunos podem passar de ano com três negativas (dantes era com duas); os alunos em situação precária no segundo período devem ser propostos para avaliação sumativa extraordinária. Se isso não se fizer, o aluno passa no fim do ano, mesmo que tenha negativa às disciplinas todas; provas globais que são uma palhaçada, pois é o próprio professor da disciplina que as dá e corrige; acesso ao ensino superior com nota negativa, etc., etc.

A vida de um professor é complicadíssima. Não tem horário fixo e a maior parte do tempo passa-o em reuniões a discutir documentos pedagógicos que o Ministério da Educação importa da França com vinte anos de atraso. Temos de ler aquela treta toda distribuída em fotocópias, fazer relatórios e enviar para Lisboa. O mais certo é ninguém olhar mais para eles.

Depois, não se exige que o professor ensine. Isso já passou de moda. O professor é um moderador que tem de criar na sala de aula situações de aprendizagem... O aluno, devidamente motivado, deverá descobrir por si os conteúdos do programa através de estratégias variadas... «Paneleirices», diz um colega meu de Geografia.

E saem os alunos daqui a escrever mal, a ler pessimamente. Entram nas universidades e são eles os engenheiros das nossas

pontes, das nossas estradas, dos nossos edifícios. Será por isso que anda tudo a cair?...
Cumprimentos do
José Machado

E-MAIL DO ONÉSIMO
Domingo, 13 de abril de 1997, 0:47
Caro José Machado:
Estava a gostar de ler a sua descrição do estado do ensino, mas acabou estranhamente assim. Será que se perdeu o resto?

Fico satisfeito com a notícia de que talvez apareça em Lisboa para o lançamento do meu livro. Espero que arranje então várias coisas para fazer para que lhe valha a pena tão longa viagem. Não conheço Chaves. Cheguei só a Vila Real quando fui falar na UTAD há dois anos. É uma viagem comprida, mas dizem-me que agora a autoestrada de Vila Real ao Porto está completa. Essa descrição que me faz da situação nas escolas é condizente com outros relatos que me chegam. Tenho tido muito contacto com Portugal a nível universitário, mas só conheço de ouvido o que vai pelo secundário.

Esse problema da sinceridade nos diários deve ser complicado. Conheci Vergílio Ferreira pessoalmente e falámos várias vezes disso. E, como você disse, ele escreveu no diário sobre esse assunto. E não tem solução, que é o pior.

Não se preocupe com responder-me mais nada sobre o ensino. Deu para perceber que o que ouço se confirma por aí, o que me deixa com pena.

E continuação de um bom fim de semana.
Um abraço do
Onésimo

E-MAIL DO LEON MACHADO
Domingo, 13 de abril de 1997, 14:49
Caro Onésimo:
Reenvio-lhe o resto da minha última mensagem, a parte referente ao ensino. Creio que o corte se deve ao seu sistema de e-mail, que não aceita mais do que 32 mil caracteres. Como a mensagem excedia esse número, o seu computador cortou o excesso.
Dizia eu:
[Transcrição de parte da mensagem anterior.]
Comentário de hoje: a educação em Portugal tem feito correr rios de tinta e os governos democráticos vão fazendo aumentar ainda mais o caudal. Este, claro, é já uma cloaca.
Lá para meio da semana lhe direi do novo diário do Saramago que ando agora a ler, depois das suas (não dele) reflexões pessoanas acerca da *Mensagem*.
Mas não o maço mais, que me parece ser agora abuso de intrometido.
Cumprimentos,
José Machado

E-MAIL DO LEON MACHADO
Quarta-feira, 16 de abril de 1997, 18:07
Caro Onésimo:
Cá recebi mais um pacote, que agradeço. Hoje fui à Porto Editora e, enquanto esperava numa sala que os coordenadores editoriais me atendessem, li de enfiada o seu ensaio acerca da identidade cultural, ensaio esse que muito fez per mim, pois evitou que eu pegasse no sono da espera: Achei curiosa a analogia do título de *O Labirinto da Saudade* em Octavio Paz e em Eduardo Lourenço. Li a obra deste e até a citei na tese. Mas a do mexicano

não conhecia. No seu ensaio, você fala da dificuldade da definição de um conceito de identidade e refere a inevitabilidade de ele, correta ou incorretamente formulado, existir. Concordo consigo quando diz ser preferível o uso do termo "identidade cultural" ou de "identidade nacional". Tanto mais que, num vário país poderá haver várias identidades culturais (e há-as com certeza) e não haver uma identidade nacional. Esta, a existir, derivaria mais de um posicionamento político.

E eu que sei disso? Pelo menos uma coisa aprendi: «É ao confrontar-se com outra cultura que um nacional se apercebe da diferença entre essa e aquela a que pertence» (p. 81). A frase de George Santayana que você cita é um bom tema de reflexão: «os pés de um homem devem estar plantados na sua terra, mas os seus olhos devem mirar o mundo todo» (p. 84).

A mim, que ando a escrever agora uma crónica romanceada da minha passagem pela França, estas passagens são ouro. Logo que seja publicada, mando-lhe um exemplar. É a visão de um portuguesito que não é emigrante numa terra de imigrantes.

Da peça de teatro já li as últimas páginas, aquelas que você recomenda que se leiam antes de iniciar a obra propriamente dita, acerca da biografia de algumas personagens. Não sabia que o simbolista Roberto de Mesquita era açoriano. Como amanhã vou para Braga, penso lê-la em casa de meus pais nos próximos dias.

O ensaio sobre a *Mensagem* do Pessoa (é curioso: o livro ganhou o premio Roberto de Mesquita em 1986 e eu não associei este Mesquita ao Mesquita poeta...); o ensaio, dizia eu, sofreu uma leitura intermitente, mas penso que compreendi a argumentação central. Portugal morre aos bocados e Fernando Pessoa pouco mais conseguiu do que adiar o suspiro final. Encaixaria aqui bem a questão da identidade cultural. Concluímos com o poeta: «Não há Portugal: há uma mistura ignóbil de estrangeiros de interior».

Renovando os agradecimentos pelos livros, me despeço com um abraço.

José Machado

E-MAIL DO LEON MACHADO
Sábado, 19 de abril de 1997, 22:47
Caro Onésimo
Pois claro que conheço o prof. Amadeu Torres! Foi meu professor no Seminário de Braga e depois na Faculdade de Filosofia e na Universidade do Minho. Além disso, é o orientador de tese da minha esposa. A tese acerca do São Teotónio... Como este mundo tão grande parece às vezes tão pequeno!

Pois claro! Agora recordo-me de o prof. Amadeu Torres várias vezes nos contar as suas (dele) visitas aos EUA. Não me recordo é se ele chegou a dizer que esteve na Brown.

Quantos aos outros professores de que me fala, conheço de nome e de os ver pelos corredores da UM, mas não tenho confiança. O abraço lá o darei, dentro em breve. Se não for eu, dá-lhe a minha esposa (salvo seja...) cumprimentos por mim e por si.

Mas olhe, nisto de conhecer gente, há coisas que só mesmo uma grande coincidência pode explicar. Fui a Braga, como lhe disse, e regressei hoje (sábado). Estive num colóquio sobre "O que é ser professor hoje" com o Mário Cláudio e o Joaquim Matos (antigo diretor do *Letras & Letras*). Éramos os três os oradores (eu o mais humilde em idade e em ciência).

No jantar depois do colóquio, fiquei a conhecer melhor o Joaquim Matos e a dada altura falámos da grande perda para a cultura nacional que foi o *Letras & Letras* deixar de ser publicado. Ele falou de vários colaboradores e citou o Onésimo. Eu disse-lhe, muito a gabar-me: «Falo com ele praticamente todos os dias».

O Joaquim Matos olhou para mim com certa ironia e exclamou: «Curioso. Pensei que estivéssemos em Portugal...» Fiquei por mentiroso. Creio que ele não ficou muito convencido de eu lhe explicar depois que o nosso contacto era feito pela Internet. De qualquer modo, pediu-me: «Se o vir lá por esses sítios virtuais, dê-lhe um abraço por mim». Cá fica o abraço.

Mas o mais engraçado do jantar foi verificar que, além da esposa do Joaquim Matos (que é açoriana), havia mais duas senhoras professoras que estiveram alguns anos nos Açores. Juntámo-nos os quatro a falar das ilhas e a cavaqueira ter-se-ia arrastado se não tivéssemos um serão de fados e guitarradas no Teatro Circo pelo grupo dos antigos orfeonistas de Coimbra.

Ainda a propósito do Joaquim Matos: confessou-me ele que era um apaixonado do Antero de Quental. E então eu disse-lhe que andava a ler um livro em que o poeta das *Odes Modernas* aparecia em amena cavaqueira com o Nemésio, entre outros. «Isso não me é estranho», diz-me ele. «Que título tem o livro?»

Eu lá lhe disse e ele acrescentou: «Pois claro! Eu tenho isso lá em casa. Já o li, já. É um livro divertidíssimo.»

Aí fica o elogio. Amanhã prometo dizer da minha justiça acerca de *No Seio Desse Amargo Mar*, pois faltam-me cerca de vinte páginas para terminar. Não lhe adianto absolutamente nada, para o fazer sofrer a espera da incerteza...

Um abraço (por mim e pelos outros).

José Machado

E-MAIL DO ONÉSIMO
Domingo, 20 de abril de 1997, 0:35

Que chatice! Outra vez o corte. Vou enviar-lhe o que chegou porque a sua tão interessante notícia a falar de gente conhecida ficou-se pelo caminho. Não sei porquê. Um aluno manda-me montes de páginas da sua tese e chega. De Portugal mandam-me inúmeros documentos e chegam. Daí já é a segunda vez que isso acontece. Mas essa de o meu caríssimo Amadeu Torres ser o orientador da tese da Linda é que é o cúmulo! Gosto muito dele. Quando fui a Braga (duas vezes nos últimos anos), saí com ele a passear pelo Alto Minho de que gosto muito. Comemos lampreia, conversámos, atravessámos inúmeras pequenas aldeias e povoações.

Esta é mesmo boa! Admiro-me ele não me dizer que uma mestranda sua está a fazer tese sobre S. Teotónio. Mas também é verdade que há tempos ele não me escreve. Mando-lhe notícias por e-mail via Brian Head e vice-versa.

Em separado mando então o que me chegou. Mas acredite que foi muito agradável saber essas notícias.

Um abraço amigo do
Onésimo

E-MAIL DO LEON MACHADO
Domingo, 20 de abril de 1997, 14:35
Caro Onésimo:

Cá estou, como prometi, para lhe falar da peça. Que poderei dizer que você já não tenha ouvido?

A obra é divertidíssima, como aliás constatou o Joaquim Matos, mas tem muito mais do que isso.

Fiquei encantado. Não por falar de gente açoriana, mas por ser de um estilo leve, divertido e irónico. A ideia de colocar os açorianos ilustres em amena cavaqueira na Atlântida parece-me deveras original e este artifício funciona muito bem. Muitas das personagens não me são estranhas: o Côrtes-Rodrigues, o Mesquita, o Nemésio, o Teófilo...

Mas sabe qual foi da parte que mais gostei? Do segundo ato. O moderador, os oradores, são uma perfeita caricatura dos nossos ilustres congressistas (no sentido cultural). Muito patuá, muito sono, muita superficialidade. Senti-me um pouco na pele deles neste colóquio em que participei com o Mário Cláudio e o Joaquim Matos acerca do que é ser professor hoje.

O Jovem da peça é que não ficou lá muito contente com o congresso, tanto mais que teve de pagar as viagens de avião para ouvir balelas. É uma personagem curiosa.

Um outro ponto de que vale a pena falar: as referências culturais e intertextuais. *No Seio Desse Amargo Mar*, além de refletir as vivências culturais dos últimos cem anos nos Açores, é igualmente uma visão crítica da cultura portuguesa do mesmo período de tempo. Só foi pena você ter acabado a obra dois anos antes da morte da Natália Correia («Deixa vir a Natália para cá», diz a Alice Moderno na pág. 138). Seriam interessantíssimos os diálogos dela com os outros. Quem sabe não haja uma sequela?...

O final da peça é totalmente inesperado: o Antero dá dois tiros na boca para regressar ao mundo dos vivos. Deve andar agora por aí e nós nem nos apercebemos. Por acaso ele não será um vagabundo de barba comprida que percorre as ruas cá de Chaves a anunciar aos gritos o fim do mundo?

Concluindo: Adorei o livro.

Apenas uma pergunta: O Tolstoi refere-se mesmo ao Antero no seu *Diário*, ou é ficção dramática?

Um abraço e um muito obrigado pelos momentos de leitura.
José Machado

E-MAIL DO ONÉSIMO
Segunda-feira, 21 de abril de 1997, 2:19

Agrada-me saber que você gostou do livro, se bem que, como esperava, para um não-açoriano as referências culturais intrometidas no texto no 1.º e 3.º atos não devam passar muito bem para quem não está familiarizado com o mundo cultural açoriano. Mas vi que você leu com atenção e, se riu, é porque percebeu mesmo.

Iam fazer uma versão televisiva da peça para a TV açoriana, mas vieram receios de algumas hostes conservadoras e vingaram os medos de que a representação de figuras como Nemésio, Antero e outros achincalharia a memória deles... Contra isso, batatas.

A referência a Antero no *Diário* de Tolstoi não é invenção, como aliás não é invenção nenhuma das referências que o texto contém. Todos os episódios da vida das personagens referidos em graça ou piada no diálogo são todos históricos. Evidentemente que as conversas são todas inventadas e que o segundo ato é todo inventado, embora ali esteja muito decalque de situações que eu presenciei nos congressos portugueses a que tenho ido. (Um dia ainda gostava de fazer um romance sobre eles.) Vou enviar-lhe um texto que publiquei na Atlântida sobre Antero no diário de Tolstoi. Não se assuste: é pequeno.

Recebeu a minha mensagem de ontem à noite em que lhe dizia que não recebi o resto daquela sua saborosa mensagem de ontem a contar-me tão divertidas coincidências?

Acabo de chegar de Amherst, uma universidade a duas horas daqui onde está o nosso mais velho. Li a sua mensagem mesmo antes de sair, mas não tive tempo de lhe responder. Agora só lerá esta amanhã. Boa noite daqui, bom dia para aí. E não se esqueça de no seu diário falar das suas experiências pedagógicas aí em Trás-os-Montes. Creio que pode prestar um belo serviço às pessoas interessadas no ensino.

Abraço,
Onésimo

E-MAIL DO LEON MACHADO

Segunda-feira, 21 de abril de 1997, 18:36
    Caro Onésimo:
    Desculpe os últimos desencontros internéticos. Você fala em alhos e eu em bugalhos. Felizmente não somos políticos ou dava-se de imediato um incidente internecional de gravíssimas consequências para a diplomacia de ambos os países... A Internet, por virtual, é instável e, por ser instável, não é de confiar. Sempre será mais rápido do que o envio de mensagens em papel que demoram mais de uma semana para chegar ao destino.
    As referências culturais de *No Seio Desse Amargo Mar*, em geral, apreendi-as. Embora eu só tenha estado cerca de um ano nos Açores, fiquei a conhecer minimamente a forma de ser dos insulares. Contactava diariamente com soldados de todas as ilhas, comíamos no mesmo refeitório, dormíamos na mesma caserna. Fiz lá boas amizades, em especial no Pico, onde aos fins de semana os soldados me disputavam (eu era furriel) para me levarem a beber o vinho de cheiro na própria casa. O seu Moderador também fez a tropa nos Açores...
    Naquele ano, de cultura açoriana escrita quase nada, além de *O Telegrapho*, o jornal da Horta (ou um deles, pois parece que há outro). Mas nem sempre se aprende nos livros. Cada homem é também um livro para quem o souber ler.
    A propósito da minha tese, tive de ler umas coisas de e sobre Teófilo Braga. Não sei se o Onésimo conhece a obra *Viriato*, uma espécie de romance a que o autor chamou "narrativa epo-histórica". No ano 147 a.C., o Teófilo põe o Viriato a chegar de barco às ilhas açorianas... A relação com o Antero, sendo ambos açorianos e tendo os dois estudado em Coimbra foi, pelos vistos (não o sabia) de um frio desprezo, mais talvez da parte do Teófilo.
    Esta personagem tem andado bastante esquecida nos meios culturais e académicos. E os próprios açorianos não falam muito dela. Mas que diabo! Ele foi presidente da República. Ou haverá

uma qualquer razão por outras que eu desconheço? Bem, o homem não me é muito simpático. Mas deixou uma obra importante no campo da etnografia e da história literária.

Outra consideração: desconhecia o franciscanismo do Côrtes-Rodrigues. Sabia que ele fora colaborador do *Orpheu* e amigo do Pessoa, mas perdi-lhe o rasto no momento em que o Pessoa lhe deixou de escrever. Aquela frase da pág. 31 da peça dita por ele pôs-me a magicar: «De poeta e de padre ou freira, todo o português teve o seu período». Sabe que é raríssimo eu encontrar alguém ligado às letras que não tenha andado no seminário ou num colégio de freiras? Eu incluído? Bem, a minha esposa talvez seja uma exceção. Mas ela é linguista...

E, falando nela, vem-me o Prof. Amadeu Torres. Foi um dos melhores professores que eu tive em toda a minha vida de estudante. Um verdadeiro humanista. Lecionou-me: Latim, Introdução aos Estados Linguísticos, Ontologia Filosófica, Sintaxe, Semântica e História da Língua Portuguesa. Ainda recentemente me enviou um pacote de separatas de alguns artigos para eu me distrair na monotonia cá de Chaves. Por isso, não se preocupe com a extensão do artigo sobre o Antero.

Mas não exagere: até 700 páginas ainda se lê. Mais que isso não prometo.

E para esta não chegar cortada, paro por aqui.

Cumprimentos do
José Machado

POSTAL DO ONÉSIMO[2]

21/4/97
Caro José Machado:
Aí vai então o artigo sobre Antero no *Diário* de Tolstoi.

Envio-lhe só isso para não se sentir inundado com coisas para ler como se para tal tivesse qualquer obrigação.

Como lhe disse num e-mail, não deixe de registar no seu diário as suas frustrações na experiência pedagógica que está a ter. Você pode fazer um retrato pertinente da situação do ensino na periferia nos dias que vão correndo. Não use luvas de lã.

Um abraço amigo do Onésimo.

POSTAL AO ONÉSIMO[3]

New York, 23 abril 97

Caro José Machado:

Como o meu mais recente (e assíduo correspondente internetional (saiu como neologismo agora e vou guardar), lembrei-me de lhe enviar um abraço daqui. Vim ao Ballet Gulbenkian por dever profissional "representativo", mas valeu a pena. Foi um belo espetáculo.

Um abraço do
Onésimo

E-MAIL DO LEON MACHADO

Quinta-feira, 24 de abril de 1997, 20:02

Caro Onésimo:

Sou um dos implicados de mais um atentado ao seu nome: Onesmio (com acento no *e*). Fui confirmar à base de dados do programa e lá estava: Onésmio. Escrevo o seu nome quase todos os dias e não sei como pôde isso acontecer. Felizmente ainda poderemos alterar. Resta saber se não será pior a emenda que o soneto. É que os meus ilustres colaboradores na elaboração do programa não são de confiar. Vou eu e escrevo Caeiro, vão eles por trás e alteram para Caieiro.

«Somos engenheiros e não temos obrigação de escrever bem o português», argumentam eles. O Jorge de Sena era engenheiro e foi um dos grandes autores de língua portuguesa, argumento eu.

Receba as minhas desculpas, que as terei com certeza, e da equipa de trabalho do CD PESSOA. Prometemos que não voltará a acontecer...

Quanto aos diários e a questão do ensino: envio-lhe em anexo alguns textos avulso que tenho escrito. Um deles, por acaso, é de hoje.

Amanhã, como sabe, celebra-se o 25 de Abril. Do programa das comemorações em Chaves está previsto: uma salva de morteiros e içar da bandeira pela manhã, seguidas de uma arruada pela Banda dos Pardais (para acordar a malta). À tarde, há atletismo, declamação de poesia e teatro de fantoches... Em Lisboa, naturalmente, haverá discursos.

Hei de comprar a *Vértice* quando for a Braga. Em Chaves dificilmente se arranjará um exemplar.

Por cá fico. Boa revolução para si.

José Machado

E-MAIL DO LEON MACHADO
Sexta-feira, 25 de abril de 1997, 22:23
Caro Onésimo:
Fico muito satisfeito por ter gostado dos pedaços de diário. Há grandes diferenças entre o que eu escrevi há dez anos atrás e o que agora escrevo. A idade melhora o estilo e estraga a inocência...

Novidade que talvez lhe interesse: a escritora Claudine Roulet ganhou por estes dias um importante prémio literário suíço com o romance *Rien qu'une Ecaille*. O romance passa-se na ilha das Flores e as personagens são açorianas. É provável que seja publicado em Portugal. Estarei atento.

E falo-lhe do 25 de Abril: passei-o em casa com a Linda, ambos no computador, cada um à vez, a elaborar provas globais para os alunos. É claro que nem todo o tempo foi ocupado com as provas!

Cumprimentos do
José Machado

E-MAIL DO LEON MACHADO
Terça-feira, 29 de abril de 1997, 10:40

Caro Onésimo:

Cá chegou o artigo, não sei bem como. É que no destinatário, em vez de Chaves, o Onésimo escreveu Lisboa. Há alguma diferença. Pouca, mas há...

Agradeço, no entanto, a atenção. Li-o no intervalo de uma aula e de uma reunião, em dez minutos, e fiquei com a sensação de que o tempo deveria ter sido maior, maior fosse o número de páginas. Mas que culpa temos nós de que o Tolstoi apenas se tenha referido uma vez ao Antero?

Pergunto: não haverá porventura rastos do Antero na literatura alemã? Afinal os *Sonetos* foram traduzidos pelo Storck. Seria pertinente falar nisto a um germanista.

É curioso aquilo de o texto do Antero ter dado volta linguística tão grande e chegar ao ponto de partida com o sentido praticamente inalterado. Isso vê-se cada vez menos.

Quanto ao diário, pois vou-o escrevendo, sempre com uma censura virtual por trás. É que vem-me o receio de ser profissionalmente incomodado. A direção da minha escola prima pela inépcia e pela incompetência. E se fosse a escrever (e a publicar) tudo o que penso, tinha os inspetores e um processo disciplinar à perna. Estes tipos, além de quase obtusos, são vingativos.

E não o maço mais.

Cumprimentos do
José Machado
P.S. Não se coíba de mandar o que quer que seja. Ainda vou tendo disponibilidade para ler.

E-MAIL DO ONÉSIMO
Quarta-feira, 7 de maio de 1997, 4:18

Meu caro José Machado:
Regressei da maratona na terra do sol. Céu azul e calor seco. A imensidão californiana a perder de vista. Fiz uma série de conferências e saltava de lugar para lugar: em carro alugado. Saltava é como quem diz: viagens de três horas em estradas sem fim. Mas foi agradabilíssimo. Saí de S. Francisco ontem qua à meia-noite e vim apanhar o amanhecer em Chicago, para tomar outro avião para Providence. Significa que dormi umas três horas. Mas aqui o dia teve de continuar como se nada fosse.

Ainda não tive tempo de ver o CD de Camões. Verei com calma. Tinha caixotes de correio à minha espera e mais a burocracia da praxe toda. Tive de ler teses nos aviões, enfim... Mas verei o CD com a devida atenção.

Vai assim este só para dizer que estou de regresso. Um abraço amigo do
Onésimo

E-MAIL DO LEON MACHADO
Terça-feira, 13 de maio de 1997, 21:38:40

Caro Onésimo:
Não sei se ao escrever, você ainda está em Nova Iorque. Pelo menos lerá esta mensagem quando chegar, segundo a lógica da batata.

A questão que me coloca acerca dos leitorados: a minha esposa é demasiado caseira e não pensa, pelo menos para já, acompanhar-me nessa aventura. Prefere que eu vá sozinho. Confia em mim até haver prova em contrário...

E falando nela, conto-lhe em que ponto está a tese dela sobre o São Teotónio: o dia de arguição foi marcado para o próximo dia 11 de junho, em Braga, e o arguente é o Doutor Geraldes Freire da Universidade de Coimbra.

O orientador, como já lhe disse, é o Doutor Amadeu Torres. Na altura também lá estarei e darei lembranças suas.

Entretanto chegou-me mais um número do *Correio dos Açores* com o suplemento cultural. Continuo a não compreender como podem manter um suplemento semanal com tantas páginas e artigos. Serão efeitos do isolamento?

Na página V aparece um extrato do diário do Saramago, exatamente aquele que fala da sua amiga oftalmologista.

E nada mais por hoje.

Cumprimentos conjuntos do
José Machado e da *Linda Cabrera*

E-MAIL DO LEON MACHADO
Quarta-feira, 14 de maio de 1997, 21:52:41

Caro Onésimo:

O Vergílio Ferreira leu o artigo mesmo antes de ser publicado e enviou-me uma carta, naquela sua letra miudinha (devo tê-la aí por qualquer sítio. Se o Onésimo, em vez de um Mac, tivesse um PC, enviava-lha *scanneada*), a comentar. Foi graças a algumas das suas observações que alterei, ao publicar, algumas passagens.

Reli há pouco tempo o artigo e achei-o demasiado científico. A linguagem emperra. Precisava de mais soltura. Para ficar como desejo, teria de remodelá-lo totalmente. Mas agora está publicado e não há muito a fazer. Lembro-me de o Aguiar e Silva (inicialmente foi um trabalho para a cadeira de Teoria do Texto Literário) me ter dito, depois de o corrigir, que o trabalho pecava por demasiada informação. A versão original tinha mais do dobro das páginas.

Eu admirava muito o Vergílio Ferreira. Embora não nos conhecêssemos pessoalmente, trocávamos correspondência uma vez por outra, principalmente nos últimos dois anos antes da sua morte. Quinze dias antes de falecer, tinha-lhe enviado dois dos meus diários. Não sei se chegou a lê-los. Um pelo menos leu-o, pois eu enviara-lho alguns meses antes em fotocópia. Respondeu-me nessa altura e disse-me algo que me deu certo alento a continuar.

Desculpe-me estas vaidades particulares. Damos importância a coisas que provavelmente não têm importância nenhuma. Quem sabe não são elas que nos fazem caminhar para diante?

Cumprimentos do
José Machado

E-MAIL DO LEON MACHADO
Sexta-feira, 16 de maio de 1997, 22:10:54
Caro Onésimo:
Desculpe vir, desta vez, incomodá-lo com isto: uma estudante universitária brasileira, não sei por que artes, pediu-me informação sobre IDEALISMO. Como você tem uma tese sobre o assunto, não poderia dar umas achegas à moça?
Copio-lhe a mensagem:
<<<<<<<<>>>>>>>>
Estou aqui pela Net buscando informações para um trabalho de Estética no curso de Arquitetura. Preciso resolver algumas questões e para ir em busca das respostas comecei pelo Cadê que me deu o teu endereço na busca pela palavra *idealismo*. Assim, se

você puder e quiser me ajudar nessa minha pesquisa, aí vão alguns questionamentos:
Você é formado em algum curso superior?
Poderia me falar algo mais sobre idealismo?
Poderia fazer um confronto entre idealismo e realismo???
Obrigada pela atenção!
Karina

<<<<<<<<>>>>>>>>

Abraços do
José Machado

E-MAIL DO LEON MACHADO
Domingo, 18 de maio de 1997, 23:34:53
Caro Onésimo:
Devo-lhe desculpas pela minha precipitação ao remeter-lhe aquele pedido um tanto preguiçoso da rapariga brasileira. Aliás, ela tinha-me caído do céu aos trambolhões. Eu não conheço a moça e, só depois de lhe enviar o *mail*, é que refleti na asneira, primeiro de lhe recomendar a resolução do assunto, segundo de ter momentaneamente confundido Ideologia com Idealismo.

Na altura em que lhe enviei a si a mensagem, mandei-lhe também a ela uma, dizendo-lhe que ambos os conceitos se poderiam facilmente encontrar na enciclopédia. Afinal a coisa era bastante básica. Tanto mais que a rapariga estuda Arquitetura e as informações sobre o assunto parece não necessitarem de grandes aprofundamentos.

Mais uma vez as minhas desculpas pelo incomodo. Como você diz, a Internet favorece esse tipo de preguiça. Não sei se conhece agora a moda (soube dela há dias): um aluno qualquer está a fazer um trabalho sobre o que quer que seja, lança no serviço de NEWS uma mensagem a dizer que precisa de determinada informação e, um dia depois, chovem-lhe respostas às carradas. Isto depende muito do tema. Literatura e Filosofia, regra geral, é muito improvável haver alguém a responder.

Novidades: o Augusto Abelaira ganhou o Grande Premio APE com o romance *Outrora Agora*. Ainda não o li. A ver se arranjo tempo nas ferias. Dele li *O Bosque Harmonioso*. É um romance divertidíssimo, em especial os capítulos que falam do país dos macacos. Mesmo assim, o melhor capítulo é aquele em que o narrador conta em como se meteu com uma virtuosa mulher casada e esta, quando ele já nada esperava, o levou para casa na ausência do marido e ele, de pila murcha, teve de fugir de vergonha, pois naquele dia não tinha lavado o cu... (expressões do Abelaira).

E mais nada por hoje. Enquanto o Onésimo anda a aborrecer-se em jantares de gala, ando eu aqui à volta das provas globais. Cada com seu fado...

Cumprimentos à Leonor e para si abraços do
José Machado
P.S. E o livro, sempre sai em junho?

E-MAIL DO ONÉSIMO
Segunda-feira, 19 de maio de 1997, 23:10

Isso da gala é o que pensa. Acabámos há duas horas a defesa de mais uma tese de mestrado sobre João de Melo e a guerra colonial. Depois fomos a um bar aqui perto celebrar. Tenho montes de ensaios finais a ler – 25 páginas cada X 30 alunos de uma cadeira de Filosofia. E nem sonha os montes de coisas.

Não se preocupe com a história da aluna de Arquitetura. Estou habituadíssimo a solicitações dessas e desanco logo. Mas faço-o com equidade. Um dia chegou aí um jornalista com bolsa, tudo bem pago para fazer um livro sobre os portugueses nos EUA. Veio entrevistar-me. Perguntou-me o que lhe dizia eu sobre as comunidades luso-americanas. Perguntei-lhe então o que já tinha lido meu sobre a L(USA)lândia, como chamo à décima ilha açoriana deste oeste atlântico. Disse-me que nada, mas só queria que lhe desse uma ideia geral, pois iria escrever um livro jornalístico, à base de entrevistas. Disse-lhe que um bom jornalista informa-se primeiro para fazer boas perguntas. Com ar arrogante perguntou-me se lhe respondia à pergunta. Disse-lhe que não tinha tempo a perder a resumir coisas que já tinha escrito. E ficou assim. Foi-se muito zangado. Escreveu um superficialíssimo livro, mas ganhou um prémio e foi dizer a um amigo meu horrores do modo como o tratei. Portanto, a sua conhecida brasileira ainda foi bem tratada.

Um abraço. Tenho que ir agora a outra tese de mestrado (Antropologia, seguida de beberete.)

Onésimo

E-MAIL DO LEON MACHADO
Segunda-feira, 19 de maio de 1997, 23:32:41

Caro Onésimo:

Escrevia-me você na altura em que, entre foguetes e bandas filarmónicas, o nosso presidente da República inaugurava a nova estalagem no Forte de São Francisco cá em Chaves. Estranho, dirá você. Será preciso ir o presidente da República inaugurar uma estalagem nessa piolheira? A questão é que o dono da estalagem é um emigrante transmontano no Brasil que investiu milhão e meio de contos no negócio. E isso, claro, é razão para. Convidados eram 1500, entre a fina flor da terra (clero, nobreza e povo) mais a RTP Internacional e uns quantos engravatados de Lisboa. A coisa foi muito fina e o jantar esteve ótimo. A estragar a festa esteve a chuva que se lembrou de cair mesmo no momento em que o presidente saía do Mercedes.

Mas, ó Onésimo: não leve a mal as palavras da minha anterior mensagem. Eu sei que um professor universitário sofre as estopinhas nas múltiplas solicitações a que é obrigado por dever de ofício. Nesse aspeto, um vulgar professor do ensino secundário vive no céu. Temos duzentos exames para corrigir, sim senhor; mas não se poderão comparar a 30 trabalhos de 25 páginas cada um, que somam 750 páginas de texto impresso em tamanho A4. E depois as teses de mestrado (de pouca grossura, é verdade, mas imensas), as teses de doutoramento (verdadeiros sacos de cimento em peso e tamanho), as conferências, os congressos, os colóquios, as reuniões... Não, não invejo a sua sorte.

Aquela do jornalista está muito boa. Sabe o que penso disso? Os jornalistas (portugueses principalmente; não conheço os outros), têm uma ótima autoestima. Acham-se anjos mensageiros e todos as portas e todas as bocas devem estar abertas para eles. Se encontram alguma fechada (boca ou porta), o veredicto é este: entrave à informação, censura e perseguição à imprensa.

Cá por estas bandas a mania agora é perseguir professores que batem nas criancinhas e ensinam sexo nas aulas. Perseguem o coitado (ou coitada) na escola, em casa, na rua e o remédio é pedir despensa de serviço e fugir para Benidorm, na Espanha, a tirar umas ferias antecipadas.

Desculpe-me estas depilações. Termino contando-lhe mais uma novidade: a página de literatura portuguesa que coordeno foi agraciada com a distinção do Top 5 Português, o maior prémio nacional para páginas da Internet. Está, pois, de parabéns a literatura portuguesa. Se quiser consultar, o endereço é: http://alfarrabio.di.uminho.pt/vercial/

Abraços do
José Machado

E-MAIL DO LEON MACHADO
Terça-feira, 20 de maio de 1997, 21:51:53
Caro Onésimo:
Devemos ter ambos bichos carpinteiros. A minha esposa diz amiúde que eu não consigo estar quieto. Já a minha avó dizia o mesmo. Se não tinha com que brincar, quebrava os pratos da cozinha e, com o que restava, construía um prédio como os que apareciam na série animada do Spiderman. Isto de nunca estar quieto pode trazer alguns inconvenientes. Dizem os médicos que pessoas assim acabam com um ataque cardíaco. Deus nos livre do agoiro. O outro inconveniente é, de sermos tão ativos, cansarmos os outros só de nos verem em atividade. «Até me cansas, rapaz», dizia a minha avó quando eu com o pneu velho de um carro dava voltas e voltas ao quarteirão.

Pergunta-me pelo diário: lá vai somando páginas, muitas delas demasiado íntimas (o título é *Memorias Quase Íntimas* e tudo o que é demasiado íntimo terá de ser suprimido). Dentro de um mês envio-lhe o volume correspondente ao ano passado. Edição só para os amigos e que estará à venda em apenas duas livrarias: uma em Chaves e outra em Braga. Sou um escritor obscuro que obscurece o que escreve com receio do papão que são os críticos, aqueles terríveis seres peçonhentos que comem criancinhas que são os livros natos da pena dos escritores.

E sabe o que descobri hoje que me pôs de fel e vinagre contra mim mesmo? Que a Natália Correia publicou em 1983 um livro com o título *A Ilha de Circe*. Como pude ser tão nabo? Como o Onésimo estará lembrado, aquela ficção que escrevi sobre os Açores tem este título. E agora? Sinto-me, sem o ser, um ladrão do alheio.
Cumprimentos do
José Machado

E-MAIL DO ONÉSIMO
Quarta-feira, 21 de maio de 1997, 19:29
Por burrice apaguei a sua última mensagem. Uma distração! Ia voltar a ela para copiar o endereço de acesso à sua página literária e pumba! Daí eu ser dos que imprimem o importante por causa de acidentes destes. Dou-lhe ao menos os parabéns pelo prémio, mas teria muito gosto em ver a página. Importa-se de repetir? Não sabia-que o Abelaira ganhara o prémio da APE. Merece, ao menos pela obra toda. Escreve muito bem, embora lhe falte agora a jovial idade da sua escrita na água dos seus velhos tempos. Mas é um homem muito inteligente. Abraço. E quero ver essa página.

Onésimo
A propósito de diários, sexta-feira é lançado na Casa dos Açores em Lisboa o 4.º volume de um bonito diário de Fernando Aires. Prefaciei o 3.º volume. Saiu na Salamandra. O 4.º também sai na Salamandra. E estou a ler o vol. IV do diário de Saramago, que me chegou há dias. Como foi oferta dele, tenho mesmo que ler para poder agradecer, embora não seja grande fã do diário dele. Prefiro de longe o de Vergílio Ferreira, embora me pareça que Saramago tem abrandado na sua autocontemplação.

Outro a. O. (Ah! O diário de Fernando Aires chama-se *Era Uma Vez o Tempo*).

E-MAIL DO LEON MACHADO
Quarta-feira, 21 de maio de 1997, 21:40:54
Caro Onésimo:
Aí vai o endereço:
http://alfarrabio.di.uminho.pt/vercial/

Havemos de falar um dia acerca de uma possível página sua a incluir no *site*. Mas primeiro veja se lhe agrada a coisa e diga o que pensar. As críticas, de si, são sempre bem-vindas.

José Machado

E-MAIL DO LEON MACHADO
Quinta-feira, 22 de maio de 1997, 21:09:30
Caro Onésimo:
Tivemos a noite de ontem agitadíssima. Estávamos em pleno sono quando a casa começa a abanar. A minha esposa põe-se aos gritos a dizer que eram ladrões. Acordei sobressaltado e pusemo-nos à escuta. Daí a um pedaço novo abano, e outro, e outro. Foram quatro sismos de intensidade 5. Parece que em Chaves há uma falha numa das placas e qualquer dia vamos todos de rodilhão pelo Tâmega abaixo até ao Douro, e do Douro ao Atlântico, e do Atlântico à Atlântida fazer companhia ao Antero.

Quando estive nos Açores, habituei-me de algum modo aos pequenos sismos que mensalmente acariciavam o solo das ilhas. Daí a minha quase apatia a estes tremores. Mas aqui foi uma autêntica paranoia e toda a gente falava no assunto. Até deu na televisão, imagine você.

Já ouvi falar do Fernando Aires, mas não sabia que ele era açoriano. Como compreenderá, os diários interessam-me de sobremaneira. Talvez faça a minha tese de doutoramento sobre esse assunto. A questão que coloco é se hei de fazer um apanhado dos diaristas portugueses, ou se hei de pegar num em particular e esquartejá-lo. Que acha o Onésimo disso?

Sempre viu a página de literatura?
Abraços do
José Machado

E-MAIL DO LEON MACHADO
Sexta-feira, 23 de maio de 1997, 20:49:57
Caro Onésimo:
Não sei se já conseguiu entrar na página de literatura. Caso isso ainda não tenha sucedido, informo-o do seguinte: a página só funciona convenientemente se estiver a utilizar o Netscape 3.0 ou o Explorer 3.0 da Microsoft. Caso o seu *browser* seja diferente ou tenha uma versão anterior, é provável que o Mac apresente um erro. Recomendo, por isso, que arranje uma versão recente de um dos *browsers*. O da Microsoft é oferecido.
O dia tem sido para mim de festejos. Os alunos de uma turma organizaram uma festa com comidas, bebidas e música do Quim Barreiros logo pela manhã. À tarde, depois da avaliação das professoras estagiárias (duas levam um 15 e outras duas um 15,5), fomos todos para os copos (pagos por elas). Hoje à noite, e daqui a meia hora, tenho de estar presente num colóquio organizado pela Câmara Municipal. Telefonaram-me ontem a dizer que ganhei o primeiro prémio de conto de um concurso organizado pela Câmara e vou hoje receber o cheque.
Parece que esta semana me tem sido propícia graças a Minerva. Na próxima vêm os aborrecimentos...
Abraços do
José Machado

E-MAIL DO ONÉSIMO
Sábado, 24 de maio de 1997, 17:51
Parabéns pelo prémio do conto. Fico à espera de poder lê-lo. E faço votos de que o cheque tenha valido a ida à Câmara...
Os meus dias têm sido cada um pior que o outro em termos de tempo. Até terça-feira aqui não há sossego. Segunda-feira é o último e grande dia de festa de Fim de Ano aqui. Para cúmulo,

ontem uma moça de Lisboa que lá esteve na festa em casa trouxe uma filha curiosa na Internet e criou-me um problema que não poderei resolver até terça-feira (segunda é feriado). Não consigo acesso à rede. Vim ao Departamento (5 minutos de carro) tratar de umas coisas e abri o correio, por isso me apresso a dar-lhe os sinceros parabéns pelo prémio. Vou ver se atualizo o meu programa de Netscape.

Bom fim de semana para aí. Abraço,
Onésimo

E-MAIL DO LEON MACHADO
27 de maio de 1997, 21:47:55
Caro Onésimo:

Já estou conectado. Tive de comprar um novo *modem*. O outro queimou com a trovoada. Por isso, quando quiser contactar, pode fazê-lo para o antigo endereço.

Hoje, para não o aborrecer com a minha impertinência, pergunto-lhe se conhece o escritor João Aguiar, autor de *A Voz dos Deuses*, um êxito de vendas que se aproxima do dos romances de Saramago. Recebi hoje uma carta dele e, como eu lhe tinha dito (a ele) que provavelmente iria a Lisboa no fim de junho para a apresentação do seu (do Onésimo) livro, ele manifestou interesse em acompanhar-me.

E mais nada.
Abraços do
J. M.

E-MAIL DO ONÉSIMO
27 de maio de 1997, 23:13
Ia escrever-lhe agora mesmo a dizer-lhe que o problema tem a ver com a memória do meu sistema. Não dá para receber o montão de informação que vem da sua página quando eu procuro ter acesso

a ela. A Cândida ia resolver-me isso amanhã, mas afinal só cá estará na quinta-feira.

O Netscape ao que parece já vai na versão 5.0. A velocidade a que estas coisas mudam!

Qualquer que seja a história, flaviense de gema ou não, gostava de ler o conto. Por isso, venha ele.

Sei quem é João Aguiar e sei do êxito dele. Trouxe por sinal um livro dele em janeiro e ainda não tive ocasião de lê-lo. Não o conheço pessoalmente, mas tenho muito gosto em tê-lo lá no dia 27. Só vou ficar é com pena de não ter tempo decente para conversar com todos.

Escreverei amanhã. Vou ter de sair para mais um jantar de formatura. Abraço,

Onésimo

E-MAIL DO LEON MACHADO
Terça-feira, 28 de maio de 1997, 1997 21:41:51
Caro Onésimo:

Aí vai parte do conto. O resto mando-lho em dois anexos, por causa da memória do seu computador. Já agora: conhece o José Esteves Rei, prof. na UTAD? Parece que vai ser ele o meu orientador.

[Seguia em anexo o conto "Erva de Inverno".]

E-MAIL DO LEON MACHADO
Quinta-feira, 30 de maio de 1997, 1997 15:15:39
Caro Onésimo:

Agradeço-lhe a mensagem faxada a propósito do Fernando Aires. Chegou otimamente atrelada, com a formatação correta e com todos os acentos. Pergunto-me como conseguiu você tal proeza, uma vez que os Mac são praticamente incompatíveis com os PCs. Pois o tema da tese ainda não está definido. O Esteves Rei torceu o nariz quanto a uma possível abordagem da diarística portuguesa. Recomenda-me um mergulho na Didática e na Pedagogia do Português. Até setembro vou pensar seriamente no caso.

Fala no fax do Eugénio Lisboa. Não terá você por acaso aí a morada dele? Pedi-a na SPA e na APE, mas ele não é sócio de nenhuma das instituições. É que precisava da autorização dele para poder inserir um texto no CD do Fernando Pessoa.

A minha esposa cá anda, numa quase apraxia por causa do São Teotónio. O arguente (não sei se já lhe disse) é o Prof. Geraldes Freire da Universidade de Coimbra.

E mais nada.
Abraços do
Machado
P.S. O conto chegou todo?

E-MAIL DO ONÉSIMO
Quinta-feira, 30 de maio de 1997, 2:55

Gostei. Económico de linguagem, denso de traços e retratos, boas pinceladas no desenvolvimento da narrativa. Parabéns mais uma vez pelo prémio.

Não precisava reparti-lo em três doses. O problema que tenho é com o Netscape e a muita informação que é transferida. No e-mail (via Mainframe) não tenho problema. Alunos chegam a enviar ensaios de vinte e trinta páginas.

Mas obrigado pelo cuidado.

O prémio valeu a ida à Câmara?

Abraço do
Onésimo

E-MAIL DO ONÉSIMO
Quinta-feira, 30 de maio de 1997, 17:42
>Agradeço-lhe a mensagem faxada a propósito do Fernando Aires. Chegou otimamente atrelada, com a formatação correta e com todos os acentos. Pergunto-me como conseguiu você tal proeza, uma vez que os Mac são praticamente incompatíveis com os PCs.
Confesso que quem me faz isso é a minha secretária. Tinha o texto no meu computador de casa e, se faço o *saving* em WordPerfect, ela pode transmiti-lo (e aliás eu também se tivesse paciência para estas coisas) pela Internet.
>Pois o tema da tese ainda não está definido. O Esteves Rei torceu o nariz quanto a uma possível abordagem da diarística portuguesa. Recomenda-me um mergulho na Didática e na Pedagogia do Português. Até setembro vou pensar seriamente no caso.
Não sei por que razão não há de a diarística servir de tema de tese. Mas isso são coisas com o seu orientador.
>Fala no fax do Eugénio Lisboa. Não terá você por acaso aí a morada dele? Pedi-a na SPA e na APE, mas ele não é sócio de nenhuma das instituições. É que precisava da autorização dele para poder inserir um texto no CD do Fernando Pessoa.
O telefone dele na Unesco (Lisboa) é: ******. O de casa, no Estoril, é o: ******.
>A minha esposa cá anda, numa quase apraxia por causa do São Teotónio. O arguente (não sei se já lhe disse) é o Prof. Geraldes Freire da Universidade de Coimbra.
Sim, tinha-me dito. E conhece alguns escritos de Geraldes Freire. É jesuíta, não é? Não foi ele que escreveu uma Seleta de Grego?
>P.S. O conto chegou todo?

Enviei-lhe um e-mail ontem à noite em que lhe falava do conto. Estranho que não tivesse recebido. O meu e-mail saiu por volta das nove da noite daqui. O seu de hoje não estava de manhã quando abri o computador às oito, mas estava quando o abri às onze. Levará assim tanto tempo a chegar aí? Recebi logo o aviso ontem mesmo, poucos segundos depois, que a minha mensagem já estava aí. O conto estava repartido por três mensagens, não?
Abraço.
Onésimo

E-MAIL DO LEON MACHADO
Quinta-feira, 30 de maio de 1997, 23:41:30
Caro Onésimo:

A sua primeira mensagem sobre o conto chegou cá, sim senhor, e dentro do horário. Não lhe falei nele, porque normalmente as minhas mensagens são enviadas no momento em que recebo as suas. Quer dizer, a minha resposta anda sempre atrasada um e-mail dos seus. Daí eu não lhe ter falado da sua crítica ao conto. Agradeço-a agora, pois é-me bastante propícia e não sei se a mereço.

Quanto ao cheque, ficou-se pelos 50 contos. Para um conto de três páginas, não foi mal pago, penso eu. Não receberia tanto se tivesse publicado um livro de 200 numa editora famosa... Os prémios sempre vão pagando a carolice que é fazer literatura portuguesa.

O Geraldes Freire, que eu saiba, não tem nenhuma seleta. Você deve ter confundido com o António Freire, esse sim jesuíta (faleceu em fevereiro deste ano) e autor de uma seleta grega que eu tenho cá em casa e que tive de estudar no Seminário.

E não o maço mais. Bom fim de semana do
Machado

E-MAIL DO ONÉSIMO
Sexta-feira, 31 de maio de 1997, 14:39

Entendido. Suponho que a razão dessa diferença de tempo deve advir do facto de vocês em Portugal (o mesmo acontece com outros amigos europeus) pagarem pelo uso do telefone e daí ser mais conveniente escrever as mensagens primeiro e só ligarem à rede quando estão prontas para serem enviadas, não é?

Na universidade todos os computadores estão ligados ao Mainframe e tenho o computador ligado todo o dia. Em casa, a ligação é feita ao telefone que me liga à Brown. Mas aqui não se pagam chamadas locais. Melhor: paga-se um tanto por mês (pouco) para todo o serviço, pelo que posso dar-me ao luxo de ter o computador ligado à Internet durante o tempo que me apetecer. Por acaso não o faço por muito tempo porque não o tenho. Mas há muita gente com duas linhas de telefone: uma ligada ao computador e outra para uso normal.

Quantos aos 50 contos por três páginas, tem razão. Não é nada mal pago. O *JL* ainda paga 10 contos por crónica (as minhas são de 5-6 páginas). E as minhas crónicas do *Diário de Notícias* eram pagas a 30 cada. Como eram quinzenais, no verão davam um jeito grande para as férias. Deixei-as há dois anos porque queria dedicar mais tempo aos livros. Veja lá o que consegui: ao fim desse tempo vou publicar finalmente um livro.... com uma seleção dessas crónicas.

Quer melhor ironia?

E bom fim de semana para vocês. Imagino a tensão nesses dias finais antes da tese da Linda...

Ah! Esquecia-me. Confundi sim. Era António Freire. Sei que dava muitos passeios com Amadeu Torres. E de facto recordo-me de ter lido algures algo sobre a morte dele. Daí ter duvidado se o Geraldes Freire seria o Freire que eu conhecia da Seleta Grega.

Corrigido, portanto, e devidamente anotado nos ficheiros da memória.

Bom fim de semana. Vou dar um longo passeio a pé à beira-mar com a Leonor. Um açoriano é assim: sem água à volta, afoga-se.

Abraço.

Onésimo

E-MAIL DO LEON MACHADO
Sábado, 1 de junho de 1997, 12:08:48

Caro Onésimo:

A Leonor também é açoriana? Espero que ambos tenham gostado do passeio ao sol-pôr com a areia a entrar nos sapatos.

Pois a razão de os meus e-mails andarem atrasados um dos seus tem a ver com aquilo que me diz: poupar chamadas telefónicas. Infelizmente, os portugueses têm as telecomunicações mais caras da Europa.

Eu tenho também acesso ao Mainframe da Universidade do Minho, que é gratuito. Mas, como estou em Chaves, gastaria cinco vezes mais em telefone do que gasto a pagar à Telepac, a empresa que dá acesso à Internet. Mesmo assim, a Internet em Portugal é só mesmo para empresas, instituições do Estado ou... capitalistas. Como não sou capitalista, tenho de poupar.

Pois esse tal António Freire foi meu professor de Cultura Clássica e de Literatura Grega na universidade. O homem ocupava as aulas a mostrar *slides* das suas visitas à Grécia, à Alemanha e ao Japão e a contar anedotas. Aos rapazes dava sacas de tremoços, para fortalecer a virilidade. Um dos pecados que ele não se importava de cometer era a gula. Dava tudo por um bom paio da Guarda, um bom chouriço de Trás-os-Montes ou um bom queijo dos Açores.

Recordo-me da sua festa de 50 anos de ensino: um aluno levou um queijo de São Miguel do tamanho de um pneu de carro. Ele ficou tão comovido que lhe deu no final do ano um 18.
Faleceu de um cancro no estômago. Deus o tenha.
Boa semana para si. Por cá ando com as provas globais.
José Machado

E-MAIL DO LEON MACHADO
Segunda-feira, 3 de junho de 1997, 20:39:18
Caro Onésimo:
Invejo-lhe o fim de semana junto ao mar. Só lá para julho é que terei a sua sorte.
Aquilo que me conta das propinas universitárias nos EUA, embora eu desconfiasse, não imaginava que era assim, isto é, que estas fossem tão altas. E anda aqui a estudantada a protestar por pagar 50 contos por ano! Se soubessem o que pagam os seus companheiros americanos...
Pois o Saramago fez a cortesia de me citar. Já nos *Cadernos II* o tinha feito. Se estiver por aí o volume, veja a página 146, no dia 1 de junho (deixe-me só ir confirmar...) Não, afinal é no dia 1 de julho.
Já escrevi ao Eugénio Lisboa a propósito do CD do Fernando Pessoa. Não sei se ele já terá regressado dos Açores. A carta foi para o Estoril.
Veio hoje à escola o Doutor José Esteves Rei da UTAD fazer uma conferência sobre o ensino da gramática. Como já disse ao Onésimo, é provável que seja ele o meu orientador de tese. A propósito já não sei de quê, falamos de si e ele disse que o conheceu quando você esteve há dois anos em Vila Real. O Onésimo lembra-se disso? Ele tem uma tese sobre Retórica.
E mais nada ("menos nada" seria talvez o correto).
Abraços do

Machado

E-MAIL DO ONÉSIMO
Terça-feira, 4 de junho de 1997, 2:45

Curioso. Fui ver o 2.º vol. de *Cadernos de Lanzarote* e na entrada que fala de si eu tinha sublinhado a tirada final a que achara piada. Lembro-me da entrada e do artigo que alguém enviara a Saramago sobre as críticas da falange católica. Não registara o nome. Afinal era você. Tem piada.

Sim, as propinas aqui são caríssimas, embora haja muita gente com bolsas de estudo, e muitos com várias coisas (o chamado pacote individual feito com montinho daqui, montinho dali, trabalho dos alunos no verão e durante o ano, empréstimos e tudo o maís). Não, nada aqui é puramente de graça. Pagas por tudo e ninguém reclama, graças infinitas dos céus. As universidades mais caras são as mais concorridas. Concorrem por ano 15000 aqui à Brown e só admitem 1500. Esses que concorrem já são alunos que esperam ser admitidos, quase todos distintos nos seus liceus, porque se paga para concorrer para evitar que concorram centenas de milhar.

É sim muito diferente a atitude dos alunos. E trabalham como danados. Leem uma média de meio livro por semana para cada disciplina (4 delas) e às vezes um livro mesmo. Mas falar de tudo isso, de 25 anos de experiência no ensino aqui, demoraria muito tempo. Fico-me por isso assim mesmo.

Gostei de saber isso de A. Freire. Sim. Amadeu Torres está muitos furos acima desse tipo de pessoa!

Abraço.
Onésimo

E-MAIL DO LEON MACHADO
Terça-feira, 4 de junho de 1997, 20:51:50

Caro Onésimo:

Há certos dias de manhã que uma pessoa à tarde não pode sair à noite, senão entra pela madrugada dentro. Hoje tem sido mais ou menos assim. Chuvas quase torrenciais, uma grande quantidade de provas globais para corrigir e cada resposta uma autêntica anedota. São os nossos alunos, é o ensino em Portugal. Face ao que me conta dos alunos norte-americanos, eu, que sou professor, sinto vergonha.

Dizia Nicolau Clenardo no sec. XVI: «Se há algum povo dado à preguiça, sem ser o português, então não sei eu onde ele exista.» Em Portugal «todos somos nobres, e tem-se como uma grande desonra exercer alguma profissão. [...] Como diabo viveis então nessa terra?, perguntareis. – Os escravos pululam por toda a parte. Todo o serviço é feito por negros e mouros cativos. [...] Estou em crer que em Lisboa os escravos e as escravas são mais que os portugueses livres».

Desculpe-me a citação. Li hoje um pedaço de um texto do escritor flamengo e isto parece que nasceu para ser dito neste contexto. Deve haver com certeza povos mais preguiçosos do que nós. Mas tão conscientes disso talvez não haja.

Cumprimentos do
José Machado

E-MAIL DO LEON MACHADO
Quarta-feira, 5 de junho de 1997, 21:38:08

Caro Onésimo:

Realmente já tinha notada que em Vila Real as pessoas não primam pela simpatia.

A Laura Bulger: hoje tive uma reunião com as minhas estagiárias, a última deste ano, eu perguntei-lhes se a conheciam e elas disseram-me que tinha sido sua professora de Teoria da Literatura. Três delas, ainda não conseguiram fazer a cadeira... E não sabem como vão concorrer a um lugar do ensino. Além de a senhora ser exigentíssima, está neste momento doente (um cancro?) e não se sabe quando recuperará e se recuperará.

Como eu não conheço o contexto, não fiz qualquer juízo valorativo. Parece-me, no entanto, que a Laura Bulger é a única professora exigente naquela universidade. A maior parte do professorado não tem doutoramento e foi recrutado na prata da casa, isto é, entre os professores do ensino primário e secundário.

Por alguma coisa é que os alunos de Vila Real não são bem vistos pelos seus colegas das outras universidades. Só para lhe dar um exemplo: um aluno com média de 15 na Universidade do Porto ou em Braga seria um génio com média de 17 em Vila Real...

A frieza com que o receberam tem um pouco a ver com o modo de ser desta gente. Eu sou minhoto, como já lhe disse, e os minhotos são naturalmente alegres. Dizia o Torga que o Minho era bom para ruminantes. E os Açores, acrescentaria eu. É curioso: quando estive nos Açores, achei uma grande semelhança entre aquela paisagem verde e as veigas minhotas.

Mas estava eu a falar do modo de ser dos transmontanos. De um modo geral, é gente bronca. Há sempre exceções, mas realmente são poucas. Um destes dias houve um colóquio cá em Chaves sobre cultura transmontana. Eu lá fui, a pensar que aprenderia alguma coisa. Mas quando começo a ouvir falar de futebol, de bandas filarmónicas e de concursos de montras pelo Natal, fugi.

Quanto ao Doutor Esteves Rei: Ele não é transmontano e dá aulas (principalmente) na Universidade Fernando Pessoa. Vai a Vila Real quase por carolice. Mas ainda não é o meu orientador. As coisas estão em estudo e só em setembro é que haverá uma resposta definitiva de ambas as partes (minha e dele). Nem sequer sei bem

qual é o tema da tese! A ver se nas férias, ao pé do mar e com os pés enterrados na areia, me vem uma decisão sobre isso.
Então temo-lo por cá em janeiro! Bem-vindo. Bem que gostaria de ir a uma aula sua, embora eu de Filosofia não saiba mais do que aquilo que o Cónego Paula me ensinou.
Abraços do
Machado

E-MAIL DO LEON MACHADO
Quinta-feira, 12 de junho de 1997, 13:42:03
Caro Onésimo:
Cá me encontro, ao fim de 5 dias de ausência da Internet. Desculpe-me, pois, se só agora respondo à sua mensagem e conto o que por aqui se tem passado.
Como sabe, o 10 de Junho foi oficialmente comemorado a partir de Chaves. Isso levou a que eu me entretivesse em cerimónias de boas-vindas, cerimónias de corta-fitas, jantaradas com bois assados, paradas militares, bandas filarmónicas, conversas nos bastidores com o bispo de Vila Real, candidatos às câmaras municipais e com o próprio Alçada Baptista. Enfim uma saudável trapalhada. Penso que a comitiva saiu daqui satisfeita de estômago, de cultura e de vistas.
Pois, o Alçada Baptista: já nos conhecíamos de nome (eu tinha-lhe enviado um livreco meu que ele lera parcialmente) e foi com grande prazer cultural que nos ficámos a conhecer pessoalmente. Consegui livrá-lo por duas vezes dos guarda-costas, mas os tipos não despegavam. A comunicação dele causou algum torvelinho na política e nos meios de comunicação social. Depois lhe conto.
Mas olhe: acabei de chegar de Braga. A Linda, minha esposa, foi defender a tese sobre o São Teotónio. O resultado foi bom, mas

o arguente, o tal Prof. Geraldes Freire, foi demasiado picuinhas. Imagine que queria emendar o próprio original manuscrito do seculo XV!... No final, estive a falar com o Prof. Amadeu Torres e dei-lhe os abraços que o Onésimo me mandou. Ele retribuiu, acrescentando saudades.

Com vagar lhe contarei mais pormenores. Agora despeço-me, indo esta assim, para lhe dar conta de que não fui baleado por nenhum guarda-costas da Presidência.

Abraços do
José Machado

E-MAIL DO LEON MACHADO
Quinta-feira, 12 de junho de 1997, 22:35:57

Caro Onésimo:

Pois a história do hino está a dar muito que falar. Mas acho isso um desperdício de energias. Embora respeite o Alçada Baptista, é-me forçoso não concordar com ele. Pela mesmo linha de ideias, teríamos de alterar certas estâncias de *Os Lusíadas*... por politicamente incorretas. Essa história do politicamente incorreto faz-me impressão. A questão do hino tem de ser colocada dentro do contexto histórico. Sofreu várias revoluções e não foi nunca alterado (desde o sec. XIX). E quem somos nós para o alterarmos, mesmo que algumas partes nos mexam com a consciência? Os franceses, que são mais sensíveis do que nós para essas coisas, não alteraram a *Marselhesa* e ensinam-na às criancinhas na escola...

J. Machado

E-MAIL DO LEON MACHADO
Quinta-feira, 12 de junho de 1997, 22:54:58

Caro Onésimo:

Pensei que estava *on-line*, mas afinal não. Respondo-lhe amanhã com tempo à sua mensagem. Bom dia para si (aqui é noite e a Linda já me "gritou" do quarto no andar de cima...)
J. Machado

E-MAIL DO LEON MACHADO
Sexta-feira, 13 de junho de 1997, 21:55:16
Caro Onésimo:
Cá estou para aditar mais qualquer coisa ao que ontem lhe disse.
Chegou-me o hoje o *Semanário Transmontano*, que trata fundamentalmente da visita presidencial e das comemorações do 10 de Junho. Duas páginas são dedicadas a situações caricatas e a bocas verrinosas. Duas delas falam do Alçada Baptista. Diz uma:
«Alçada Baptista aventou a hipótese de se mudar a letra ao hino nacional, alegando que, hoje em dia, já ninguém se entusiasmará pelos gritos "às armas" e muito menos "contra os canhões, marchar". A proposição do escritor criou uma minicrise nas estruturas do Estado. Um exagero. Afinal, já no âmbito do 10 de Junho, as mais altas patentes dos três ramos das Forcas Armadas (com cedilha) puseram as tropas a desfilar perante si e do presidente da República, debaixo de um estandarte da SEAT (uma marca de carros espanhola), entidade comercial que patrocinou a movimentada parada».
A ilustrar, uma foto com o presidente e os militares em sentido por debaixo do tal estandarte em plástico luminoso...
Amanhã copio-lhe outra.
Despeço-me com os agradecimentos da Linda, minha esposa, ao seu cuidado em relação à trabalheira do São Teotónio. O Amadeu Torres não é, de facto, igual aos outros. Procurou ajudar durante a arguição, mas o Geraldes Freire, não deixou falar

ninguém. Dominou totalmente o discurso. A meia hora legal foi-se arrastando para hora e meia. Quando chegou a vez de a Linda se defender, cortou-lhe o discurso logo nos primeiros cinco minutos. Ela calou-se e não disse mais nada. Afinal o homem só queria falar ele e não queria minimamente saber o que a Linda tinha a dizer em sua defesa. Enfim, é como um juiz que condena um réu sem lhe perguntar o que alega em sua defesa. No fim tirou Bom com Distinção. Ficamos todos satisfeitos, mais ainda o Amadeu Torres, que estava a ver o caso malparado e sentia-se de mãos atadas.

Agradecimentos então dela pelo seu cuidado e de mim bom fim de semana.

José Machado

E-MAIL DO LEON MACHADO
Segunda-feira, 16 de junho de 1997, 19:41:04

Caro Onésimo:

Como penso que ainda não chegou aí o *Correio dos Açores* com o suplemento de cultura, apresso-me a dar-lhe novas.

Há quatro páginas inteiramente dedicadas ao Fernando Aires. Se eu não conhecia, fiquei a conhecer. Aparece um artigo de fundo do Cristóvão de Aguiar, um extrato do diário e o seu fax. Do Eugénio Lisboa não aparece nada e estranhei, uma vez que foi ele a apresentar o livro.

Neste suplemento aparece também uma extensa crítica ao seu livro *No Seio Desse Amargo Mar* assinada por Luiz António de Assis (não sei quem é). Não faz mais do que resumir a intriga da peça (o que, penso eu, não o deveria fazer, pois incentiva à preguiça dos leitores). De qualquer forma, a crítica é francamente positiva.

Já que falei há pouco do Eugénio Lisboa: recebi carta dele com um artigo sobre o Fernando Pessoa. É provável que já não vá a tempo para o CD. Fica, com alguns dos seus, para uma segunda versão, se a houver.

Quanto à tese de doutoramento, parece que vou fixar-me na receção pós-moderna do romance histórico e o problema da identidade cultural. Quem sabe não foi você, sem querer, a influenciar-me?
Cumprimentos do
José Machado
P.S. Tem a morada do Fernando Aires? Que acha se eu lhe enviasse um dos diários?

E-MAIL DO LEON MACHADO
Quinta-feira, 19 de junho de 1997, 17:52:41
Caro Onésimo:
Estive hoje na UTAD em Vila Real e perguntei pela Doutora Bulger. Disseram-me que o estado de saúde mantém-se. Está internada no hospital desde janeiro. Se quiser escrever-lhe, pode fazê-lo para esta morada, que a correspondência ser-lhe-á entregue: *******.

Ela está internada no Hospital de Santo António, no Porto.

Quanto à tese de doutoramento e as possíveis influências do Onésimo a esse respeito, refiro-lhe uma separata que me enviou, cujo título é: "Em busca da clarificação do conceito de Identidade Cultural", e que muito prazer me deu ler.

Na literatura interessam-me essencialmente duas coisas: escrita diarística (ou memorialista) e romance histórico, com o problema da identidade cultural a reboque. Não é por acaso que escrevi um romance histórico, guardado para aí numa gaveta e à espera de tesoura e cola.

Termino perguntando-lhe se já sabe quando atravessa o Atlântico e se o livro sobre este sempre sai na data prevista.

Abraços do
José Machado

E-MAIL DO LEON MACHADO
Sábado, 21 de junho de 1997, 15:20:45
Caro Onésimo:
Você com o trabalho a completar e eu a somar cotações das provas globais. Para a semana são os exames nacionais de Português para corrigir. Não sei quantos me calharão. A minha esposa tem de corrigir os de Latim. O exame de Latim veio com uma gralha e armou-se logo a confusão na comunicação social. Os tipos não perdoam uma. Parece que o ministro já quer apurar responsabilidades. E tudo isto por aparecer no texto de Cícero *uellim* em vez de *uelim*.

Quanto à ida a Lisboa, a coisa está um pouco complicada exatamente pelo que atrás disse. Tinha várias coisas a fazer na capital, mas só lá para quinta-feira é que terei certeza absoluta se irei. De qualquer forma, o Onésimo não precisará do meu apoio moral *in loco*. Tem-no desde já via Internet.

Pedia-lhe, no entanto, que me informasse da livraria e da hora da apresentação do livro. Se ainda arranjar disponibilidade, dou uma saltada ao local para o cumprimentar. Ah! É verdade: e para lhe entregar em mãos o novo volume das *Memorias Quase Íntimas* que acaba de sair.

Mas nada disto é definitivo. Se eu não puder aparecer, mando-lhe o livro por correio analógico (Será que inventei a expressão? Hei de registar a patente...).

Últimos desejos e recomendações: boa viagem, agasalhe-se bem (tem estado a chover por cá) e não se esqueça dos comprimidos para a disenteria: as bactérias lisboetas são muito agressivas, especialmente em dias húmidos.

Abraços do
José Machado

E-MAIL DO LEON MACHADO
Domingo, 22 de junho de 1997, 18:48:04
Caro Onésimo:
O problema do *uelim* não teria dado no que deu se os "especialistas" que fizeram a prova não tivessem pedido numa questão para os alunos identificarem a forma verbal e justificar o seu emprego. Os rapazes andaram atrás do verbo no dicionário e encontraram um que parecia encaixar: *uello* (que significa arrancar). Ora, a forma verbal *uelim* pertence a *uolo* (querer). Não sei se está a ver a confusão. E tudo isto por causa do *l* a mais.

E mais uma adenda ao seu nome, se a quiser aproveitar para mais um artigo:
Tenho andado a ler *O Homem Romano*. Na página 161 do capítulo intitulado "O Liberto" e escrito por Jean Andreau, aparece esta passagem:
«Certos libertos do imperador mostram apego à cidade ou à região onde nasceram (provavelmente escravos), que depois abandonaram e à qual regressam por fim já velhos, ricos e poderosos. É o caso de Públio Élio Onésimo, liberto de Adriano: refere que a sua pátria é a cidade de Nacolia, na província da Ásia, e lega-lhe duzentos mil sestércios...»
A referência bibliografia completa: Andrea Giardina (direção), *O Homem Romano*, Lisboa, Editorial Presença, 1992. Tradução de Maria Jorge Vilar de Figueiredo, p. 161.

Esperando não o interromper mais no seu trabalho ensaístico, me despeço refazendo os votos da última mensagem. Quanto à minha ida a Lisboa, talvez fique adiada para julho.
Abraços do

José Machado

CARTA DO LEON MACHADO
Chaves, 13 de julho de 1997
Caro Onésimo:
Cá recebi o *Rio Atlântico*, que muito agradeço. Tive de interromper o terceiro volume de *Era Uma Vez o Tempo* do Fernando Aires para me dedicar à leitura do dito. Como dizia um colega meu pouco versado em gramática, só tenho um adjetivo para qualificar o seu novo livro: gostei. As crónicas são deliciosas e, apesar do seu aviso na introdução, de que o livro fala «de coisas sérias», pode ter a certeza de que cultural e naturalmente me diverti. O humor, como você diz, «é coisa séria». A rir se castigam os costumes. Eu diria, a moralizar se provoca o riso. Algumas crónicas creio que já as tinha lido algures, talvez nos jornais onde foram publicadas. Penso que o Onésimo fez bem em juntá-las neste volume.

Embora de anos diversos e de desvairados temas, há uma unidade fundamental em todas as crónicas: o estilo onesimiano (ou onesino? – não soa bem, de qualquer maneira). Nada de empolamentos, pretensiosismos, superioridade face ao chão e comum leitor de jornais. O meu sogro leria perfeitamente estas crónicas e, como eu, se divertiria em risadinhas entre um copo de vinho e uma lasca de presunto. Hei de recomendá-las. Só temo que ele não entenda as passagens que eu sublinhei e comentei a lápis. É um vício, como o seu de tirar fotografias, o de riscar todos os livros que me vêm às mãos. Até os requisitados na biblioteca. Tive alguns dissabores com isso, como quando uma funcionária da biblioteca da Universidade do Minho me obrigou, *in loco*, a pegar numa borracha e a safar todos os comentários e sublinhados a um calhamaço do Gadamer de setecentas e tal páginas que eu tinha rabiscado. Mas não tome os meus rabiscos no seu livro como falta de respeito. Antes pelo contrário: só sublinho e comento as passagens de que gosto e... com que não concordo. Mas o seu caso é o primeiro, embora eu sei que você deve estar a querer dizer-me que não se ofenderá se eu não concordar.

Mas falava eu das virtudes das crónicas: são sem dúvida uma aragem fresca neste áspero ninho de cronicões quinhentistas. É tradição por estas bandas toda a gente ser capaz de opinar sobre o que quer que seja, mesmo que não veja boi do assunto. Veja-se o caso do pasquim cá do sítio, onde de tempos a tempos vai saindo uma crónica minha (também tenho as minhas fraquezas): é rara a semana em que um Barroso da Fonte, um João Ferrador, um António Bustelo, um Óscar de Curral de Vacas (não estou a inventar) não opinem em artigos de página inteira e letra miúda para caber, sobre política, clonagem de seres humanos, cultura futebolística e preço das batatas da semente.

Creio que a sua interdisciplinaridade cronística é salutar e ajuda imenso à consciencialização de duas questões fundamentais: a identidade cultural e a reflexão crítica de atitudes e valores.

Eu não sou nenhum Eduardo Lourenço, muito menos em miniatura, e o Onésimo desculpar-me-á alguma incongruência. Nunca tive também muita queda para a Filosofia, não sei se culpa minha, se culpa dos professores que tive. Mas a realidade é que já li duas vezes o *Discurso do Método* e não consegui entendê-lo. Dirá você: este moço é um pouco lerdo.

Os títulos das crónicas são verdadeiros achados. O jogo semântico de palavras e de fonemas resulta muitas vezes em expressões originais e de grande humor, como aquela do «seu Teotónio aos peixes», «os americanos hifenados» ou o diálogo por fax ser «faxinante». Creio que o Onésimo gostaria de ler o romance do João Aguiar, que penso que tem em casa, intitulado *Navegador Solitário*. É um diário de um adolescente de quinze anos que escreve coisas deste género numa ortografia e numa sintaxe muito próprias:

> «Tive de começar a escrever esta merda do diário ou lá como lhe chamam e eu não gosto de escrever não me importo de ler porque há a Bola e há os livros de caubóis mas escrever isso é mesmo contra vontade porque é uma chatice e a gente ainda tem de pôr vírgulas mas eu vírgulas não vou nessa não ponho que se lixe.» (p. 7)

> «O doutor Brandão é varredor da Câmara parece que é varredor da cultura foi o que o meu velho disse mas eu não sei como é que se faz pra varrer a cultura e então se calhar o velho percebeu mal mas já ouvi outros gajos dizer a mesma coisa de modo que pode ser verdade.» (p. 17)

Aconselho-o vivamente a ler o livro, se para tanto tiver disponibilidade. É uma mordaz crítica à sociedade *pimba* portuguesa de futebolistas e políticos.

Pergunto-lhe se o Sylvia da página 68 do *Rio Atlântico* não será Sylva, e se a árvore que encomendou para a frente da sua casa não é *triachantus* em vez de *triachantos* (p. 117). Enfim, merdícolas de maluquinho que adora picuíces.

Obrigado mais uma vez pelo livro e cá esperamos pelo próximo. Mas por favor: não demore dezanove anos a escrevê-lo, como sucedeu com este. Os portugueses merecem um novo volume pelo menos dois em dois anos. É como a missa de domingo: Por mais pecadores que sejam os fiéis, sempre vão tendo em conta as advertências do padre. Pelo menos para não fazerem como ele...

Como estou a abusar da sua paciência e do seu beneplácito, fico-me por aqui, rodeado de montanhas por todos os lados. Os meus desejos são que aproveite bem esses ares açorianos com os cagarros às gargalhadas nos penedos próximos e o mar em marulhos inspiradores.

Não se esqueça de pedir desculpa ao Fernando Aires por eu ter interrompido o seu (dele) diário por causa das suas (do Onésimo) crónicas.

Abraços transmontanos do
José Machado

POSTAL DO ONÉSIMO[4]

14/7/97

Caro J. Leon Machado:

Ando há uma semana (quase) para lhe escrever e lhe dizer que recebi o diário e o livro de contos. Li o diário de enfiada e gostei sinceramente. Há menos frivolidades (da tropa ou namoricos) e há a faceta escolar, os problemas do dia a dia, as constipações, o mudar de casa, o isolamento, o meio rude (vão dar-lhe uma corrida um dia quando o lerem!), com tiradas muito bem conseguidas que fui lendo à Leonor. Ela não lhe perdoa aquela sobre a morte do Vergílio Ferreira, em que diz que talvez chorasse menos a morte da sua mulher (cito de cor). Escrita mais madura, mais refletida. Você expõe-se, mas um diário (quase íntimo) só assim se pode salvar.

O livro de contos está a meio (comecei pela 2.ª parte) e a impressão é positiva. Dir-lhe-ei mais quando acabar. Já tive que ler outros livros de permeio (aqui publica-se muito e tive de ler outros). Abraço. Até breve. *Onésimo.*

POSTAL DO ONÉSIMO[5]

Galera, 23 de julho/97

Meu caro José Machado:

Queria escrever-lhe há tempos. Acabei o seu livro de contos no dia a seguir a escrever-lhe sobre o diário. Gostei. Há ali contos bastante bons. A sua narrativa tem ritmo e você controla um (bom) vocabulário. Nada de excessos, avança seguro. Vejo aliás uma maior segurança na sua escrita em relação à anterior. Leem-se muito bem. Li várias passagens à Leonor, que concordou com o meu juízo. (Ela anda a ler praticamente só para a tese, mas eu faço-lhe interrupções para ler-lhe coisas de que gosto.)

Entretanto, ontem recebi a sua carta e fiquei com pena de esta não ter seguido antes para não parecer troca de galhardetes. *Não é.*

Faça o que quiser com os textos. Agradeço, porém, o gesto.

Por aqui tudo bem. Mas o ritmo não abranda. Não tenho parado. Precisava de umas férias. Abraço, Onésimo.

P.S. Vou ler o *Navegador Solitário.*

E-MAIL DO ONÉSIMO
Quinta-feira, 21 de agosto de 1997, 16:53:06

Meu caro José Machado:

Regressei finalmente. Ontem. De alma cheia de Açores, da companhia de amigos, de verde e de mar. Íamos regressar a 8, mas a Leonor estava a precisar de férias e fomos passar doze dias à Graciosa. Banhei-me de manhã à noite e nos intervalos lia e passeava a pé. Não escrevi a ninguém. Comprei postais e não enviei.

Você está aí? Tenho saudades de notícias suas. Reatemos as ligações.

Espero que tudo esteja bem consigo e com a Linda.

Abraço do
Onésimo

E-MAIL DO LEON MACHADO
Sexta-feira, 22 de agosto de 1997, 22:11:33

Caro Onésimo:

Pois cá estamos, depois dos banhos de mar. Eu cheguei na terça-feira, depois de quinze dias de praia no Furadouro (Ovar). Enviei-lhe um postal daí. Como você estava na Graciosa, deve estar agora na caixa do correio da Galera à espera da sua visita para o próximo ano. Pouca perca, de qualquer modo. Nele lhe dizia que estava (estou) decidido a enveredar pela literatura autobiográfica. Falta o aval do prof. Aguiar e Silva, diretor dos doutoramentos em Letras da Universidade do Minho. Imagine que até já me dei ao trabalho de ler estas férias os diários do Eduardo Prado Coelho (muito fraquinhos) e de procurar o seu artigo num dos números da *Colóquio / Letras* acerca do diário do Fernando Aires. Qualquer hora tenho a tese pronta... mesmo antes de a começar a fazer...

Pois esteve cá ontem (em Chaves) o Joaquim Matos e a esposa, a Teresa (que é açoriana e foi aluna do F. Aires). Como é amigo do pintor Nadir Afonso, veio passar uns dias com ele. Falamos de si. Ele não sabia do seu *Rio Atlântico*. Manda-lhe cumprimentos.

Quem anda também por cá é o Carlos Vasconcelos, o diretor do *JL*. A esposa é de Chaves. Quer saber que o tipo entrou no café onde eu estava com o Joaquim, olhou-nos, reconheceu o Joaquim e não se dignou cumprimentá-lo? Ele lá terá as suas razões. Mas não me parece de bom senso.

Mas não quero começar a maçá-lo com novidades de pouca monta. Quando puder, consulte a sua página na internet. O endereço é:

http://alfarrabio.di.uminho.pt/vercial/onesimo.htm

Abraços e um bom recomeço de atividades letivas e literárias.
José Machado

E-MAIL DO ONÉSIMO
Domingo, 24 de agosto de 1997, 08:51:45
Meu caro:

Ontem não lhe pude responder porque estivemos sem acesso à central na universidade. Hoje está tudo bem, mas vou sair com a Leonor para um passeio até à beira-mar a aproveitar o lindo dia.
Escrevo logo.
Abraço.
Onésimo
P.S. Ontem, se tivesse tido o seu telefone à mão, tinha telefonado. Não o pus na agenda e não tinha nenhum exemplar dos seus livros aqui. Estão na universidade.

E-MAIL DO LEON MACHADO
Segunda-feira, 25 de agosto de 1997, 21:13:25
Caro Onésimo:
Você ficou sem ligação e eu sem telefone durante quase 3 dias. Mais uma trovoada a queimar as linhas da Telecom portuguesa.
Já viu a sua página na Internet?
Você queria dizer-me qualquer coisa acerca dos meus livros. Mas não tenha papas na língua. Críticas de escacha-pessegueiro é do que preciso para "crescer". Com galhardetes ninguém cresce. É como as couves: com palavras bonitas não ficam repolhudas; só com estrume.
Abraços do
José Machado

E-MAIL DO ONÉSIMO
Terça-feira, 26 de agosto de 1997, 11:00:14
Caro José:
Ainda estou sem *server*. Tenho de vir aqui à central na universidade, e não sei quando resolverão o problema, porque não sabem o que é. Na América! Em casa de ferreiro...

Tentei telefonar, mas não consegui. Vou tentar daqui a pouco. Obrigadíssimo pela página. Só vi o princípio, porque continuo só com Netscape 2.0 e voltou a rebentar-me com tudo. É muita informação a ser transferida, pois vem tudo. Vou tratar disso. Mas deu para ver que você me fez mais novo. Sou de 1946! Obrigado. Dos seus livros disse-lhe o essencial. O diário a subir e os contos também. Com o Fernando Aires falámos várias vezes sobre si. Falaremos disso ao telefone daqui a pouco.
Um grande abraço.
Onésimo

E-MAIL DO LEON MACHADO
Quarta-feira, 27 de agosto de 1997, 13:41:10
Caro Onésimo:

Hoje o mosquito não apareceu e dormiria bem se não tivesse sonhado consigo. Lembro-me vagamente de estar numa conferência não sei onde em que você, a meu lado, se pôs a rir das idiotices do conferencista que falava sobre escolástica ou coisa parecida, dizendo que São Tomás era a encarnação viva de Aristóteles. O Onésimo riu tanto que uns marmanjos tiveram de o pôr fora da sala e eu consigo, que também ria sem perceber o seu riso. Enfim, um pesadelo risível.

Obrigado por ter telefonado. Eu é que não disse coisa com coisa. É que não contava e depois o cansaço, como lhe disse, afetou-me a fala (fui gago quando miúdo e de vez em quando isso transparece e bloqueia-me): não dormi por causa de um mosquito que rabiou a noite toda à volta da cama.

Não sei se era o Kant, se era o Schopenhauer que não conseguia pensar quando sentia as moscas no verão a rondar-lhe a cabeça. Penso que é um mal que aflige a todos. Lembro-me, aquando do lançamento do *Ensaio Sobre a Cegueira*, de o Saramago ir à televisão e ser incomodado durante cinco minutos por uma insistente mosca que lhe poisava no nariz. O Sartre tem até uma peça de teatro intitulada *As Moscas*.

Mas sobre mosquitos, não conheço nada. Há um filme, o *Mosquito Coast* com o Harrison Ford (creio que você fala dele nas suas crónicas). E já agora, permita-me uma dúvida: o Onésimo na página 247 do *Rio Atlântico* diz que a trilogia *A Guerra das Estrelas* é do Spielberg. Não será antes do George Lucas?

Não sei se já telefonou ao Fernando Aires. Se o não fez, pedia-lhe um favor: que lhe lembrasse que cá espero os textos para o Internet (se ele ainda estiver receptivo a isso).

Para terminar, mando-lhe o tal soneto do João Penha que fala do Antero:

ANTERO DE QUENTAL
Andas, meu bom Antero de Quental,
Nas regiões obscuras do infinito
Cá eras meio ateu, mas lá, contrito,
Já te vês imortal, ante o Imortal.
Esse caso psicológico e fatal
Está de há muito em livros de oiro escrito:
Filosofia e crença não são mito,
Uma irrisória criação mental.
Sem veres o fantástico Nirvana,
Alijaste Manu, e dizes triste:
Não tem limites a cegueira humana!
Na terra que fiz eu, da lança em riste?
Oh! como o pensamento nos engana!
De tudo que sonhei... só Deus existe!
Últimas Rimas, Renascença Portuguesa, 1919
Abraços do
José Machado

E-MAIL DO ONÉSIMO
Quarta-feira, 27 de agosto de 1997, 15:59:02

>Hoje o mosquito não apareceu e dormiria bem se não tivesse sonhado consigo...

Boa!

>O Sartre tem até uma peça de teatro intitulada *As Moscas*.

E havia nos anos 70 o Suplemento *A Mosca* no *Diário de Lisboa*, que era de crítica indireta ao regime. Havia um grande gozo à volta de uma situação semelhante com um locutor da RTP a enxotar a mosca e ela a dar-lhe...

>E já agora, permita-me uma dúvida: o Onésimo na página 247 do *Rio Atlântico* diz que a trilogia *A Guerra das Estrelas* é do Spielberg. Não será antes do George Lucas?

Essa da confusão entre G. Lucas e Spielberg é incrível. Como foi possível não sei. Ninguém ainda tinha dado por ela e já muita gente leu o livro. Bolas! Cada uma que acontece a uma pessoa!

Na sua carta você interrogava-se sobre duas outras. "Sylvia" é mesmo assim na adaptação para americano. *Triacanthos* parece-me ser mesmo assim. Será grego? Já vi o nome da árvore também num *paper* de um botanista meu amigo professor em Michigan.

>Não sei se já telefonou ao Fernando Aires. Se o não fez, pedia-lhe um favor: que lhe lembrasse que cá espero os textos para o Internet (se ele ainda estiver recetivo a isso).

Falei com ele. Disse-lhe.

>Para terminar, mando-lhe o tal soneto do João Penha que fala do Antero...

Não conhecia. Muito interessante. E bracarense!

Tenho de sair já para Boston para ir buscar um professor visitante. Escreverei amanhã. Abraço amigo do
Onésimo

E-MAIL DO LEON MACHADO
Quinta-feira, 28 de agosto de 1997, 21:33:01

Caro Onésimo:

Recebi hoje carta do João Aguiar que me diz que esteve a conversar com o Fernando Venâncio, o crítico do *JL*. A dada altura, o João Aguiar fala-lhe de um moço a viver em Chaves com quem troca correspondência e vai o Venâncio e diz-lhe que alguém lhe tinha falado do Leon Machado, que escreve uns diários e uns contos interessantes e manda-me felicitações (eu nem o conheço). O João Aguiar não sabe quem foi o informador do Venâncio. E então eu ponho-me a desconfiar se o Onésimo na última estada em Lisboa não teria por acaso cruzado com o Venâncio. Se foi, obrigado pelos elogios ao Venâncio. Se não foi, quem seria o deslarado?

E falando do João Aguiar: O Onésimo já começou a ler o *Navegador Solitário*? Recomendo-lhe a leitura pelo menos das primeiras páginas. Vai ver que se ri saudavelmente.

Pois essa história das gralhas e dos lapsos em coisas impressas é um problema que, por mais computadores e programas que se inventem, dificilmente nos livraremos deles. Não conhece aquela história de o arcebispo de Braga celebrar um casamento do filho de um magnata e depois ter sido convidado para a boda? Pois no jornal do dia seguinte aparecia a notícia dizendo que o Sr. Arcebispo, depois do casamento, «também participou da foda». O tipógrafo trocara (de propósito?) o *b* pelo *f*...

Quanto à sua página na Internet: acrescentei ontem dois textos de *Que Nome É Esse, Ó Nézimo?*: "O ser (autor) e o nada" e "O insustentável peso do saber". Como uma vez creio que lhe disse, estes dois artigos agradaram-me em particular ainda agora me divirto ao lê-los.

Estou a pensar inserir também uma passagem de *No Seio Desse Amargo Mar*, mas não sei qual, pois creio que o seu conhecido da Bósnia já disponibilizou algumas cenas (tenho de ver quais).
Entretanto, cá espero a nota biobibliográfica (e a foto, se tiver alguma à mão).
Sendo assim, os endereços das suas páginas são:
http://alfarrabio.di.uminho.pt/vercial/onesimo.htm
http://alfarrabio.di.uminho.pt/vercial/onesimo2.htm
Disponibilizei hoje uma página de e sobre o Almeida Faria (com foto e tudo) e autorizada por ele.
O número de autores começa a crescer. Os brasileiros andam sempre a perguntar por que razão não os meto a eles. Que acha o Onésimo disso? Eu digo-lhes que a especificidade da página é Literatura Portuguesa. Mas tenho algumas dúvidas em relação a isto. Podem achar que estou a proteger "o mercado nacional".
Abraços do
José Machado

E-MAIL DO ONÉSIMO
Sexta-feira, 29 de agosto de 1997, 16:30:22
Meu caro:
Não queria responder-lhe sem ver a página. (Você é um danado! Rápido, eficiente...) Continuo porém com o Netscape 2.01, embora já tenha solicitado à minha secretária que me atualizasse o programa. Garantiu-me que mo fará com urgência, mas segunda é feriado e a seguir irei servir num júri no tribunal e isso pode demorar. Se não estivesse a chover, eu atravessaria o *campus* para ir à central de informática ler isso. Dizem-me também que no *Diário Insular* de ontem há uma recensão ao *Rio Atlântico*. (Estranho. Em poucos meses são já 12! Vá lá a gente adivinhar porque é que um livro destes recebe mais atenção que o outro de crónicas – *Que Nome É Esse*...). Bem, compreendo que os livros de ensaio são outra coisa. Mas enfim...

Antes que me esqueça: se ainda não escreveu à Dr.ª Ana Maria de Almeida Martins, aí vai o Codex: *****.

Na próxima semana remeter-lhe-ei algumas separatas e uma fotocópia sobre Zen e Alberto Caeiro, porque vi no seu diário ser Caeiro o seu Pessoa preferido. Dei ao Fernando Aires a notícia dos seus planos de tese. Ficou sem saber o que dizer por não esperar que os seus livros fossem dar para uma tese de doutoramento. Se me lembrar, meto-lhe no pacote uma ou outra fotografia do Fernando Aires nos Açores.

Não, ainda não comecei a ler o livro do João Aguiar. Não tenho esse livro. Não encontrei nos Açores e procurarei comprá-lo em Lisboa. Mais um que "tenho de ler" para além das centenas de outros que tenho entre mãos, e dos montes de ainda outros que me dizem – de diversos campos – que também tenho de ler, mais os trinta e tal de ofertas que desembrulhei esta manhã e que foram chegando aí no verão (um de poesia do Joaquim Matos) e mais os outros que dos Açores remeti de barco porque estava já com excesso de peso. Mas lerei porque você mo recomenda. Mais cedo ou mais tarde. Lá chegarei.

Por agora um abraço. Logo à noite vai a família ao cinema. É uma das últimas saídas em conjunto antes de o Pedro regressar à universidade.

Grande abraço do
Onésimo

E-MAIL DO LEON MACHADO
Sábado, 30 de agosto de 1997, 15:05:05

Caro Onésimo:

Hei de remeter-lhe o *Navegador Solitário*, uma vez que não o conseguiu encontrar. Mas enfim, não precisa de lê-lo todo (mas quem sou eu para lho dizer!...). Recomendo-lhe por três razões:

primeiro porque é um livro divertidíssimo, segundo porque ainda não conhece a escrita do João Aguiar e terceiro porque a obra se apresenta sob a forma de um diário.

    Diz-me que já desembrulhou os livros que recebeu ultimamente. Por acaso não viu por aí um de capa preta e comprido com o título de *Estórias e Memórias em Vária Tinta*? É de uma senhora de Braga. A primeira "estória" passa-se nos Açores, terra de que muito gosta. A prosa é que não é grande coisa… Fui eu que lhe dei a sua morada e por isso me desculpe a ousadia.

    Dou-lhe os parabéns pelas 12 recensões ao *Rio Atlântico*. Vá contando com mais uma da minha parte qualquer dia. Não sei é se sairá no *Semanário Transmontano* ou no suplemento do Vamberto Freitas.

    Na próxima semana já começo o trabalho da escola, com exames. Vou ver se tenho um tempinho para ir ao Congresso de Medicina Popular de Vilar de Perdizes. Já ouviu falar? É de riso.

    Quanto ao Joaquim Matos, telefonou-me ontem duas vezes. Anda entusiasmado com a ideia da Literatura Portuguesa na Internet e está a contactar os autores seus (dele) conhecidos.

    Abraços do
José Machado

E-MAIL DO ONÉSIMO

Sábado, 30 de agosto de 1997, 13:12:02

    >Hei de remeter-lhe o *Navegador Solitário*…

Por amor de Deus! Não faça isso. Comprá-lo-ei em Lisboa quando lá for daqui a quinze dias. Muito obrigado, de qualquer modo.

    >Diz-me que já desembrulhou os livros que recebeu ultimamente. Por acaso não viu por aí um de capa preta e comprido com o título de *Estórias e Memórias em Vária Tinta*?

Sim, vi esse livro, que por acaso chegou aqui sem envelope, como me indicava a secretária. Como, não sei. O envelope deve pelo menos ter chegado ao correio da Brown. Lá, viram pela carta que vinha dentro que era para mim e remeteram-mo. Ainda não tive tempo de olhar para ele. Estão ali uns trinta só do correio do verão. Como vai ser não sei. Fui escrever uma crónica a dizer que não tinha livros virgens e que agradecia só depois de ler e agora estou lixado.

>Dou-lhe os parabéns pelas 12 recensões ao *Rio Atlântico*. Vá contando com mais uma da minha parte qualquer dia.

Por amor de Deus não sinta qualquer obrigação em escrever uma crítica ao livro. Quando me conhecer pessoalmente, saberá que não estou a fingir. Dou os livros aos amigos e nem sequer lhes pergunto nunca se leram. Enviei uma para o Zelimir para a Croácia ainda dos Açores. Esqueci-me. Há dias pedi-lhe desculpa por ainda não lhe ter enviado, mas estou sem exemplares. Dei o resto nos Açores e, na véspera de partir, fui à Livraria pedir um para trazer para a América. Ontem o Zelimir responde-me que lhe enviei um dos Açores. Será dos 50 anos?

>Quanto ao Joaquim Matos, telefonou-me ontem duas vezes. Anda entusiasmado com a ideia da Literatura Portuguesa na Internet e está a contactar os autores seus (dele) conhecidos.

Tenho que ler o livro de poemas dele e enviar-lhe um meu de crónicas (quando falar com ele, pergunte-lhe por favor se tem o *Que Nome*... Estou em falta com ele. Foi sempre muito simpático comigo quando passava pelo Porto. Mas não nos correspondemos. Recebia, claro, o *L&L* e foi com muita pena que o vi desaparecer.

Bom fim de semana para si. Estou a braços com problemas de espaço para livros em casa. Espaço aliás tenho bastante, mas estou sem estantes e precisava era de uma revolução em dois quartos, forrando as paredes todas de estantes. Mais tarde ou mais cedo acontecerá. Tenho livros espalhados por cinco quartos e tenho

ainda o gabinete na universidade, que é bastante grande, com uns milhares. E ainda ontem fui comprar mais dois. Esta manhã chegou um caixote pelo correio com dez volumes de arte! Morrerei sem emenda. Como vai de escrita? Como está a sua Linda? Aliviada? E você, tem pensado na tese? O diário está de saúde? Vá dando sempre notícias. Leio-o sempre com muito agrado.
Abraço daqui.
Onésimo (não tenho tempo de reler o texto)

E-MAIL DO LEON MACHADO
Sábado, 30 de agosto de 1997, 20:41:59
Caro Onésimo:
Desculpe-me mais uma vez. Quando você me disse que me enviaria um artigo seu sobre o Zen e Caeiro, lembrei-me que já tinha cá um. Não sei se é o mesmo. O que aqui tenho tem por título: "Sobre a Mundividência Zen de Pessoa-Caeiro (O interesse de Thomas Merton e D. T. Suzuki)". Este artigo vai sair no CD do Fernando Pessoa. Se for este, escusa de mandar. Recordo-me de o ter lido e ter achado muito curiosa a relação.
Bom fim de semana. (Quando começa o seu ramerrão na universidade?)
Cumprimentos do
José Machado

E-MAIL DO LEON MACHADO
Domingo, 31 de agosto de 1997, 12:07:16
Caro Onésimo:
Estive durante a manhã a escrever uma crónica a propósito do seu *Rio Atlântico*. Envio-lha pela seguinte razão: é que não sei se é demasiado forte e há coisas que não tenho a certeza se foram

realmente assim. A ideia não deixa de ser original e, se a publicar, vai causar uma barulheira do caneco em Vila Real.

Pedia-lhe que a lesse e que me dissesse o que há a alterar e/ou a completar.

Como vê, tenho andado a escrevinhar.

Nestes dias que faltam para o início das aulas, faço a revisão a um romancezeco que tenho na gaveta há quatro anos. Tem por título *O Guerreiro Decapitado* e há esperanças de o Campo das Letras (conhece?) o vir a publicar por mediação do Mário Cláudio. Veremos no que dá.

Preparo também o projeto de tese, com os possíveis assuntos a tratar, capítulos, bibliografia, etc. E vou lendo o *Diário Íntimo* do Manuel Laranjeira. O tipo era tresloucado. Deu um tiro na cabeça...

O diário vai sendo escrito, a par de tudo isto, com você como interveniente aqui e ali.

A Linda, depois da tese dela sobre o São Teotónio, anda preguiçosa. Folheia revistas de moda e de decoração, lê a Daphne du Maurier...

Nesta cidade há muito pouco para fazer. Talvez seja por isso que eu sou «um danado! Rápido, eficiente...» (Onésimo, e-mail de 29 de agosto).

Abraços do
Machado

A CRÓNICA QUE O ONÉSIMO NÃO ESCREVEU

Onésimo Teotónio Almeida é professor na Universidade de Brown nos Estados Unidos. Um dia foi convidado pela UTAD para fazer uma conferência sobre (título...). Homem de boa vontade, prontificou-se a vir de tão longe para satisfazer a curiosidade da comunidade universitária da UTAD acerca de tão espinhoso assunto. Viagem de avião, autocarro, táxi, e chegou estafado a Vila Real. A organização da conferência instalou-o numa residencial de esquina de rua e abandonou-o à sua sorte. A conferência era só no dia seguinte, teria o serão e a noite por sua conta. O Professor Onésimo jantou sozinho num tasco ali perto e deu um breve passeio digestivo pela Vila. De tão acostumado que estava às receções amigas e calorosas das várias universidades onde era convidado a falar, estranhou a frieza e o desleixo da receção das gentes da UTAD.

Como não tinha com quem conversar ao serão e estava realmente estafado, regressou à residencial e, antes de se deitar, ainda releu o texto da conferência, mudando a posição de duas vírgulas que impediam a clareza de uma frase.

No dia seguinte bem esperou que o fossem buscar. Quase à hora da conferência, como ninguém aparecia, decidiu chamar um táxi que o levou aos edifícios da UTAD.

Na sala estavam meia dúzia de gatos pingados, a maioria professores da instituição, constantemente a olhar para o relógio, a ver quando o conferencista concluía o tema e se saía para o almoço.

O Professor Onésimo lá deu por concluído o tema e disponibilizou-se para responder às questões que lhe quisessem colocar, como era da praxe. Momentos de silêncio, com novas olhadelas para o relógio. «Se não há questões, então vamos embora». E começaram todos a sair. Nem dúvidas, nem contestação às ideias apresentadas; nem apoio às mesmas, nem cumprimentos. Indiferença e despeito.

Alguém ouviu um professor de Metodologia muito versado em teóricos franceses a comentar para uma sua colega de ofício que tinha uma insípida tese sobre Fernando Pessoa: «Vem este tipo lá dos EUA com a mania que nos dá lições! Que sabe ele que nós não saibamos?» E coçava o bigodinho branco vaidoso.

Nesse mesmo dia o Professor Onésimo partiu para Lisboa sem saudades de voltar à capital transmontana da cultura.

Esta história (com algo de ficção mas muito de verídico) vem a propósito da recente edição do livro de crónicas *Rio Atlântico* de Onésimo Teotónio Almeida (Lisboa, Edições Salamandra, 1997). O autor conta histórias divertidíssimas das suas múltiplas viagens entre as duas partes do Atlântico (ou três, para ser mais preciso: América, Açores e Portugal continental). Só esta história não contou, quem sabe por ser mais triste do que divertida.

Na crónica intitulada "A dupla vilalania", com uma pitada de remoque, diz o autor: «Os portugueses não discriminam. Os brasileiros são os nossos irmãos. Só que os preferimos na TV. E no Brasil.» Poderá dizer-se o mesmo dos professores transmontanos em relação aos conferencistas convidados?

E-MAIL DO ONÉSIMO
Domingo, 31 de agosto de 1997, 18:50:49

Tem a sua piada, mas receio ofender a Laura Bulger, que me tratou muito bem. Não comi sozinho, embora estivesse sozinho bastante tempo. Se fizesse a primeira parte sem mencionar o nome ou arranjasse um nome fictício, então a coisa faria mais sentido, pois o facto de trazer o nome põe logo o caso em registo realista. Se depois encadeasse a coisa de modo o dizer que uma vez também OA foi a VR e a receção do público foi quase do género e ninguém se interessou nem manifestou interesse em conversar com ele ou teve um gesto de curiosidade intelectual a ver se o tipo trazia alguma ideia interessante, mas agora podem aproveitar a oportunidade perdida lendo o livro... Ou algo assim, não sei. Como lhe disse, a Laura, que está muito doente, iria sentir-se ofendida. De resto, o leitor e crítico é livre para fazer o que lhe aprouver e, se é criador, nada então o aguenta.

Um abraço do
Onésimo

E-MAIL DO ONÉSIMO
Domingo, 31 de agosto de 1997, 18:50:59
Era esse texto sobre Caeiro. Vê? Já não sei a quantas ando. Ocorreu-me enviá-lo quando lia o seu diário.
Amanhã é feriado aqui – Labor Day. Mas o trabalho começa mesmo logo no dia seguinte – abertura das aulas e já aulas, embora eu só tenha na quarta-feira. Quando começam as aulas aqui é à transístor: arranca logo em força. Hoje fomos à praia fazer a despedida.
Abraço para aí.
Onésimo

E-MAIL DO LEON MACHADO
Segunda-feira, 1 setembro de 1997, 21:49:30
Caro Onésimo:
Realmente tem razão. O artigo é impublicável, pelo menos no jornal. Não só por causa da Laura Bulger e por si, mas também por mim. Os tipos da UTAD eram capazes de se armar contra mim e pôr-me fora de orientador de estágios. E primeiro está o pãozinho, por bonito que seja denunciar os males do mundo. Não sou Cristo, infelizmente. Mas que dava um artigo de escacha-pessegueiro, dava!
O texto aproveito-o para o diário. Esse pelo menos não lhes chega às mãos, ou se chega, não o leem...
Vou ver se escrevo outro, menos contundente, mais comezinho.
Hoje o Fernando Aires telefonou. Eu estava na escola (fui apresentar-me às novas professoras estagiárias, que queriam conhecer quem as porá numa roda-viva durante o próximo ano. (Na família dizem-me que tenho fogo no cu... Salvo seja, e que ponho tudo em roda viva.) Foi com essa impressão que terá ficado o Fernando Aires quando, mais tarde, consegui atender.
Tomei-lhe o tempo de antena e só falei eu. Como ele é uma pessoa calma (pelo menos pareceu-me), deve ter imaginado que

eu estava com pressa de não perder o comboio. Enfim, entusiasmo juvenil.

Acordámos, no entanto, nalguns pontos no que diz respeito aos textos dele para a Internet. E programámos uma entrevista doutoral para o próximo ano *in loco*. Isto, claro, se o conselho científico da Univ. do Minho aprovar o tema da tese.

Telefonou à hora do jantar o Fernando Echevarria (conhece?) também por causa da Internet. O Joaquim Martos pôs a intelectualidade portuguesa em estado de sítio com a história do *site* de Literatura.

Se amanhã o Onésimo vai trabalhar para a Brown, desejo-lhe um bom reinício de atividades e que o ano lhe seja farto.

Abraços do
José Machado

E-MAIL DO LEON MACHADO
Terça-feira, 2 setembro de 1997, 15:53:28
Caro Onésimo:
Escrevi um novo artigo. Desta vez creio que vai mesmo assim. Para que tome conhecimento, aí vai:
[Seguia o artigo.]
Saudações do
José Machado

E-MAIL DO ONÉSIMO
Terça-feira, 2 de setembro de 1997, 16:06:11
Está bem escrito e é uma solução melhor do que a outra, que poderia ofender de facto a Laura.

Chegou-me hoje a *Vértice* n.º78. Numa nota bibliográfica de livros de não-açorianos que falam dos Açores (num artigo da

Adelaide Batista, que é mulher do Vamberto), lá vem o seu *Ilha de Circe*.

Aqui foi a abertura das aulas e elas começam logo em grande. A minha primeira é amanhã, mas isto aqui hoje foi um nunca parar. A minha secretária é já um himalaia de assuntos em atraso.

Abraço.

Onésimo

E-MAIL DO LEON MACHADO
Terça-feira, 2 de setembro de 1997, 22:14:09
Caro Onésimo:

Começa você as aulas e eu estou amanhã de júri a um exame de Português. Vão dois alunos. Vou comprar a *Vértice* para ver isso da literatura não-açoriana.

O artigo sobre o seu livro já foi para o jornal. Qualquer dia envio-lhe o recorte, para juntar aos outros.

Hoje telefonou o Almeida Faria. Tinha-lhe oferecido o diário. Disse-me que está a lê-lo e que ficou muito sensibilizado com as passagens que falam da morte do V. Ferreira. Creio que eram amigos...

E por hoje, não o aborreço, tanto mais que tem mais que fazer do que estar sempre a ler-me as mensagens.

Abraços para si e cumprimentos à Leonor (tenho-me esquecido dela), do

José Machado

E-MAIL DO ONÉSIMO
Terça-feira, 2 de setembro de 1997, 17:57:25
Rapidíssima resposta:

>Começa você as aulas e eu estou amanhã de júri a um exame de Português. Vão dois alunos. Vou comprar a *Vértice* para ver isso da literatura não-açoriana.

É um artigo sobre *Moby Dick* e a atlanticidade. Só em nota de rodapé vem essa referência à escrita não-açoriana.

>O artigo sobre o seu livro já foi para o jornal. Qualquer dia envio-lhe o recorte, para juntar aos outros.

Grato.

>Hoje telefonou o Almeida Faria. Tinha-lhe oferecido o diário. Disse-me que está a lê-lo e que ficou muito sensibilizado com as passagens que falam da morte do V. Ferreira. Creio que eram amigos...

A. F. foi aluno de V. F., que apadrinhou a sua escrita.

>E por hoje, não o aborreço, tanto mais que tem mais o que fazer do que estar sempre a ler-me as mensagens.

Foi um dia louco.

>Abraços para si e cumprimentos à Leonor (tenho-me esquecido dela)

Cumprimentos dela. Pergunta-me sempre por notícias suas.

Abraço.

Onésimo

E-MAIL DO ONÉSIMO
Quarta-feira, 3 de setembro de 1997, 17:33:52

Finalmente tenho o meu Netscape atualizado e capaz de engolir toda a informação da sua antologia. Até que enfim. Vi várias coisas, mas não muito ainda, porque tive um funeral de um tio e o meu primeiro seminário. Agora tenho que ir fazer o chamado *back to school shopping* – roupa para as crianças que recomeçam a escola amanhã e depois de amanhã. *La vie...*

Estou muito bem representado com tanta coisa. Se não estou em erro, o título *Dupla Vilanania* não encabeça a crónica. Você pôs *Rio Atlântico*.

Vou remeter-lhe amanhã uma nota biográfica que tive de preparar em junho para um dicionário. Tire de lá a informação que achar de interesse. (Seguirá mesmo por e-mail). Note que este é um Departamento de Estudos Portugueses e Brasileiros e não um Centro. Pormenor para aí insignificante, mas aqui faz a sua diferença. O Departamento é estável. Centro é transitório.

Você trabalha de facto como um danado. Tem garra o homem! O que ali vai de trabalho!

Abraço do

Onésimo

P.S. Ah! Juntamente com os textos que lhe vou mandar irão duas fotografias. Escolha.

E-MAIL DO LEON MACHADO

Quinta-feira, 4 de setembro de 1997, 14:54:15

Caro Onésimo:

É muito à pressa que lhe escrevo e que leio a sua mensagem. Tenho exames na escola...

Telefonou pouco antes do almoço o Fernando Aires para me dizer que já me enviou por correio as *Memórias da Cidade Cercada*: Recebi-as mesmo agora.

Ando a ler as *Bem-Aventuranças* do João de Melo. Prosa difícil e densa. Estou a gostar.

Quanto à página de Literatura: saiu uma nota na mais importante revista portuguesa sobre informática a tecer elogios ao trabalho. Sendo por carolice, ler destas coisas faz bem ao ego.

Escolha casacos felpudos. São os mais quentes...

Abraços do

José Machado
P.S. É verdade, e aqueles seus contos esgotados? Podíamos pôr um na página.

E-MAIL DO ONÉSIMO
Quinta-feira, 4 de setembro de 1997, 14:58:28
Envie-me cópia da nota crítica sobre a sua Antologia. Gostava de ver.
Finalmente seguiram coisas para o correio. Duas fotografias também para você escolher.
A nota biográfica vai seguir em breve via e-mail. É uma que tive de preparar em junho e está demasiado longa. Você tire de lá o que lhe apetecer.
Quanto ao livro de contos, *(Sapa)teia Americana*, como não sei quando vou ter a 2.ª edição pronta. Talvez lhe envie uma fotocópia. Não tenho nenhum exemplar disponível – tenho o meu e é tudo.
Abraço por agora.
Onésimo

E-MAIL DO ONÉSIMO
Quinta-feira, 4 de setembro de 1997, 16:08:10
Você tem de facto fogo no sítio que lhe disseram. Impressionante. E as perspetivas são imensas. Só lhe posso dizer: Muito bem. E colaborarei no que for preciso destes lados. Afinal o seu nome está é mal grafado. Deve ser José, Leon, Machado.
Ainda não tratei da banda sonora do meu computador. Nunca tenho tempo de surfar. Você não sabe como é a minha vida!
Sim, o texto é justificado nas duas margens. Muito bonito de apresentação.
Um abraço amigo do

Onésimo

E-MAIL DO LEON MACHADO
Quinta-feira, 4 de setembro de 1997, 20:15:24
Caro Onésimo:
Cá estou de novo, desta vez a dar mais atenção à sua última mensagem.

Quanto à estrutura da sua página da Internet, temos a nota biográfica sobre si, depois o título geral do volume (*Rio Atlântico*) e só depois vêm as crónicas ("A dupla vilalania", "O meu nacionalismo", etc.). Quer dizer: as crónicas são encabeçados pelo título do livro.

A biografia, venha ela. Hoje recebi pelo correio, além dos livros do Fernando Aires, uma disquete do poeta Amadeu Baptista, do Porto. Trazia uma carrada de poemas e uma extensa nota biobibliográfica de fazer inveja a qualquer um. Quanto mais informação disponível, melhor para os que a procuram. E se forem os autores a darem-na, o trabalho fica mais simplificado. A minha ideia seria fazer uma espécie de Projecto Guttenberg português. Queremos uma obra de um francês, de um inglês, de um americano... está em vinte sítios diferentes, todinha à disposição. Queremos um simples soneto de Diogo Bernardes, só na página de Literatura Portuguesa...

A minha ideia não era só disponibilizar obras, extratos delas e notas biográficas. Queria ir mais além: disponibilizar estudos teóricos sobre os autores. E eu sei que há imensos, encalhados em revistas que ninguém lê ou a que muito poucos tem acesso.

Para já, a nossa página (também sua) é a maior base de dados nacional sobre autores portugueses. E quão pouco ela tem disponível, se a compararmos com outras de língua inglesa, francófona ou espanhola! Quer isto dizer que há ainda muito trabalhinho pela frente.

Desculpe-me esta deambulação monologal. Sempre conseguiu comprar os agasalhos?

Mais isto antes de terminar: havia de verificar se consegue ouvir a música clássica da sua página através do seu novo Netscape e se o texto vem justificado à esquerda e à direita. É uma questão técnica que de algum modo pode ser importante.

Entretanto, leio o João de Melo. O segundo conto, que fala de uma rapariga chamada Lira, é muito bom. Recordei com um suspiro aquelas ilhas perdidas no Atlântico que um dia me encontraram.

Abraços do
José Machado

E-MAIL DO LEON MACHADO
Sexta-feira, 5 de setembro de 1997, 20:46:47

Caro Onésimo:

Passei a tarde na conversa com o pintor Nadir Afonso. Depois apareceu o Pizarro, um outro pintor, e mais tarde o Rodrigues, também pintor. Vi-me na conversa como um leigo. Mas valeu a pena. O Nadir (com 76 anos) é um filósofo da arte. Tem até uma dúzia de livros publicados (em francês e alemão...) sobre Estética. Esteve a contar-nos as aventuras de Paris e do Brasil (trabalhou como arquiteto para o Niemeyer e alguma coisa de Brasília é esboço dele).

Enfim, uma tarde longe do computador e dos livros, para variar, debaixo de uma figueira sentado, com os figos podres a caírem-nos ao lado.

Agradeço as amabilidades da sua parte quanto ao meu esforço e quanto à simbologia entre vírgulas do meu nome. Não sei se já

lhe disse: o Leon não está no meu bilhete de identidade. É uma alcunha de família. Não escrevo Leão (com til), porque me parece demasiado pedante. Um minhoto diz *liom* (como os galegos) e não *leão* (com til), como os lisboetas. Uma esquisitice. Mas quem não a tem? Portanto, nem deve ler-se como os espanhóis, mas como os bracarenses: *liom*, com o *om* bem puxado na garganta, como *som* e *tom*.
Pois os contos da *(Sapa)teia* não precisa de os fotocopiar todos. Basta enviar-me dois ou três. É pena não haver nova publicação.
Recebi hoje carta do Joaquim Matos. Vou escrever-lhe este fim de semana e já lhe pergunto se tem o *Que Nome É Esse, Ó Nézimo*. Depois lhe digo. Creio que ele tem lá a peça sobre Antero de Quental. Na carta junta textos do poeta Fernando Guimarães, para meter na página da Internet. Mais um a ficar *on-line*.
Vou ver se acabo hoje as *Bem-Aventuranças* do João de Melo. Ainda não li nada hoje e são quase 21 horas. «Ai que prazer não cumprir um dever, ter um livro para ler e não o fazer!»
Abraços do
José Machado

E-MAIL DO LEON MACHADO
Sábado, 6 de setembro de 1997, 11:59:32
Caro Onésimo:
Cá chegou a sua nota biográfica, que muito agradeço. Ao mesmo tempo que lhe envio esta mensagem, faço o *up-date* dos seus ficheiros, que agora são três.
Decidi colocar no primeiro apenas a nota biográfica e nos outros dois os extratos das duas obras. Fica mais leva para quem for consultar. Se adicionarmos outra obra, fazemos novo ficheiro.

Alerto-o para uma gralha na frase: «leciona uma *cedeira* sobre Valores e Mundividências.» Tomei a liberdade de a corrigir.

Por aqui só se fala no funeral da Diana. A Linda passou a manhã agarrada à televisão a digerir tudo aquilo. Eu sou monárquico (democrata) mas não tenho paciência para tanto. Telefonei hoje ao Joaquim Matos e esqueci-me de lhe perguntar pelo livro. A ver se lhe falo nisso logo que possa. Amanhã vou ao congresso de Vilar de Perdizes. Ou pelo menos conto ir. Parece que temos lá um mágico que, com a força do olhar, cura todas as doenças conhecidas por uma módica quantia de 500 contos. Só se paga se os resultados forem positivos.

Abraços do
José Machado

E-MAIL DO ONÉSIMO
Domingo, 7 de setembro de 1997, 11:32:09

Rapidíssimo outra vez. Você nem dá tempo de a gente se corrigir. Fui olhar para o texto impresso e reparei que na lista de publicações há uma repetição de um livro e falta de outros. Posso pedir-lhe que execute a seguinte operação cirúrgica na secção intitulada Publicações? Aí vão as indicações:

1 – Altere a ordem. Como se trata de uma antologia de literatura, ponha primeiro os contos, o teatro e as crónicas e só depois os ensaios.

2 – Na secção dos ensaios, substitua logo no início o "Luzilândia a 10.ª ilha" por "A Questão da Literatura Açoriana (1983)".

3 – A seguir a J. R. Miguéis – "Lisbon in Manhattan", acrescente "Da Literatura Açoriana – Subsídios Para um Balanço (1986)".

Espero que se tenha curado de eventuais doenças no congresso e que ao menos se tenha divertido.

Sigo para Lisboa depois de amanhã e só agora estou a escrever o ensaio (que será sobre "Os intelectuais e os *Media*").

Um abraço para si do
Onésimo

                  E-MAIL DO LEON MACHADO
Domingo, 7 de setembro de 1997, 19:09:34
Caro Onésimo:
    Acabei de ler as *Bem-Aventuranças* do João de Melo. Transcrevo-lhe uma frase da pág. 137 a propósito das ideologias, que talvez lhe sirva para algo: «As ideologias não são mais do que instrumentos secundários de uma afetividade não cumprida, que do amor e da vida se perdeu.»
    Pego entretanto nas *Memórias da Cidade Cercada* do Fernando Aires. E você, já começou a vasculhar no Evereste que ultimamente recebeu?
José Machado

                  E-MAIL DO LEON MACHADO
Domingo, 7 de setembro de 1997, 20:17:16
Caro Onésimo:
    Estas minhas mensagens vão aos bocados e andam desencontradas das suas.
    Já alterei o que me solicitou. Mas olhe que a rapidez não é propriamente minha, mas da eletrónica e dos cabos telefónicos que ligam a teia (Web). Em dois minutos altera-se uma página a milhares de quilómetros de distância. São as tais autoestradas. Ao

menos essas são rápidas, que as outras, pelo menos em Portugal, estão cheias de buracos...

Não fui ao congresso de Vilar de Perdizes. Saí hoje de tarde com essa intenção, mas perdi-me pelo caminho: estive na casa do Alberto Chaves, um senhor de 96 anos, antigo diretor da Caixa Geral de Depósitos que tem uma grande quinta aqui perto. Lá me andou a mostrar as vinhas e os cavalos. Depois, na frescura da adega, a esposa pôs-nos uma travessa de presunto, folar e vinho. Preferi água da serra por ter de conduzir. Não deixei, todavia, de provar o palhete.

Eu a pensar que o homem era um reacionário, homem do capital, daqueles do PP, e, a páginas tantas, saca um cartão do PS com a data de 1974. O homem era de esquerda e conhecia pessoalmente o Mário Soares. A esposa costuma até corresponder-se com a Maria Barroso. Fiquei varado.

O ensaio sobre a relação dos intelectuais com os *Media* é sumamente interessante. Criaram-se verdadeiras psicoses. Dificilmente o Onésimo encontrará um poeta (nacional) que não diga mal dos computadores. Parece que o E. M. Melo e Castro é o único que se serve dele para criar poesia visual.

E não o maço mais. Se não nos virmos até ao seu regresso de Lisboa, boa viagem.

José Machado

E-MAIL DO ONÉSIMO
Segunda-feira, 8 de setembro de 1997, 09:03:41

>«As ideologias não são mais do que instrumentos secundários de uma afetividade não cumprida, que do amor e da vida se perdeu.»

A frase é bonita, mas nos anos sessenta andávamos todos cheios de sincero, autêntico amor e muita vida e morávamos no mundo ideológico, ou melhor utópico. Lembro-me dessa passagem do livro.

>Pego entretanto nas *Memórias da Cidade Cercada* do Fernando Aires. E você, já começou a vasculhar no Evereste que ultimamente recebeu?

Que pergunta! Já li uma meia dúzia de livros, mas tudo de obrigação por causa de cadeiras, ensaios, etc. Não, não toquei no Evereste. Mas ele já cresceu. Levarei comigo amanhã dois ou três para Lisboa.

Abraço.

Onésimo

E-MAIL DO ONÉSIMO
Segunda-feira, 8 de setembro de 1997, 09:27:55

A sua observação sobre os poetas e os computadores é boa para se citar em nota de rodapé ou entre parêntesis a meio da leitura do texto. Vou pegar nela. Não vou enveredar bem pela área da má relação das letras com as tecnologias, mas há uma página e meia que toca no assunto das "duas culturas" de C. P. Snow e do recente *A Terceira Cultura*, de J. Brockman, que li com muito interesse e ia recomendar à Gradiva para publicação, mas vejo que o Círculo se antecipou e publicou.

Obrigado pelas retificações.

E vou acabar o trabalho, pois tive que fazer ontem e hoje montes de interrupções por causa de complicações com os voos. Estive quase a ter que ir por Frankfurt e passar lá a quarta-feira toda.

Até logo.

Abraço.

Onésimo

E-MAIL DO LEON MACHADO
Sexta-feira, 12 de setembro de 1997, 18:44:25

Caro Onésimo:
Já regressou? (Pois claro que já. Que pergunta mais idiota!). E os doutores de Lisboa aproveitaram bem o sumo da conferência? Por cá ando em manobras com as novas professoras estagiárias. A ensinar-lhes o ABC desta coisa de ser professor... Enviei-lhe por correio de carbono o artigo sobre o *Rio Atlântico*. Deve estar a aparecer por aí.
Abraços do
José Machado

E-MAIL DO ONÉSIMO
Terça-feira, 16 de setembro de 1997, 18:01:05
Sim, estou de volta e com a vida em ritmo de cá. Cheguei a New York ao meio-dia e, depois de uma breve espera, meti-me num avião para Providence – uma hora.

Foi muito agradável a curta estadia na Arrábida, onde já tinha estado.

Recebi o artigo. Finalmente vi uma fotografia sua – cara de rapazinho – pois não fazia ideia da pessoa com quem me correspondia e conversava. O artigo está provocador e merece que lhe deem bordoadas. Você chamou nomes aos cronistas e eles não lhe vão perdoar.

Imagino que lhe vão bater... Mantenha-me informado.

Na conversa telefónica disse-lhe que lhe enviaria um ensaio sobre a ciência (ou a ausência do espírito dela) em Portugal, mas não sei se por acaso lhe enviei esse ensaio com o pacote que seguiu daqui há tempos. Como não me disse nada, não sei se o recebeu. Aguardarei que me confirme se esse ensaio ia no envelope.

Vi também a nota simpática sobe o CD-ROM. Obrigado.

Vou sair já. Está um dia lindo e é o tal passeio com a Leonor pela beira-mar a apanhar o pôr-de-sol. Até amanhã.

Abraço.
Onésimo

E-MAIL DO LEON MACHADO
Quarta-feira, 17 de setembro de 1997, 14:42:40
Caro Onésimo:
Pois seja bem-vindo.
Cá recebi o pacote com vários ensaios seus, que muito agradeço. O ensaio sobre ciência não veio. Vieram os dois sobre o Torga (e quanta ripeirada você lhe dá! Muito educadamente, está visto, tanto mais que para estas coisas é preciso certo cavalheirismo). Estes seus dois ensaios alertaram-me para algo de que eu já desconfiava, mas a que não tinha dado corpo: a questão do sectarismo geográfico de Miguel Torga. Cheguei a escrever, como creio que lhe disse por telefone, um artigo para um jornal sobre o livro *Portugal*. Envio-lho pelo correio, pois talvez lhe sirva de algo para aquele seu conto/diário sobre a mesma questão.

Embora eu não conheça o José Enes, ao ler a separata da *Insulana* fiquei com pena de ele não ter sido meu professor, tal é o carinho e o entusiasmo com que Onésimo fala dele. Fiquei a saber, dessa leitura, que a arquidiocese de Braga tinha 65 alunos no Colégio Português em Roma e que Angra tinha 62. Se pensarmos no número de habitantes, realmente os Açores ficam a ganhar. Mas olhe que eu tenho em crer que os Açores como região é aquela que mais gente de cultura tem dado a Portugal, se excluirmos o Alentejo, Lisboa e Porto.

Veja: no Minho não há ninguém (o João Penha?...). Em Trás-os-Montes é o Torga e mais ninguém. Nas Beiras o Aquilo e o Vergílio Ferreira; no Algarve a Lídia Jorge e o Cavaco (mas este não conta...). Na Madeira não há ninguém (é curioso: uma ilha onde impera um Jardim tosco e ermo...). São os Açores que realmente têm dado mais gente de cultura. E nem vale a pena contá-los, tantos que eles são. Terá isso a ver com o problema da insularidade e haver mais tempo para a reflexão e para a leitura? Mas então e a Madeira, que também sofre do mesmo? É complicado.

E esta conversa liga ao seu ensaio sobre "A Pátria da Língua" publicado na *Revista da Faculdade de Letras*, que eu muito apreciei. Ser português é ter nascido em Portugal ou é, com ou sem isso, falar a língua portuguesa? Por acaso não conhecia o poema do Jorge de Sena acerca do inglês dos filhos. E os seus, falam a língua do pai?

Deste ensaio, permita-me que coloque umas reticências críticas à expressão «uma latada de vinha no Douro» (p. 19). Creio eu que que no Douro as vinhas são rasteiras e só no Minho é que sobem em latadas. Mas quem se importará com esta picuíce?

E já agora: o que é feito da paródia a trinta e três estâncias de *Os Lusíadas*? O Onésimo guardou alguma cópia? Pergunto-lhe, porque faço coleção de textos que de algum modo tenham a ver com a obra de Camões.

As fotos já estão na página da Internet. Convém ver quando puder. Se clicar com o rato em cima, elas aumentam de tamanho. Quer que envie os originais de volta ou meto-os no meu álbum?

Quanto ao artigo sobre os cronistas: saiu uma alusão a isso num jornal de paróquia de Vila Real. Se o conseguir arranjar, ainda lho envio. Mas a indignação tem sido mais em conversas de café, segundo me dizem. Os transmontanos demoram algum tempo a reagir por escrito. E depois temos de ver que a maior parte dos pasquins é de edição mensal.

E não o demoro mais. Abraços do
José Machado

E-MAIL DO ONÉSIMO
Quinta-feira, 18 de setembro de 1997, 09:56:28

Foi uma resposta recheada de notícias. Tantas que não tive ocasião de responder ontem. Foi dia de seminário de três horas e, a seguir, o tal passeio com a Leonor a aproveitar as belas tardes que tem feito. Pelo-me (e ela) por ir até à beira da água. Não sei se lhe disse já que fora da água eu afogo-me.

1. Enviar-lhe-ei então o ensaio sobre a ciência em Portugal.
2. Seguirá também uma fotocópia do panfleto *O Centenário*. Só possuo um exemplar. Rabiscarei uma breve explicação.
3. Essa diferença Açores-Madeira é um assunto muito sensível para os madeirenses e nós evitamo-la. Eles deram para o turismo, para a boa vida noturna, para a produção de bom vinho, bons bordados e belas flores, excelentes artigos de vime, muita e boa banana, mas, mal se lhes toca na produção cultural, vão aos arames, que estas coisas não se podem comparar, que eles também têm muitos poetas, escritores, etc. *Case closed*.
4. Muito obrigado pela correção das "latadas". Pensando bem, nunca me lembra de ter visto nenhuma no Douro, mas conheço mal a região. Quando reunir aquele com outros ensaios, corrigirei.

Você é um leitor muito atento e isso é ótimo. Aqui, um texto antes de ser publicado passa por muitos mãos para lhe catarem possíveis erros desse género.

No meu caso, dou sempre à Leonor a ler. Ela ia muitas vezes a Vila Real na infância, mas não conhece bem a região do Douro e deixou passar. Só lhe fico agradecido.

5. Vi a foto na Antologia. Vou ver se me lembro de enviar um ou dois contos da *(Sapa)teia*. Está ali muito trabalho naquela iniciativa. Você é danado.
6. Espero que não tenha apanhado muito mais porrada dos cronistas.

Um abraço amigo do
Onésimo

E-MAIL DO LEON MACHADO
Thu, 18 Sep 1997 16:54:28

Caro Onésimo:

Pois eu bem que desconfiava que os madeirenses não eram muito dados ao intelecto. E para recuperarem será o cabo dos trabalhos. Ainda por cima com a imagem que o Jardim está a dar...

Gostei da sua frase: «fora da água eu afogo-me.» Mais uma prova de que os habitantes da Atlântida (os açorianos?) ganharam guelras depois de a mítica ilha ter afundado.

Quanto a gralhas: esta minha mania das correções vem do tempo em que eu era revisor de provas num jornal em Braga. Creio que já lho contei. Uma vez estive para andar à batatada com um dos tipógrafos por causa da palavra *transístor*. Ele levou-me os linguados de uma notícia para corrigir e eu meti um acento no *i* da palavra. Daí a bocado vem o homem fulo da vida a chamar-me picuinhas. Tinha de refazer a notícia (em chumbo) por causa da porcaria do acento. Então eu disse-lhe que a minha função era corrigir o que estava mal. Ele então pega num dicionário que havia na redação e foi à procura da palavra. E lá estava: *transistor* sem acento. Tratou-me como um cão. Se não fossem os outros colegas, sovava-me. Em casa fui confirmar e no meu dicionário *transístor* tinha acento.

Mesmo assim, o caso não me serviu de lição e qualquer dia estou mesmo a ver o Onésimo a dar-me uma ripeirada internética...

Passei a manhã de hoje numa reunião na escola a coordenar as estagiárias, novas no sistema. As aulas começam na próxima semana e estivemos a ensaiar o primeiro choque da sala de aula.

E cá espero então o ensaio sobre a ciência, o folheto com as oitavas e um ou dois contos da *Sapa(teia)*, se isso não for pedir este mundo e o outro.

O João de Melo escreveu-me uma carta muito simpática e também já está na Internet. O endereço é:

http://alfarrabio.di.uminho.pt/vercial/jmelo.htm
Cumprimentos para si e para a Leonor. (A tese dela sempre é sobre Vergílio Ferreira?)
José Machado

POSTAL DO ONÉSIMO[6]

18/9/97
Caro José Machado:
Aí vão duas coisas:
1. Fotocópia do folheto *O Centenário*, de que só possuo um exemplar.
2. Fotocópia de três contos para você escolher. O livro tem vinte. O "Adriano(s)" é grande, mas é o mais badalado. O mais curto é o "Postal de Boas Festas".
Escolha o que achar melhor para a Antologia.
Abraço amigo do
Onésimo

E-MAIL DO LEON MACHADO

Sexta-feira, 19 de setembro de 1997, 15:14:29
Caro Onésimo:
Hoje visitou-me a Musa e fiz o esboço de dois poemas que lhe envio. Veja lá se descobre o intertexto...
<<<<<<<<>>>>>>>>
XXXIX
Poetas há
Que cantam as pedras
No pico dos montes.
As pedras são belas
Na calçada pisadas,

Entre as paredes
Que agasalham do frio.

XL
Poetas há
Que depreciam
O verde
Num louvor
Ao solo lunar.
São verdes
Os teus olhos
Entre ramos de alecrim
À sombra das faias.

<<<<<<<<>>>>>>>
Saudações poéticas do
José Machado

E-MAIL DO ONÉSIMO
Sexta-feira, 19 de setembro de 1997, 10:58:59
Os poemas são bonitos. Bonitos mesmo.

Claro que você anda metido com o Torga a dar-lhe com pedras e a mijá-lo de verde (vingança minhota), com alusões aos Açores e ao meu texto sobre o determinismo geográfico do transmontano. Não quero estar a ver demasiado, mas ressalta ali *pico / pedra* que não deve ser mera coincidência.

Além de tanta coisa, também poeta.

Registo com agrado.

Abraço.

Onésimo

E-MAIL DO ONÉSIMO
Sexta-feira, 19 de setembro de 1997, 11:07:41

Esqueci-me de dizer que me parece que os poemas funcionam melhor em conjunto, num único poema. O segundo serve de contraponto e equilibra o primeiro, cujo ritmo parece quebrar abruptamente.

Só uma opinião.

O.

E-MAIL DO ONÉSIMO
Sexta-feira, 19 de setembro de 1997, 15:35:15

Duas linhas sobre o e-mail anterior: nunca lhe darei qualquer ripeirada. Agradeço a toda a gente que me corrige. Até num texto de Antero encontrei uma calinada. Conhece o meu ensaio sobre os ensaios de Sena (enviarei). Feliz daquele que tem quem lhe leia um texto e cate todos os erros antes de ser publicado. (Ou que pelo menos os corrija antes da 2.ª edição!)

A Leonor não vai fazer tese sobre V. Ferreira. Foi confusão. Será sobre quatro romances do mesmo período (20 anos de intervalo) publicados em Portugal, França, Inglaterra e EUA. Eça e Flaubert são os mais conhecidos.

Ia remeter-lhe hoje as fotocópias, mas tenho de escrever umas linhas a explicar *O Centenário*.

Bom fim de semana para si. (Tenho de sair. Hoje o Pedro vem da Universidade a casa para a festa de anos (13) da Tatyana e tenho de ir tratar de coisas de ser papá).

Um abraço amigo do
Onésimo

E-MAIL DO LEON MACHADO
Terça-feira, 23 de setembro de 1997, 20:49:01
Caro Onésimo:
Remeto-lhe o *mail* que terá andado perdido:
Olhe que afinal não estava. Andei à procura e recebi-o, só que não o lera porque estava indexado num ficheiro qualquer, não sei como.

<<<<<<<<<>>>>>>>>
E-MAIL PERDIDO
Sexta-feira, 19 de setembro de 1997, 21:47:44
Caro Onésimo:
Começo por agradecer-lhe as palavras de incentivo a propósito dos versos. Embora eu escreva esse género de coisas desde os 12 anos (altura aliás em que também comecei a escrever o diário), não me considero um poeta por aí além. Amador sofrível, talvez.
Pois claro que o intertexto era exatamente aquele que você muito bem descobriu. Quanto ao *pico / pedra*, por acaso não tinha pensado nisso. Pelo menos conscientemente. Quem sabe a leitura dos seus artigos tenha influenciado nesse sentido?
O ensaio sobre o Jorge de Sena não conheço. E já que falo de ensaios, ponho-o a par do seguinte: um amigo meu, professor assistente na Universidade Católica e especialista em literatura americana (tem uma tese sobre o poeta Hart Crane), sugeriu-me a ideia de acrescentar à página de literatura da Internet uma secção de recensões críticas, estudos teóricos, etc. E até me mandou meia dúzia de textos para começar a coisa. A ideia é fazer uma espécie de *JL on-line*, mas só para literatura. Que pensa o Onésimo disto?
Recebi hoje carta do Fernando Aires com tanta palavra bonita que até fico sem jeito. É que não estou muito habituado, sabe? Vou lendo o primeiro volume do diário. Ele conseguiu-me um exemplar.
Pois o tema da tese da Leonor parece-me sumamente interessante. Quem tem muita coisa sobre a relação do Eça com

o Flaubert e outros escritores franceses é o Santos Alves, meu orientador. A tese de doutoramento dele é sobre isso. Se a Leonor quiser material, é só dizer: são 2.000 páginas de coisas interessantíssimas.

Deixo-o então a comemorar os anos da Tatyana. Mas está uma mulherzinha! Para ela, embora eu não sei se ela tem os olhos verdes, aí vão três versos:

Verde o olhar
Da moça que olha
O verde do mar.
Tanto verde já chateia. Valha-nos o mar, que às vezes é azul.

José Machado

E-MAIL DO ONÉSIMO
Quarta-feira, 24 de setembro de 1997, 09:28:26
>Começo por agradecer-lhe as palavras de incentivo a propósito dos versos. Embora eu escreva esse género de coisas desde os 12 anos (altura aliás em que também comecei a escrever o diário), não me considero um poeta por aí além.

A amostra que me enviou não é apenas sofrível.

>Pois claro que o intertexto era exatamente aquele que você muito bem descobriu. Quanto ao *pico / pedra*, por acaso não tinha pensado nisso. Pelo menos conscientemente.

Como sou do Pico da Pedra, vejo Pedra e Pico onde qualquer pessoa muito naturalmente vê simplesmente pedra e pico. 'Tá explicado.

>O ensaio sobre o Jorge de Sena não conheço.

Vou enviar o ensaio sobre Sena. Acho ótima a ideia das recensões críticas. Vai dar-lhe... uma trabalheira... Mas você não é alentejano...

>Recebi hoje carta do Fernando Aires com tanta palavra bonita que até fico sem jeito. É que não estou muito habituado, sabe? Vou lendo o primeiro volume do diário. Ele conseguiu-me um exemplar. Espero que goste.

>Pois o tema da tese da Leonor parece-me sumamente interessante. Quem tem muita coisa sobre a relação do Eça com o Flaubert e outros escritores franceses é o Santos Alves, meu orientador. A tese de doutoramento dele é sobre isso. Se a Leonor quiser material, é só dizer...

Se tivesse lido este e-mail, não me esqueceria. Sim, sim. Ela teria todo o interesse em ter acesso a ela. Está em disquete? Pagamos as despesas. Se não estiver, pagamos uma cópia e o transporte e ainda ficamos muito agradecidos.

>Deixo-o então a comemorar os anos da Tatyana. Mas está uma mulherzinha! Para ela, embora eu não sei se ela tem os olhos verdes, aí vão três versos...

Não, não tem olhos verdes. Mas o pai aceita todas as cores.

>Tanto verde já chateia. Valha-nos o mar, que às vezes é azul.

Domingo foi a vez de o Pedro trazer cá a casa a namorada japonesa. Muito simpática, muito bonita e muito à vontade, tudo a condizer bem com ele. Resistimos a tornar de casa um namoro que vai em dois anos e pico, mas achámos que já era tempo. Daqui a dias ando com uma nora à porta. O que a vida nos reserva!

Um abraço daqui.

Onésimo

E-MAIL DO LEON MACHADO
Quarta-feira, 24 de setembro de 1997, 19:29:15

Caro Onésimo:

Vou contactar com o doutor Santos Alves e ver se lhe consigo, ou a disquete, ou um exemplar da tese dele sobre o Eça de Queirós.

No próximo dia 17 de outubro vou a Braga falar com ele por causa da dissertação de doutoramento e nessa altura já trato disso. Certo?

Passei a manhã de hoje em Vila Real numa reunião com os orientadores de estágio pedagógico e com os profs. da UTAD. Fui eleito por unanimidade representante dos orientadores...

Pois se o Onésimo tiver algum ensaio, artigo, recensão crítica, etc., que queira publicar na nova secção da página, mande-me isso.

O tal Mancelos de que lhe falei está proselitamente a arranjar adeptos e conta enviar-me regularmente recensões dos livros que vão saindo. Ainda vamos dar cabo do *JL*...

Quanto ao programa *Acontece*: ontem vi apenas um pedaço curto. O Pinto Coelho entrevistava um sujeito que eu não conheço e que tinha na Geocities (USA) uma página de Internet sobre os Açores. Pergunto: e quem não tem uma página na Geocities?

Prometo ver hoje o programa na íntegra e resumir-lhe os eventos.

Cansadinho da viagem a Vila Real e de ouvir falar durante três horas de pedagogias e didáticas, me despeço com um abraço.

José Machado

E-MAIL DO ONÉSIMO

Quarta-feira, 24 de setembro de 1997, 21:00:14

Desculpe lá, mas isto é só uma demonstração para um amigo que nunca viu e-mail.

Boa noite e parabéns pela nomeação unânime. Escrever-lhe-ei amanhã.

Abraço.

Onésimo

E-MAIL DO ONÉSIMO

Quinta-feira, 25 de setembro de 1997, 14:02:28

Com um pouquinho mais de calma vou responder-lhe agora a alguns dos assuntos que estão no ar. Ontem estava com um amigo português que não sabia nada de e-mail e ficou atónito. Fiz-lhe uma demonstração incomodando um amigo que tenho em Chaves. Desculpe.

>Vou contactar com o doutor Santos Alves e ver se lhe consigo, ou a disquete, ou um exemplar da tese dele sobre o Eça de Queirós. No próximo dia 17 de outubro vou a Braga falar com ele por causa da dissertação de doutoramento e nessa altura já trato disso.

Ficamos a aguardar.

>Passei a manhã de hoje em Vila Real numa reunião com os orientadores de estágio pedagógico e com os profs. da UTAD. Fui eleito por unanimidade representante dos orientadores e agora tenho de gramar uma reunião por mês (mais uma) com os doutores da UTAD. Nem tive voto na matéria.

Mais uma vez parabéns. Mas isso é bom sinal. Para quem como eu nada sabe do seu estilo de conviver, isso é muito significativo. Você poderia ser um chato em pessoa, daqueles que ao computador são todos porreirinhos mas...

>Pois se o Onésimo tiver algum ensaio, artigo, recensão crítica, etc., que queira publicar na nova secção da página, mande-me isso.

Você é que deve dizer-me o que é que quer. Você refere-se a recensões que eu escrevi ou recensões que outros escreveram sobre os meus livros? Se é a segunda, posso enviar-lhe uma recensão sobre cada um dos livros, que escolheria entre as mais significativas das muitas que estão para aí em *dossiers*. Se quer é recensões que escrevi, tenho que ver o que tenho à mão. Mas diga lá primeiro.

P.S. Reli melhor o seu texto e percebo que você quer fazer um *JL* eletrónico, o que é uma muito boa ideia. Mas quer publicar coisas exclusivas?

>Quanto ao programa *Acontece*: ontem vi apenas um pedaço curto. O Pinto Coelho entrevistava um sujeito que eu não conheço e que tinha na Geocities (USA) uma página de Internet sobre os Açores.

A reação vinda dos Açores é negativa. Tem deixado de lado escritores com cartel, exposições de arte e vai logo no terceiro dia para a Terceira filmar orquestras visitantes em atuação. Convenhamos que não está a prestar nenhum serviço ao muito que de atividade cultural se produz nos Açores.

>Prometo ver hoje o programa na íntegra e resumir-lhe os eventos.

Aguardo.

>Cansadinho da viagem a Vila Real e de ouvir falar durante três horas de pedagogias e didáticas, me despeço com um abraço.

Recebi há pouco uma carta do F. Aires dizendo-me coisas muito simpáticas sobre você e o seu livro de contos. Simpáticas mesmo. Sendo em carta para um terceiro, vale muito mais como comentário à sua escrita. Não ia citar aqui nada, porque se trata de uma carta particular, mas vou ser um pouquinho indiscreto. Diz coisas como: «uma prosa solta, de mistura com um humor por vezes bem negro, mas humor. Lembra, aqui e ali, Aquilino, mesmo Camilo. Maupassant decerto. O conto "Um baralho na mão errada" possui a pincelada forte, exata. Consegue empolgar a vida pela garganta. Mostra conhecer aquela gente de ambições pequenas, de instintos pequenos. Tem o segredo da linguagem do povo que retrata, linguagem que maneja muito bem no diálogo. Conhece decerto aquela gente por dentro. Que mais não fosse só por esta narrativa se justificaria a publicação do livro.»

E mais coisas. Ele perdoar-me-á a indiscrição e deve ter-lhe dito isso, mas não falou mal por trás. A mim disse-me o mesmo. Aliás o Fernando é mesmo assim e por isso sou amigo dele. Entre mil outras razões.

Dá por agora. Tenho aí a Diana Andriga daqui a pouco para filmar uma conversa sobre J. R. Miguéis para a TV.
  Um abraço amigo do
  Onésimo

E-MAIL DO LEON MACHADO
Quinta-feira, 25 de setembro de 1997, 21:48:14
  Caro Onésimo:
  Então o seu amigo português entusiasmou-se com as Internets? Olhe: já temos ligação na escola, está um computador disponível para alunos e professores. Tem estado às moscas. A não ser eu, que hoje iniciei as "minhas" estagiárias nos segredos da Web, mais ninguém lhe pega. Ignorância, desleixo, desinteresse. Não temos remédio.
  Vi o *Acontece* de ontem. Foi transmitido, como o Onésimo já sabe, da ilha Terceira. A transmissão estava péssima, com a imagem tremida e o som de batatas a fritar. Mostraram algumas imagens do Palácio dos Capitães Generais, falou-se de arqueologia submarina, barcos afundados e música clássica. Por fim, o Pinto Coelho entrevistou um tal Carlos Medeiros, compositor. Nada de especial.
  O programa de hoje foi transmitido da mesma ilha e começou com uma barracada. A emissão foi interrompida, não havia som e o Pinto Coelho pôs-se a fazer uma entrevista muda ao Álamo de Oliveira. Até que, quase no fim da entrevista, conseguem reatar o som. Gostei de ouvir o Álamo.
  Falou-se da sua peça *Sonhos do Infante* e do seu papel na renovação do teatro na Terceira, em especial na fundação do Grupo Alpendre. Imagens da Casa Museu de São Pedro, a notícia do lançamento do último livro de Luís Carlos Patraquim um pouco deslocada entre estas e a reportagem sobre um oleiro terceirense. O

programa terminou com uma notícia sobre um festival de cinema *gay* e lésbico... em Lisboa.

Mas ó Onésimo: em vez de me ter dado os parabéns pela nomeação de representante dos orientadores, deveria ter-me dado os pêsames. É que de cargos daqueles todos fogem como o diabo da cruz.

Quanto às recensões: distingamos (como faziam os escolásticos). Uma coisa são as recensões que o Onésimo possa escrever sobre os livros dos outros e que serão bem-vindas se se der ao trabalho de as escrever, ou até mesmo coisas já escritas e publicadas noutro sítio (não exigimos coisas exclusivas: a página é uma base de dados com fins científicos e pedagógicos e a função é divulgar o maior número de textos possíveis escritos ou a escrever). Outra coisa são as recensões feitas aos seus livros por outros. Estas sem dúvida que serão também bem-vindas, mas há um inconveniente: a autorização dos seus autores. Será que o Francisco José Viegas vai assim sem mais nem menos deixar meter o artigo sobre o *Rio Atlântico* na Internet? Falo-lhe disto porque às vezes aparecem coisas aborrecidas, como a esposa do Vergílio Ferreira, que nos exigiu por um texto de quatro páginas do falecido marido direitos de autor. Enfim, está no seu (dela) direito. O que acordamos entre todos, pelo menos para já, era que o trabalho fosse todo por carolice. Cada um contribuía com o que achasse pertinente. Como contrapartidas, máxima divulgação.

Concluindo: a página também é sua, uma vez que também faz parte dela. Todo o espaço está disponível, a qualquer hora do dia, para o que lá quiser meter (não se aceitam fotos pornográficas...). Recomendava-lhe, quanto às recensões aos seus livros, contactar, se puder, os autores das mesmas. De resto, pode mandá-las todas.

O Fernando Aires tem sido muito simpático. Sinto-me sem jeito. Terminei ontem antes de deitar o primeiro volume do seu diário. Escrevi-lhe hoje de manhã uma carta relatando-lhe impressões da leitura. Gostei de sobremaneira. Achei este volume mais sincero, menos "torguiano", e também muito mais sentido em relação aos que escreveu depois. O Fernando Aires é um poeta, sem dúvida. Claro que os três posteriores são literariamente superiores. Mas este é, parece-me, mais diário, e talvez por isso me tenha tocado em particular. Agora, que li os quatro volumes, posso concordar consigo e com o Eugénio Lisboa e ir até mais longe: o Fernando Aires é o mais importante diarista de língua portuguesa. Manuel Laranjeira, João Chagas, Torga, Vergílio Ferreira, José Gomes Ferreira, Eduardo Prado Coelho, Saramago? Muita parra, pouca uva.

Abraços do
José Machado

E-MAIL DO ONÉSIMO
Sexta-feira, 26 de setembro de 1997, 11:23:26

>Então o seu amigo português entusiasmou-se com as Internets?

Não tinha nenhuma ideia. Ficou parvo e vai atirar-se.

>Olhe: já temos ligação na escola, está um o computador disponível para alunos e professores. Tem estado às moscas. A não ser eu, que hoje iniciei as "minhas" estagiárias nos segredos da Web, mais ninguém lhe pega.

A velha atitude contra a tecnologia...

>O programa de hoje foi transmitido da mesma ilha e começou com uma barracada. A emissão foi interrompida, não havia som e o Pinto Coelho pôs-se a fazer uma entrevista muda ao Álamo de Oliveira.

O Álamo é extraordinário. Você tem que incluí-lo na Antologia, como aliás têm que lá estar outros açorianos: o Daniel de Sá, o Vasco Pereira da Costa, o Emanuel Félix, o José Martins Garcia, o Cristóvão de Aguiar...

>O programa terminou com uma notícia sobre um festival de cinema *gay* e lésbico... em Lisboa.

Você a falar nisso e um correspondente meu a dizer-me que tem assistido aos filmes e a aproveitar para se confessar *gay*...Tudo bem. Aqui isso é o pão nosso de cada dia.

>Mas ó Onésimo: em vez de me ter dado os parabéns pela nomeação de representante dos orientadores, deveria ter-me dado os pêsames. É que cargos daqueles todos fogem como o diabo da cruz.

Não seja modesto. Melhor: seja, que lhe fica bem.

>O que acordamos entre todos, pelo menos para já, era que o trabalho fosse todo por carolice. Cada um contribuía com o que achasse pertinente.

Isso vai dar-lhe muito trabalho. Se calhar mandarei eu compor aqui para não lhe dar esse trabalho. Julgava que usava o *scanner*.

>O Fernando Aires tem sido muito simpático. Sinto-me sem jeito. Terminei ontem antes de deitar o primeiro volume do seu diário. Escrevi-lhe hoje de manhã uma carta relatando-lhe impressões da leitura. Gostei de sobremaneira.

Disse ao Aires ao telefone. Gostei muito de saber que você gostou.

Vi a página do Miguéis. A biografia está curta. Deveria ser maior. Quer que lhe envie? Vi a do Mancelos. Acho que as pessoas deveriam evitar esse tipo de avaliação pessoal e incluir apenas dados biobibliográficos. A opinião literária da revista *Magnificat* não conta muito e um estendal tão grande de jornais pequenos também parece exagerado. O currículo que a universidade exige é detalhado – o meu tem 48 páginas – mas nestas coisas públicas deve haver um pouco de sentido autocrítico, auto-irónico e até uma dose da velha modéstia. Acho de mau gosto aquela auto-apresentação. Nem

os americanos, que são pão-pão, queijo-queijo com os seus *credits*, fazem aquilo.
Um grande abraço do
Onésimo

E-MAIL DO LEON MACHADO
Sexta-feira, 26 de setembro de 1997, 20:45:31
Ai Onésimo:
Apanhei uma estafa que nem lhe digo! Fui à vindima do meu sogro. Tive de ajudar a pisar o vinho ao pé. Venho derreado. Isto tudo é muito típico, muito folclórico, sim senhor. E até fica bem a um doutor de livros baixar às coisas comezinhas da vida. Não fica bem é a dor de coluna e de pés.
Está quase a começar o *Acontece* de hoje. Volto a escrever-lhe depois, se tiver forças para mais algumas linhas.
José Machado

E-MAIL DO ONÉSIMO
Sexta-feira, 26 de setembro de 1997, 15:56:10
Fiz isso durante muitos setembros. Não gostava de acarretar os cestos, mas gostava de me sentar ao tabuleiro a escolher as uvas (a eliminar as más) porque ouvia muitas histórias e conversas de adultos.
Finalmente hoje foi para o correio um pacote recheado de coisas.
Até logo. Bom fim de semana.
Onésimo

E-MAIL DO LEON MACHADO

Sexta-feira, 26 de setembro de 1997, 21:47:02

    Cá estou de novo, ainda fatigado da vindima (embora não seja alentejano, também me canso...) para lhe resumir o programa *Acontece*. Foi transmitido do Café Sport (mais conhecido por Peter) na Horta, cidade dos meus amores açorianos.

    O Pinto Coelho, sentado a uma mesa com um gim tónico na mão, entrevistou o velho Peter, um tal João Carlos Fraga, autor de um livro de contos, *Histórias de Anticiclone*, e a cantora Pilar Luís. Foi apresentada uma reportagem sobre os pianos da Graciosa (mais de cem) e outra sobre a erupção dos Capelinhos, faz amanhã 40 anos. E dos Açores pouco mais. O resto foram coisas de Lisboa.

    Comento agora a sua mensagem, acabada de receber:

    Quanto à inserção do Álamo e aos outros autores açorianos da página da Internet, tinha pensado nisso quando o Onésimo me enviou o livro *No Seio Desse Amargo Mar* e depois de ler as notas finais onde apresenta um sem número de autores. Existe presentemente uma página na Internet sobre poetas açorianos. Na página de Literatura aparece um *link* para ela. Mas o ideal seria realmente acrescentar à lista os autores mais significativos, poetas ou não. Afinal são tão bons como quaisquer outros (ou até mais).

    O problema, como sempre, é arranjar o material: notas biográficas e seleção de textos. Não haverá uma forma de, contactando apenas um (o Álamo, por exemplo), conseguir a colaboração dos outros? Evitava-se ter de contactar cada um em particular.

    Quanto ao *scanner*, eu tenho. Quando são textos impressos, passo-os eu mesmo. Quando são textos manuscritos ou dactilografados, ponho os alunos a fazer isso. É colaboração extracurricular. Já chegaram a passar livros inteiros. O problema é a correção de gralhas, que tenho de ser eu a fazer, por não confiar muito neles. Se nem em mim confio...

A página do Rodrigues Miguéis: sim, a nota biográfica está pobrezinha. Enfim, foi o que consegui na altura. Mas há autores mais pobres ainda. Agradecia-lhe imenso se me pudesse fornecer mais dados.

Quanto à nota do Mancelos, concordo consigo. Demasiado pretensiosa, realmente. Está tal e qual ele a mandou. Não lhe quis dizer nada, para não ferir. Ele é muito sensível e, se lhe dissesse alguma coisa, nem sei o que seria. Que me sugere o Onésimo? Altero eu? Ou aconselho-o muito a modo a abreviar?

E fico-me por aqui. Hoje nada de leitura, nada de escrita. Meto-me na cama como um bruto.

Abraços de viticultor do
José Machado

E-MAIL DO ONÉSIMO
Segunda-feira, 29 de setembro de 1997, 16:26:04

Quando não tenho notícias suas, penso logo que eu estou em falta e você está apenas a vingar-se. Será?

O envelope seguiu para o correio. Vai recheadinho.

Dizem-me que o *Diário de Notícias* de sábado trazia na "Revista" uma recensão do Francisco José Viegas ao meu livro. A "Revista" não entra na edição eletrónica, pelo que não sei o que lá vem. Bem, sei que não será mau, porque ele escreveu-me a pedir colaboração regular para a *LER*, mas não sei mais. Você não lê o DN, pois não? Se não, não se preocupe. Mais dia menos dia chega aí uma carta com um recorte. No passado já aconteceu chegarem de repente 5 ou seis cartas com um recorte.

Esqueci-me de lhe dizer: na página do Miguéis você tem *highlighted* o meu "Estórias da nossa história". Tentei abrir, mas não tinha nada. Por outro lado, talvez fosse mais interessante o outro texto do *Que Nome*: "O Espólio não cai do céu".

Agora me recordo que não lhe respondi à sua pergunta sobre as notas biográficas. Você deveria dizer às pessoas que queria uma coisa apenas factual. Os adjetivos (bons ou maus) deveriam ficar apenas nas recensões. Agora já não pode fazer nada nesse caso do Mancelos, mas aquilo é de mau gosto.

Enviei-lhe informações sobre Miguéis.

Vou pedir informações e textos à malta dos Açores que achar que deve lá estar. Você pode pedir ao Aires da próxima vez que lhe escrever.

Ficou alguma coisa atrás?

Abraço.

Onésimo

E-MAIL DO LEON MACHADO

Segunda-feira, 29 de setembro de 1997, 21:10:06

Não, Onésimo. Claro que não é vingança. É que tenho receio de o incomodar demasiado. Enfim, você tem mais do que fazer do que andar a ler e a responder a todas as minhas mensagens. Era só isso.

Pois agradeço o material. O Fernando Aires está a preparar também qualquer coisa. Diz que já tem a foto e só lhe faltam os textos...

Quanto ao Mancelos: Disse-lhe a coisa muito a modo e ele respondeu-me que vai alterar. Apanhei-o com uma gripe e não se aborreceu muito. Veremos no que dá.

O *DN* só leio na Internet e a revista não está realmente disponível aí.

Amanhã digo-lhe mais qualquer coisa. É que a Linda está-me a chamar...

Abraços do
José Machado

E-MAIL DO ONÉSIMO
Segunda-feira, 29 de setembro de 1997, 17:11:34
Quando as mulheres chamam, o melhor é largar tudo.
Também vou sair. Vou dar um seminário de três horas numa universidade a meia hora daqui. Não fazia isso há quinze anos e aceitei...
Você não incomoda nada. Não o conheço pessoalmente, mas dá-me satisfação sempre que o vejo aparecer à janela do ecrã.
Abraço.
Onésimo
P.S. Se a Linda voltar a chamar, volte a ir.

E-MAIL DO LEON MACHADO
Segunda-feira, 29 de setembro de 1997, 21:46:27
Caro Onésimo:
Cá me tem ressuscitado. Afinal a Linda só queria um copo de água.
Estive a ver por que não dava o *link* da página do Miguéis para a sua e descobri o gato. Andei aqui há tempos a alterar a sua para não se tornar demasiado pesada (lembra-se?) e esqueci-me de alterar a do Miguéis. Mas agora parece estar tudo OK. A página do Antero também tinha o mesmo problema. "O Espólio não cai do céu" é um bom texto e podíamos realmente disponibilizá-lo. Vou tratar disso ainda esta semana.
Agradeço-lhe as sugestões que me dá em relação às biografias e às recensões. Temos realmente de impor certas restrições para não abandalhar demasiado. Imagine que agora qualquer bicho careta armado em poeta me envia poemas e extensos CV pedindo-me a esmola de um cantinho na página. Será que a página é doce? Nunca me vi numa situação destas e fico banzado, sem saber o que fazer.

Normalmente respondo, dizendo que se vai ver, coisa e tal. Mas os tipos insistem. Quer dizer: não estou minimamente preparado para enfrentar o touro. Quando era miúdo, nem jeito tinha para vender rifas, imagine.

Enfim, ajude-me o Onésimo com o seu sangue-frio...

José Machado

E-MAIL DO ONÉSIMO

Segunda-feira, 29 de setembro de 1997, 22:00:24

Venho do seminário e apresso-me a responder-lhe à sua pergunta: Se você não controla quem entra na página e cede a pressões dos autores, pode abandalhar e a sua Antologia perde credibilidade. Claro que qualquer pessoa pode fazer uma, mas isso é com eles. Você tem de impor critérios. Resolva a questão com um conselho editorial. Crie um grupo (não me ponha lá por favor!) que toma as decisões em conjunto e isso alivia-o de algumas investidas diretas. Mas, se você não faz isso, então qualquer bicho careta tem entrada.

Que lhe parece?

Abraço,

Onésimo

E-MAIL DO LEON MACHADO

Quarta-feira, 1 de outubro de 1997, 08:01:27

Caro Onésimo:

Desculpe ontem não ter dado sinal de vida. É que me apareceu aqui em Chaves, assim muito de repente, o João Aguiar (autor do *Navegador Solitário*). Anda de visita ao Norte e estive com ele em cavaqueira na Adega do Faustino. Hoje vou com ele mostrar-lhe Montalegre.

Escrevo-lhe, por isso, à pressa estas linhas com a promessa de mais logo lhe contar novidades.

Quanto ao conselho de redação para a página Web, é uma ótima ideia. Vou propor isso ao Joaquim Matos.

Saudações matinais do
José Machado

E-MAIL DO LEON MACHADO
Quarta-feira, 1 de outubro de 1997, 20:50:53
Caro Onésimo:

Sempre não fui a Montalegre. O João Aguiar esqueceu-se num hotel de Vila Real onde tinha pernoitado na noite anterior de uma almofada ortopédica (é com *h*? Deve ser...) e teve de lá voltar. Enfim, o nosso encontro ficou-se pela tarde e pelo jantar de ontem.

Falámos de literatura até cansar. Ele incentivou-me a terminar *O Guerreiro Decapitado*, o romancezeco que estou a preparar. Aliás o título é da sua lavra. O original era algo como *O Vale de Nábia*.

Vou digitalizar no *scanner* hoje à noite o seu texto de *Que Nome É Esse* sobre o Miguéis. Quando estiver *on-line*, aviso. Certo?

A página de Literatura foi visitada 4100 vezes durante o mês de setembro. Mais 1500 visitas do que no mês anterior.

Muito trabalhinho por aí? Mas que pergunta idiota!

Hoje à tarde fui ajudar o meu sogro a tirar o vinho do lagar para as pipas e prensar o bagaço. Sujei as calças e as unhas.

Saudações do
José Machado

E-MAIL DO ONÉSIMO
Quarta-feira, 1 de outubro de 1997, 17:32:48
Meu caro:

Mas não lhe disse que deveria incluir esse texto sobre Miguéis. Só disse que me parecia mais interessante do que o outro por informar sobre o paradeiro do espólio dele...
Você está feito um vindimador encartado.
Quando me falar de João Aguiar, não precisa bater mais no ceguinho e dizer quem ele é. Não o li ainda, porém; mas tenho o *Navegador Solitário* à espera de vez. Cinquenta livros de oferta para ler e comentar: livros sem fim de artigos para escrever; livros de aulas; outra lista de livros que gostaria de ler; teses e ensaios de gente que me pede que leia... Misericórdia, meu Deus! Mas você diz que vou gostar e isso é suficiente para eu prometer ler. (Esquecia-me: o João Medina está aqui a dar um seminário sobre Eça e eu estou a assistir e a procurar reler o Eça. Ainda me faltava mais... essa!)
No carro tenho o livro da sua amiga de Braga. Já li os primeiros dois. Fracos.
A história que abre (açoriana) fica-se por um relato que não consegue ser história... Olhe, e eu acho que conheço o indivíduo... É o perigo destes relatos.
Um dia a Olga Gonçalves pôs numa história um antropólogo húngaro com quem teve um caso em North Carolina. Afinal ele era meu conhecido e sou muito amigo da ex-mulher, que é minha colega aqui na Brown. A O. G. até nem lhe mudou o nome, porque nunca imaginou que alguém iria conhecer o tipo...
4000 e tal visitas é obra. Prova de que vale mesmo a pena o projeto.
Abraço. Até amanhã.
Onésimo

E-MAIL DO LEON MACHADO
Quinta-feira, 2 de outubro de 1997, 21:27:02

Caro Onésimo:

O texto do Miguéis, infelizmente, ainda não tive tempo de o digitalizar. A ver se este fim de semana. É que tenho andado numa roda por causa de imensas coisas. Ontem, no momento em que o ia a fazer, tive visitas em casa. Enfim, também é preciso conviver com as personagens reais...

Pois o livrinho da escritora de Braga é medíocre, realmente. Eu só queria ter a opinião de mais alguém para o confirmar. A senhora é muito simpática (uma das filhas foi minha colega na Faculdade em Braga). E gosta de literatura. Mas na escrita é mesmo fraquinha. Escreveu-me estes dias a dizer que precisava de editora para um livro sobre os Açores que anda a escrever com uma tal Pierrette Chalendar (conhece?).

Essa coisa de se servir da realidade para a ficção é deveras perigosa. O David Mourão-Ferreira dizia que é um dos piores defeitos que um escritor pode ter.

Quanto ao João Aguiar, não tenha pressa. O Solitão (personagem do romance que escreve o diário) tem paciência e sabe que o Onésimo tem mais que fazer do que lhe ir ler as asneiras de adolescente.

Então o João Medina está por aí? Admiro-o muito como historiador. Gostei de ter lido um dia um artigo em que ele dizia que o estudo da literatura era de fulcral importância para o conhecimento da sociedade de uma época.

Cumprimentos da minha parte, embora ele não me conheça e nem tenha grande necessidade disso.

José Machado

E-MAIL DO LEON MACHADO
Sábado, 4 de outubro de 1997, 20:10:22

Caro Onésimo:

Presumo que ande ocupadíssimo a mostrar a cidade ao João Medina.
Eu por cá leio o *Romeu e Julieta* do Shakespeare. Era imperdoável nunca ter lido a historieta. Pergunto-me se não haverá uma relação de intertextualidade entre esta e o *Amor de Perdição* do Camilo.
De resto, bocejo.
Abraços do
José Machado

E-MAIL DO ONÉSIMO
Domingo, 5 de outubro de 1997, 10:00:19

O João Medina está cá a lecionar este semestre. Já cá esteve um ano em 93-94. Gosta muito de lecionar aqui e, como temos uma bolsa de colaboração com a FLAD, ele candidatou-se já duas vezes. Outros que cá têm lecionado foram Eduardo Lourenço, Francisco Bethencourt, Diogo Ramada Curto, João Carlos Espada, Ana Mafalda Leite.

Não tenho tido quase tempo nenhum disponível e não vale a pena enumerar as coisas que tenho que fazer. Além do mais, tenho que passar dois dias em N. York esta semana para atualizar alguns dados para um artigo sobre a cidade para a revista de bordo da TAP. Faltava-me agora mais esta!

Achei muito boa a ideia de incluir o Joaquim Matos no Conselho Editorial.

Recebi um livro de poemas do J. Mancelos. Li o prefácio apenas.

Ainda não escrevi à autora de Braga. Preciso de TEMPO! A deficiência fundamental dela é dar a entender que sente muito e profundamente, mas o leitor ter que se ficar pela palavra dela porque não explica COMO é que está a sentir. Uma paisagem que ela vê e diz ser magnífica, o leitor pensa: Imagino que seja, mas, já que eu não estou lá, importava-se de me dizer porquê? Ou de me pincelar uns traços do que lhe vai por dentro para eu imaginar o resto? As citações que poderia aduzir são inúmeras. Além de fragilidades estilísticas. O texto mais interessante é o que ela desperdiça enunciando montes de memórias de infância e da adolescência que poderia desenvolver em contos. (É o último texto). Ainda uma outra falha é quebrar um momento de emoção com referências e divagações de rodapé que não têm a ver diretamente com a narrativa. Enfim... Como dizer-lhe isso tudo? Se calhar já teria arranjado tempo se tivesse boas notícias para dar à senhora.

Um grande abraço. Logo tenho visitas dos Açores para ficarem em casa durante dois dias. Aí vou eu de guia turístico.

O.

E-MAIL DO LEON MACHADO
Domingo, 5 de outubro de 1997, 19:14:02

Caro Onésimo:

O meu irmão veio com a esposa de Braga fazer-nos uma visita e, depois da merenda, sentei-me a mostrar-lhe como funciona a Internet. Vai então daí, a primeira coisa que ele vê é a sua mensagem. Ficou espantado quando eu lhe disse que tinha sido enviada alguns minutos antes por um amigo a viver nos EUA. «Mas isto é muito útil», exclamou. «E não aparecem mulheres nuas?», acrescentou. «Não», disse-lhe eu, «nas mensagens normalmente não aparecem mulheres nuas». Ele ficou desconsolado e lá tive de ligar para as News e mostrar-lhe algumas suecas de rabo ao léu. Ficou contentíssimo e disse que há de meter essa coisa da Internet lá em casa...

Quanto à sua mensagem: o livro da autora de Braga é medíocre, sem dúvida. Eu não sei como é que a senhora conseguiu ganhar um prémio literário com aquilo e ainda por cima arranjar quem lho publicasse (a editora é açoriana). Enfim, eu li o livro (ela também mo ofereceu), mas, para não desagradar muito à senhora, quando lhe escrevi a agradecer fiquei-me por generalidades e não me comprometi com frases laudatórias nem com períodos entusiásticos.

O Onésimo, se estiver para isso, mande-lhe um bilhetinho a agradecer e a dizer que ficou satisfeito em saber que há uma autora bracarense tão apaixonada pelas ilhas açorianas, etc. e tal. A senhora fica tão entusiasmada que lhe envia mais um pacote com as várias edições das suas (dela) poesias em francês...

Quanto ao livro do Mancelos, juro-lhe que não tenho nada a ver com isso. Não sei como é que ele arranjou a sua morada. Eu não lha dei e ele, que me escreve todos os dias por e-mail, nunca me falou nisso. Qual é o livro? *A Oeste Deste Céu* ou *O Labor das Marés*? Enfim, são poesias de adolescente. O Mancelos vai publicar agora um livro na Vega. Uma coisa mais séria, mais trabalhada. Ele tem muitas capacidades. Creio que as desperdiça em vaidadezinhas.

Hoje estou muito verrinoso.

Pois o texto sobre o Miguéis já está disponível. E o material que disse que me enviou ainda não veio cá ter. Talvez esta semana. A página tem dois novos autores: o Mário de Carvalho e o Fernando Echevarría. Muito simpáticos, ambos.

Saudações da minha parte e da Linda para si e para a Leonor. E boa viagem até Nova Iorque. Se a TAP paga, aproveite.

José Machado

E-MAIL DO LEON MACHADO
Terça-feira, 7 de outubro de 1997, 17:08:29

Caro Onésimo:

Chegou hoje o pacote. *Gracias, muchas gracias* pelas fotos simpáticas da sua família (da Leonor, do Pedro, do Duarte e da Tatyana). Para todos eles as minhas saudações. A Tatyana tem o sorriso do pai... Franco e matreiro.

Quanto ao material: amanhã (a quarta-feira é para ir à UTAD, mas como não há reunião, fico por casa), lerei tudo. Hoje já li... Pois claro, li *O Centenário*. Admiro a coragem do Onésimo. Em 1963 aquilo quase dava cadeia. Ainda para mais dentro de um seminário e com um bispo de Braga à frente da diocese. Para um miúdo de 16 anos, digo-lhe que a paródia não fica a dever em nada à do Trindade Coelho de *In Illo Tempore*. Desta, aliás, servi-me eu quando era seminarista também (em Braga), trocando os nomes pelos dos padres e dos colegas. Todos pensavam que tinha sido eu o autor: Tive de lhes mostrar o livro donde tirei para acreditarem. Enfim, eu não tinha o génio do Onésimo. Sempre fui muito mediocrezinho.

Permita-me que leia algumas estrofes aos meus alunos quando estudarmos *Os Lusíadas*. Depois lhes explico o contexto.

O *Decretus* li-o com a Linda. Como ela lecionada latim, quis pô-la à prova. Fartámo-nos de rir com a macarronice. Diz ela que, em vez de *trabalhi*, o Onésimo deveria ter posto *tripalii* (de *tripalium*). Parece que a palavra portuguesa vem daí. O *tripalium* eram três paus ao alto onde os romanos costumavam prender os escravos que não queriam trabalhar. Daí a origem: o trabalho é um castigo. Será?...

Toda a peripécia do centenário dava realmente um romance.

A paródia ao soneto é uma delícia. Hei de lê-lo também aos meus alunos, isto, claro, se eles não levarem muito a sério. Porque os exames são uma coisa necessária...

Pergunto-me por que razão deixou o Onésimo esfriar a Musa. É que naqueles versos há talento. Com mais algum treino e tínhamo-lo agora a publicar sonetos de grande proveito. Mas olhe que falo a sério. Não vê o Manuel Alegre? E a Natália? Também se fartou de escrever sonetos. Muito belos, por acaso.

Com o seu pacote, recebi uma carta do Fernando Aires muito simpática. Anda atrás das peúgas.

Abraços para a família Almeida da família (ainda curta)
Machado

E-MAIL DO ONÉSIMO
Quarta-feira, 8 de outubro de 1997, 13:42
>A Tatyana tem o sorriso do pai... Franco e matreiro.

Franco sim, às vezes exageradamente (muitas! dirá a Leonor). Matreiro não sei se me define nem a mim nem à Tatyana. Pode até o adjetivo que se ajusta mais ser menos simpático. Sou demasiado franco para ser matreiro e a Tatyana é exageradamente ordenada e certinha (como a mãe, a ponto de exagerar) para ser como o pai. As fotografias iludem. De todos nós, o Duarte é que é um pouco mais matreiro. Mas inofensivo.

>Pois claro, li *O Centenário*. Admiro a coragem do Onésimo. Em 1963 aquilo quase dava cadeia. Ainda para mais dentro de um seminário e com um bispo de Braga à frente da diocese. Para um miúdo de 16 anos, digo-lhe que a paródia não fica a dever em nada à do Trindade Coelho de *In Illo Tempore*.

Aos 16 anos não é coragem, é pura irresponsabilidade inocente. Fiz porque achei divertido e nunca quis ofender ninguém. Achava só piada a inúmeras coisas e dava-me para fazer farra. O *In Illo Tempore* foi a minha Bíblia durante três anos e só queria ir para Coimbra. Li o *Palito Métrico*. Mandei buscar esses livros a uma livraria a Lisboa. Fiz muita coisa de humor e paródia entre os meus 1.º e 5.º anos. Mas, ao ler neste ano o *In Illo Tempore*, achei-me lá dentro. Era a minha visão do mundo: ser estudante e liderar farras. Escrevi peças de teatro a satirizar a vida do seminário, levámo-las à cena à revelia do reitor, andei ameaçado de expulsão entre o meu

5.º e 10.º ano enquanto lá esteve um tal reitor. Tenho sebentas e caixotes cheios de versos, peças de teatro, jornais de parede, enfim... Quando me encontro com os colegas, passamos grandes bocados a ler esse material e rimo-nos até às lágrimas. Foram perfeitamente míticos esses anos. Frequentemente passamos serões nos Açores, Lisboa ou aqui e, se me ponho a contar dessas histórias, é o serão inteiro às gargalhadas, porque elas metem personagens divertidíssimas, extraordinários seres humanos, muita jovialidade e generosidade utópica. É sobre tudo isso que gostava de escrever o romance, mas ainda é cedo e queria escrever outro primeiro, o que só farei depois de publicar dois ou três livros de ensaios que estou para organizar (estou para organizar há anos...)

>Todos pensavam que tinha sido eu o autor: Tive de lhes mostrar o livro donde tirei para acreditarem. Enfim, eu não tinha o génio do Onésimo. Sempre fui muito mediocrezinho.

Modéstia sim, que fica bem, mas nada de exageros. E você pode não se ter interessado pelos estudos quando era miúdo, e se calhar tímido, mas agora não dá nada essa ideia. Mediocridades como a sua gostava que Portugal tivesse muitas. Quando as clonagens forem autorizadas, vou mandar-lhe alguém à porta...

>Permita-me que leia algumas estrofes aos meus alunos quando estudarmos *Os Lusíadas*.

Liberdade absoluta. Camões dará voltas na cova.

>O *Decretus* li-o com a Linda. Como ela lecionada latim, quis pô-la à prova. Fartámos-nos de rir com a macarronice. Diz ela que, em vez de *trabalhi*, o Onésimo deveria ter posto *tripalii* (de *tripalium*).

Não exagere. Era pedir de mais. Foi a solução que encontrei para o *T* de *Teotónio*. Não sabia isso até ler a sua mensagem. Se calhar, se soubesse, não a utilizaria por ser muito erudita e o latim macarrónico é para ser entendido por malta que não precisa de saber muito latim. Mas gostei de ficar a saber.

>Toda a peripécia do centenário dava realmente um romance.

Respondi-lhe acima. Tenho o romance arquitetado até ao pormenor e tenho caixas de notas, uma estante de livros para consultar, tudo daquele tempo, a história engendrada para ser um tratamento atual e não apenas escrita memorialista ou autobiográfica... Tudo. Mas há anos, o que é mau sinal. Posso nunca vir a escrevê-la. Porque o mesmo sucede com o outro romance de que lhe falei.

>A paródia ao soneto é uma delícia. Hei de lê-lo também aos meus alunos, isto, claro, se eles não levarem muito a sério.

Só até aos dezoito anos fiz poesia [a] sério. Sonetos e verso livre. Cheguei a ganhar um primeiro prémio num concurso do jornal *Açores*: Uma azálea de prata.... A partir dos dezoito anos, só fiz e faço poesia de humor, mas apenas circunstancial... A ouvir conferências chatas, por exemplo.

>Pergunto-me por que razão deixou o Onésimo esfriar a Musa. É que naqueles versos há talento. Com mais algum treino e tínhamo-lo agora a publicar sonetos de grande proveito. Mas olhe que falo a sério. Não vê o Manuel Alegre? E a Natália?

Sempre gostei muito da poesia do M Alegre. Mesmo quando os sonetos estavam fora de moda. Mais do que da Natália, cuja poesia é demasiado barroca para o meu gosto. Mas falta-me o sentido do trágico da vida para levar o soneto e a poesia a sério. Sei que exagero, mas é um pouco verdade. Leio poesia – detesto modernices sem sentido, mas não me sinto nada inclinado a escrevê-la eu próprio.

>... recebi uma carta do Fernando Aires muito simpática.

O F. Aires telefonou-me ontem do Canadá. Aqui tão perto, a 10 horas de carro e uma e pico de avião. Convidei-o a vir cá, mas isso é muita viagem para o Aires, que prefere acima de tudo viajar entre a sua casa de Ponta Delgada e a da Galera.

E-MAIL DO LEON MACHADO
Quarta-feira, 8 de outubro de 1997, 21:01

Caro Onésimo

Sobre as vivências de seminário tem você matéria para uma trilogia: o primeiro ano e o adaptar-se à vida religiosa, o desenrolar do ramerrão e a expulsão (que não sei se chegou a efetivar-se ou se foi você que mandou os padres à fava, como eu fiz).

Agora, que lhe li os contos, fico cada vez mais convencido de que o Onésimo devia deixar-se de ensaios e escrever os romances que esperam por si.

Pois é verdade: li hoje os três contos da *(Sapa)teia* e fiquei com vontade de mais. Você aguça o apetite à gente e depois corta no melhor da festa.

Os três contos são... (Mas irei ficar-me por adjetivos de adulação?). Olhe, não há direito! O Onésimo vai muito bem a contar a história, muito bem lançado e, ao chegar ao fim, espeta uma rasteira ao leitor que dá três cambalhotas e estatela-se no assombro do espanto. Foi isso o que sucedeu na minha leitura do conto dos miúdos a entrarem para o autocarro e do conto que fala do Pai Natal.

Este último quase me fez chorar. Não, não; estou a falar a sério. Eu, que pouquíssimas vezes me emociono na leitura, sempre de cenho carregado, senti uma lagrimazinha a tilintar em cada olho. A cena do miúdo a espernear num berreiro e o Pai Natal americaníssimo a dizer lhe, «no mais gostoso sotaque micaelense», «na chores me pequene, na se chora, queride», tem um efeito incrível.

Aqui está uma prova de que o Onésimo domina perfeitamente a narrativa e está a esbanjar o talento a escrever ensaios. Que são necessários, sem dúvida, mas que os escrevam os outros (parafraseando Unamuno a propósito das invenções no seu ensaio

(!) sobre o Sant'Ana Dionísio, ensaio que ainda não terminei de ler). O último conto, "O(s) Adriano(s)", é, na sua estrutura, diferente dos anteriores. Li-o hoje enquanto fazia o almoço. A panela fervia e eu sentado à mesa da cozinha. Entretanto chegou a Linda da escola e estive a ler-lhe algumas passagens, em especial as opiniões da professora a respeito do Adriano. Ela adorou (e eu também). É um conto engraçadíssimo e, como o próprio autor dá a entender no fim, daria pano para mangas. Compilar as mais desvairadas opiniões sobre um garoto excecional podia resultar num romance à Almeida Faria ou à Lobo Antunes. Estes costumam compilar nos seus romances o ponto de vista de várias personagens acerca de um acontecimento, de uma ideia. É de rir. Ou de chorar.

Se estivesse nas minhas mãos o poder de atribuir o Nobel da Literatura, dava-lho este ano só pelo prazer destes três contos.

Quanto aos dois ensaios, o do Jorge de Sena e o do Sant'Ana Dionísio, espero terminá-los amanhã, se a tanto me ajudar o tempo e a preguiça não fizer das suas.

Termino comentando a sua hipótese de eu ter sido um miúdo tímido. Aos cinco aninhos já andava a espreitar debaixo das saias das primas e das titis... Dizem aliás que sou demasiado extrovertido (não pervertido...). Uma antiga namorada chegou a dizer-me que eu falo para toda a gente mas não me revelo a ninguém.[7] Será a sina dos extrovertidos? Quanto a ser mau estudante, creio que, até entrar para o Seminário, fui um pouco como o Adriano do seu conto, pouco aplicado. Nunca pegava num livro escolar e, não sei como, nunca reprovei. Ainda agora, quando penso nisso, fico amodorrado com o imbróglio. Gostava era de ler e estudar o que não lembrava ao diabo. No Seminário aprendi a ser mais metódico. E na Faculdade consegui uma boa média de curso. Foi alias graças a ela que consegui entrar no mestrado. Mas nunca me considerei um geniozinho. De modo algum. Quando os havia na turma, entrava na roda do gozo com os outros colegas. Parece que não, mas é muito aborrecido um miúdo de doze anos ser o menino bonito da turma, direitinho, educadinho, que faz os deveres todos os dias e que diz bom dia aos professores, quando o ímpeto da idade pede vidros partidos, piropos às miúdas (e apalpões), jogo da bola e correrias no recreio e nos corredores a atropelar tudo e todos.

Ainda agora não sou muito inclinado a privilegiar os alunos demasiado aplicados na escola. Esses normalmente (há exceções, claro) têm problemas de relacionamento. Tive um, que por acaso é primo do Mancelos, que andava a tomar calmantes devido ao *stress* das notas e à pressão dos pais. Um disparate. Os miúdos é deixá-los. Se forem empreendedores, mais tarde ou mais cedo isso vem ao de cima.

E porque já me alonguei em considerandos de parca ciência pedagógica, me despeço.

Saudações do
Machado

E-MAIL DO ONÉSIMO
Quinta-feira, 9 de outubro de 1997, 10:43
Meu caro:

Obrigado pela tão simpática atenção que deu às coisas que lhe enviei. Estou de abalada para New York. Levantei-me às quatro e sigo daqui a pouco, mas não quis seguir sem lhe dizer isso, porque achei genuína a sua reação aos contos. Não gosto de escrever, mas ficção escrevo com menos desentusiasmo. Tenho um outro livro de contos (dois aliás) no *dossier*, com centenas de notas (tomo notas para não me esquecer de pormenores, embora tenha boa memória para eles) e a lista dos contos, mas fico sempre à espera de uma semana livre, como a que usei para a *(Sapa)teia*. Escrevi três contos por dia, em sete dias. Depois guardei o livro na gaveta um ano e passei-o a pente fino à distância, como se aquilo não fosse meu.

O seu autorretrato é interessante. Coaduna-se aliás com a ideia que de si vou tendo pela escrita e pela sua fala ao telefone. Aquela da timidez era uma possível explicação para o facto de você dizer que não foi um grande aluno e agora dar todas essas provas de capacidade. Mas está explicado. Eu fui sempre um aluno com diploma de distinção e sempre apontado como isto e aquilo e não sei mais o quê, mas também nunca me considerei nem génio nem coisa que o valha. Tive sempre uma enorme autoconfiança perante exames e momentos que enchem outros de nervos, mas isso mais por ser um tipo interiormente sem angústias do que por me achar muito dotado. E creio que nunca nada me subiu à cabeça. Espero que isto não seja apenas ilusão minha. Mas levei a minha juventude sempre na farra, apesar de bem-comportado. O meu irmão é que era levado do diabo, cheio de graça, traquinas e sem estudar nada (só queria notas para passar). Hoje é engenheiro e milionário e eu sempre na mesma. Bem-comportado e bem-disposto, sempre com mil coisas para fazer, todas elas a exigirem tempo e dinheiro.

Para contradizer o que aí vai dito, aí vai esta:

Quando escrevi "O(s) Adriano(s)", usei aqueles vários pontos de vista sobre ele por causa da minha tese e o meu interesse em mundividências. Não vira aquilo feito em ninguém. Até publicar o livro, creio que nem Lobo Antunes nem Almeida Faria ainda faziam isso. Nessa altura eu era amigo do Lobo Antunes. Publiquei o livro na coleção da Vega onde ele publicava os seus e ele ainda não fazia isso. Conhecia pessoalmente também o Almeida Faria e idem. Escrevi o conto em 1981 e publiquei-o em 1983. Tinha a intenção nítida de criticar com essa técnica a rigidez de valores então vigente em Portugal e queria mostrar que isso não era defensável. Disse isso ao João de Melo, diretor da coleção, mas ele não achou nada de especial nessa "novidade", nem os críticos a notaram, apesar de terem sido altamente simpáticos com o livro. E o público – esteve semanas na lista dos mais vendidos em Lisboa.

Se me tivesse tomado a sério, teria escrito mais ficção. Para meu bem ou mal, não o fiz. Mas o livro tem tido excelentes críticas. Uma delas foi recentemente – 40 páginas na *Revista da Faculdade de Letras* (Lisboa). Outra sai agora numa revista americana (em inglês). Uma tese de mestrado sobre ele na UNL deve sair em janeiro em livro, mas é fraquinha.

E eu por aqui abaixo feito parvo narciso...

Sigo para N. York. Grande abraço e muito obrigado mais uma vez. Aprecio. Quer dizer que a sua sensibilidade anda próxima da minha em muitas coisas. E nisso da extroversão também. As pessoas dizem que falo, falo, mas não me revelo. Só que não tenho nada que revelar. Está tudo na minha escrita. E ponho tudo no rosto.

Outro abraço para si, com saudações à Linda.

Onésimo

E-MAIL DO LEON MACHADO
Sexta-feira, 10 de outubro de 1997, 13:33:26

Caro Onésimo:

Esperando que tenha feito uma viagem confortável de ida e volta à cidade mítica, venho dar-lhe conta das minhas últimas leituras dos seus textos.

O ensaio sobre a ciência em Portugal foi-me de muito proveito, tanto mais que desconhecia a obra de Sant'Ana Dionísio e a questão do desleixo científico em Portugal tem-me de algum modo preocupado. No seu ensaio avançam-se hipóteses, criticam-se posições e a verdade é esta: Portugal é um país com *deficit* científico, talvez menos em relação aos últimos três séculos, mas ainda visível em comportamentos e em formas de pensar.

Veja-se o caso do ensino: quando estudei Linguística, falaram-se numa dezena de aparelhos para medir a intensidade dos sons e a extensão fónica das palavras, aparelhos estes existentes em qualquer universidade ocidental onde se estudava Linguística. Nunca vi nenhum.

Na minha escola há a disciplina de Práticas Laboratoriais de Química: os alunos conhecem a proveta e o tubo de ensaio porque o viram desenhado no manual escolar. E já é bem bom, porque há manuais que nem isso trazem, limitando-se a descrever a reação do sódio com a água num parágrafo digno de uma seleta de Português...

De computadores então é que é o caos. Desde professores de Trabalhos Oficinais, especializados em madeiras e em têxteis, a lecionarem o Word ou o Windows e que, quando surge uma mensagem de erro em inglês, se assustam e mandam logo chamar o técnico que, por sua vez, não sabe inglês e diz que o defeito é do rato, que está mal ligado. Enfim, nada do que o Onésimo não saiba já.

O ensaio sobre Jorge de Sena estuda uma faceta do autor de *Os Grão Capitães* um pouco descurada pela crítica universitária. Todos citam as obras ensaísticas do Jorge de Sena, mas pouquíssimos refletem sobre a forma como o autor as trabalhou. O estudo do Onésimo é, pois, necessário e vem colmatar essa falta. O Jorge de Sena é realmente um vulcão. Li toda a sua ficção e fiquei com pena de ele não ter conseguido terminar o *Sinais de Fogo*, romance que eu li quando regressei dos Açores e que muito me marcou.

Pergunto ao Onésimo se posso meter na página da Net este último ensaio com *link* para o autor.

Os dois textos sobre o Miguéis: o da Estampa já o inseri. O outro, que creio que o Onésimo o retirou do dicionário do A. Manuel Machado e que eu tenho cá em casa (um mau dicionário, por acaso), não o poderei aproveitar por causa dos direitos de autor. Não quero ter o tal Machado à perna. O João Aguiar disse-me que é um tipo intratável. O Onésimo conhece-o?

Os contos da *(Sapa)teia* vão os três para a sua página da Net. Certo?

Um comentário breve à sua última mensagem: na minha opinião (e que humilde ela é!), o Onésimo está a perder a oportunidade de nos dar alguns dos melhores livros de ficção que poderiam ser publicados em Portugal. Os contos da *(Sapa)teia* são muito bons. Por favor, não faça como o Óscar Lopes, que se farta de queixar de ter andado a perder tempo a escrever sobre a obra dos outros em vez de escrever a própria. E capacidades e temática não lhe faltavam, ao que parece. O Onésimo tem o engenho, tem a arte, falta-lhe o tempo. Mas esse rouba-se...

Numa das aulas de hoje de manhã, estive a contar aos meus alunos mais pequenos (12-13 anos) a história do Adriano, com as várias opiniões dos familiares e das pessoas que o conheciam. Ficaram todos com vontade de ser como ele. Imagine trinta catraios como Adriano! Era desta vez que o país ia para a frente!

Abraços do
José Machado

E-MAIL DO ONÉSIMO
Sábado, 11 de outubro de 1997, 19:33

Cá estou então para umas breves linhas, pois a Leonor, só durante estes dois dias, pede-me para irmos ler para um parque à beira de água, que tem estado um belo tempo de outono. Extraordinário mesmo.

Obrigado por mais essa prova de paciência: pôr-se a ler esses textos todos mesmo não sendo sobre assuntos de seu interesse. Não. A sério que não deve sentir-se na obrigação de ler. Não estou a fingir. E pode usar isso como entender. Não me chateio com o silêncio nem se os põe em uso. Mas não lhos envio com nenhum objetivo a não ser o de dar-lhe a conhecer que eles existem e, se lhe interessarem para alguma coisa, se sentir livre de os passar a outros; se não, de os pôr no lixo.

Enviei-lhe os contos da *(Sapa)teia* como amostra. Pode fazer deles o que quiser. É simpático que os alunos os discutam na aula. O livro é usado em aulas em universidades estrangeiras (várias). Evidentemente que é agradável saber isso.

A nota biográfica do Miguéis: não vejo razão para não tirar alguns dados da fotocópia do livro do A. Salema. São dados. Qualquer pessoa verifica dados na enciclopédia sem ter de citar.

Mudando de assunto:

Li finalmente na viagem do comboio para NY e no hotel, depois do serão, o *Navegador Solitário*. Estive para desistir. Parecia-me uma mistura da Guidinha, do Luís Sttau Monteiro, e de *Mandei-lhe uma Boca* da O. Goncalves. Sobrevivi por causa de você. Decidi esperar. E foi bom, porque mudei de opinião. Gostei mesmo e li-o dum fôlego. É uma escrita onde acontece muita coisa. Às vezes parecia-me Armsted Maupin e as suas *Tales of a City*, de S. Francisco. Mas parecem-me um bom retrato da vida pós-moderna da burguesia portuguesa, com os seus valores pragmáticos e fúteis. A narrativa flui com interesse e límpida. Percebo que crítica não faça muito caso do seu sucesso de vendas. É tradicional. Mas tem muitas qualidades. Recomendei à Leonor que o lesse e o usasse nas suas aulas de Escrita Portuguesa, por ser uma escrita fluente, sem os barrocos que emplastam a literatura portuguesa e acontecerem coisas, o que também não é vulgar. Aos alunos estrangeiros ela torna-se difícil e cansativa.

Devo a si esta descoberta. Vou ler agora os outros dois que comprei em tempos e nunca tive tempo de ler. (Em New York comprei cerca de 20 livros! E hoje já parei na livraria a comprar um de que falava o jornal de hoje...)

Gostei muito de estar em NY. Foram dois belos dias. Embora não gostasse de viver lá, é uma cidade de onde se sai estafado mas

cheio de vida. (Agora tenho é de escrever o artigo para a revista da TAP. Mas tenho tanto material e só poderei usar uma parte minúscula...)
   Bom fim de semana. Até breve.
   Abraço amigo do
   Onésimo

E-MAIL DO ONÉSIMO
Sábado, 11 de outubro de 1997, 20:16:31
   Esqueci-me de lhe dizer que registei (para possível uso futuro) as suas achegas sobre a falta de experiência laboratorial na aula de Linguística e o mais que me diz sobre a inapetência científica e tecnológica. Todos esses testemunhos são importantes.
   Obrigado.
   Onésimo

E-MAIL DO LEON MACHADO
Segunda-feira, 13 de outubro de 1997, 14:39:44
   Caro Onésimo:
   Um *replay* muito à pressa:
   Estive com o computador avariado neste fim de semana e foi-me impossível responder-lhe. Só agora o faço, pouco depois de o técnico se ter ido embora. As minhas desculpas. Vou ter daqui a bocado duas reuniões na escola e prometo escrever-lhe à noite mais demoradamente.
   Entretanto, aproveito para lhe dizer que estive a folhear um manual escolar de há cinco anos atrás e encontrei um extrato da sua *(Sapa)teia* com uma aguarela muito bonita. O texto está sublinhado, o que prova que o li na altura e o lecionei aos meus alunos. Passou-me totalmente. Se quiser, mando-lhe a página.

Chegou o *Correio dos Açores* com o suplemento cultural. Já folheei e vi quatro páginas inteiramente dedicadas ao *Rio Atlântico*. É um artigo de Mário Mesquita. Vou ler durante as reuniões... Então até logo.
José Machado

E-MAIL DO LEON MACHADO
Segunda-feira, 13 de outubro de 1997, 20:56:18
Caro Onésimo:
Depois das reuniões e depois de bem jantado, aqui me tem. Fiquei contente em saber que gostou do livro do João Aguiar. A grande virtude deste autor é a simplicidade com que escreve e que em terra de barroquismos é coisa rara de se ver. Cheguei a enviar-lhe (a ele) uma carta em que digo isso mesmo. Esta simplicidade na escrita deve-se à sua cultura anglo-saxónica. O João Aguiar lê praticamente só autores de língua inglesa no original. Creio que isso grandemente o influenciou. Já que o Onésimo se propõe ler mais alguns livros dele, recomendo-lhe, se os tiver aí, *O Homem sem Nome* e *O Trono do Altíssimo*. São os seus melhores romances, sem desmerecer dos outros, é claro.

Em *O Trono do Altíssimo* há muita filosofia gnóstica e priscilianista, Santo Agostinho (é uma das personagens) e, claro, o local onde grande parte da narrativa sucede: Braga no século V d. C. *O Homem sem Nome* é a visão da Europa dividida entre as grandes potências numa época imaginaria (a nossa...). De ler e chorar por mais.

Embora o João Aguiar não seja um bafejado pelos louros da crítica, não se pode dizer que seja ignorado por ela. Ainda recentemente o Fernando Venâncio no *JL* escreveu um artigo entusiástico ao último romance. E sabe como é o Venâncio: quando não gosta, é de escacha-pessegueiro. Quanto às vendas, os livros do João Aguiar colocam-se a par dos do Saramago (talvez mesmo acima, se exceutarmos o *Evangelho*) e dos do Lobo Antunes. As pessoas leem-no porque percebem o que ele diz. Quanto aos outros...

Fica por aqui a minha apologia aguiariana.

Os contos da *(Sapa)teia* acabei de os disponibilizar na Net. Basta ir à sua página. O artigo sobre o Jorge de Sena também. Pedia-lhe era, e se não for demasiado, que lhes desse uma vista de olhos para ver se há alguma gralha. Eu revi o melhor possível, mesmo assim...

Como o Onésimo anda a preparar os tais volumes de ensaios, pergunto se quer que lhe mande uma disquete com todos os artigos seus que eu tenho digitalizados. São bastantes e talvez lhe poupe o trabalho de ter de os passar de novo.

Termino falando-lhe do artigo do Mário Mesquita. Pois li-o nas reuniões, como já lhe disse. Penso que ele fez um estudo minucioso, posicionando a obra no contexto que o próprio título do livro deixa transparecer. A questão do *ethos*, ou a geografia dos lugares, é realmente crucial. Gostei do artigo, que me pareceu de grande profundidade teórico-crítica.

Há, no entanto, alguns problemas gráficos. As notas de rodapé nem sempre correspondem ao autor citado. Veja, *verbi gratia*, a última citação de Marc Augé: se formos ver a nota 23 que lhe corresponde, verificamos que não foi aquele, mas você a dizer a frase. Quando se fala em Allan Bloom, presumo que seja Harold Bloom (mas esta não afirmo nem desminto...).

Mais isto para terminar: ando a ler aos pedaços as *Memórias* de Raul Brandão. Na p. 86 do volume I, diz sobre Antero de Quental:

«Um dia o Columbano ouviu bater à porta, e entrou-lhe no *atelier* um homem já cansado, de grossos sapatões, apegado a uma bengala que parecia um bordão de pedinte:

– Disseram-me que gostava de fazer o meu retrato e aqui estou...

Era o Antero. Parecia um cavador, de meias grossas de lã azul – mas quando falava?... Nunca olhou para o retrato.

– Está pronto?

Foi-se embora como viera.»

(Raul Brandão, *Memórias*, vol. I, Lisboa, Perspectivas & Realidades, s.d.)

Abraços do
José Machado

E-MAIL DO LEON MACHADO
Terça-feira, 14 outubro de 1997, 21:51:10
Caro Onésimo:
Grato pelo seu telefonema de ontem.

Afinal o artigo sobre o diário do Fernando Aires era do Álamo de Oliveira e não do Eugénio Lisboa.

Pergunto quem é o autor do seu retrato que vem na *(Sapa)teia*. É que pretendo metê-lo na página dos contos e convinha pôr o nome do desenhador.

José Machado

E-MAIL DO ONÉSIMO
Quarta-feira, 15 outubro de 1997, 11:56:05
>Grato pelo seu telefonema de ontem.

Foi – é – agradável. Ao telefone sinto a sua genica intensa e nervosa. Não sei se é só ao telefone, mas é a imagem que tenho de si. Irrequieto.

>Afinal o artigo sobre o diário do Fernando Aires era do Álamo de Oliveira e não do Eugénio Lisboa.

Era. Chegou-me hoje o SAC. A confusão deve ter vindo do facto de o Eugénio Lisboa ter sido quem falou no lançamento e de estar na fotografia. Fui eu quem tirou a fotografia num passeio no rio Potomac em Washington onde andei a fazer de guia turístico aos dois.

>Pergunto quem é o autor do seu retrato que vem na *(Sapa)teia*. É que pretendo metê-lo na página dos contos e convinha pôr o nome do desenhador.

Um tal Castro Goncalves, retratista de rua que encontrei num Boulevard em Paris a fazer retratos. Ouvi-o falar português e começámos a conversar. Conhecia-me de *O Jornal* e quis fazer-me o retrato. Perdi-lhe o rasto. Escreveu-me há muitos anos da Austrália, mas perdi o endereço. Parecia-me um bom tipo.

Você não estará a abusar com fotografias minhas? Os outros não têm assim tantas fotografias e isso fica feio. Não me conheço por muito narcisista e receio estar a deixar-me ir na onda da sua simpatia.

Tento na bola.

Vi a página. Estou a ficar demasiado presente nela. Trave.

Olhe, afinal conheço o tal livro escolar. Não se preocupe em enviar-mo. Fui procurar e estava numa estante entre outas coisas do género. Mas a sério que não me lembrava. Espero só que já não tenha gasto dinheiro com o correio.

Um grande abraço daqui. (Ainda não tive tempo de ver que outros livros de João Aguiar tenho em casa. A minha vida é semi-louca. Custa a acreditar as coisas em que deixo meterem-me.)

Onésimo

E-MAIL DO LEON MACHADO
Quarta-feira, 15 de outubro de 1997, 21:35:40

Caro Onésimo:

Passei o dia de quarta-feira em casa e preguicei tanto que nem lhe escrevi mais do que três linhas. Enfim, as minhas desculpas.

Acabei de ver uma reportagem sobre a Feira do Livro de Frankfurt. Aquilo está a ter bastante impacto. Hoje o novo Prémio Nobel deu uma conferência de imprensa em que falou de Portugal e do Saramago. Disse textualmente que o prémio deveria ter sido este ano para nós. Deixou os jornalistas embasbacados.

O Saramago foi entrevistado pelo Pinto Coelho e disse que no dia em que foi divulgado o nome do dramaturgo italiano, este (o dramaturgo) lhe telefonara para casa a lamentar, que enfim, que, mais do que ele, o merecia o Saramago.

Quanto à página da Net, não fique preocupado com o aparente excesso de informação sobre si. Hoje chegaram três disquetes do Orlando Neves com uma carrada de textos. Os seus, ao pé dos dele, são uma amostra.

Ainda não mandei o livro. Estava a pensar mandar tudo na próxima semana, quando tiver as fotocópias da tese sobre o Eça de Queirós.

Já agora: estou a pensar fazer uma nova tiragem de *A Ilha de Circe* (já só tenho dois ou três exemplares) e pensei alterar o título para *Na Ilha de Circe* por causa do livro da Natália Correia. Que pensa o Onésimo disso, isto é, da alteração? Será pertinente?

Abraços do
José Machado

E-MAIL DO ONÉSIMO
Quarta-feira, 15 outubro de 1997, 21:23:36
Desculpa por ser curto? Por amor de Deus! Que obrigação é essa de ser longo e diário?

Isso que me diz do Orlando Neves não abona muito em favor da sua Seleta. Deve ter cuidado e evitar desproporções exageradas só porque alguns autores se entusiasmam demasiado com a sua obra...

Ainda reticente quanto à fotografia (nunca pus nenhuma na página do meu Departamento).

A reedição do seu romance:

É melhor modificar o título, uma vez que há essa prioridade da Natália. *Na Ilha de Circe* resolve o problema tecnicamente, mas parece-me algo descritivo. E se for *Ilhado em Circe?*[8] Não sei se fui eu que criei o neologismo. Já o usei várias vezes. Se gostar, pode usá-lo como se fosse seu. Não paga direitos de autor. Mas pode ver se lhe sai algo menos solução – apenas – técnica.

Um abraço amigo do
Onésimo

E-MAIL DO LEON MACHADO

Quarta-feira, 15 outubro de 1997, 21:55:57

Caro Onésimo:

O manual escolar onde vem o seu texto é da Asa e tem por título *Pela Pratica É que Vamos*. Foi publicado em 1991. O texto vem na página 95. Se não for um dos que aí tem, envio-lho.

José Machado

E-MAIL DO LEON MACHADO

Quinta-feira, 16 outubro de 1997, 15:11:46

Caro Onésimo:

Recebi agora a sua mensagem.

Quanto à questão do excesso de informação na página: um dos objetivos fundamentais da página é disponibilizar o maior número possível de textos. A minha ideia não foi fazer uma seleta, mas uma extensa base de dados sobre literatura portuguesa. Existem centenas de páginas do género nos EUA, na Espanha, na Franca, na Inglaterra e na Suíça, que oferecem milhares de obras integrais. Em Portugal ainda não há nada. Qualquer estudioso da obra de Baudelaire encontrará as obras integrais do mesmo na Net. E onde estão as obras integrais do Eça ou do Camilo? Não estão e nos próximos anos não estarão.

Claro que há autores (os vivos...) que cultivam certo narcisismo e vão abusando no envio excessivo de material. Já dos mortos não há problema, uma vez que disponibilizamos o que podemos e o que pensamos ser útil.

Desculpe-me o Onésimo este *Pro Archias*.

A alteração do título: não sei se o Onésimo se recorda que na contracapa do livro aparecem três versos de Camões e foi neles aliás que me inspirei para o título:

Esta foi a celeste formosura
Da minha Circe e o mágico veneno
Que pode transformar meu pensamento.

E se, em vez de me referir à Circe (que faz lembrar sempre o livro da Natália), eu pusesse apenas *O Magico Veneno*?

Estou de algum modo inseguro. Amanhã depois do almoço vou para Braga e convinha-me ter isto decidido. Se o Onésimo me pudesse dar só mais uma achega, ficar-lhe-ia muito grato.

Abraços do
José Machado

E-MAIL DO ONÉSIMO
Sexta-feira, 17 outubro de 1997, 12:25:25

>Quanto à questão do excesso de informação na página: um dos objectivos fundamentais da página é disponibilizar o maior número possível de textos.

Já não digo mais nada. Um dia destes mando-lhe também alguns textos críticos sobre coisas minhas. E se calhar uma fotografia mais inteira daquele desenho que saiu no SAC, que ficou um pouco cortado.

>A alteração do título: não sei se o Onésimo se recorda que na contracapa do livro aparecem três versos de Camões e foi neles aliás que me inspirei para o título...

Tinha-me esquecido. Acho que não deveria mudar radicalmente o nome para não pensarem que se trata de outro livro. Que tal um destes?

Da Minha Circe
Minha Circe
Circe Minha
Minha Ilha de Circe

De qualquer modo, deveria fazer uma nota nas primeiras páginas a dizer que alterou o título por causa do livro da Natália.

>Estou de algum modo inseguro. Amanhã depois do almoço vou para Braga e convinha-me ter isto decidido. Se o Onésimo me pudesse dar só mais uma achega, ficar-lhe-ia muito grato.

Se me reagir ainda hoje a estas sugestões, posso responder-lhe também ainda hoje.

>Abraços do

Aspas. *Onésimo*

E-MAIL DO LEON MACHADO
Sábado, 18 outubro de 1997, 21:19:35

Caro Onésimo:

Acabei de chegar de Braga (acabar de chegar é como quem diz: já jantei, etc.). E só agora li as suas últimas mensagens.

Consegui requisitar na biblioteca da Univ. do Minho os três calhamaços da tese sobre Eça de Queirós. São duas mil páginas.

Amanhã faço a seleção do que poderá interessar à sua esposa. Mas já vi que fala de Flaubert várias vezes. Na próxima semana vou fazer o possível por enviar as fotocópias.

Na biblioteca encontrei no escaparate das novidades a revista *Lusofonia* e estive a ver o artigo do Cota Fagundes sobre a sua *(Sapa)teia* (acompanhado de uma foto sua, por acaso igual a uma das da página da Net...). Li alguns parágrafos e achei as afirmações muito pertinentes. O funcionário não ma deixou trazer por se tratar de uma revista adquirida recentemente. Enfim, leio tudo na próxima vez.

Quanto ao título do romancezeco: tinha deixado a questão em suspenso. Creio que vou seguir a sua primeira sugestão: *Ilhado em Circe*. De início não me habituei à sonoridade. Na ida para Braga, enquanto conduzia por montes e despenhadeiros, fui dizendo o título em voz alta e agora soa-me bem. Acrescentar o pronome pessoal "minha" talvez seja de evitar para não confundir o leitor: é que o narrador fala em terceira pessoa.

Ficam aqui, por isso, os meus sinceros agradecimentos pela sugestão. E pela invenção da palavra "ilhado" que veio tão a propósito.

Quanto à tese de doutoramento: estive a conversar longamente com o meu orientador, o Santos Alves, enquanto assistíamos ao jogo Sporting-Marítimo (ele é um sportinguista ferrenho; o Sporting ganhou 1-0) e ficou assente que eu entregaria oficialmente a proposta em janeiro próximo. Logo que fosse aprovada pelo conselho científico da UM, poderia começar a trabalhar a sério.

Quer isto dizer que o ano de 1998 será por mim aproveitado para ler, recolher material, fazer esquemas de trabalho, contactar autores. Nos três anos seguintes, terei de pegar no material e redigir as páginas da praxe (de 500 a 2000). E, se tudo correr segundo o previsto (o que duvido), daqui a quatro anos defendo em "tribunal académico" o meu trabalho e dão-me o canudo. O que farei com ele é que não sei.

Saudações para si e para a família do
José Machado

E-MAIL DO ONÉSIMO
Segunda-feira, 20 de outubro de 1997, 11:28:36
Meu caro:
Escrevo-lhe mais tarde. Estou com uma lixada dor de costas há dias e não sei ainda o que é. O médico acha que isso tem a ver com o computador e exige que descanse um pouco.
Logo escreverei umas linhas. Abraço.
Onésimo

E-MAIL DO LEON MACHADO
Segunda-feira, 20 de outubro de 1997, 20:57:33
Então com uma dor de costas!... E por causa do computador!
Estive dois dias longe da "máquina" e as minhas costas também não sentiram grandes saudades. Quando é que fazem computadores tipo almofada?
As minhas melhoras.
José Machado
P.S. já pus a tese do Eça a fotocopiar, em especial as referências ao Flaubert. Mas, se houver mais algum autor de interesse para a sua esposa, diga.

E-MAIL DO ONÉSIMO
Terça-feira, 21 de outubro de 1997, 21:18:19
Não escrevo e por isso não tenho nada seu, claro. De graça ninguém mama nada.

Continuo proibido de me sentar ao computador, mas hoje tive mesmo que escrever o artigo sobre New York para a revista de voo da TAP. Deu um trabalhão incrível.

Tinha tanta informação e tive que resumir. Depois, cada linha tem que ser verificada. Sobretudo a segunda parte, que é uma espécie de guia turístico. Por que razão fui eu dizer que sim?

Amanhã vou a um quiroprata. Não estou habituado a estas coisas. Mas os brasileiros chamam a isto PVC – Porra da Velhice Chegando!

Abraço.

Onésimo

E-MAIL DO LEON MACHADO

Quarta-feira, 22 de outubro de 1997, 10:52:13

Caro Onésimo:

Melhor das costas? A recuperar, não é verdade?

Terminei agora de ler o volume III das *Memórias* do Raul Brandão. Este autor é admirável.

Na penúltima página, deparo com isto:

«Não é um americano, Jack London, quem afirma que o português (o açoriano) vale mais e melhor que o americano, a quem conquista, passo a passo, o solo da Califórnia?» (*Vale de Josafat – Memórias*, vol. III, Lisboa, Perspectivas & Realidades, s.d., p. 200).

José Machado

E-MAIL DO ONÉSIMO

Quarta-feira, 22 de outubro de 1997, 11:05:56

Meu caro:

Um pouco melhor, mas ainda longe de recuperado.

Para não irem assim mensagens tão curtas, remeto-lhe (não sei bem para quê, mas pode aguçar-lhe o apetite) o artigo sobre New York que escrevi para a *Atlantis*, a revista de bordo da TAP. Como para eles foi por correio expresso, chegará primeiro aí a Chaves. Irónico, hein?!
Recebi um livro de poemas de Orlando Neves. *Mon Dieu!* Onde vai isto parar! Já não posso continuar a dizer que leio tudo o que me mandam. Andam montes deles aí à espera.
Abraço.
Onésimo

E-MAIL DO LEON MACHADO
Quarta-feira, 22 de outubro de 1997, 23:36:57
Caro Onésimo:
Mal acabei de ler o seu texto sobre New York, veio-me uma vontade repentina de fazer um *cross* de bicicleta no Center Park e depois, todo suado, ir comer um prato tailandês servido por uma tailandesa ao Kin Khao. Já agora: sabia que no Museum of Modern Art estão representados vários pintores portugueses, inclusivamente o Nadir Afonso, ilustre filho de Chaves e meu conhecido?
Enfim, estou convencido de que morrerei sem ir a Nova Iorque. A Santiago já fui e, segundo os velhos, posso morrer em paz...
Li o texto segunda vez e descobri algumas gralhas. Não sei se o Onésimo entretanto deu por elas. Se ainda forem a tempo para você proceder a alterações, aí lhas envio:
1. "munumentalidade" por "monumentalidade";
2. "gorgeta" por "gorjeta" (aparece três vezes);
3. falta um fechar de parêntesis em "(12 East 12th St., tel 6204020)";

4. parece-me haver uma repetição em "perdição minha, Strand Book Store e minha perdição".

E não vi mais nada. Mas não confie muito em mim, que nem pelas minhas gralhas muitas vezes dou conta. Nesse aspeto sou um desastre.

O Orlando Neves enviou-me também aqui há umas semanas dois livros. Não foi por acaso o *Máscaras* que ele lhe enviou a si? A capa é uma cópia descarada da capa do romance do Mário de Carvalho *Um Deus Passeando pela Brisa da Tarde*, que ganhou o premio APE em 1994.

Mas descanse o Onésimo e dê uns passeios de bicicleta. Uma minha vizinha, que é fisioterapeuta, diz que faz muito bem à coluna. Anda sempre a dizer-me que eu tenho de comprar uma (bicicleta) por causa do computador. Mas eu digo-lhe, muito entre aspas, que já vou praticando ciclismo em pedais sem correntes...

Saudinha do
José Machado

E-MAIL DO ONÉSIMO
Quarta-feira, 22 de outubro de 1997, 19:19:39

Meu caro:

Estou finalmente bastante melhor. Tudo graças não à Medicina mas a um "endireita" de S. Miguel a quem fui e me atinou com o nervo fora do lugar. Estou aliviado, embora ainda precise de mais uns dias para curar a inflamação.

É um alívio.

Obrigado pela leitura atenta. Enviei o texto sem reler devidamente. Hoje reli-o e encontrei seis falhas, inclusivamente aquela repetição no fim resultante de ter mudado a ordem de uma frase e deixei a original também. Mas tinha falhado nessa da *gorjeta*, que é erro meu e não gralha. Muitíssimo obrigado.

Ando de bicicleta, embora devesse andar mais. Aqui é possível e há vários percursos só para bicicletas por entre florestas e lagos. Muito bonitos. Agora estou menos preocupado com a história do computador, pois o mal não me parece que tivesse sido dele.

Abraço para si do
Onésimo
P.S. Sim, foi *Máscaras*. E notei isso da capa. Gémea.

E-MAIL DO LEON MACHADO
Quinta-feira, 23 de outubro de 1997, 20:15:25

Então o Onésimo prefere os endireitas aos fisioterapeutas? Pensei qua não havia disso nos States.

Sabe que na minha família há uma tradição de endireitas? Tive um tio-avô do concelho de Amares (onde está a quinta do Sá de Miranda) que era muito solicitado em desmanchos de braços, costelas, pernas costas, etc. Era o endireita mais conhecido entre Cávado e Lima.

A minha mãe também faz desses servicinhos em Braga e tem uma clientela razoável. Eu, quando tenho algum problema do género (o que é raro), prefiro a fisioterapeuta, minha vizinha. A minha sogra gosta muito do serviço que a minha mãe faz. Enfim, nem sei o que pensar sobre isso. Nas minhas costas é que não põe as mãos.

Já meti no correio as fotocópias da tese sobre o Eça. Talvez as receba para a próxima semana. Depois confirme quando chegarem e se realmente serão úteis à sua esposa.

Amanhã volto a Braga, para entregar os calhamaços da tese na biblioteca e para resolver algumas questões burocráticas. No sábado tenho a cerimónia oficial onde o reitor da Univ. do Minho distribuirá os canudos. Vou de gravatinha receber o meu respeitante ao mestrado. Depois tenho almoço com alguns amigos, para comemorar.

Levo para Braga o maravilhoso livro de Raul Brandão *As Ilhas Desconhecidas*. A ver se tenho algumas horas para lhe dedicar. Em casa dos meus pais a Linda deixa-me ler na cama à noite...

Saudações e melhoras com as pomadas do endireita de S. Miguel.

José Machado

E-MAIL DO ONÉSIMO
Quinta-feira, 23 de outubro de 1997, 15:22:57
Meu caro:
Várias coisas.

Sim, toda a vida fui a endireitas para questões de ossos e músculos. Aqui há-os. Fui primeiro fazer radiografias a ver o que havia. Nada. Então fui a o meu preferido. Vim de lá direito. Sempre respeitei essa gente. Tenho montes de casos. Levo as pessoas lá e...

Os médicos aprendem coisas nos livros. Esta gente aprendeu a mexer com as mãos desde muito cedo e por instinto chega lá. Os Eusébios não se criam por compêndio.

A referência de Jack London aos portugueses: conheço. E outras. Há muito sobre os portugueses aqui. Tenho uma revista dedicada a coisas luso-americanas. Vou enviar-lhe o último exemplar – que saiu muito atrasado, mas estamos a recuperar.

Parabéns pelo canudo. Celebre. Gostava de estar na festa para um copo consigo e com os seus amigos. Divirta-se. Tenho saudades de ir a Braga. Como lhe disse, gosto muito do Minho.

As Ilhas Desconhecidas: o livro é um mimo. Admiro R. Brandão. Deveria ler as *Memórias*... Hoje chegou-me a casa uma caixa com 8 livros de arte. Dos Açores, duas caixas com dezenas de livros.

Ontem comprei mais dois livros. Hoje, pelo correio, a casa chegou um e aqui chegaram dois. Parei na livraria e comprei um...
Boa festa. Um grande abraço do
Onésimo

E-MAIL DO LEON MACHADO
Domingo, 26 de outubro de 1997, 18:50:27
Caro Onésimo:
Trouxe o canudo. Foram três dias de festança, jantaradas, conversa. Enfim, a arruinar o estômago e a receber o calor da amizade. Não consegui pegar n'*As Ilhas Desconhecidas*. Não tive tempo. Isto de ir à nossa terrinha de vez em quando é muito bom, sim senhor, mas escangalha-nos os hábitos.
Recebi o canudo (é mesmo um canudo: um involucro cilíndrico metalizado com o diploma dentro), recebi o canudo, dizia, das mãos do Prof. Aguiar e Silva.
Como venho cansadíssimo da viagem e dos exageros estomacais, fico-me por aqui. Amanhã darei conta de pormenores.
Abraços do
José Machado
P.S. E você, já recuperou definitivamente da dor lombar?

E-MAIL DO LEON MACHADO
Domingo, 26 de outubro de 1997, 21:31:32
Alguma arrelia?
Pense no mar e nas ilhas. Remédio santo.
Abraços do
José Machado

E-MAIL DO ONÉSIMO
Segunda-feira, 27 de outubro de 1997, 16:48:49

Tentei telefonar-lhe há pouco, mas você tinha a linha ocupada. Quando pego no telefone, é porque não tenho tempo de escrever. Estou um bocado melhor das costas, mas atrasadíssimo com tudo. Estou eternamente atrasado. Nem dá para contar.

Para mais, tive hoje mais visitas e daquelas de ter de ser cicerone pela universidade. Como isto é enorme, para ficarem com uma ideia leva umas horas a ver só um pouco. (A universidade tem 250 edifícios).

Com que então andou na borga! Como lhe disse, bem gostaria de ter ido. Ao ler o seu *mail*, decidi enviar finalmente o *Rio Atlântico* ao Prof. Amadeu Torres, sempre tão simpático comigo e eu sempre em falta com ele. Viu-o?

Imagino o que isso foi.

Por aqui tudo no costume. Ando a ler o Mário de Carvalho porque ele vem cá quinta-feira fazer uma leitura de textos. Não me entusiasma muito, embora tenha uma escrita muito bem humorada, mas acho aquilo tudo leve de mais. Bom, não li tudo dele e ainda não li *Um Deus Passeando...* porque a livraria não mo enviou. Que pensa você da escrita dele?

Até amanhã. Vou sair para ir dar o tal seminário de três horas numa universidade a meia hora daqui.

Abraço.

Onésimo

E-MAIL DO LEON MACHADO
Terça-feira, 28 de outubro de 1997, 12:15:09

Caro Onésimo:

Não, não vi o Prof. Amadeu Torres. Estive sim com o Costa, um angolano que está a preparar tese de doutoramento com ele (foi também receber o canudo), que me disse que o Prof. Amadeu Torres foi recentemente jubilado. Era para mim novidade.

Devo-lhe até uma carta desde junho passado e ainda não arranjei disponibilidade (ou coragem) para lhe escrever. Imagine que ainda nem lhe agradeci, eu e a Linda, o trabalho que teve com a orientação da tese sobre o S. Teotónio! Somos uns desagradecidos. É o preço de vivermos em Chaves.

Pergunta-me a minha opinião sobre o Mário de Carvalho. Eu li já várias coisas dele (*Casos do Beco das Sardinheiras*, *A Inaudita Guerra da Avenida Gago Coutinho*, *Os Alferes*, *Quatrocentos Mil Sestércios* e *Um Deus Passeando pela Brisa da Tarde* – cinco obras, portanto). Tenho uma boa impressão. Na escola são estudados alguns textos e os alunos aderem muito bem. Talvez por ser uma linguagem acessível e as histórias divertidas, em especial nas duas primeiras obras acima indicadas. Eu gostei de *Um Deus Passeando pela Brisa da Tarde*. A Linda também o leu e tem-no aconselhado aos alunos de Latim. O Mário de Carvalho vai um pouco na linha do João Aguiar: sobriedade, linguagem direta, estilo simples, histórias bem contadas. Nada de barroquismos. Tem algo, no entanto que o distingue do primeiro: o humor e a preferência por cenas fora do vulgar. Género uma estranha corda que desce do céu, pondo toda a gente de boca aberta; ou um senhor que engoliu a lua, armando o banzé na vizinhança.

Quanto à leveza de que você fala, creio que essa está presente nos primeiros livros. Mas nos mais recentes, em especial os romances, creio que ele melhora muito. *Um Deus Passeando pela Brisa da Tarde* é, no meu pouco entender, um grande romance. Mas só lendo.

Na página de Literatura da Net tem dois textos do Mário de Carvalho. Se tiver tempo de os ler, o endereço direto é: http://alfarrabio.di.uminho.pt/vercial/mariocar.htm

E chega de Mário de Carvalho. O Onésimo já alguma vez teve a tentação de dar um pontapé a tudo e refugiar-se numa casinha junto ao mar a escrever as suas memórias? Eu não defendo coisa tão radical. Mas creio que seria mais enriquecedor para nós e para os outros de vez em quando metermo-nos na carapaça e ver passar ao largo a banda, sem sermos nós a tocar o clarinete. (Que diabo de metáfora!) E tudo isto para lhe dizer que aos cinquenta anos deveria estar você a escrever o que até agora não teve tempo: romances.

As professoras estagiárias (de Português / Inglês) andam a entulhar a escola com abóboras cortadas e velas a arder. Parece que o Dia das Bruxas vai definitivamente entrar no quotidiano dos transmontanos...

E por hoje chega de patuá.

Saudações do

José Machado

E-MAIL DO ONÉSIMO
Terça-feira, 28 de outubro de 1997, 15:07:19

Caro José Machado:

Antes de mais, obrigado pelas fotocópias. Chegaram há pouco. A Leonor vai ficar contente com elas. E muito obrigado pela lembrança de remeter as fotografias.

Gosto sempre de me situar e de ver as coisas e as pessoas. Sou um realista. E gostei de fazer melhor uma ideia de si e do casal. Ainda não mostrei à Leonor, que está em casa. (Ando então eu para aqui a conversar com um garotinho? Você já tem barba? E a sua mulher parece que ainda anda no liceu. Eu sei, eu sei, eu é que vou ficando velho...) Gostei, sim, de os conhecer.

Obrigado pelas suas considerações sobre Mário de Carvalho. É que é exatamente o tipo de *non-sense* que não me agrada muito.

Tem uma escrita com humor e criativa, mas ainda não me agarrou. Também ainda não li coisas essenciais dele. (Quando morrer, vou levar comigo no caixão montes de livros a ver se me ponho em dia...)

Então as abóboras também já entraram aí? Que coisa!

Não, não vejo modo de pôr coisas para o lado e começar a escrever. Os meus dois próximos textos serão um artigo sobre valores e emigração para um livro coletivo a sair na Toronto University Press e outro sobre "Portuguese-Americans" para a *Encyclopedia of New England Culture*. Ah! E no dia 8 tenho uma palestra num jantar de encerramento de um congresso sobre "The Portuguese-American Experience" numa universidade aqui perto. Foi e será sempre assim. Nasce-se com estas sinas.

Que anda a ler? Como vai a escola? O frio já chegou a Chaves?

Um abraço amigo para si com cumprimentos à sua simpática Linda.

Onésimo

E-MAIL DO LEON MACHADO
Terça-feira, 28 de outubro de 1997, 21:58:59

Caro Onésimo:

Então já chegou a remessa. Não se ficou a meio do Atlântico, ou foi por ele abaixo, sendo, como é, agora um rio...

As fotos: você a dizer-me que sou um rapazinho e eu a pensar que completo no próximo mês 32 anos. Estou velhíssimo!! A minha esposa é que continua uma menininha. Uma vez em Braga, éramos ambos professores lá, no fim das aulas, o porteiro da escola não a deixou sair porque pensava que era uma aluna. Foi o cabo dos trabalhos para o convencer de que ela era uma professora e não uma aluna.

Aquela do Onésimo Moreira é do caracas! Espera-o mais um artigo, bem longo de facto, acerca do seu aventuroso nome. Diga ao Onésimo (ao outro...) para falar em português. Afinal Moreira é um apelido bem português. É provável que o homem tenha ascendência lusa.

Na escola cá vamos andando. Tenho quatro estagiários ao meu cuidado – três mocinhas de 23 anos, uma delas bem bonita, por acaso (é de Guimarães), e um rapaz de 28, leitor fanático do Saramago. Até já lhe escreveu uma carta.

Como só tenho duas turmas de alunos, às quintas-feiras de manhã, dou, por carolice, uma sessão de animação dramática. Estamos a preparar vários textos sobre o amor na literatura portuguesa a representar em fevereiro próximo: textos de Gil Vicente, Camões, Garrett, Eça de Queirós e Fernando Pessoa. Ah! E Shakespeare em português. Mas esta foi ideia das estagiárias. Os ensaios têm sido divertidíssimos, com os rapazes, de joelhos, a declararem-se às moças em grande aparato verborreico.

Leio poemas do Albano Martins. Recebi ontem quatro livros dele. E acabei hoje o primeiro volume do diário do António Mendes Moreira, médico de Paredes. tem seis volumes publicados. Mas é inferior ao Fernando Aires.

E falando nele: enviei-lhe ontem uma carta. Ele já estará nos Açores?

E você, claro, a redigir artigos, ensaios. Alguém tem de o fazer, de facto.

Abraços do
José Machado

E-MAIL DO ONÉSIMO
Terça-feira, 28 de outubro de 1997, 19:03:56

Responder-lhe-ei amanhã porque estou num jantar com uma amiga professora na Univ. dos Açores. Mas não lhe disse que aquelas fotocópias custaram caro e quero saber quanto. Enquanto não me disser, não lhe escrevo mais. Não me faça ser eu a calcular. Abraço até à sua resposta a esta questão.
Onésimo

E-MAIL DO ONÉSIMO
Quinta-feira, 30 outubro de 1997, 12:51:45
Caro Onésimo:
Então o jantar foi saboroso na ementa e na conversa? Porque um jantar sem um e outro é um descalabro.

Chegou a revista *Gávea-Brown*, que lhe agradeço. Muito interessante. Além de folhear as páginas todas, li na íntegra o artigo do Alexis Levitin acerca da visita do Eugénio de Andrade às Américas. Li também alguma coisa do estudo do José Suarez sobre obras autobiográficas de emigrantes portugueses nos EUA. O poema do Art Coelho é curioso (este Coelho é o mesmo Cuelho do seu artigo?).

Soube ontem que o romance de Mário Cláudio *Um Deus Passeando...* foi publicado em New York. Será por essa razão a deslocação do autor à Brown?

Quanto às fotocópias, não se preocupe com elas, pois não fui eu a pagá-las.

Escrevo-lhe mesmo em cima da anca. É que ando atarantado com reuniões intercalares na escola. Temos uns dias de interrupção nas aulas por causa dos Santos. Em Chaves há uma feira enorme. Parece o S. João do Porto.

Abraços do
José Machado

E-MAIL DO ONÉSIMO
Quinta-feira, 30 de outubro de 1997, 17:10:06
>Então o jantar foi saboroso na ementa e na conversa? Porque um jantar sem um e outro é um descalabro.

Tudo legau.

>...este Coelho é o mesmo Cuelho do seu artigo?

Sim, é. Já não me lembrava que falara dele e não sei onde. É ele. Convenci-o a mudar o *u* para *o*.

>Soube ontem que o romance de Mário Cláudio *Um Deus Passeando*... foi publicado em New York. Será por essa razão a deslocação do autor à Brown?

Você queria dizer Mário de Carvalho. Sim, foi traduzido. Recebeu um prémio. A Mobil dá um de dois em dois anos. Escolhe o país, pede um júri local e o escolhido é traduzido. Estive a mostrar Providence a ele e à mulher. Almoçámos, passámos a tarde a ver a universidade e a cidade numa bela tarde de outono. Daqui a pouco vou buscá-los para jantarmos no Clube dos Professores (Mortos?!...)

Ele vai ler e falar à 20h e depois iremos para a minha casa tomar café. Amanhã irei com ele para a televisão gravar um programa. Está explicado por que razão eu não escrevo mais?

>Quanto às fotocópias não se preocupe com elas, pois não fui eu a pagá-las.

Muito obrigado. Mas espero que esteja mesmo a dizer a verdade.

>Escrevo-lhe mesmo em cima da anca. É que ando atarantado com reuniões intercalares na escola.

Em cima da anca lhe escrevo.

>Abraços

e meus,

Onésimo

E-MAIL DO LEON MACHADO
Sexta-feira, 31 de outubro de 1997, 13:21:34

Caro Onésimo:

É no feriado da Feira dos Santos que lhe escrevo. A cidade vai um pandemónio, com as ruas cortadas ao trânsito e barracas de vendedores a atravancar. Enfim, é a feira onde os transmontanos vem comprar a roupa para o inverno.

Se o Mário de Carvalho estiver por aí, dê-lhe lembranças minhas. Eu fiquei de lhe escrever por causa da Internet (ele já tem lá uma página) e tem-me dado alguma inércia.

Acabei de receber uma carta do Joaquim Matos, que me fala da minha proposta de ressuscitar o *Letras & Letras* na Internet. A coisa é complicada, uma vez que se interpõem certas questões legais. Mas ele acha que seria interessante criar um jornal *on-line* com o espírito do velho *Letras & Letras*, quem sabe com outro nome.

Uma novidade: o Onésimo já sabe que a revista *LER* já está *on-line*? Andei a consultá-la e pareceu-me muito boa. O endereço é: http://www.circuloleitores.pt/.

Ontem as minhas estagiárias trouxeram-me da UTAD a tese da Doutora Assunção Monteiro, colega da Prof. Bulger. Título: "Génese e escrita do conto no *Diário* de Miguel Torga". Tem um capítulo dedicado aos diaristas contemporâneos (M. Laranjeira, R. Brandão, V. Ferreira, etc.). O Fernando Aires não consta do rol. Distração ou ignorância da senhora? A tese foi apresentada em 1995...

Veio parar aqui a mensagem que você enviou ao outro Onésimo e a resposta do mesmo. Caí na tentação de ler e por essa indiscrição me desculpe. O portunhol dele é um desastre. Mas faça-o escrever mais. É exercendo que se aprende. Não há uma expressão latina qualquer que diz isso por outras palavras?

Saudações do

José Machado

E-MAIL DO ONÉSIMO

Sexta-feira, 31 de outubro de 1997, 17:09:51
>Se o Mário de Carvalho estiver por aí, dê-lhe lembranças minhas.

Quando li a sua mensagem, tinha já regressado da TV e deixado o Mário na Universidade de Massachusetts onde ia falar aos alunos.
>Acabei de receber uma carta do Joaquim Matos, que me fala da minha proposta de ressuscitar o *Letras & Letras* na Internet. A coisa é complicada, uma vez que se interpõem certas questões legais. Mas ele acha que seria interessante criar um jornal *on-line* com o espírito do velho *Letras & Letras*, quem sabe com outro nome.

Seria um belo projeto!
>Uma novidade: o Onésimo já sabe que a revista *LER* já está *on-line*?

Não sabia. Você está sempre super-informado de tudo quanto é Internet!
>Ontem as minhas estagiárias trouxeram-me da UTAD a tese da Doutora Assunção Monteiro, colega da Prof. Bulger. Título: "Génese e escrita do conto no *Diário* de Miguel Torga". Tem um capítulo dedicado aos diaristas contemporâneos (M. Laranjeira, R. Brandão, V. Ferreira, etc.). O Fernando Aires não consta do rol.

De certeza não sabia. Os Açores não existem para essa gente. Os dicionários de Literatura deixam tanta gente açoriana atrás. Mas depois querem que as ilhas sejam parte do seu império...
>Veio parar aqui a mensagem que você enviou ao outro Onésimo e a resposta do mesmo. Caí na tentação de ler e por essa indiscrição me desculpe.

Não foi por engano. Fui eu que lhe enviei por achar piada e saber que iria achar também.

Vou para casa ver as imagens dos Açores da RTPi. Mais uma tragédia, caramba! É demais!

Um abraço para si e um bom fim de semana.

Onésimo

E-MAIL DO LEON MACHADO

Sábado, 1 de novembro de 1997, 15:40:01
Caro Onésimo:

Aquilo nos Açores foi realmente uma tragédia. Fez-me lembrar daquele conto do Fernando Aires, em que, na erupção de um vulcão, ficou soterrada uma senhora idosa. Desta vez foram as chuvas intensas. Os açorianos têm mesmo uma vida desgraçada.

Aqui em Chaves está um sol frio e a Feira dos Santos traz à cidade a saloiada dos arredores. Não se pode sair à rua.

Abraços do
José Machado

E-MAIL DO LEON MACHADO

Segunda-feira, 3 de novembro de 1997, 15:02:17
Caro Onésimo:

Por aqui muita chuva e frio. Nos Açores foi o que se viu: 24 mortos.

Recebi hoje carta do Fernando Aires. Enviou-me (finalmente) uma disquete com alguns textos e duas fotos. Estou a preparar a página dele.

Quarta-feira vou ao Porto. Passo a manhã na Porto Editora a tratar de assuntos relacionados com o CD do F. Pessoa e à tarde tenho encontro com o Mário Cláudio (desta vez é mesmo ele). Vamos os dois à editora Campo das Letras por causa do romance que escrevi. Mas estou pouco otimista. É o complexo provinciano... E como não há mais novidades, me despeço.

Abraços do
Machado

E-MAIL DO ONÉSIMO
Segunda-feira, 3 de novembro de 1997, 10:23:58
>Por aqui muita chuva e frio. Nos Açores foi o que se viu: 24 mortos.

Tenho visto pela TV. A conta final foi 29! Trágico! Vi também as cheias na região de Lisboa.

>Recebi hoje carta do Fernando Aires. Enviou-me (finalmente) uma disquete com alguns textos e duas fotos. Estou a preparar a página dele.

Falei com ele ontem. O temporal levou-lhe um lindo chorão do pátio de entrada da casa, mas ele não se pode queixar. O desgraçado estava doente e houve muita gente que sofreu muito mais.

>...estou pouco otimista. É o complexo provinciano...

Liberte-se! Liberte-se!

>E como não há mais novidades, me despeço.

No sábado, a pedido do meu Duarte, sentei-me a ver o Benfica jogar aí em Chaves. O Desportivo de Chaves merecia ao menos um empate. Nunca ou quase nunca vejo futebol, mas acho que naquele dia disse-lhe que sim porque era Chaves, nome de cidade que agora me entra em casa quase todos os dias.

Por aqui, tudo no costume. Dia lindo depois de um fim de semana de chuva. Nada de escrita. Li muito, mas tenho sempre que ler montes de coisas não portuguesas e não literárias.

Boa viagem para Porto e boa sorte na editora.

>Abraços
Idem do
Onésimo

E-MAIL DO LEON MACHADO
Terça-feira, 4 de novembro de 1997, 22:23:47

Caro Onésimo:

Chegou-me uma separata com o artigo do Francisco Cota Fagundes acerca da *(Sapa)teia*. Li só duas páginas, no intervalo de uma aula. Coisas muito curiosas acerca da teorização do conto como género literário. Como tenho coisas mais aborrecidas para fazer ainda hoje, reservo o resto da leitura para quando regressar amanhã do Porto. Não, não vi o jogo Benfica-Chaves. Enfim, não sou muito de futebóis. Os meus cunhados foram todos ver e, como eu não os quis acompanhar, aproveitaram logo para cortar na casaca. Que tenho a mania que sou melhor que eles, que passo a vida enfiado em livros, e coisas do género. Professores primários...

Mas às vezes até vejo um jogo, em especial quando estou acompanhado pelos meus amigos, aqueles de que realmente gosto. Cunhados são amigos emprestados, como quem diz.

E o chorão do F. Aires lá foi. Pelo menos ficou memoriado em *Era Uma Vez o Tempo*.

Temos andado a reformular a página de literatura. Se o Onésimo quiser dar uma olhada para ver o que vai ser, pode fazê-lo neste endereço: http://alfarrabio.di.uminho.pt/vercial/teste/

Qualquer sugestão, seria ouro.

Abraços do

José Machado

E-MAIL DO ONÉSIMO
Quinta-feira, 6 de novembro de 1997, 08:55:08
Caro José Machado:
Estou confiante que trará boas notícias do Porto. Diga-me lá se não são.
Mas se não forem, nada significa. Há sempre outras saídas. Não acredito que uma editora não pegue por exemplo nos seus contos.
Também não sou de futebóis. Já fui na minha adolescência. Fanático. Escrevi sobre isso uma crónica a pedido do *JL* no número do campeonato do Mundo de 94.
Ainda não está em nenhum volume.
Vi o seu projeto. Você parece saber tão bem o que está a fazer que nada tenho a dizer-lhe. Vejo aquilo crescer de uma maneira impressionante. A parte crítica já vai ganhando forma. Acho bonito à vista e ao paladar, claro nas indicações, largo de horizontes. Para ter algo a dizer de interesse, seria preciso eu estar aí a ver o plano todo, conversar, etc. Assim não posso fazer mais do que ter uma ideia geral, mas vejo imensa utilidade naquilo tudo. Vou passar a informação à Teresa Neves, leitora numa universidade aqui perto, que tem uma *homepage* com *links* para muita informação portuguesa. E farei o mesmo com o encarregado da rede da American Portuguese Studies Association.
Tudo por agora. Abraço.
Onésimo

E-MAIL DO ONÉSIMO
Quinta-feira, 6 de novembro de 1997, 09:06:10

Sobre a página, esperarei que termine a reformulação para passar a palavra aqui. Quando estiver a modos, diga-me. O.

E-MAIL DO LEON MACHADO
Quinta-feira, 6 de novembro de 1997, 21:32:36
Caro Onésimo:
Cá estou de volta do Porto. Trapalhadas. Passei a manhã na Porto Editora a discutir questões relacionadas com o CD que leva tempo a sair, embora da nossa parte esteja pronto desde junho.

Depois do almoço, fui a Matosinhos com o meu colaborador, o Mário. Vi o Porto, que não conhecia, enquanto esperava que ele fosse tratar de uns assuntos relacionados com aquisição de computadores numa empresa ali perto.

A meio da tarde, fui ter à casa do Mário Cláudio, que me disse que não me podia acompanhar à editora, pois surgira-lhe um problema com um aluno drogado. Enfim, fui com o Mário enfrentar o editor.

Fez-nos esperar um ror de tempo no *hall* de entrada e depois lá nos atendeu, muito à pressa, pois tinha não sei o quê para fazer. Fiquei muito mal impressionado com o homem e apeteceu-me, num arranque que às vezes me dá, mandar o tipo à *chaissa* e sair porta fora. Aguentei até ao fim da conversa que nem foi muito longa.

Conclusão: o meu romance está a ser lido por um "perito" (não sei em quê) e, logo que tenham a opinião do mesmo, me dariam conta por telefone. Conclusão minha: bem posso estar à espera da resposta até ao ano 2025... (nessa altura, se ainda estiver no mundo dos vivos, faço 60 anos).

Valeu a pena a estafa até ao Porto? – Mas porque é que eu não fico de uma vez por todas no meu rico cantinho?

Abraços e desculpe o desabafo do

José Machado

E-MAIL DO LEON MACHADO
Sexta-feira, 7 de novembro de 1997, 1997 23:46:38
Caro Onésimo:
Enfim, mais calmo e mais conformado. Hoje telefonou-me o Mário Cláudio a animar-me, dizendo que a coisa estava bem encaminhada.
Sim, eu li o seu artigo sobre o Mundial 94. Tenho até para aí o jornal com isso (no sótão tenho algumas caixas com todos os números do *JL* que fui comprando).
Entretanto, vou lendo o estudo do Cota Fagundes sobre os seus contos. Achei deveras interessante aquela interpretação que ele faz do título: *(Sapa)teia*. Por acaso não tinha associado à teia de aranha.
Abraços do
José Machado

E-MAIL DO ONÉSIMO
Sábado, 8 de novembro de 1997, 07:49:37
>Enfim, mais calmo e mais conformado. Hoje telefonou-me o Mário Cláudio a animar-me, dizendo que a coisa estava bem encaminhada.
Ia escrever-lhe sobre isso a dizer que não desanime, mas agora dá-me melhores notícias. Ótimo.
>Entretanto, vou lendo o estudo do Cota Fagundes sobre os seus contos. Achei deveras interessante aquela interpretação que ele faz do título: *(Sapa)teia*. Por acaso não tinha associado à teia de aranha.

É por essa razão que lá pus o parêntesis. A ideia de que o sonho americano se transforma numa teia que a vida terra-a-terra, de sapa, do quotidiano faz aterrar. Amanhã dar-lhe-ei conta do total da leitura.

Não se preocupe. aquilo é muito comprido e torna-se chato para quem não leu o livro. O prof. Fagundes é que me disse que tinha 50 separatas e não tinha assim tanta gente das suas relações que lesse português e se interessasse por literatura para enviar a separata e pediu-me uma lista.

A sério. Guarde se quiser, mas não leia tudo. Só uma vista de olhos. E NÃO ESTOU A FINGIR.

Estou de saída para a Univ. Massachusetts Dartmouth para um congresso. Tenho à minha conta a conferência ao jantar e por isso tem de ser leve e bem humorada. Ontem descobri debaixo dos papéis o seu *Os aduladores de Gravatas*. Cheguei a dizer-lhe algo depois de o ter lido? Chego mesmo a duvidar se o fiz. Para não e repetir, diga-me. Escrevi coisas nas margens, mas não me lembro de lhe ter escrito. É que gostei mesmo. Você tem garra. Mas isso já lhe disse. Pormenores depois, se me confirmar que de facto tive esse lapso.

Também nas limpezas dei com um monte de *dossiers* dos meus 50 anos que foram feitos para enviar à malta que colaborou na surpresa da festa que a Leonor me preparou. Não lhe enviei porque você ainda não era do meu convívio diário, e se era, era-o ainda em relação um tanto distante. Se não o tem, envio-lhe, porque me restaram muitos. É uma brincadeira para não tomar a sério tudo o que lá vem. Diga-me.

Não tenho tempo de reler o que escrevi. Desculpe. Abraço amigo.

Onésimo

E-MAIL DO LEON MACHADO
Sábado, 8 de novembro de 1997, 20:04:15
Caro Onésimo:
Terminei a leitura da separata. Aquilo é realmente muito denso. E não é pelo excesso de citações ou notas de rodapé. Não senhor. Tudo é deveras pertinente e o autor dá imensas pistas que me passaram despercebidas (enfim, só li 3 contos, mas é graças ao estudo do Cota Fagundes que fiquei a conhecer os meandros e o contexto sociocultural da escrita dos mesmos). Embora sejam focados todos os contos do livro, o mais citado é "O(s) Adriano(s)". É de facto um conto muito interessante, resultando numa súmula da estética que subjaz à questão da (i)emigração, se é que a (i)emigração tem alguma estética.

A gralhas da "tarte" (em vez de "tarde") quando o Fagundes fala da relação com a Ilha dos Amores dá, sem querer, um efeito engraçado.

Não compreendi, no estudo, a questão do início das aulas nos EUA. Afinal começam em setembro ou outubro? É que me parece haver algum desfasamento na p. 128 da separata entre o título do conto "7 de Outubro no Longe" e o que afirma em seguida o autor do estudo.

Sabe que me faz bem a leitura deste género de textos? Diz o Santos Alves, meu ilustre orientador, que é lendo os estudos dos outros que se aprende a redigir os nossos. Por isso, obrigado a si e ao Cota Fagundes pela feliz ideia de me enviarem a separata.

Enviei uma mensagem ao C. Fagundes a perguntar se posso disponibilizar o texto na Internet.

E quanto a esta, já pode ir avisando os seus conhecidos que o parto está próximo. Hoje ou amanhã (domingo – para estas coisas trabalhamos também ao fim de semana) estará tudo funcional. O endereço é o mesmo: http://alfarrabio.di.uminho.pt/vercial/

Mas você sempre leu a verborreia de *Os Aduladores da Gravata*?! Sabe que enviei o livreco a uma brasileira minha conhecida e ela pôs-mo em frangalhos. A partir daí nunca mais olhei com bons olhos para o livro. Aproveitei foi alguns textos para a Net. Mas o Onésimo não me chegou a falar da sua leitura.
Quanto ao *dossier* dos 50 anos, mande, se a tanto estiver disposto. Ficar-lhe-ia grato.
Isso dos 50 anos lembrou-me a comemoração dos mesmos pelo Doutor Freire. Já não sei quem, ofereceu-lhe um queijo de São Miguel[9] do tamanho de um pneu de carro (Cheguei a contar ao Onésimo?). Foi o cabo dos trabalhos para o transportar inteiro para a festa.
A estadia em Massachusetts foi criativa e descontraída?
Abraços do
José Machado

POSTAL DO ONÉSIMO[10]

9/nov./97
Caro José Machado:
Aí vai então esse *dossier*. Só lho envio porque me restam vários. Foram feitos porque os ausentes da festa quiseram a série de textos. Não sou assim tão narciso.
Um abraço amigo do
Onésimo

E-MAIL DO ONÉSIMO

Segunda-feira, 10 de novembro de 1997, 15:06:22
>Terminei a leitura da separata. Aquilo é realmente muito denso. E não é pelo excesso de citações ou notas de rodapé. Não senhor. Tudo é deveras pertinente...
O Frank Fagundes tem muito nível. Tem muitos ensaios sobre temas de literatura portuguesa (Torga, Sena, Nemésio e outros)

e pode pedir-lhe todos eles para a sua Antologia Eletrónica da Literatura Portuguesa. São de qualidade superior.

>Embora sejam focados todos os contos do livro, o mais citado é "O(s) Adriano(s)". É de facto um conto muito interessante...

É, sim, o mais badalado. Daqui a semanas deve sair outro ensaio sobre a *(Sapa)teia* em inglês numa revista americana e "O(s) Adriano(s)" volta a ser o conto mais badalado.

>Não compreendi, no estudo, a questão do início das aulas nos EUA. Afinal começam em setembro ou outubro?

Não percebi bem a sua questão. Na América as aulas começam em setembro. Em Portugal é que começaram durante todo o fascismo e alguns anos depois a 7 de outubro. (O conto foi escrito em 1981 e essa era a data que toda a pequenada imigrante ainda tinha na memória.)

>Sabe que me faz bem a leitura deste género de textos? Diz o Santos Alves, meu ilustre orientador, que é lendo os estudos dos outros que se aprende a redigir os nossos. Por isso, obrigado a si e ao Cota Fagundes pela feliz ideia de me enviarem a separata.

É verdade. E faz muito bem aos ensaístas portugueses lerem ensaios de anglo-americanos, tradicionalmente menos pomposos, mas muito bem construídos e argumentados, com cabeça tronco e membros. Tenho montes de experiência neste setor para falar desta maneira.

>Enviei uma mensagem ao C. Fagundes a perguntar se posso disponibilizar o texto na Internet.

Mas você não acha que é desproporcional ter um texto tão grande e tanta coisa já sobre a minha escrita? Estou sempre a dizer-lhe o mesmo. E estou a sério.

>já pode ir avisando os seus conhecidos que o parto está próximo. Hoje ou amanhã (domingo – para estas coisas trabalhamos também ao fim de semana) estará tudo funcional.

Passarei a palavra e vou consultá-la ainda hoje. Vou pôr uma notícia na Web, no Boletim da American Portuguese Studies Association e vou também fazer um *link* na página do meu Departamento quando a secretária a reformular dentro de alguns dias.
>Mas você sempre leu a verborreia de *Os Aduladores da Gravata*?!
Li tudo. Não me lembrava que não lhe tinha dito nada. Não sei como isso aconteceu. Como rabisco sempre os livros, estavam lá ainda as notas. Não sei o que lhe terá dito essa brasileira, mas as suas crónicas, como os seus contos, têm garra.

Mas esta agora é incrível e não sei se você vai acreditar: ao escrever-lhe agora, comecei a procurar o seu livro que estava aqui entre os papéis e não o encontro. É já pouca sorte. Tê-lo-ei deixado em casa? Tenho muitas notas, assinalei as crónicas que mais gostei e tinha algumas recomendações, como por exemplo a de não incluir um texto de literatura que não é crónica e não cai bem ali, bem como pequenas coisas. Recordo-me de um uso da palavra *transliterei* quando o que você queria dizer era *traduzi* e outras pequenas coisas. Mas a sua escrita é desenvolta, atrevida, cortante. Os comentários que você faz sobre as coisas são oportunos e ressaltam naturalmente. Mais ainda, você é um crítico literário e deve fazê-lo com assiduidade. Se não fosse a sua pressa de publicar, deveria ter esperado para ter material bastante para reunir dois livros: um de crónicas (a 1.ª parte) e outro de crítica literária (a 2.ª). No vazio da crítica literária portuguesa, a sua voz pode afirmar-se. Uma sugestão: crie um ma página literária na Net. Não faltarão leitores. Faça críticas e aceite críticas. Verá que vai ter êxito. Ou faça como fez um brasileiro, uma revista eletrónica onde as pessoas podem publicar artigos dias depois de serem escritos. Dedique-o à literatura portuguesa e arquive as críticas na sua Antologia. Com tanta gente a clamar que não há crítica literária, vai ver o sucesso que vai ter. AVANCE. Você é a pessoa indicada para fazer isso. Logo que reencontre o seu livro, dir-lhe-ei mais. (Quando vir as minhas secretárias, compreenderá porque é que estas coisas acontecem.

>Quanto ao *dossier* dos 50 anos, mande, se a tanto estiver disposto. Ficar-lhe-ia grato.

Mandar-lhe-ei. Mas aviso já (e não seria preciso!), mas nunca se sabe, não é para ir para a NET!

>Isso dos 50 anos lembrou-me a comemoração dos mesmos pelo Doutor Freire. Já não sei quem, ofereceu-lhe um queijo de São Miguel do tamanho de um pneu de carro (Cheguei a contar ao Onésimo?).

Contou.

>A estadia em Massachusetts foi criativa e descontraída?

Fui e vim duas vezes no mesmo dia, porque entretanto a vida de pai americano inclui ser taxista: a Tatyana tinha que ir a uma competição de natação (obteve três primeiros lugares) e o Duarte teve que ir a uma competição estadual de "Debate", que na cultura anglo-americana é muito levada a sério. Obteve o primeiro lugar (Parece que será o advogado da família!) e depois havia outras coisas. Falei ao jantar, mas tive que contar muita anedota de permeio para as pessoas não adormecerem. Foi agradável.

Hoje comecei o meu dia com duas palestras a jovens no Liceu de East Providence. A seguir tive uma visita de um Prof. da U. Lisboa. Depois, o almoço com um amigo de quem falo nas crónicas (o Jeff, médico) e agora tenho de preparar uma aula de três horas para a U. Mass. Dartmouth logo à noite. E assim se passam os meus dias. Amanhã saio de manhã cedo para New York. Regresso alta noite.

E não tenho tempo de reler o que escrevi. Desculpe.

Abraço.

Onésimo

E-MAIL DO LEON MACHADO
Segunda-feira, 10 de novembro de 1997, 22:03:58
Caro Onésimo:
Os meus parabéns aos seus filhos. São verdadeiros atletas a não deixar ficar mal a raça de uma Rosa Mota.
Enfim, nem sei o que lhe diga quanto à sua leitura dos *Aduladores*. Não estará o Onésimo a querer ser demasiado benevolente? Mas creio que tem razão quanto à mistura de artigos literários com crónicas. A minha ideia foi juntar o que publiquei em jornais de 1990 a 1994, independentemente do conteúdo. Uma espécie de amálgama documental. Mas claro, isso acarreta sempre incongruências, como aquelas que o Onésimo referiu e bem.
Quanto a publicar periodicamente crítica literária na Net, vou tentar. Mas que acha? Falo só dos livros acabados de sair ou vou falando dos livros que vou lendo, independentemente da data em que foram lançados? Olhe, estou adiantado na leitura do último do Saramago: *Todos os Nomes*. Vou fazer um texto sobre ele e experimentar o efeito.
Quanto à questão do início das aulas nos EUA e em Portugal, já entendi. Enfim, sou lerdo...
Recebi hoje o Suplemento do *Açoriano*. Vem lá uma referência à revista *Gávea-Brown* com o sumário dos artigos.
Tenho uma persistente dor de cabeça na têmpora esquerda. Desculpe o Onésimo se me fico por aqui. Boa viagem para Nova Iorque. Aqui chove muito e creio que apanhei um resfriado.
Desta vez não lhe mando abraços, que é para não o contaminar.
José Machado

E-MAIL DO LEON MACHADO
Quinta-feira, 13 de novembro de 1997, 21:39:48
Caro Onésimo:
O jantar cá em casa foi céltico: castanhas. E mais nada. À quarta-feira faço como a cigarra: fico em casa a preguiçar (lendo, ouvindo música, trauteando valsas). À quinta cai-me tudo em cima: reuniões pela manhã com as estagiárias (hoje fizemos avaliação das aulas a que fui ultimamente assistir), ensaio de teatro com os alunos (foi um problema pôr a Joaninha e o Carlos das *Viagens* a abraçarem-se) e à tarde as aulas com mais uma reunião. Chego a casa e apetece é deitar-me no sofá a ver os programas pimba da SIC.

Terminei ontem a leitura de *Todos os Nomes* do Saramago. Estou já a escrever uma apreciação mais ou menos crítica; por isso não o maço aqui com as minhas reflexões, remetendo-o desde já para o artigo a disponibilizar interneticamente.

O Fernando Aires enviou-me material: o *curriculum vitae* do Vamberto Freitas e da Maria Adelaide Baptista (são esposos?), alem de um texto em inglês de ambos sobre o contributo das mulheres para literatura açoriana. Pergunto, no entanto, se o Vamberto não terá alguma coisa de ficção que se possa meter junto.

E o Onésimo? Sempre com a secretária atestada de trabalho, suponho (a de madeira e a outra).

Do Cota Fagundes ainda nada.

Abraços do
José Machado

E-MAIL DO LEON MACHADO
Sábado, 15 de novembro de 1997, 17:11:39
Caro Onésimo:

O teste chegou bem. E com os acentos e as cedilhas! Experimente os tiles.
Por cá vou escrevinhando uns contos. Tenho seis alinhavados. Qualquer dia mando-lhe um por *mail* para você se rir um pedaço.
O Vamberto Freitas e a Adelaide Batista já estão disponíveis na Net. Com foto e tudo.
Logo, logo escrevo mais.
Abraços do
José Machado

E-MAIL DO LEON MACHADO
Sábado, 15 de novembro de 1997, 22:05:18
Caro Onésimo:
Grato pelo envio do texto. Pergunto-lhe, todavia, em que formato é que o guardou. É que o meu Word abre-o mas aparece uma algaraviada que ninguém entende. Se lhe for possível, guarde-o novamente em WordPerfect ou simplesmente Word da Microsoft e envie-mo de novo. Importa-se? Grato.
Você sem tempo para escrever, atarefado a receber pessoas de alta patente, e eu a preguiçar e, imagine, de tanto aborrecimento, até escrevo.
José Machado

E-MAIL DO ONÉSIMO
Segunda-feira, 17 de novembro de 1997, 15:22:23
Meu caro:
Cá estou eu nas pressas a escrever-lhe umas linhas. Pedi a uma das secretárias que me convertesse a disquete. Não veio hoje. Ela far-me-á isso. Pois é. São giros estes contactos, mas saem-me das costas. Tive aí três pessoas das Nações Unidas durante o fim de

semana, incluindo o embaixador. Tive o Prof. António Ventura, da Fac. de Letras da UL durante uma semana; estão aí três mestrandos da UNL; chegaram hoje duas professoras da U. Porto que vêm por duas semanas; ontem chegou e esteve lá em casa o António Fidalgo, vice-reitor da U. da Beira Interior. Foi-se embora hoje, mas já chegou uma brasileira da U. Fed. R. J. 5, que faz uma conferência daqui a pouco; no próximo fim de semana deve vir o Francisco José Viegas; depois vem o Jaime Gama a 4 de dezembro e antes dele o Santos Ferro da FLAD; a seguir um amigo meu dos Açores (jubilado da U. dos Açores) que vai ficar três ou quatro dias lá em casa.... Quer mais?

De resto tudo bem. Mas estou atrasadíssimo com tudo.

Não tenho contactado com o Fagundes. Ando atrasado com o correio.

Perguntar-lhe-ei se recebeu.

Um abraço por agora a ver se amanhã a coisa vai com mais vagar.

Onésimo

E-MAIL DO LEON MACHADO
Segunda-feira, 17 de novembro de 1997, 21:10:46
Caro Onésimo:

Hoje já estive um pouco mais ocupado. Mas muito menos do que você. Nada como ser professor numa cidadezinha transmontana e com horário de reformado!...

Tivesse eu a sorte desse horário. Cada vez sinto o tempo correr mais sem dar para o que quero fazer.

Esse António Fidalgo de que me falou conheço-o. É autor do romance *Joaquim, o Último dos Profetas* e que está na página da Internet. Tenho contactado com ele por e-mail. Como o mundo é pequeno! Ele especializou-se em Semiótica e dá aulas disso na U. da Beira Interior.

Quanto ao Francisco José Viegas, quando ele passar por aí, vá-me contando. Ele viveu cá em Chaves alguns anos. Até estudou aqui. Agora é um menino da capital.

Terminei a leitura do romance do Saramago e escrevinhei uma pequena recensão (nove parágrafos). Como sei que não tem muito tempo, não lha mando. Será publicada no *Semanário Transmontano*.

Aqui voltou a chuva. O Tâmega vai quase a esbordar.

Abraços do
José Machado

E-MAIL DO ONÉSIMO
Terça-feira, 18 de novembro de 1997, 11:34:20

>Esse António Fidalgo de que me falou conheço-o. É autor do romance *Joaquim, o Último dos Profetas* e que está na página da Internet.

Sim, falou-me muito simpaticamente de si. Aliás, todo o mundo o conhece. Com tanta gente a ver a sua página...

>Terminei a leitura do romance do Saramago e escrevinhei uma pequena recensão (nove parágrafos). Como sei que não tem muito tempo, não lha mando. Será publicada no *Semanário Transmontano*.

Não faça isso! Mande. Ou ponha na rede.

Vi o Vamberto e a Adelaide. Estão bem. (No título do texto deles sobre as mulheres deveria escrever *Portuguese* com *P* e não *p*. Em inglês os povos escrevem-se com maiúscula.)

Escrevi ao Fagundes a perguntar se recebeu algo seu. Depois direi algo.

>Aqui voltou a chuva. O Tâmega vai quase a esbordar.

Aqui, tempo lindo, embora um pouco frio.
Tenho de ir à vida. Até logo.
Abraço.

Onésimo

E-MAIL DO LEON MACHADO
Terça-feira, 18 de novembro de 1997, 17:58:34
Caro Onésimo:
Chegou a sebenta do seu "Meio Século de Onésimo". Folheei-a com gosto e li alguns dos textos. Mas então sempre faz anos no dia 14 de dezembro?

Gostei em particular do soneto do João de Melo, embora, pelo que conheço de si, não me pareça que seja "pacato, quieto e pouco falador". Já "homem de verga" e "sem defeitos de fabrico" não direi o mesmo.

Gostei também da carta do padre Rego, que promete estar no seu centenário... E do fax da Junta de Ribeira Grande, a convidá-lo para presidente durante uma semana. Essa você não contava. É verdade: já foi lá cumprir o mandato?

Os versos do Artur Goulart são engraçados, sim senhor. E a sua explicação dava um belo capítulo do romance sobre o seminário que você deveria escrever.

Li também a sua carta ao Zé Gabriel, escrita no dia da festa, e a crónica jornalística do António Botelho de Melo. Caramba: você era (e é) exigente com os putos! Mandar-lhes ler a *História Concisa de Portugal* e na semana seguinte massacrá-los com um teste é dose para os portugueses espíritos, tão mal habituados a tanto esforço intelectual.

As fotos são ótimas. E a Leonor está muito bonita, sim senhor.

Lerei o resto nos próximos dias. Hoje tenho o aniversario da Linda (nem de propósito!). Faz 28 anos. Bolo de aniversário, jantar com os meus sogros. Comprei-lhe um perfume como presente. Ontem fui à perfumaria e disse o que queria. A senhora que me atendeu foi-me dando a cheirar várias amostras, mas nenhuma me agradou. Eram aromas demasiado leves. Então eu perguntei: «Não tem nada que cheire realmente? É que para água temos muita lá nas torneiras de casa.» A senhora aconselhou-me um que era toque e queda. Deixei lá couro e cabelo. Saberei pelo menos que, a 20 metros de distância, estará a Linda.

Saudações e grato pela sebenta.

José Machado

E-MAIL DO ONÉSIMO
Terça-feira, 18 de novembro de 1997, 16:34:15
>Chegou a sebenta do seu "Meio Seculo de Onésimo". Folheei-a com gosto e li alguns dos textos. Mas então sempre faz anos no dia 14 de dezembro?

Não. Faço a 18, embora tivesse nascido a 16. (Simples?) Mas a Leonor marcou a festa para 14 por ser fim de semana e por ser mais cedo para eu não desconfiar.

>Gostei em particular do soneto do João de Melo, embora, pelo que conheço de si, não me pareça que seja "pacato, quieto e pouco falador". Já "homem de verga" e "sem defeitos de fabrico" não direi o mesmo.

É ironia, evidentemente.

Mas gostei pouco desse texto dele. O João passou, com outros, uma fase muito anti-americana, na década de 70 e princípios de 80. Eu, quando nos encontrávamos, procurava explicar-lhes que a América não era aquele papão que eles supunham e ele ficou sempre com essa imagem forte de defensor acérrimo da América. E eu que, para muitos americanos, sou um defensor acérrimo de Portugal...

>Gostei também da carta do padre Rego, que promete estar no seu centenário...

O Padre Rego é uma maravilha de pessoa.

>Os versos do Artur Goulart são engraçados, sim senhor. E a sua explicação dava um belo capítulo do romance sobre o seminário que você deveria escrever.

Bem gostaria de escrevê-lo.

>Caramba: você era (e é) exigente com os putos! Mandar-lhes ler a *História Concisa de Portugal* e na semana seguinte massacrá-los com um teste é dose para os portugueses espíritos, tão mal habituados a tanto esforço intelectual.

Ler um livro por semana por cadeira é normal aqui na Brown. E eles leem.

>As fotos são ótimas. E a Leonor está muito bonita, sim senhor.

Dir-lhe-ei do piropo.

>Hoje tenho o aniversario da Linda (nem de propósito!). Faz 28 anos. Bolo de aniversário, jantar com os meus sogros. Comprei-lhe um perfume como presente. Ontem fui à perfumaria e disse o que queria.

Boa.

E os meus parabéns para a Linda. Que os repita por muitos! E boa festa.

Pelos vistos, haveria muito bolo para mim.

>Saudações e grato pela sebenta.

Já leu bastante. Já dá para fazer uma ideia. Não se preocupe com o resto.

E-MAIL DO LEON MACHADO
Quarta-feira, 19 de novembro de 1997, 12:50:37

Caro Onésimo:

Cá estou, refeito da jantarada, do bolo e do champanhe de ontem. Nada que se compare com a sua festa dos 50!

Li hoje mais algumas páginas do *dossier*: a ata (que só será aprovada nas comemorações do centenário...), a carta do Eduardo Lourenço, os 3 textos do Daniel de Sá (a paródia de *Os Lusíadas* é curiosa), a carta da Gisela e aquela história de você andar a enfeitar as casas dos outros com papel higiénico e a carta do Fernando Venâncio. Li uma outra (já não sei de quem) que conta daquela vez em que você foi visitado na Pérsia pela Morte, lhe contou uma anedota e esta morreu de riso.

Como pode verificar, tenho-me divertido à sua custa... Talvez um dia lhe retribua com juros.

Mando-lhe noutra mensagem a recensão ao romance do Saramago. Sairá no *Transmontano* e estará disponível na Net.

Outra coisa: não se olvide (não será um castelhanismo? – mas o Pessoa também o utilizou) da conversão do texto do Cota Fagundes.

Outra pergunta: sempre está a utilizar o Eudora? É que, assim sendo, começo a mandar tudo com acentos e cedilhas.

Abraços do
José Machado

E-MAIL DO ONÉSIMO
Quarta-feira, 19 de novembro de 1997, 12:37:32

>Cá estou, refeito da jantarada, do bolo e do champanhe de ontem. Nada que se compare com a sua festa dos 50!

Pois. Vocês não precisam de ser animados por fazerem 50 anos!

>Como pode verificar, tenho-me divertido à sua custa... Talvez um dia lhe retribua com juros.

Mande!

>Mando-lhe noutra mensagem a recensão ao romance do Saramago. Sairá no *Transmontano* e estará disponível na Net.
Li. Muito boa. Serena. O romance parece mesmo interessante. Ponha a recensão na NET.
>Outra coisa: não se olvide (não será um castelhanismo? – mas o Pessoa também o utilizou) da conversão do texto do Cota Fagundes.
Não me esqueci, mas estamos a ter dificuldades em fazer a conversão.
O Fagundes deve escrever-lhe um dia destes.
>Outra pergunta: sempre está a utilizar o Eudora? É que assim sendo, começo a mandar tudo com acentos e cedilhas.
Sim, sim.... Acentue à vontade. A razão por que não peguei mais cedo no Eudora é porque complica um pouco as coisas quando quero tratar do correio tanto em casa como aqui. Mas é melhor.
Afinal encontrei *Os Aduladores da Gravata*. À medida que ia lendo (onde estava não tinha nada para escrever e por isso as páginas estão limpas), dobrava o canto da página das crónicas que mais gostava. Elas são: "Hotel em ruínas" (muito gira!) "Graham Greene..." (de quem também gosto muito), "Garrett...", "O ensino da literatura" (ótima) e "A propósito de "Despertar..."". Estas últimas, mesmo sendo de certo modo crítica literária, estão escritas em estilo de crónica e combinam bem com as do início do livro.
Uma expressão incorreta é "tão duvidosa quanto falseadora" (p. 92), porque, se é falseadora, já é muito mais que duvidosa. Mas isso é insignificante. Já lhe disse, rapaz, você tem garra. Continue a escrever.
>Abraços
Meus também.
Onésimo

E-MAIL DO LEON MACHADO
Quarta-feira, 19 de novembro de 1997, 20:58:55

Caro Onésimo:
Estive o dia todo em casa, como é da praxe à quarta-feira. Creio que um vinho branco gelado que ontem bebi é a causa de uma pesada dor de garganta que hoje não me deixa piar. Amanhã não sei como vou ensaiar os putos no teatro, dar as aulas e fazer a reunião com as estagiárias. Tem por acaso aí um peitoral que me possa mandar pela rede? Ficar-lhe-ia grato. Mas não telefone! É que vou já já para a cama continuar a ler *As Ilhas Desconhecidas* do Brandão. Pois, da última vez que fui a Braga gastei o tempo todo a receber canudos e no pagode com os amigos...

Neste momento leio a parte que fala do Faial, quando ele descreve os capotes das mulheres. Li já o capítulo sobre o Corvo e sobre as Flores. O Corvo é um pedregulho de gente agreste, a única verdadeira democracia sobre a terra. As Flores são os úberes de uma vaca. Este R. Brandão é espantoso.

Achei piada à passagem em que ele compara Angra a Braga, a cidade onde nasci e que me viu crescer. Igrejas, seminário, bispo...

Grato pela correção da expressão «tão duvidosa quanto falseadora». Às vezes escrevemos cada coisa! O Fernando Venâncio tem uma coleção de coisas deste género. Às vezes mete-as nas crónicas do *JL*, na gozação. E às vezes, o que é para espantar, também, sem querer, as escreve.

A Linda disse que, se soubesse que você tem uma exacerbada gula por bolos, lhe mandava uma fatia. Agora é tarde... É que tem aqui em casa outro lambão que, ainda por cima, para se entreter durante o dia aborrecido, foi comendo o que sobrara de ontem...

Termino remetendo-lhe uma mensagem que hoje recebi de um tipo que foi ver a página de literatura:

<<<<<<<<>>>>>>>

"Quero apenas dizer que ADOREI a vossa *site*, não é 5% da Web, é 500%. Nem sabem o que me fizeram, andei 4 haras a moer restolho e quando cheguei aqui já estava a papinha toda feita. SÃO OS MAIORES!!!"

<<<<<<<<<>>>>>>>>

Será que o verbo no plural também o inclui a si como sujeito do predicativo? Entendo que sim, tanto mais que, se não fosse o seu entusiasmo e o seu apoio moralizante, o projeto já tinha ido parar às de Vila Diogo, terra que não sei bem onde fica.

Abraços do
José Machado

E-MAIL DO LEON MACHADO
Sexta-feira, 21 de novembro de 1997, 20:18:59
Caro Onésimo:
Como Maomé não vem à montanha, cá me tem novamente a importuná-lo...

Passei parte do dia de ontem na cama, a curar um resfriado. Garganta que Deus me livre, rouquidão, tosse. Hoje consegui trabalhar à custa de comprimidos. Enfim, coisa de pouca monta e que não aconteça a qualquer pobre mortal.

Li *As Ilhas Desconhecidas* do Raul Brandão de fio a pavio, enquanto amolecia na cama. É um belo livro. Pareceu-me, no entanto, que o autor privilegiou mais a paisagem em detrimento do humano. Excluem-se os capítulos sobre o Corvo e sobre o Pico. Em São Miguel fixou-se na luz, no verde. E eu à espera de alguma paisagem humana para mim desconhecida! O Pico, sim, está muito bem visto. Toda aquela gordura de baleia a rechinar e a empestar a atmosfera. Não será que o R. Brandão tinha uma costela de ecologista *avant la lettre*?

O capítulo sobre a Madeira é curioso. O autor não gostou das gentes da ilha. E confirmou, afinal, a opinião que eu tinha das mesmas. Lembra-se que uma das razões da ida do Brasinha (*A Ilha de Circe*) para a Horta foi o ele ter andado à batatada com um madeirense?

E já agora: quer saber donde era o primeiro camarada com quem travei amizade no primeiro dia em que assentei praça em Mafra no curso de milicianos? De São Miguel. Foi ele, imagine, que, num fim de semana (eu não pude ir a Braga e ele não pôde ir às ilhas), me foi mostrar Lisboa. É verdade: conheci Lisboa guiado por um açoriano.

Ah! O rapaz tinha bigode.

Amanhã há mais.

José Machado

P.S. Recebi hoje fotocópia de um conto do Mancelos que foi recentemente publicado num manual escolar e sem o autor saber. O rapaz anda vaidosíssimo. A personagem principal chama-se Tatiana. Quer que lho mande? Pode lê-lo à sua filha ao deitar.

E-MAIL DO ONÉSIMO
Sábado, 22 de novembro de 1997, 10:27:38

Meu caro:

Espero que esteja melhor. O meu silêncio deve-se a uma simples incapacidade de esticar as horas. Escrever-lhe-ei logo ou amanhã. Mesmo se eu me pusesse a contar, ninguém acreditaria. O João Medina, que me vê todos os dias, entende bem.

Você nunca me importuna com mensagens. Isso de ler é um instante e toda a gente gosta de receber mensagens com interesse como as suas a falar de livros, experiências, conhecidos comuns, projetos. O problema é esta treta da reciprocidade. Treta... bem entendido. Do ponto de vista de quem tem que responder e não pode fazê-lo com a velocidade com que se lê. O seminário do João Medina já começou e eu tenho de ir. Fui deixar a Tatyana num Bar Mitzvah dum amigo num templo judaico e, quando acabar o seminário, terei de sair na corrida para ir apanhá-la e levá-la à piscina. O Duarte também tem uma reunião de equipa logo a seguir. E assim se vai o melhor do sábado, sem eu ter tido tempo de ler mais do que a primeira página do *N. York Times* e do *Providence Journal*. À noite temos jantar em casa de uma amiga e amanhã é dia de eu ir buscar minha mãe para almoçar connosco e depois dar um passeio com ela.

Durante esta semana voltámos a ter uma conferência no Departamento quase todos os dias. Quinta-feira o Medina fez uma sobre a Literatura da Guerra Colonial – os autores foram Lobo Antunes, João de Melo, Álamo Oliveira e Cristóvão de Aguiar (curiosamente os últimos três são açorianos, e faltou ainda o Martins Garcia...). Ontem a Ana Luísa Amaral (da U. Porto) e a Ana Gabriel Macedo (deve conhecê-la da U. Minho) falaram sobre Feminismo em Portugal e sobre um Dicionário de Termos Feministas que estão a organizar – vieram para a Brown com uma bolsa pesquisar nas bibliotecas para o efeito) e à tarde houve defesa de tese de doutoramento de uma aluna brasileira sobre Macunaíma. Mas entretanto tive de receber alunos sobre milhentos assuntos e não sei que mais...

Com tudo isto me fico. Falarei de Brandão depois. Grande abraço do
Onésimo

E-MAIL DO LEON MACHADO
Sábado, 22 de novembro de 1997, 19:15:45
Caro Onésimo:

Um bocadinho melhor, obrigado. Agora é aquela fase do nariz a pingar como uma torneira com folga. Hoje assustei-me ao acordar. No chão, na mesinha de cabeceira era um lago de lenços de papel amarrotados.

Então você aos sábados faz de chofer? Enfim, devo estar a imaginar Providence nos termos de Braga, onde se vai a pé da casa para a piscina e da piscina para a universidade sem grandes canseiras. Mas também não será que faz parte do *modus vivendi* americano ir de carro para qualquer lado? Bem, isso também acontece em Chaves, uma cidadezeca onde há cinco automóveis por cabeça. Chaves é até conhecida pela cidade dos jipes. Tenho uma colega professora que mora a quinhentos metros da escola e todos os dias vai de carro para as aulas... Eu vivo a quatrocentos e vou a pé.

Enfim, um parágrafo de tralha palavrosa.

Como me custa a leitura nos resfriados, dediquei-me hoje a limpar a esterqueira do escritório cá de casa. Carreguei para o sótão uns largos quilos de revistas que tinha a atravancar-me as estantes. É que já não tinha espaço para os livros. Qualquer dia tenho de pôr uma estante no corredor. Não é a casa do Jorge de Sena que tem livros até nos WCs? Li isso não sei onde. Ou pensei que li.

Mais um parágrafo de tralha.

E para não iniciar o terceiro, fico-me pelo segundo.

Aproveite o jantar de hoje (se conduzir não beba) e amanhã porte-se bem diante da sua mãe para ela não ter motivo de lhe puxar as orelhas.

Saudações para si e para todo clã onesimiano do
Machado
P.S. O outro Onésimo, o de Cuba, tem dado notícias?

E-MAIL DO ONÉSIMO

Segunda-feira, 24 de novembro de 1997, 17:31:53
>Caro Onésimo:
e Caro José, que toda a gente conhece melhor por Leon:
>Um bocadinho melhor, obrigado. Agora é aquela fase do nariz a pingar como uma torneira com folga.
Espero-o finalmente restabelecido.
>Então você aos sábados faz de chofer? Enfim, devo estar a imaginar Providence nos termos de Braga, onde se vai a pé da casa para a piscina e da piscina para a universidade sem grandes canseiras. Mas também não será que faz parte do *modus vivendi* americano ir de carro para qualquer lado?
Não, não é isso. O *modus vivendi* americano é que foi, nesse aspeto, determinado pelo espaço. Ele há o muito por aqui e tudo é longe. Providence não é uma cidade grande. A cidade propriamente tem 170.000 habitantes, embora a Grande Providence tenha 600.000 e tudo funcione como se fosse quase uma só cidade.

O meu bairro não é muito grande, mas tudo é disperso. Da minha casa ao supermercado são 2 km. Não dá para ir a pé. Da minha casa ao gabinete são 3 km. Lá de vez em quando venho de bicicleta. Mas tenho sempre livros e coisas para trazer e nunca sei se durante o dia vou precisar do carro. Não há engarrafamentos, mas não dá para fazer o percurso a pé, ao menos como regra. A Tatyana vai muitas vezes a pé para a piscina (1 km), mas tenho de ir buscá-la porque, quente do duche e depois de nadar durante duas horas seguidas, não pode vir pela rua a apanhar frio. Se o Duarte vai ao "Debate", o autocarro apanha os alunos todos numa praça a três quilómetros de casa. Depois tenho que ir buscá-lo. Há autocarros nas ruas centrais, mas não com muita frequência. É muito complicado explicar. A urbanização centrífuga torna muito difícil o serviço por transportes públicos.

>Carreguei para o sótão uns largos quilos de revistas que tinha a atravancar-me as estantes. É que já não tinha espaço para os livros.

Espaço para livros... Sei isso o que é. E depois saber-se onde estão...

>Aproveite o jantar de hoje (se conduzir não beba) e amanhã porte-se bem diante da sua mãe para ela não ter motivo de lhe puxar as orelhas.

Tenho mais um jantar no dia do Thanksgiving. É tradicional na América convidar-se as pessoas que não têm família por aqui. Vão cinco lá a casa. Será na próxima quinta-feira.

Saramago enviou-me o seu último romance. Deus meu, quando o lerei? Estou pelos cabelos!

>P.S. O outro Onésimo, o de Cuba, tem dado notícias?

Não soube mais dele. Ia a Espanha e não sei se já voltou.

Abraço amigo.

E-MAIL DO LEON MACHADO
Terça-feira, 25 de novembro de 1997, 11:16:32

Caro Onésimo:

Vou recuperando da gripe, com um catarro de assustar criancinhas. Hoje tenho mais uma festança, amanhã outra. Enfim, completo 32 anos de idade. A festa de hoje é para os familiares, amanhã é para os colegas professores. Mas nada do outro mundo. Tanto mais que não posso beber (por causa dos antibióticos).

E sexta-feira, que vou a Braga, há outra festa. Faz o meu pai anos e comemoramos em conjunto. Estarão meu irmão, a esposa e a minha sobrinha e futura afilhada, nascida há dias. Pois: o meu pai, que faz 53, já é avô. O homem ainda não se refez (para bem e para mal).

Vou lendo o segundo volume das *Memórias* do R. Brandão. Já tinha lido o vol. I e III. Faltava-me este. Tem notas muito curiosas acerca do Teófilo Braga e do Guerra Junqueiro. Admira-me como os estudiosos da nossa literatura nunca citem estas *Memórias* para explicar determinados factos relacionados com os grandes autores portugueses do século XIX e princípio do século XX. Porque o R. Brandão conviveu de perto com quase todos eles.

Vai esta mensagem só para dizer que os dias se arrastam frios e nós a "envilecer".

Abraços do aniversariante
Zé, o Machado

E-MAIL DO ONÉSIMO
Terça-feira, 25 de novembro de 1997, 11:06:40

>Caro Onésimo:

e caro J. Machado:

>Vou recuperando da gripe, com um catarro de assustar criancinhas. Hoje tenho mais uma festança, amanhã outra. Enfim, completo 32 anos de idade. A festa de hoje é para os familiares, amanhã é para os colegas professores.

Chiça que foi forte a gripe. Mas 32 anos é quase metade da minha, poça!

PPPPPPPPPPAAAAAAAAAARRRRRRRRRAAAAAAAAABB !! AD MULTOS!!!

>E sexta-feira, que vou a Braga, há outra festa. Faz o meu pai anos e comemoramos em conjunto. Estarão meu irmão, a esposa e a minha sobrinha e futura afilhada, nascida há dias. Pois: o meu pai, que faz 53, já é avô. O homem ainda não se refez (para bem e para mal).

Compreendo o seu pai. E ele tem só 53? Da minha geração? Avô? Ena!

>Admira-me como os estudiosos da nossa literatura nunca citem estas *Memórias* para explicar determinados factos relacionados com os grandes autores portugueses do século XIX e

princípio do século XX. Porque o R. Brandão conviveu de perto com quase todos eles.
Porque não leram, como eu. E eu que gosto mesmo de memórias! Mas tenho de pô-lo na minha lista.
>Vai esta mensagem só para dizer que os dias se arrastam frios e nós a "envilecer".
>Abraços do aniversariante
OS MEUS SINCERÍSSIMOS VOTOS DE BOA CELEBRAÇÃO!
E um grande abraço do
Onésimo

E-MAIL DO LEON MACHADO
Quarta-feira, 26 novembro de 1997, 12:25:57
Caro Onésimo:
Depois da festança de ontem, pronto hoje para outra.
Apesar dos antibióticos, aventurei-me a beber uns goles de vinho do Dão ao jantar. Caiu-me como um regalo. Hoje, com 32 anos de idade, sinto-me novo, cheio de força para continuar nesta labuta que acabará, estou certo, num cemitério (cfr. último romance do Saramago, que tem de ler, não só porque lho recomendo, mas porque deve uma cartinha de agradecimento ao autor...).
O António Fidalgo foi realmente simpático na carta que você me re-remeteu. Pergunto-me se esta simpatia não se cinge a meia dúzia de indivíduos. Eu explico: o António Fidalgo andou, como eu e você, no Seminário. E o curioso é, agora que o penso, verificar que essa gente que frequentou o Seminário não é normalmente desagradecida e não pensa apenas na sua rica barriguinha. «A seita da mão negra», chama-lhe o V. Ferreira em *Manhã Submersa*. Mas verifico realmente que os camaradas que comigo andaram no

seminário ou outros que não andaram comigo, mas também o frequentaram são, regra geral, menos egoístas do que o comum dos mortais. Talvez porque aprenderam a viver em comunidade, não sei.

Nota-se numa escola, por exemplo, que os professores que frequentaram os seminários (e há vários), são mais divertidos, mais dados, mais prontos a alinhar para a brincadeira, mais amigos, menos hipócritas, menos ambiciosos do que os restantes. Claro que há exceções, felizmente poucas.

O que é certo é que essa diferença nota-se. Explique-me agora o Onésimo porquê, se sabe.

Hoje, mais uma festa. Desta vez faremos um sarau cultural género *Clube dos Poetas Mortos* (como é que é em inglês? – *Society* qualquer coisa?). Canções à viola, recitação de poemas (tenho um estagiário poeta), anedotas (pouco picantes) e qualquer coisa para trincar. Se o Onésimo estivesse por aqui, convida-o para vir fazer uma palestra sobre a influência do e-mail no bem-estar do escritor atual.

Abraços do
Machado (também *Leon*)

E-MAIL DO LEON MACHADO
Quarta-feira, 26 novembro de 1997, 15:03:50
Caro Onésimo:
Mais esta, antes da festa de hoje à tarde:
Grato pelo grito em maiúsculas com latinório à mistura. Fez-me sentir mais jovem.
O meu pai faz realmente 53. É mais velho do que o Onésimo dois anos. Hoje de manhã comprei-lhe uma camisa (de algodão...) como prenda de sexta-feira. Ele a mim nem me telefonou. Somos dois ilustres desconhecidos. Conflito de gerações, dirá você. Não

creio. Tanto mais que falo consigo como se da minha idade fosse. E vai-se lá entender isto? A não-relação entre pai e filho (pelo menos no nosso caso) deve-se a vários fatores e um deles é a diferença, não de idade, mas de mentalidade.

Então o outro Onésimo sempre deu notícias. Não lhe perca o rasto. E a ver se aparecem mais dois ou três. Poderão mais tarde fazer uma convenção internacional dos Onésimos, um dos nomes mais curiosos e mais raros do Ocidente.

E o homem deu-se ao trabalho de preencher a fichinha do livro! É pândego.

Recebi hoje uma carta registada do Emanuel Félix (creio que é açoriano). Mas como não estava ninguém em casa, o carteiro deixou um postal. Tenho de ir ao Correio levantar.

Mais um abraço do
Machado

E-MAIL DO LEON MACHADO
Quinta-feira, 27 novembro de 1997, 13:11:45
Caro Onésimo:
Thanks pela anedota. A tipa devia ser frígida...

Pois a festa de ontem foi muito gira. Fomos primeiro à Adega do Faustino. Creio que já lhe falei nesta adega, de um típico traçado transmontano, com pipos enormes, mesas de tosco carvalho, chão de pedra, uma lareira enorme alimentada a lenha, um telhado altíssimo (não tem teto) e o cheiro a grelhados permanente. Ali estivemos (éramos nove) a comer presunto, bolinhos de bacalhau, orelheira cozida e a entornar algum vinho da casa. (Estou a fazer-lhe água na boca?). As estagiárias tinham um bolo em casa especialmente feito para mim e, depois da merenda, fomos para casa delas. Era um maravilhoso bolo de maçã que foi empurrado com champanhe italiano.

Mas o melhor foram as anedotas e a leitura de um conto dos meus (o último que escrevi e que foi lido por outrem, uma vez que não tenho jeitinho nenhum para isso).

As anedotas foram picantíssimas. Do género desta: um tipo era de tal forma obcecado pelo sexo que ia amiúde ao supermercado para ver as galinhas nuas...

Ofereceram-me três livros: o *Levantado do Chão* do Saramago e que ainda não li, o novo romance do Pires Cabral, um autor de Trás-os-Montes, e o último do Saramago. Este terei de o trocar, uma vez que já tinha um exemplar. Só tenho, por isso, de ler dois.

O Mancelos fez ontem anos e trocámos mensagens muito picantes, com imagens e tudo...

Amanhã, como já lhe disse, vou a Braga. Por isso só o contactarei lá para domingo. Até lá, bom trabalho e bom descanso.

Abraços do
Machado

E-MAIL DO ONÉSIMO
Quinta-feira, 27 novembro de 1997, 15:12:35

Meu caro:

Responder-lhe-ei amanhã. Hoje é dia de Thanksgiving e ninguém sai de casa. As ruas estão vazias. É o grande feriado americano. Muito mais do que o Natal. Estou a ajudar a Leonor a cozinhar, porque temos uma porrada de gente para jantar logo.

Ontem esteve aí a despedir-se a Ana Gabriela Macedo, da U. do Minho, que com a Ana Luísa Amaral, da U. do Porto, e amiga da Leonor sobretudo, está a investigar para um Dicionário de Termos Feministas. Disse-me que vai dizer ao Santos Alves (que vim a saber que era padre) que esteve na universidade de um amigo de um seu doutorando. Não lhe disse para o fazer, mas há dias na conversa a ligação veio à baila.

Um grande abraço do
Onésimo

E-MAIL DO LEON MACHADO
Quinta-feira, 27 novembro de 1997, 22:40:28

Caro Onésimo:

Com que então a fazer de cozinheiro no Thanksgiving? Já comprou as prendas? Pois claro que já.

Os meus votos de muitas felicidades para o clã onesimiano nesse dia tão especial.

Pois o Santos Alves é padre, sim senhor. Nunca lhe tinha dito? Enfim, passou-me.

A Ana Gabriela Macedo conheço-a de vista e de nome. Mas nunca falei com ela. Também não podemos ter confiança com toda a gente.

Quanto ao feminismo. Disseram-me que a moda agora é estudar o feminismo na literatura. A cada passo aparecem-me aqui mensagens de estudantes brasileiras a pedir informações sobre o tema. Como eu não sei de nada, remeto-me ao meu silêncio ignorante.

Amanhã, além do aniversário do meu pai, vou tratar de papelada na Universidade do Minho respeitante ao doutoramento. Mais uma sessão burocrática.

Ambos em festas. À nossa!!

Machado & Linda

E-MAIL DO LEON MACHADO
Segunda-feira, 1 de dezembro de 1997, 16:24:08

Caro Onésimo:

Regresso a Trás-os-Montes depois do fim de semana no Minho (Braga e Ponte de Lima).
Afinal o meu pai fez 52 e não 53, como lhe tinha dito.
Vi a minha sobrinha. Chama-se Cecília Eduarda, em homenagem à Cecília do romance do Júlio Dinis e à Maria Eduarda de *Os Maias* (os nomes foram escolhidos por meu irmão, o pai da criança). Viemos entusiasmados...
Em Braga comprei um livrinho com as *Rimas de Ironia Alegre* de um tal Garcia Monteiro, açoriano. O livro traz uma introdução de Carlos Jorge Pereira, da Brown. Li alguns poemas. Sarcasmo ao meu gosto. Estou a pensar adicionar o autor à página. A questão é os direitos de autor. A quem pedir autorização?
E a festa do Thanksgiving foi boa? Muitos presentes? Livros, sobretudo?
Aqui comemoramos hoje a expulsão dos castelhanos de 1640. Invadem-nos agora com a sua portentosa economia.
Abraços do
José Machado

E-MAIL DO ONÉSIMO
Segunda-feira, 1 de dezembro de 1997, 15:30:11
>Caro Onésimo:
e caro José Machado:
>Regresso a Trás-os-Montes depois do fim de semana no Minho (Braga e Ponte de Lima).
Gosto muito de Ponte de Lima. De uma vez fiquei lá um dia e uma noite com a família toda.
>Afinal o meu pai fez 52 e não 53, como lhe tinha dito.
Quer dizer que eu poderia ser seu pai. Respeitinho!
>Vi a minha sobrinha. Chama-se Cecília Eduarda, em homenagem à Cecília do romance do Júlio Dinis e à Maria Eduarda

de *Os Maias* (os nomes foram escolhidos por meu irmão, o pai da criança). Viemos entusiasmados...

Agora é aproveitar a receita e fazer uns em casa.

>Em Braga comprei um livrinho com as *Rimas de Ironia Alegre* de um tal Garcia Monteiro, açoriano. O livro traz uma introdução de Carlos Jorge Pereira, da Brown.

O Carlos Jorge Pereira esteve aqui um ano (1988-89) a trabalhar comigo na *Gávea-Brown* e aqui ouviu falar do caso Garcia Monteiro. Não sei por que razão usou o nome da Brown, pois ele já escreveu esse texto aí. Pediu-me desculpa e disse que a culpa fora da editora, mas eles não iam inventar isso. Sim, é mais um grande autor que Portugal desconhece. Aconteceu o mesmo com Roberto de Mesquita, só descoberto em Lisboa em 1974.

>E a festa do Thanksgiving foi boa? Muitos presentes? Livros, sobretudo?

É a melhor festa porque não há presentes. Só jantar em família e com amigos. Li muito, mas nada português. E não escrevi nada!!!!! Estou agora de calças na mão sem saber para onde me virar.

Ainda não lhe respondi a um outro *mail* sobre os ex-seminaristas, mas aproveito. Concordo com a sua observação. A minha experiência confirma. Foi o peso da educação no Seminário e da vida em conjunto. Dizem que o mesmo acontece com os filhos de famílias numerosas.

Vou a uma reunião e depois à U. Mass. para a penúltima aula.

Abraço do
Onésimo

E-MAIL DO LEON MACHADO

Terça-feira, 2 de dezembro de 1997, 21:28:54

Caro Onésimo:

Escrevo-lhe depois de uma jornada a Tormes, organizada pela Delegação de Cultura do Norte (sediada em Vila Real), em que participaram um sem número de professores. A Fundação Eça de Queirós foi inaugurada no passado dia 25 de novembro e até esteve lá o Sampaio (esse vai a todas...).
O passeio foi muito bonito. Pena ter chovido. Fomos de autocarro até à Régua. Aí apanhámos o comboio, que nos levou ao longo do Douro até à estação da mítica Tormes. Fomos numa carruagem de primeira classe, na companhia do Jacinto e do Zé Fernandes da *Cidade e as Serras*, atores preparados para o efeito, que iam tecendo um diálogo baseado no romance.
Não fomos de burro até à quinta, como se conta no romance. O autocarro apareceu e levou-nos. Fizemos uma visita à casa-museu (muito interessante), demos uma volta pela quinta e parámos na adega (excelente, o vinho branco; trouxe duas garrafas).
O almoço foi nos baixos da casa: canja de galinha e arroz de favas. De acordar um morto!
Houve depois uma conferencia pela Isabel Pires de Lima, que citou profusamente um tal Frank de Sousa, que publicou em 1996 um ensaio sobre o romance *A Cidade e as Serras*.
E regressámos todos muito aconchegados com o branco, com as favas e com a expendida paisagem.
Conselho do Machado: quando o Onésimo tiver oportunidade, dê um salto à quinta de Tormes. É a não perder.
E por hoje é só isto.
Abraços do
José Machado

E-MAIL DO LEON MACHADO
Quarta-feira, 3 de dezembro de 1997, 20:40:28
Caro Onésimo:

Ontem esqueci-me de lhe dizer o seguinte: tendo eu conversado um pedaço com a Isabel Pires de Lima, ela contou-me que conheceu a Leonor, sua esposa, em Londres e que sabia que andava a fazer uma tese ligada a Eça de Queirós.

Com o dia de hoje, somam seis os dias que estive sem aulas (de sexta-feira passada, dia de greve dos funcionários da escola, até hoje, dia da minha folga). Li bastante e escrevi pouco. Preparei sim algumas recensões para a página da Internet sobre si, o Fernando Aires e o João Aguiar. Aproveitei as cartas que lhes enviei, retirei o que não interessa ao grande público e agora, se o Onésimo quiser consultar (convém, não vá eu ter dito algum disparate a respeito do *Rio Atlântico*), o endereço é:
http://alfarrabio.di.uminho.pt/vercial/letras/recenso.htm
E por hoje é só isto.

José Machado

E-MAIL DO ONÉSIMO
Quinta-feira 4 de dezembro de 1997, 07:35:12
Caríssimo:

Estou de novo de corrida mas não quero demorar mais a resposta aos seus e-mails. Levantei-me às cinco da manhã para dar conta de tudo o que tenho que fazer hoje. Fui deitar-me à meia-noite e meia. Vou sair para a TV daqui a pouco e ainda quero deixar várias coisas prontas. Depois tenho meio dia ocupado com um visitante de Lisboa, da FLAD.

Conheço e sou amigo do Frank Sousa, que é professor numa universidade aqui perto, a Univ. Massachusetts Dartmouth, onde dirige um Centro de Estudos Portugueses. Não têm mestrado, só licenciatura. Mas há muitos luso-americanos nessa universidade. Ele nasceu em S. Jorge, mas foi aos 9 anos para a Califórnia. O ensaio sobre *A Cidade e as Serras* é a tese dele e saiu na Cosmos.

A Isabel conhece a Leonor não só de Londres, mas de Providence. Já lá esteve em casa e fez uma conferência aqui na Brown. E levei-a em 89 a um passeio à Lagoa do Fogo em S. Miguel. Temo-nos encontrado muitas vezes. Já dei um seminário no curso de mestrado que ela dirige na U. Porto e estive no Congresso sobre Antero que ela organizou no Porto. Gosto muito dela. É muito fresca e desembaraçada.

Fico com vontade de ir a Tormes.

Vi as novas críticas. Acho muito bem. Era isso que eu pensava que você deveria fazer. E obrigado pela simpatia acrescentada à já simpática nota sobre o *Rio Atlântico*.

Quando descobrirem que podem publicar aí as suas recensões, muita mais gente vai escrever e você vai ficar com um formidável banco de dados.

Estou de abalada. O dia será longo.

Até breve, com um grande abraço do

Onésimo

(Não tenho tempo de reler o texto).

E-MAIL DO LEON MACHADO
Sexta-feira, 5 de dezembro de 1997, 20:24:42

Caro Onésimo:

Dia de aulas, de um passeio (comprei um aspirador para a Linda, daqueles compactos que recolhem o fio), de alguma leitura. Estou a ler *As Batalhas do Caia* do Mário Cláudio (romance baseado no hipotético romance do Eça de Queirós que o autor nunca chegou a escrever). É deveras curioso.

Aconselho-o à sua esposa. Pode ser que lhe sirva para a tese.

Comecei também, embora eu não goste de ler coisas em simultâneo, especialmente romances, um do Mário de Carvalho: *Era Bom que Trocássemos umas Ideias sobre o Assunto*.

Simplesmente delicioso. É uma caricatura da Fundação Calouste Gulbenkian, no livro com o nome de Fundação Helmut Tchang Gomes. O protagonista é um dos funcionários da mesma e ficou danado quando o mudaram de um agitado gabinete para a coordenação dos serviços de biblioteca, onde nada acontecia.

Do resto lhe darei conta mais tarde. Mas não lhe conto o fim, para não estragar a sua provável leitura do livro.

Ontem deu na televisão a reportagem acerca da nossa visita a Tormes. Lá estava a prof. Isabel Pires de Lima a conversar muito animada, um rancho de professores de prato de arroz de favas na mão. Eu também lá estava: de costas.

E que tal os seus programas de TV? Faz um programa por semana, não é? Em inglês, creio.

Em toda a minha vida apareci três vezes na TV. Uma era eu seminarista e foi numa missa transmitida a partir da Sé de Braga. Apareci no meio dos outros seminaristas a cantar o *Kyrie*. O padre Rego era o locutor.

Aqui há dois ou três anos, os da SIC entrevistaram-me por causa de um castro pré-românico que tinha sido destruído nos arredores de Chaves. Por baixo vinha o meu nome e a minha ocupação: professor de História... (não sei como inventaram essa).

A terceira vez foi agora em Tormes, de costas. Sou um felizardo, dizem-me os familiares...

E bom fim de semana. Televisão veja pouca, que faz barriga e arqueia a coluna vertebral.

Abraços do
Machado

E-MAIL DO LEON MACHADO
Sábado, 13 de dezembro de 1997, 15:15:51
Caro Onésimo:

Li a carta do José Enes na celebração do seu meio centenário sim senhor, quando você me enviou a sebenta. Li também a separata que você escreveu a homenageá-lo. É uma personagem deveras interessante. No texto da carta, além de uma pessoa sensível, vê-se que sabe muito grego e latim. A obra *Autonomia da Arte* recordo-me de ter ouvido falar dela na Faculdade de Filosofia. O João Mendes jesuíta (já não é do meu tempo), que tem uma obra sobre Estética, era muito citado por alguns professores e, por arrastamento não sei bem porquê, o José Enes. Mas nunca vi a obra *Autonomia da Arte*. Certamente até está esgotada.

Diga-me o Onésimo se é pertinente inserir uma entrada na página de literatura sobre este seu professor. Creio que o merece.

Amanhã escrevo com mais tempo.

Machado

E-MAIL DO ONÉSIMO
Segunda-feira, 15 de dezembro de 1997, 19:41:40
Meu caro:
Ainda não é a carta prometida. Apenas uma pergunta.

Estive a almoçar com uma doutoranda em Literatura Comparada de Princeton University interessada em trabalhar com os russos e portugueses, mais precisamente Dostoievski. Sugeri-lhe logo dois: Brandão e Miguéis, com um terceiro, um pouco mais longe, Vergílio Ferreira. Lembrei-me de que você leu as *Memórias* de Brandão há pouco tempo. Haverá lá muito sobre Dostoievski? Imagino que sim.

A Biblioteca da Brown tem as *Memórias*, mas a de Princeton não tem. Lembrei-me que você tem a memória fresca e será mais fácil perguntar-lhe do que ir à biblioteca. Viva a Internet!

Até breve.

Abraço,

Onésimo

E-MAIL DO LEON MACHADO
Segunda-feira, 15 de dezembro de 1997, 21:16:19

Caro Onésimo:

Quanto ao Dostoievski, o R. Brandão não o cita nenhuma vez nas *Memórias*. Se o tivesse feito, eu teria dado conta. É que tenho o vício-costume de sublinhar todas as referências que vão aparecendo nos textos que leio, em especial literários. Do Dostoievski, nada, portanto. Mesmo assim, vou ver de novo, não vá ter escapado alguma coisa.

Novidades: pus em destaque o seu conto do Pai Natal micaelense na página inicial da literatura (agora batizado Projecto Vercial). Sempre estamos na quadra...

Um dos capítulos da tese da Linda (sobre o São Teotónio) está também disponível. O Onésimo faça o *download* e imprima. Talvez lhe sirva mais tarde para o tal terceiro artigo sobre o seu nome. Procure na secção "Idade Média". Este é recomendado pela Linda, que lhe manda cumprimentos.

As eleições: tudo na mesma, pelo menos em Chaves. O dinossauro cá do sítio mantém-se (12 anos no poder...).

Abraços do
J. Machado

E-MAIL DO ONÉSIMO
Segunda-feira, 15 de dezembro de 1997, 22:10:47

Caro José Machado:

Que rapidez! Você tem de facto aguarrás no sítio!

Muito obrigado pela informação. É estranho que ele não fale de Dostoievski, ele quem mais foi influenciado em Portugal pelo escritor russo. Vou dizer isso à moça.

Vi a página. Obrigado por toda essa publicidade. Puxa! Ainda não falei ao meu amigo Daniel de Sá (mas vou dizer-lhe) para ele lhe enviar livros. Ele tem um livro de contos de Natal com pelo menos um verdadeiramente antológico sobre o Pai Natal que se embebeda. Vou dizer-lhe que lho envie pelo menos em fotocópia. (É pequeno.)

Vi o texto sobre São Teotónio e vou imprimi-lo. Meu Deus! O que há a aprender sobre o santo! Imagino que haja revistas interessadas em publicar pelo menos parte de todo esse trabalho, não?

Em resposta à sua pergunta sobre José Enes: ele só publicou um livro de poemas. Por sinal muito bom. Mas é um grande ensaísta e é pena não escrever mais ensaios literários. Tem escrito vários filosóficos. A inclusão dele valeria pelo menos por causa de Autonomia da Arte. É consigo.

Você já recebeu a última *LER*? Tem uma recensão crítica de Eugénio Lisboa a *Rio Atlântico*. Escrevi ao E. Lisboa uma carta de que lhe enviarei cópia, mas só depois de saber que leu o texto dele.

Continuo pelos cabelos. Tenho de escrever 15 páginas para a *LER* até depois de amanhã e chega-me aí sexta-feira dos Açores um velho amigo para ficar em casa uns três ou quatro dias. Ainda me falta escrever muitos outros textos e preparar as conferências de Lisboa. Quarta-feira é festa de Natal do Departamento, no sábado vou buscar o Pedro, sábado passado tive que ir com a Tatyana a uma competição de natação longe daqui (foi-se o dia quase todo) e à noite foi a vez de acompanharmos o Duarte a uma sessão de teatro (de muitíssima qualidade) no liceu dele. Ele trabalhou apenas nos bastidores, como "técnico", que é o que ele gosta.

Enfim, dias cheios. Ando a ler um calhamaço de história intelectual de 600 páginas e já comecei finalmente as compras de Natal. Ontem.

Grande abraço para aí.

Onésimo

E-MAIL DO LEON MACHADO
Terça-feira, 16 de dezembro de 1997, 17:29:32
Caro Onésimo
Está a nevar. Tenho o jardim da casa cheio de neve. Os telhados brancos e aquela sensação que você já conhece. Na escola mandámos os alunos para casa. Começam assim as férias de Natal mais cedo.

Como neva, não posso deslocar-me à biblioteca municipal para confirmar aquilo do Dostoievski. Os três volumes das *Memórias* do R. Brandão não me pertenciam. Estão até esgotados. Bem que os comprava se soubesse onde. A ver se amanhã confirmo aquilo que lhe disse sobre o assunto.

Lembro-me agora que li o nome do autor russo muito recentemente. Onde é que não sei. Teria sido nas *Ilhas Desconhecidas*? Acabei de ler foi o do Mário de Carvalho (*Era Bom que Trocássemos umas Ideias sobre o Assunto*). Hilariante. Os militantes do PCP é que não devem ter gostado muito. Mas este não lho recomendo, tanto mais que as 600 páginas que tem em mãos já lhe dão que fazer.

Os contos do Daniel de Sá seriam bem-vindos. Gostei, aliás, do que ele escreveu para a comemoração dos seus 50 anos. Os três textos (com a mensagem inicial) são curiosíssimos. Então a paródia aos *Lusíadas*, assinada pelo Luís Foste de Camões, nem se fala. «Nenhum outro, sendo um, vale por tantos», diz ele do aniversariante.

O conto do Pai natal é que viria a calhar. Mas se não vier a tempo, põe-se no próximo ano, se cá estivermos todos.

A revista *LER*: ainda não comprei. Em Chaves não se vende. Quando for a Braga (vou passar aí o Ano Novo), compro-a. Tanto mais que estou curioso com aquilo que o E. Lisboa diz sobre o *Rio Atlântico*. Por isso, mande a carta...

Quanto ao José Enes: como é que o convencemos a mandar material para a página? (Nota biográfica ou *curriculum*, alguns textos – ensaios, poemas...).

O São Teotónio da Linda: nunca tínhamos pensado em mandar nada para nenhuma revista. A minha esposa não gosta de barulho. Prefere o cantinho. Imagine que ela fez um trabalho sobre o Almada Negreiros para uma cadeira de mestrado, o professor deu-lhe a nota máxima, oferecendo-se para lhe publicar o estudo numa revista qualquer, e ela não fez caso. E os dois calhamaços da tese sobre o São Teotónio, cumprido o objetivo, que era adquirir o grau de mestre, arrisca-se a ir parar ao sótão. Enfim, lembrei-me de meter esse capítulo na Net, por me parecer o mais interessante e o menos complicado.

Compras de Natal: a Linda anda atarefada a escavacar as contas bancárias. Esta semana temos também alguns jantares. Mas esta quadra não me quadra bem. Fico macambúzio, com a sensação de ter perdido algo.

E como hoje é o primeiro dos dois dias do seu aniversário, aqui ficam os meus votos centenares. Na quinta-feira há mais.

Abraços do
J. Machado

E-MAIL DO ONÉSIMO
Terça-feira, 16 de dezembro de 1997, 22:07:44

Chér up!!!!!!! Não se deixe entristecer. O meu passado está passado há muito mais tempo do que o seu.

Uma tão longa mensagem merece resposta adequada. Seguirá. Mas vou sair já.

Vamos ter jantar de anos num restaurante qualquer. Quer vir? Há sempre lugar para mais um.

Grande abraço.

Onésimo

E-MAIL DO ONÉSIMO
Quarta-feira, 17 de dezembro de 1997, 22:30:14

Meu caro:

Ainda não é desta que leva carta de jeito. Tentei telefonar por ser mais rápido, mas ninguém respondeu. Pelos vistos a neve não foi assim tão má. Aqui, dia de primavera. Sol e manga curta. Apetecia estar na rua, mas estive quase sempre ao computador. E estava tudo bem até chegar de Lisboa telefonema a dizer que a mãe da Leonor está no hospital sem hipóteses. Tudo reviravoltado num instante e ela lá vá para Lisboa depois de amanhã com o Duarte a querer ir também. O mesmo acontecerá com o Pedro quando souber.

Mas não saberá até ao final dos exames na sexta.

E a chegar está um amigo dos Açores para ficar em casa comigo a cozinhar e a ter de escrever conferências para levar para Lisboa. No meio disso tudo daqui a pouco temos um *party* do Departamento. Todos os anos em nossa casa (40 pessoas). Este ano decidi poupar a Leonor e fazê-lo num restaurante. Que sorte. Ela agora não quer ir, claro. Está lavada em lágrimas e eu terei de ir pelo menos por algum tempo. Como vê, não posso demorar-me mais.

Abraço.

Onésimo

E-MAIL DO LEON MACHADO
Quarta-feira, 17 de dezembro de 1997, 15:49:08
GRATULATOR TIBI
Onesimus Teothonius,
per tuum quinquagesimum annum vitae.
Felicitas per multos annos et ut vivas in terra tantum aliud.
Voti sunt de
Josephus Marculati et Teotholinda Idem
(*Latino macarronico excusationem accipe, quia auctores rustici sunt.*)

E-MAIL DO ONÉSIMO
Quinta-feira, 18 de dezembro de 1997, 09:34:41
Rustici? O meu latim ao pé deste, nem macarrónico é. E nem tento.
Um grande abraço do
Onésimo
GRATIAS VOBIS AGO (Será assim?)

E-MAIL DO LEON MACHADO
Quinta-feira, 18 de dezembro de 1997, 14:58:09
Caro Onésimo:
Lida a sua última mensagem, resta-me enviar, em especial à Leonor, o mais sentido desejo de boa recuperação da doença da sua sogra. Tudo é possível e o que é preciso é não deixar esmorecer a esperança.
A uma vizinha minha, em maio passado, um médico deu-lhe uma semana de vida. Ainda cá está, rija, e é da janela que a vejo de sachola a rapar a neve da entrada da casa. Médicos? Quem não os

conheça... Veremos se os meus augúrios batem certo e mais uma vez se prova a incompetência médica...

Pois ontem não estive em casa grande parte do dia. Fizemos um convívio entre os professores estagiários e os orientadores. As moças tinham o computador delas avariado e parte da festa passei-a a instalar o Windows 95 enquanto comia bolinhos de bacalhau.

Hoje tive pela manhã a festa dos alunos (organizada pelas estagiárias) com muitos *Jingle Bells* e danças a imitar as Spice Girls e um concurso de perguntas do género: Qual é o outro nome de Nova Iorque? (Big Apple?). À noite tenho o jantar da escola para os professores e funcionários. Normalmente acaba com os professores de Trabalhos Oficinais bêbedos a insultarem-se por causa de futebol. É uma pândega.

Que mais lhe poderei dizer hoje? Que é um homem indispensável. Viva por muito anos. E bom *party* do Departamento. Encomendou o bolo? Bem me apetecia. Corte o Onésimo uma fatia e mande-me o resto...

Abracíssimos do

J. Machado (com a ratificação da Linda)

P.S. Ontem estive na biblioteca, voltei a folhear os 3 volumes das *Memórias* do R. Brandão e nada de Dostoievski.

E-MAIL DO LEON MACHADO
Sábado, 20 de dezembro de 1997, 21:54:30

Caro Onésimo:

Então como vão as coisas por aí?

A sua sogra já recuperou? Faço votos para isso.

Recebi o conto do Daniel de Sá, que inseri de imediato na página. Com a pressa, ele esqueceu-se de referir a fonte, isto é, o título e a data da obra donde o tirou. Terá o Onésimo essa

informação? Grato pois por ter contactado o Daniel de Sá. O conto é excelente.
E como sei que anda aflitíssimo, deixo-o.
Abraços do
J. Machado
P.S. Diga-me quanto tempo permanecerá em Lisboa. De janeiro até quando? É que a Porto Editora vai lançar o CD do Fernando Pessoa no início deste ano e será você um dos convidados (com tudo pago...). Isto, claro, se aceitar a maçada de se deslocar ao Porto. Tudo depende da data do lançamento e da sua disponibilidade.

E-MAIL DO ONÉSIMO
Sábado, 20 de dezembro de 1997, 22:28:59
Caro José:
>A sua sogra já recuperou? Faço votos para isso.
A Leonor chegou esta manhã a Lisboa. Teve a pior experiência da sua vida – disse-me há pouco ao telefone. Ver a mãe consciente, de tubos na boca, a chorar ao vê-la e a querer falar sem poder (perdeu a fala). Provavelmente a perguntar pelos netos. Médicos especialistas para a Leonor se inteirar da situação? Agora cá! Isso é Portugal. Fim de semana... Só segunda-feira.
(Absolutamente impensável aqui.)
>Recebi o conto do Daniel de Sá, que inseri de imediato na página. Com a pressa, ele esqueceu-se de referir a fonte, isto é, o título e a data da obra donde o tirou. Terá o Onésimo essa informação? Grato pois por ter contactado o Daniel de Sá. O conto é excelente.
Gosto de saber que gostou. Acho-o bem original. É do livro *A Longa Espera* (*Contos e Parábolas sobre o Natal*), Ponta Delgada: Signo, 1987, pp. 35-36.

Há de ler dele um belo romance, *Ilha Grande Fechada*, saído na Salamandra. É um grande escritor que, por estar nos Açores, não aparece na TV.
>E como sei que anda aflitíssimo, deixo-o.
Cheguei há pouco da Universidade de Massachusetts, Amherst, com o Pedro. O meu amigo João Constância foi comigo.
>...a Porto Editora vai lançar o CD do Fernando Pessoa no início deste ano e será você um dos convidados (com tudo pago...). Isto, claro, se aceitar a maçada de se deslocar ao Porto. Tudo depende da data do lançamento e da sua disponibilidade.
Ainda que me agrade muito a ideia, duvido de ter uma aberta para ir aí. Com 13 intervenções, como posso arranjar tempo? Chego a Lisboa a 3 de janeiro, sábado. Ainda não sei as datas de tudo, mas sei algumas:
Univ. Aveiro – 7 de janeiro, à tarde (dia todo lá); Univ. Beira Interior – (irei de comboio a 11 e falarei lá a 12); Assoc. Antigos Alunos da U. Coimbra, Lisboa: 14 de jan.; à noite Casa dos Açores, Lisboa: 16 de janeiro. Faltam: Univ. Aberta, Inst. Ciências Soc. Pol. Uma conferência na U. Nova e seis sessões de seminários também na U. Nova. Espero indicação de datas, mas sei que as sextas-feiras estão todas tomadas.
Como vê, por mais gosto que tenha.... E ainda falta incluir encontros obrigatórios que não sei quando vão acontecer: idas a ministérios, fundações, o costume quando vou a Lisboa. Tudo menos dormir.
Mas gostaria muito de ir, acredite.
Vai um grande abraço daqui.
Bom fim de semana.
Onésimo

E-MAIL DO LEON MACHADO

Domingo, 21 de dezembro de 1997, 22:28:11
   Caro Onésimo:
   Em Portugal, infelizmente, é assim. Anda uma grande polémica por causa do orçamento do Ministério da Saúde. Grande parte da fatia das despesas com a saúde vai parar ao bolso dos médicos e das farmácias. E nunca se morreu tanto em Portugal como agora. Vamos ao hospital e tratam-nos como cães. Por mim, preferia morrer em casa. Como o meu avô, que morreu por ter medo de ir para o hospital.
   Enfim, tudo se há de resolver com a sua sogra.
   Tem havido pancadaria verbal entre a TAP e os utentes açorianos. Agora deixam os passageiros dois e três dias a secar na gare. Se a TAP fosse privatizada, acabavam-se as greves. Enfim, estamos em Portugal...
   Hei de ler o romance do Daniel de Sá. Agora ando com o romance do Germano Almeida, escritor cabo-verdiano, e com o diário do Mário Sacramento.
   Quanto ao lançamento do CD do F. Pessoa, a data ainda não está definida. Tanto pode ser em janeiro como em fevereiro. Só no início do ano é que haverá alguma certeza nisso. Quando foi o do Camões, veio de Lisboa uma excursão de doutores da Univ. Nova. Já nem me lembro dos nomes. Afinal os autores do CD não foram ouvidos nem achados. Quem apresentou a coisa foram os funcionários da Porto Editora, como se fossem eles os autores. Histórias para lhe contar noutras alturas.
   Por agora, saudinha.
   J. Machado

E-MAIL DO ONÉSIMO

Segunda-feira, 22 de dezembro de 1997, 15:28:59
   >Caro Onésimo:

Caro Zé: (nunca sei que nome usar!)
>Enfim, tudo se há de resolver com a sua sogra.
Continua tudo na mesma. Mas hoje falou com o médico. Haveria esperanças há dois anos, se tivessem identificado a doença certa. Aqui dava tribunal.
>Tem havido pancadaria verbal entre a TAP e os utentes açorianos. Agora deixam os passageiros dois e três dias a secar na gare.
Não sabia. A TAP continua a trazer montes de gente que vem fazer compras de Natal a N. York e a Boston.
>Hei de ler o romance do Daniel de Sá. Agora ando com o romance do Germano Almeida, escritor cabo-verdiano, e com o diário do Mário Sacramento.
Conheço o diário de M. S. Não li nada de G. Almeida.
>Quando foi o do Camões, veio de Lisboa uma excursão de doutores da Un. Nova. Já nem me lembro dos nomes. Afinal os autores do CD não foram ouvidos nem achados. Quem apresentou a coisa foram os funcionários da Porto Editora, como se fossem eles os autores.
Conheço o estilo. Mas ao menos pagam bem a vocês?
O meu amigo continua por aqui e ando a trabalhar de noite para ter coisas em dia. Apetecia-me ir dormir.
Um grande abraço.
Onésimo

E-MAIL DO LEON MACHADO
Segunda-feira, 22 de dezembro de 1997, 22:34:50
Caro Onésimo:
Conhece um tal Ian Watts? Pelo e-mail, creio que pertence à Brown. Recebi uma mensagem dele a pedir que eu fizesse um *link* da página de literatura para a página dele sobre a Clepsidra

de Camilo Pessanha. Fui ver primeiro e o texto está cheio de erros. Enfim, disse-lhe que teria todo o gosto em inserir o *link* se ele corrigisse o texto. Fiquei a pensar se terei feito bem em ter dito isso. Espero bem que ele não se ofenda.

Ocupei parte do dia a fazer as compras de Natal. Você sempre dormiu? Aquela da Enciclopédia está boa. Sabe que eu tive um professor de Filosofia especialista em questões de Química Atómica? Era padre...

Alguma boa notícia de Lisboa?

As melhoras.

E trate-me por... Enfim, como quiser. Umas vezes sou Zé, outras José, Zézé, Zezinho, Machado, Leon... Dou-me bem com todos.

E hoje assino

Zézé

E-MAIL DO LEON MACHADO
Terça-feira, 23 de dezembro de 1997, 21:51:32

Caro Onésimo:

Como amanhã provavelmente não terei oportunidade de lhe "meilar", faço-o hoje. É que vou a Braga buscar os meus pais, que vêm passar o Natal a Chaves. A minha mãe não deixa o meu velho conduzir. Por causa dos copos em dias festivos...

E a sua sogra, está a recuperar? É aborrecido passar o Natal com um parente no hospital. O bacalhau não sabe tão bem. E depois a sua esposa está em Lisboa ainda, creio eu. Que lhe hei de dizer? Até eu me sinto incomodado com a situação. E estou a não sei quantas léguas de distância.

Comecei a ler o romance do Germano Almeida, como lhe havia dito. Pu-lo de lado. Não me agrada o estilo (género processo de tribunal) e a história não me cativou grande coisa. O diário do Mário Sacramento também é de pouca monta. Nada que se compare com o do Fernando Aires. O tipo era um revoltado e levava as coisas demasiado a sério. Falta-lhe pimenta. E até certa poesia.

Enfim, peguei nos *Lusíadas* (estou a preparar uma coisita para a Internet) e li um bom pedaço. Aquilo anima.

E ânimo para si e para a família nessa hora de aperto. *Felicitates Natalitias. Gloria in excelsis Dei. Puer est natus in Bethleem.*

Vale,
José Machado

E-MAIL DO ONÉSIMO
Quarta-feira, 24 de dezembro de 1997, 10:30:46

Boas Festas para si e para os seus.

Por aqui tudo normal. A Leonor ainda está em Lisboa. Em casa, três homens. Mas mesmo quando a Tatyana está, falta aquela serenidade doce que a Leonor espalha por toda a banda. Os miúdos fazem por não exibir muito a falta que têm da mãe. Será o seu primeiro Natal sem ela. Para mais, gostam muito da avó. Passaremos a consoada com toda a minha família em casa do meu irmão. Cada um de nós tem feito por esconder perante os outros o que realmente sente para que o ar não fique pesado. E não tem sido. Os moços são impecáveis. Verá quando um dia os conhecer.

Eles dormem. Fizeram serão até tarde a embrulhar prendas e eu faço intervalo na escrita que ainda vai atrasada.

Vejo que toda a gente que conheço acaba por contactar consigo. Agora foi o Ian Watts. Ele é nosso aluno aqui há um ano. Veio da área de Antropologia e anda a pôr-se a pau com a língua para fazer aqui o Mestrado em Estudos Portugueses. Não Literatura. Dedica-se à presença portuguesa no Oriente. É brilhante e um fanático de Informática. Mas estranho que tenha feito esse pedido, porque sabe bem que o seu português precisa sempre de ser revisto. Você fez muito bem. Tem que manter regras firmes.

A propósito: não lhe parece muito Mancelos na página?
Bom Natal para si e para os seus.
Um grande abraço do
Onésimo

E-MAIL DO LEON MACHADO
Quinta-feira, 25 de dezembro de 1997, 11:03:48
Caro Onésimo:
Depois da viagem a Braga de ida e volta (um verdadeiro *rally*, com a estrada cheia de curvas e de buracos, além da chuva) e de um serão bastante animado com pais e sogros cá em Chaves, venho perguntar-lhe que tal as coisas por aí.

Hoje volto a Braga para levar os meus pais e só regresso amanhã.

O Mancelos: hei de falar-lhe com mais tempo do rapaz. Sabe quem é Narciso? O Mancelos deve ser irmão dele...

Por agora, continuação de boas festas.

Ah! Tenho cá em casa um novo inquilino: é uma cachorrinha que dá pelo nome de *Farrusca* (*Rusca, Fusca* e outros diminutivos que vierem). Passámos o serão a descobrir-lhe nome. Quase ficava com um estrangeirismo. Opus-me e lá ficou com um nome bem rústico e bem português. Não foi preciso fazer nenhuma conferência de imprensa por causa disso...

Abraços para todos do
J. Machado, da *Linda* (e da *Farrusca* uma lambidela)

E-MAIL DO LEON MACHADO
Sexta-feira, 26 de dezembro de 1997, 20:26:00
Caro Onésimo:

Recebi uma mensagem sua enganada.

Como eu tenho a morada de todos (ou quase todos) os autores portugueses, aí vai o seu pedido, embora enganado: ******.

Amanhã dar-lhe-ei conta de novidades. Acabei de chegar de mais uma estafa a Braga (fui levar os meus pais). Mas, quando precisar de moradas de autores, diga. O mais certo é eu arranjar.

Abraços do

J. Machado

E-MAIL DO LEON MACHADO

Domingo, 28 de dezembro de 1997, 20:48:18

Caro Onésimo:

As coisas estão de melhor feição? O problema da sua sogra, está no bom caminho?

Uma novidade daqui: o conselho científico da Universidade do Minho aprovou finalmente a minha candidatura ao doutoramento. Posso começar a trabalhar a sério na tese. Estive na sexta-feira com o meu orientador, o Santos Alves, e foi ele que me deu a notícia.

Abraços solidários do

J. Machado

E-MAIL DO ONÉSIMO

Segunda-feira, 29 de dezembro de 1997, 12:59:28

Parabéns. O Ano Novo ainda não começou e já lhe chegam as boas notícias. Que isso seja um bom augúrio.

Nada de novo em relação à minha sogra. Mas as perspetivas não são boas. A Leonor regressou e no dia a seguir fizemos um dia de Natal especial para ela.

Tenho andado a ler imenso para uma conferência sobre pós-modernismo. A produção é em avalanche e eu tenho que ler montes de coisas. Mas tenho outra sobre Tendências na História Intelectual Anglo-Americana e é um nunca mais acabar.

Para diversão, li um livro que a Gradiva me enviou para eu recensear para o *JL* – *Uma Casa em Portugal*, de Richard Lewitt. É uma divertida narrativa de um americano que decide ir viver com a mulher para Portugal e comprar uma casa velha para reconstruir. O retrato que ele faz do país é divertido. E ajustado.

Então você tem os endereços de quase todos os escritores portugueses?! É um danado! Tem coisas que não são de português. Ou são de português de quinhentos.

Não sei como aquela mensagem foi parar aí. Não gosto dessa faceta do programa de *mail* Eudora. Para enviar algo, basta tocar na tecla uma só vez. Um engano e zás. Noutros é preciso fazê-lo duas vezes. Mas esta teve um bom desenlace.

Ontem fui com a família ver o *Titanic*. História hollywoodesca, mas o realismo do desastre (só nisso leva uma hora) é absolutamente impressionante.

Vou trabalhar. Um abraço.

Onésimo

E-MAIL DO LEON MACHADO
Terça-feira, 30 de dezembro de 1997, 14:46:32

Caro Onésimo:

Atenção ao meu endereço: as mensagens que me tem enviado têm dado erro e só com a boa vontade da Telepac é que recebi a última. Creio que o seu Eudora anda a fazer trastices, pois enviou a mensagem para o endereço "ICARO"leonmachado@mail.telepac.pt e não para o leonmachado@mail.telepac.pt (este último é o correto). A Internet é muito boa. Mas basta uma tecla em má hora para dar raia. Nem tudo é perfeito...

Recebi carta do Emanuel Félix, a agradecer a inclusão dos seus (dele) textos na página de literatura. E também uma carta do Joaquim Matos. O *Letras & Letras on-line* sempre arranca. O homem está decidido e recobrou ânimo após a derrocada do jornal *off-line*. Temos agora de combinar estratégias.

O Pós-modernismo: ainda há dias recebi uma mensagem de um tipo a pedir-me informações sobre. Dei-lhe a indicação da obra do Lindeza Diogo, o primeiro, ao que parece, a ter escrito alguma coisa inteiramente dedicada ao tema (não ponho as minhas mãos no fogo quanto a isso). Além de uns tantos artigos de revista, em Portugal pouco mais há. A ver se o estudo do Onésimo vem colmatar a falha. Digo-lhe já que é um tema que me interessa de sobremaneira.

Diverte-se você com o Richard Lewitt e eu com o Gore Vidal no escandaloso *Em Directo do Calvário*. Sabia que Jesus Cristo era gordo e o São Paulo tinha vendido os direitos da transmissão em direto da crucificação a uma cadeia de televisão norte-americana? Um vírus de computador destruiu os Evangelhos e Timóteo, amante do São Paulo, teve de os reescrever. A culpa foi de um *hacker*, que entrou na base de dados da memória dos cristãos e apagou tudo o que dizia respeito ao Cristo. De loucos.

Que a passagem para 98 seja de grande felicidade e de poucos trabalhos para si, para a Leonor e para os três rebentos.

Cumprimentos de mim, da Linda e da *Farrusca*, a nova inquilina.

J. Machado

E-MAIL DO ONÉSIMO
Quarta-feira, 31 dezembro de 1997, 11:07:29

Escrevo-lhe logo. É só para lhe desejar Boas Entradas caso não me despache a tempo. Têm sido dias loucos. Ainda assim, ontem fomos de novo ao cinema ver *Amistad*, de Spielberg, que é filmado em grande parte aqui em Rhode Island – Providence e Newport. Retiraram os carros de ruas mais antigas e puseram terra sobre o asfalto, ficaram cenários de 1839.

>Recebi carta do Emanuel Félix, a agradecer a inclusão dos seus (dele) textos na página de literatura.

O Emanuel é um excelente poeta.

>O Pós-modernismo: ainda há dias recebi uma mensagem de um tipo a pedir-me informações sobre. Dei-lhe a indicação da obra do Lindeza Diogo, o primeiro, ao que parece, a ter escrito alguma coisa inteiramente dedicada ao tema (não ponho as minhas mãos no fogo quanto a isso). Além de uns tantos artigos de revista, em Portugal pouco mais há.

Há mais algumas coisas. O Boaventura S. Santos tem um muito bom texto. E há um número especial da *Revista de Comunicação e Linguagens*, da U. Nova, de 1989, com as atas de um congresso sobre o tema em que participei. Mas a revista, composta em tempo *record*, tem gralhas horríveis. Só no meu texto são 40.

Até logo. Abraço. *O.*

E-MAIL DO LEON MACHADO

Sábado, 3 de janeiro de 1998, 17:14:39

Onésimo:

Tempus Fugit, diziam os latinos, e estou mesmo a vê-lo a si a aproveitá-lo à volta do Macintosh e de montanhas de livros.

Aqui chove, dias tristonhos de início de ano. Leio por desfastio o Gore Vidal.

Quando vier, diga.

Abraços do

Machado

E-MAIL DO ONÉSIMO
Sábado, 3 de janeiro de 1998, 16:20:02
Saio amanhã. Atrasadíssimo com tudo. Obrigações sociais. Desculpe a pressa. Telefonarei de Lisboa. Abraço.

Onésimo

E-MAIL DO LEON MACHADO
Segunda-feira, 19 de janeiro de 1998, 21:29:05
Caro Onésimo:

Então o avião não foi pelo rio Atlântico abaixo? Cá o temos então de novo no ciberespaço.

Telefonei-lhe no dia a seguir depois de ter regressado a Chaves, mas não se encontrava no hotel. Como não queria voltar a incomodá-lo, pois sabia que andava em brasa para trás e para diante, desisti de o contactar pelo telefone. Era só para lhe dizer que chegara vivo, após sete horas de camioneta. Afinal a viatura era mais moderna do que a que me levou a Lisboa e fui toda a viagem (ou quase...) a ler. Li um livro inteiro. Depende agora das páginas, é certo. Mas não foram mais de 200.

Pois claro que foi para mim salutar estar consigo, embora reconheça que lhe atrapalhei um pouco os movimentos naquele dia. Paga-me você um dia com a mesma moeda.

Esta semana vou a Braga entregar o projeto da tese de doutoramento e os diários do Fernando Aires vão na lista bibliográfica. Escrevi-lhe ontem uma carta, uma vez que não dava notícias desde novembro. Mandei também dois livrinhos à Ana Mafalda Leite pela simpatia de nos ter pago o jantar no restaurante chinês.

Mas não lhe conto por hoje mais nada, pois deve ter uma carrada de *mails* atrasados para ler.

Abraços para si e lembranças à família.
Leon

E-MAIL DO ONÉSIMO
Quarta-feira, 21 de janeiro de 1998, 18:44:14
Caríssimo:
Estou de volta. Cheguei ontem à noite e hoje a vida é normal. Louca, isto é. Escrevo depois, pois tenho já duas aulas. A quarta-feira é o meu pior dia.
Gostei muito de o conhecer pessoalmente.
Abraço.
Onésimo

E-MAIL DO ONÉSIMO
Quarta-feira, 21 de janeiro de 1998, 22:28:05
Caro Leon:
Cheguei ontem à noite depois daquela maratona de Lisboa. Aqui, a vida está como se não tivesse sido interrompida.

Estou convencido de que lhe escrevi já hoje uma mensagem, mas não vejo um R ao lado da sua mensagem, pelo que se calhar não seguiu.

Dizia que tinha tido muito gosto em conhecê-lo pessoalmente e que lhe escreveria depois com mais calma. Já hoje dei uma aula e um seminário de duas horas e o semestre começou mesmo hoje.

Falarei depois. Mas você pode escrever mensagens longas, que eu leio rapidamente!!!!!

Grande abraço.
Onésimo

E-MAIL DO LEON MACHADO
Quarta-feira, 21 de janeiro de 1998, 23:30:11
Caro Onésimo:
Recebi as suas mensagens sim senhor, a última há alguns segundos. E seja pois bem-vindo ao mundo virtual.
Como estou cansadinho e a Linda está-me a chamar lá de dentro (tenho de ir ver o que ela quer...), adio para amanhã o falatório.
Já cá tenho a nova edição do *Ilhado em Circe*. Envio-lhe um exemplar para a sua prateleira. Mas vou mesmo desandar, que a Linda está mesmo aqui a ver se eu estou a escrever recadinhos a alguma brasileira...
Abraços do
Machado

E-MAIL DO LEON MACHADO
Quinta-feira, 22 de janeiro de 1998, 20:56:03
Caro Onésimo:
Enfim, cá estamos.
Estou a ler a tese de doutoramento do Luís Mourão (o especialista em V. Ferreira) e encontrei lá algumas páginas sobre Raul Brandão. Não está provado, segundo ele, que o autor tenha sido influenciado por Dostoievski. Aliás em toda a obra brandoniana aparecem apenas 3 referências muito rápidas ao autor russo e duas delas já depois de R. Brandão ter escrito praticamente a sua obra. É por isso que nas *Memórias* não aparece nada. Se quiser, envio-lhe uma fotocópia disso para dar à sua amiga. Parece que isso do Dostoievski foi mandado para o ar por alguém que viu influências onde apenas havia afinidades.
Amanhã estou por Braga.

Segunda-feira escrevo, se a tanto me ajudar a estrada de Chaves-Braga. Influências de Camões. Talvez afinidades...
Abraços do
J. Machado
P.S. O Fernando Aires acabou de me telefonar. Falámos sobre diários, pois claro.

E-MAIL DO LEON MACHADO
Segunda-feira, 26 de janeiro de 1998, 14:21:08
Caro Onésimo:
Estou de volta da cidade dos arcebispos...
Conversa amena com o meu orientador acerca de literatura autobiográfica. A coisa avança. Diários, pelo que já verifiquei, são às carradas. Vou ter de selecionar o trigo do joio.
E já agora: o Onésimo sempre me consegue a lista bibliográfica sobre autobiografia? Ficar-lhe-ia grato.
E por aí, muito trabalho, não é verdade?
Aqui neve e um frio de cortar os dedos dos pés e a ponta das orelhas.
Escrevo à noite.
Abraços do
J. Machado

E-MAIL DO ONÉSIMO
Terça-feira, 27 de janeiro de 1998, 08:55:37
Caro Leon:
Como adivinhou, estou pelos cabelos.
Escreverei com mais calma. Agora é só para lhe dizer isto:
Falei com o Aires. Recebeu a sua carta e creio que já respondeu.
Sugiro-lhe o seguinte:

Escreva ao Prof. Dr. Luiz Fagundes Duarte, Diretor Regional dos Assuntos Culturais, DRAC, 9700 Angra do Heroísmo, Açores. Exponha-lhe o seu plano de tese, com informação sobre a aprovação do tema, orientador e tudo o mais, e diga que precisa de ir aos Açores entrevistar o Fernando Aires. Peça-lhe um subsídio para ao menos cobrir a passagem. O Fernando dá-lhe cama e mesa sem problema e com muito gosto, que ele recebe sempre os amigos lá em casa.

Por agora é só isto. Avance.

Abraço do

Onésimo

E-MAIL DO ONÉSIMO

Terça-feira, 27 de janeiro de 1998, 08:55:37

Caro Leon:

Apesar de estar atrasado na resposta, ainda aconteceu mais esta. É que tenho de ter cuidado ao responder-lhe. Não posso apenas fazer *reply*, pois o seu endereço que lá vem é incompleto e com umas aspas que estragam tudo: <@*mail*.telepac.pt>. Tenho de ter o cuidado de escrever o seu endereço e esqueci-me. Atraso, portanto, de mais um dia em cima dos outros.

Abraço.

Onésimo

E-MAIL DO LEON MACHADO

Terça-feira, 27 de janeiro de 1998, 21:10:06

Caro Onésimo:

Aqui estamos rodeados de neve. Não houve aulas. Ficámos na cama até ao meio-dia. Sabe bem, de vez em quando. Não quer isto dizer que não se tenha feito nada na cama... Li grande parte do *Diário* do pintor Eugène Delacroix.

A sua sugestão: acha mesmo que deva pedir o tal subsídio? Com a sorte que tenho...

O Fagundes Duarte não é aquele que fez uma edição de *A Capital*! do Eça? Se for esse, eu conheço. Mas não sabia que ele era açoriano. Conheci-o quando um dia lhe pedi colaboração para o CD da Porto Editora. Ele enviou-me um artigo e dois calhamaços da Imprensa Nacional com poemas do Ricardo Reis e do Álvaro de Campos.

Fenómeno estranho, o do e-mail. Já outra pessoa me disse que lhe acontecia o mesmo. E o mais curioso é que não dou com o gato.

Novidades, nenhumas, além da neve e de mais um programa para PC, este sobre *Os Lusíadas*, disponível na Internet e preparado pelo grupo de amigos informáticos cá de Chaves.

Li o artigo do Eugénio Lisboa sobre o seu *Rio Atlântico* (comprei a revista em Braga). Gostei, pois claro; ele diz coisas deveras pertinentes. Quem não gostou foi de certeza o Saramago. O conflito entre os dois promete mais episódios. Será que o residente em Lanzarote se vai deixar ficar?

Vou mandar-lhe amanhã a nova edição do *Ilhado em Circe* e de uma brincadeira poética (vêm lá as reações à poética de calhau do Miguel Torga).

E abraços do

J. Leon

P.S. A sua sogra recupera?

E-MAIL DO ONÉSIMO
Quarta-feira, 28 de janeiro de 1998, 23:08:48

>Aqui estamos rodeados de neve. Não houve aulas. Ficámos na cama até ao meio-dia. Sabe bem, de vez em quando. Não quer

isto dizer que não se tenha feito nada na cama... Li grande parte do *Diário* do pintor Eugène Delacroix.
Na cama até ao meio-dia.... Safado!
>O Fagundes Duarte não é aquele que fez uma edição de *A Capital!* do Eça? Se for esse, eu conheço. Mas não sabia que ele era açoriano.
É ele. Nunca mais você acaba de encontrar açorianos. Escreva-lhe e peça o subsídio, que é perfeitamente legítimo.
>Li o artigo do Eugénio Lisboa sobre o seu *Rio Atlântico* (comprei a revista em Braga). Gostei, pois claro; ele diz coisas deveras pertinentes. Quem não gostou foi de certeza o Saramago. O conflito entre os dois promete mais episódios.
É pena. Não gosto de estar no meio destas coisas, mas a culpa não é minha.
>Vou mandar-lhe amanhã a nova edição do *Ilhado em Circe* e de uma brincadeira poética (vêm lá as reações à poética de calhau do Miguel Torga).
Aguardo.
Abraço.
Onésimo

E-MAIL DO ONÉSIMO
Quarta-feira, 28 de janeiro de 1998, 18:18:53
Caro Leon:
Vi ontem as imagens da neve por aí na RTPi. Inclusivamente imagens do percurso da IP5 Viseu-Aveiro. Bonito espetáculo, mas uma dose muito levezinha.
Por aqui o tempo está muito bom. Frio, mas muito acima do normal. Dias de muito sol. Quase não preciso de sobretudo. E não tenho usado luvas. Muito tolerável.
Tudo normal por aqui, com as aulas em pleno. Numa semana os meus alunos já leram um livro – *A Genealogia da Moral*, de Nietzsche – e já hoje fizeram um teste sobre ele.

Disse-lhe que vou a Luanda em março?
Abraço amigo do
Onésimo

E-MAIL DO LEON MACHADO
Quinta-feira, 29 de janeiro de 1998, 21:20:58
Caro Onésimo:
Então em Luanda em março, hein? Vá armado...
A neve parou, mas o frio continua. Não ando de luvas nem de sobretudo, até porque não disponho de ambos. Em Braga não se usa. Mas aqui em Chaves vê-se muito. E eu, o papalvo, sou o único que anda de casaquinho.

Os alunos americanos são excecionais. Pelo menos em relação aos portugueses. Porque o professor obriga a ler um capítulo de *Os Maias*, estrebucham, protestam, fazem abaixo-assinados, querem pôr o professor fora, acusando-o de imoral, que utiliza métodos persecutórios. E então agora com essa história do novo sistema disciplinar, qualquer dia apareço esfaqueado em casa...

Fala-se muito no Clinton. Então a tipa era uma brochista e agora quer uma indemnização? Não sei como é que o governo americano deixa um caso desses chegar onde chegou. Aqui despachavam a tipa para Angola. Mas nós somos uns bárbaros.

E a propósito: geneticistas descobriram que os portugueses e os bascos são os povos (vivos) mais antigos da Europa. Representam os primeiros povos que habitaram o velho continente. A miscigenação com romanos, árabes e germanos foi reduzidíssima. Descobriram isso através da análise do DNA. Por isso, vá o Onésimo perdendo a ideia de que os alentejanos e algarvios, e por arrastamento os açorianos, devem os cromossomas aos berberes. Nada mais falso.

Até a constituição dos portugueses reflete a antiguidade genética: geralmente morenos, média estatura, olhos escuros, resistentes ao frio e ao calor.

Aí fica para reflexão.

Mandei um pacote com o *Ilhado* para a Brown. Chega na próxima semana. Hoje recebi um com uma antologia de contos. Vinha lá um do Mancelos. O rapaz na prosa dá cartas.

Abraços do
J. Leon

E-MAIL DO ONÉSIMO
Sexta-feira, 30 de janeiro de 1998, 20:42:06
Caro Leon:
>Então em Luanda em março, hein? Vá armado...
E vacinado!
>A neve parou, mas o frio continua. Não ando de luvas nem de sobretudo, até porque não disponho de ambos. Em Braga não se usa. Mas aqui em Chaves vê-se muito. E eu, o papalvo, sou o único que anda de casaquinho.

Armado em machão! Mas eu ando de luvas e sobretudo também só quando a temperatura desce um bocado abaixo de zero. De resto, como hoje, é só camisa e casaco... Se você pensa que é o único a armar em forte...

>Os alunos americanos são excecionais. Pelo menos em relação aos portugueses.

Claro que varia. Mas nas boas universidades o trabalho é a lei. Aliás isso é verdade em todas. Mas nas boas é de uma intensidade notável. É um prazer dar aulas aqui. Na cadeira de Filosofia, os alunos já fizeram um teste e hoje eu entreguei-o corrigido (são 30 alunos). Tenho um enorme prazer em estar nas aulas com eles. Leem o que se lhes indicam e os diálogos são riquíssimos. Nunca perguntam para passar rasteira. Perguntam porque querem aprender. São super-educados embora nada, mesmo nada formais.

>Fala-se muito no Clinton. Então a tipa era uma brochista e agora quer uma indemnização? História muito comprida para explicar aqui. A questão não é o número de broches. Disso sabe-se (a imprensa sabe e protegeu-o) há anos. O pior foi o advogado dele desafiar a imprensa e a mulher acusar a imprensa de estar aliada à extrema-direita quando a imprensa o protegeu sempre. Se ele admitisse o que faz, o público perdoaria. Como aliás perdoa. Neste momento tem a aprovação de 72% do eleitorado (mais do que nunca). O pior é se se prova que ele mentiu e disse à moça para mentir. Esse é que é o problema. O eleitorado não aceita (e basta um pequeno grupo para prosseguir na perseguição) que ninguém, mesmo o presidente, esteja acima da lei. Pode vir a ser um caso de perjúrio e obstrução à justiça, crime grave punido pela lei. E um ocupante de um cargo público é posto na rua se é condenado por crimes desses. Essa é que é a questão. Não o puritanismo com que em Portugal se pretende explicar tudo isso. Gosto do Clinton e ele tem sido um ótimo presidente. Mas os tribunais funcionam livre e independentemente de tudo.

O humor é por todos os lados. Os programas de TV à noite não param. Uma de ontem: Num inquérito, perguntaram às mulheres americanas se fariam sexo com Clinton. 65% delas respondeu: "Nunca mais".

>Por isso, vá o Onésimo perdendo a ideia de que os alentejanos e algarvios, e por arrastamento os açorianos, devem os cromossomas aos berberes.

Pode ser verdade, mas que há uma considerável infusão de sangue árabe em S. Miguel, custará muito a provarem-me o contrário.

>Mandei um pacote com o *Ilhado* para a Brown. Chega na próxima semana.

Aguardo.

Outros assuntos:

1. Tenho aqui a bibliografia para lhe enviar. Mas creio que não lhe disse bem: trata-se de bibliografia sobre escrita memorialista e autobiográfica. Não de diarística propriamente.
2. Sobre diários, uma informação: o meu colega e amigo Francisco C. Fagundes, da Univ. Massachusetts at Amherst, publicou as atas de um congresso sobre Torga que ele organizou há poucos anos. O volume foi publicado na Salamandra (Lisboa) e o título é *Sou um Homem de Granito – Miguel Torga e o seu Compromisso*. Há lá 8 comunicações sobre o diário dele que lhe devem interessar, embora as notas bibliográficas deles tenham poucas referências sobre o campo. Mas há lá textos com decidido interesse para si.
3. Lembra-se se nas *Memórias* de R. Brandão há alguma passagem em que ele explique o que o terá levado a ir visitar os Açores? Por agora é tudo. Cumprimentos à sua mulher. Um abraço amigo do
Onésimo

E-MAIL DO LEON MACHADO
Sexta-feira, 30 de janeiro de 1998, 22:17:01
Caro Onésimo:
Você excedeu-se em extensão, para meu regozijo, na última mensagem.
Começo pelo Raul Brandão: nos três volumes não encontrei qualquer referência aos Açores (excetuando-se as referências a Antero e a Teófilo Braga).
Os dois primeiros volumes são anteriores a 1926, ano da edição de *As Ilhas Desconhecidas*, e por esses ponho as minhas mãos no fogo.
No 3.º volume, publicado em 1933, não encontrei nada. Mas pode ter-me passado despercebida alguma coisa.

Quanto à bibliografia sobre autobiografias: ficar-lhe-ia muito grato se me enviasse a lista. As *Actas* editadas pelo Cota Fagundes facilmente as arranjo por cá. A nível teórico, há muita coisa de autores franceses. Mas eu não queria cingir-me só a eles. Tanto mais que não sou grande simpatizante da cultura gálica.

E ainda sobre bibliografia: ontem estive a ver melhor os livros que comprei na minha última ida a Braga e deparei com o volume de José Rodrigues Miguéis *Aforismos e Desaforismos de Aparício*. Comprei-o por o ter vagamente folheado e me parecer que era um diário. Ontem estive a vê-lo com mais cuidado, li aqui e ali e achei os textos um pouco estranhos. Fui ver se havia prólogo, ou nota introdutória. Lá estava. Comecei a ler, a ler, e o estilo do autor cheirou-me a coisa conhecida. Vou à última página da introdução e vi a assinatura: O.T.A. Distraído como sou, não fiz de imediato a ligação e voltei atrás para continuar a leitura. 15 minutos depois, chego novamente à última página e a meio desta estava, por extenso, Onésimo Teotónio Almeida. Não merecia eu um par de bofetadas?

Quanto ao Clinton: Aqui dá a impressão de que a imprensa portuguesa está a defender o coitadinho do presidente, um rapaz tão bem-comportado. A moça é apresentada como uma putéfia da pior espécie. Quer o Onésimo entender isto?

Enviei a carta ao Luiz Fagundes Duarte. A ver no que dá.

Termino com uma informação: no último *JL* saiu um pequeno texto do Venâncio a falar (bem) do volume IV do diário do Fernando Aires. Para os mais distraídos lerem (como o tal Marcello Duarte Mathias...).

Resta-me desejar-lhe um ótimo fim de semana relaxante.

Abraços e lembranças à família do
Machado

P.S. O autor daquele livrinho *Parc du Portugal* nunca mais me deu notícias. Mandei-lhe uma mensagem há 3 semanas a dizer-lhe que gostei de ler o livro e até agora nada. Ter-se-á zangado com os elogios?

E só mais isto: conhece um tal Manuel L. Ponte (Manuel Luiz da Ponte Rezendes), natural de São Miguel? Recebi hoje uma mensagem com uma nota biográfica (creio que para inserir na Internet), mas sem água vai, água leva.

E-MAIL DO LEON MACHADO
Domingo, 1 de fevereiro de 1998, 13:54:01
Onésimo:

Grato pela lista bibliográfica sobre autobiografias. Já me ajudará (e muito) na redação do primeiro capítulo. Alguns dos autores existem na biblioteca da Univ. do Minho.

É verdade: tenho estado atento às edições do *Expresso* e ainda não encontrei a sua entrevista. Enfim, eu só consulto o *Expresso On-line*. Em papel, vi a edição daquela semana em que eu estive em Lisboa e nada.

Para terminar, transcrevo-lhe esta notícia do *Expresso* de ontem sobre o Clinton:

<<<<<<<<>>>>>>>>
Portugueses defendem privacidade de Clinton

A MAIORIA dos portugueses (70%) considera que a comunicação social não deve invadir a vida privada do Presidente norte-americano, Bill Clinton, nem relatar os seus eventuais episódios amorosos e sexuais, como os que terão ocorrido com a jovem Monica Lewinski. Apenas 26% entendem que os *media* «têm o dever de investigar e relatar esses episódios», enquanto 70% pensam que a comunicação social «não deve intrometer-se na privacidade do Presidente dos EUA, ainda que este seja uma figura pública com particulares responsabilidades e poderes», de acordo com uma sondagem ao Painel EXPRESSO/Euroexpansão realizada esta semana.

<<<<<<<<>>>>>>>

Abraços,
Machado

E-MAIL DO ONÉSIMO

Domingo, 1 de fevereiro de 1998, 22:17:01
Caro Leon:
>Você excedeu-se em extensão, para meu regozijo, na última mensagem.
É. Às vezes fico com remorsos de lhe escrever quase só telegramas. Mas gosto de ler textos cheios de notícias e por isso tenho de... fazê-lo também. Justiça e equidade.
>Começo pelo Raul Brandão: nos três volumes não encontrei qualquer referência aos Açores (excetuando-se as referências a Antero e a Teófilo Braga)...
Obrigado.
>Quanto à bibliografia sobre autobiografias: ficar-lhe-ia muito grato se me enviasse a lista.
Já lhe enviei. Espero que tenha recebido. Mas um dia destes vou enviar-lhe outra. É de um aluno meu que está a fazer comigo uma tese de licenciatura sobre autobiografia no Chile. Tenho-a aqui comigo impressa, mas ele vai enviar-me de New York amanhã por e-mail.
>...Comecei a ler, a ler, e o estilo do autor cheirou-me a coisa conhecida. Vou à última página da introdução e vi a assinatura: O.T.A. Distraído como sou, não fiz de imediato a ligação e voltei atrás para continuar a leitura. 15 minutos depois, chego novamente à última página e a meio desta estava, por extenso, Onésimo Teotónio Almeida. Não merecia eu um par de bofetadas?

Essa é boa.

>Quanto ao Clinton: Aqui dá a impressão de que a imprensa portuguesa está a defender o coitadinho do presidente, um rapaz tão bem-comportado. A moça é apresentada como uma putéfia da pior espécie. Quer o Onésimo entender isto?

A atitude geral do público aqui é: ele deve ter feito essa e outras, mas foi entre adultos e isso é entre ele e a mulher. Não fizeram muito caso do que os jornais quiseram fazer. 70% de apoio popular é muito elevado. Acham que ele mereça um aperto destes (ou algo assim), porque ele deveria ter juízo e ver com quem se mete. Mas a atitude não tem nada a ver com o puritanismo de que aí (e no resto da Europa) ele é acusado.

>Enviei a carta ao Luiz Fagundes Duarte. A ver no que dá.

Muito bem.

>Termino com uma informação: no último *JL* saiu um pequeno texto do Venâncio a falar (bem) do volume IV do diário do Fernando Aires.

Não sabia. Ontem o Venâncio telefonou-me da Holanda, mas não me disse isso.

>Resta-me desejar-lhe um ótimo fim de semana relaxante.

Por acaso foi. Muito mesmo. Dia brilhante de belo sol. Saí mais a Leonor para o nosso passeio a pé à beira-mar. Toda a manhã. À tarde voltámos a sair com os miúdos. Temperatura do ar a rondar os 15.º, coisa nunca vista a de fevereiro.

Ontem tive aqui um antigo aluno de quem gosto muito e que agora trabalha em Lisboa. veio com a mulher e calhou fazer anos cá. Fomos a um restaurante e depois fizemos serão. Só li os calhamaços dos jornais do costume – *New York Times* e *Providence Journal*. Agora à noite fui com a Leonor à biblioteca. Fui pô-la a casa e regressei lá para acabar de arranjar o que me falta para o meu texto a ler em Angola na abertura de um congresso sobre nacionalismo. Ao domingo, a biblioteca está aberta até às duas da madrugada.

Durante a semana, é até à meia-noite, em regra, mas há dias em que é mais tarde.
>P.S. O autor daquele livrinho *Parc du Portugal* nunca mais me deu notícias. Mandei-lhe uma mensagem há 3 semanas a dizer-lhe que gostei de ler o livro e até agora nada. Ter-se-á zangado com os elogios? De modo nenhum. É muito simpático. Não acredito que haja nada.
>E só mais isto: conhece um tal Manuel L. Ponte (Manuel Luiz da Ponte Rezendes), natural de São Miguel? Recebi hoje uma mensagem com uma nota biográfica (creio que para inserir na Internet), mas sem água vai, água leva.

Conheço. É um editor (foi) de livros de odontologia de uma companhia japonesa nos EUA. Está reformado. É açoriano. Em tempos escrevia-me muito, mas ele está agora um pouco adoentado. Mas não é escritor. Escreve coisas para o jornal. Não o inclua.

Abraço.
Onésimo

E-MAIL DO ONÉSIMO
Domingo, 1 de fevereiro de 1998, 22:49:20
Caro Leon:
Que chatice! Tinha-lhe escrito uma longa mensagem a dar-lhe conta de várias coisas e toquei num raio de um botão que me fez perder tudo. Não sei qual!
Agora só irão resumos.
>Grato pela lista bibliográfica sobre autobiografias. Já me ajudará (e muito) na redação do primeiro capítulo. Alguns dos autores existem na biblioteca da Univ. do Minho.

Amanhã seguem mais. Um aluno meu está a fazer tese de licenciatura sobre a autobiografia no Chile e vai enviar-me por e-mail algumas páginas de bibliografia. Tenho aqui, mas em papel.

>É verdade: tenho estado atento às edições do *Expresso* e ainda não encontrei a sua entrevista. Enfim, eu só consulto o *Expresso On-line*. Em papel vi a edição daquela semana em que eu estive em Lisboa e nada.

A ver se me lembro de enviar-lhe fotocópia.

>Para terminar, transcrevo-lhe esta notícia do Expresso de ontem sobre o Clinton...

A atitude das pessoas aqui é semelhante: isso é com o Clinton e a mulher. A economia está bem. A imprensa abusou. 70% de aprovação popular não dá para chamar puritanismo.

O humor nos programas de TV à noite é de morte. Coisas que não se diziam antes na TV, agora são vulgares.

Abraço.

O.

E-MAIL DO LEON MACHADO
Segunda-feira, 2 de fevereiro de 1998, 12:11:57

Caro Onésimo:

Não se lamente. Afinal a sua primeira mensagem, aquela que você pensava ter-se perdido, chegou cá integralmente.

Você aí a namorar ao sol e eu a tremer de frio. Aqui não há vontade para grandes delíquios amorosos.

Tenho andado a rever o volume das *Memórias Quase Íntimas* correspondente a 1997. O nome do Onésimo é profusamente referido, fruto desta nossa troca epistolar via Internet. Por isso não me "bata" demasiado quando o volume for publicado. É, como lhe disse, o último. Durante os próximos 5 anos, não escreverei o diário.

Estou a mentir: escreverei um diário, sim, mas em nome de outro. Uma coisa romanceada. E já tem título (provisório): *O Arrastar dos Dias*.

Numa das minhas turmas (miúdos de 13-14 anos), ando a incentivar à leitura e escrita de diários. Fiz um inquérito a 100 alunos e os resultados são estes: 57 escrevem diários habitualmente e destes 51 são raparigas. Dos que não escrevem, 33 são rapazes. Quer isto dizer que a diarística na adolescência é uma atividade eminentemente feminina. Se quiser, envio-lhe os resultados mais pormenorizados.

Quanto à sua entrevista para o *Expresso*: diga-me em que edição saiu e em que secção. Depois eu encontro aqui.

Essa de as bibliotecas estarem abertas ao fim de semana e fecharem tarde é excelente. Aqui fecham às 17 horas e só estão abertas à semana. O Onésimo já foi à Biblioteca Pública de Braga? Há de ir. Não sai de lá sem se chatear com os funcionários, que são de uma grosseria vergonhosa.

Aguardo a nova lista bibliográfica, que desde já muito agradeço. A outra já a estive a analisar. Um inconveniente apenas: o título dos livros, em vez de vir em itálico, está sublinhado. Tive de reformatar para itálico. Mas ninguém morre por causa disso.

Abraços do
J. Machado

E-MAIL DO LEON MACHADO
Quarta-feira, 4 de fevereiro de 1998, 14:16:53

Caro Onésimo:

Grato pela lista bibliográfica e desculpe-me só agora agradecer-lhe. Tenho andado fechado a sete chaves a rever as últimas *Memórias Quase Íntimas*. Trabalho essencialmente de tesoura, para não ferir suscetibilidades com os meus ditos e revelações. Encontrei uma referência nada lisonjeira ao J. Carlos Vasconcelos que tive de retirar, não vá o diabo tecê-las.

Recebi hoje carta de um amigo a lecionar na Univ. da Madeira. Fundou uma editora que está a publicar autores românticos madeirenses. Fiquei assombrado, uma vez que tinha em mente que os madeirenses não eram nada dados às letras.

E grato pelo reenvio da anedota sobre o homem açoriano que se foi confessar. Contei-a a alguns colegas da escola, mas poucos entenderam. O meu sotaque açoriano não foi muito convincente.

Do Clinton não se sabe de nenhuma.

Abraços do
Machado

E-MAIL DO LEON MACHADO
Sábado, 7 de fevereiro de 1998, 11:51:51
Caro Onésimo:

Poupe-se. A vida são três dias. A infância, a juventude e a velhice (dizia o meu avô, que morreu com 55 anos, estouradinho de todo – de copos, especialmente).

Esteve cá ontem num colóquio o Luís Filipe Castro Mendes, autor da *Correspondência Secreta*. Soube que foi nomeado cônsul geral do Brasil. Ele viveu cá em Chaves quando o pai aqui exerceu como juiz (nos anos 60). Foi por isso que cá veio. O colóquio foi muito interessante. Leu poemas do Jorge de Sena (um dos maiores poetas portugueses, segundo ele).

Quanto às *Memórias Quase Íntimas*: já imprimi a segunda versão e vou reler mais uma vez. Há sempre gralhas a passar e períodos a cortar. Está aqui, sai um livro de 20 páginas das 150 que estavam no início.

O Fernando Aires enviou-me algum material bibliográfico acerca de *Era Uma Vez o Tempo*. Ser-me-á muito útil. Talvez o visite no próximo verão. Veremos o que a escola me reserva na altura dos exames.

Descanse muito, ande de bicicleta, namore. O dia dos namorados é em breve.

Saudações para toda a família do
Machado

E-MAIL DO ONÉSIMO
Domingo, 8 de fevereiro de 1998, 11:51:27
Caro Leon:
>Poupe-se. A vida são três dias. A infância, a juventude e a velhice (dizia o meu avô, que morreu com 55 anos, estouradinho de todo – de copos, especialmente). Acredite que não estou com língua de fora. Mantenho-me perfeitamente são. Estou há muito tempo sem e-mail em casa e faço a Leonor mais feliz não o consertando. Tenho tanto que ler e escrever que não me tenho preocupado com consertar o bicho. Fico algumas horas a mais no gabinete a trabalhar, mas depois defendo-me em casa. E acredite que dou todo o tempo necessário ao namoro. Você nem imagina. Se imaginasse, chamava-me nomes. Além DISSO, continuamos a dar os nossos passeios matinais de fins de semana pela beira-mar. Vejo com os miúdos programas de TV. Jantamos sempre à noite todos – com raras exceções –, com calma e prolongada conversa à mesa; ajudo-os nos trabalhos de casa; acompanho-os nas atividades deles (ontem fui mais o Duarte assistir a mais uma competição de natação da Tatyana – mais três primeiros lugares). Enfim, estou normalmente com um excelente estado de espírito. Trabalho muito, mas são coisas muito variadas, gosto de fazê-las (quase todas) e durmo muito bem. Rio-me muito, o que me mantém saudavelmente distante das coisas em que me envolvo.
>Esteve cá ontem num colóquio o Luís Filipe Castro Mendes, autor da *Correspondência Secreta*. Soube que foi nomeado cônsul geral do Brasil. Ele viveu cá em Chaves quando o pai aqui exerceu como juiz (nos anos 60). Foi por isso que cá veio. O colóquio foi

muito interessante. Leu poemas do Jorge de Sena (um dos maiores poetas portugueses, segundo ele).

O meu colega George Monteiro está a dar este semestre no meu Departamento um seminário de pós-graduação sobre Jorge de Sena. É também um grande fã dele.

>Quanto às *Memórias Quase Íntimas*: já imprimi a segunda versão e vou reler mais uma vez. Há sempre gralhas a passar e períodos a cortar. Está aqui, sai um livro de 20 páginas das 150 que estavam no início.

Quereria dizer cento e 20, ou 20 mesmo? Está a brincar. Isso é autocensura inquisitorial absurda. Não faça isso.

>O Fernando Aires enviou-me algum material bibliográfico acerca de *Era Uma Vez o Tempo*. Ser-me-á muito útil. Talvez o visite no próximo verão. Veremos o que a escola me reserva na altura dos exames.

Vá. Vá lá, que vai gostar.

>Descanse muito, ande de bicicleta, namore. O dia dos namorados é em breve.

Tudo isso. E o dia de anos da Leonor foi ontem. O meu Departamento de namoro anda há anos em lua-de-mel!

Vim esta manhã ao Departamento tratar de coisas urgentes. Vou regressar para casa já. Vamos sair com a pequenada, e uma família também com pequenada, a almoçar numa cidade em Massachusetts e depois dar um passeio. À noite vamos ao cinema.

Depois tenho o ensaio sobre Nemésio; o ensaio sobre nacionalismo, para Luanda; uma revisão de um ensaio lido em Angra há três anos para a revista do Instituto Histórico da Ilha Terceira; e a revisão de um texto para um volume sobre os Portugueses no Canadá. Tudo a par de aulas e o mais diário, mas para ficar pronto a 18, dia em que saio para os Açores.

Dê notícias suas.

Abraço amigo do

Onésimo

E-MAIL DO LEON MACHADO
Segunda-feira, 9 de fevereiro de 1998, 13:30:36

Caro Onésimo:

Chegou-me há bocadinho o artigo do *Expresso* que teve a bondade de me enviar. Já sei porque é que não o encontrei no jornal: veio publicado num dos cadernos anexos (o de cultura, penso).

A questão das mundividências é realmente fundamental para a compreensão do que somos. Enfim, eu nunca fui grande coisa a Filosofia, talvez porque a estudei de um modo escolástico (Aristóteles, São Tomás e as respostas que estes têm a todas as objeções das modernas correntes filosóficas, isto na opinião do meu antigo professor, Dr. Costa Lopes, formado em Oxford (Oxfod, dizia ele, pois comia os *erres*).

Estudávamos o Kant ou o Hegel e depois íamos ver o que o São Tomás dizia a respeito. Era uma mortandade filosófica.

A sua carta ao Eugénio Lisboa a propósito do artigo da *LER* é muito curiosa: o autor perante um espelho, o outro de si mesmo. Neste caso funciona como uma espécie de anti-narcisismo.

Não, as páginas das *Memórias* eram cento e vinte. Nem tanta autocensura.

Parabéns (atrasados) à Leonor.

É esquisita esta aversão das mulheres aos computadores. A Linda, minha esposa (desculpe, mulher), quando me vê agarrado ao teclado, é como se lhe dessem uma facada. Acha que, exceto raríssimas exceções (como passar-lhe as fichas de avaliação a limpo...), é uma absurda perda de tempo.

Boas notícias dos Açores: telefonaram-me hoje da Delegação da Cultura a perguntar para que dias devem marcar as passagens.

Vou telefonar ao Fernando Aires a combinar a entrevista. É provável que seja nas férias da Páscoa. Se o Onésimo estiver por lá, ofereço-lhe um licor do Ezequiel.

Boa semana para si. A ver se os ensaios da Gradiva saem este ano. Isto por cá bem precisava de um abanão teórico.

Abraços do
Zé

E-MAIL DO ONÉSIMO
Segunda-feira, 9 de fevereiro de 1998, 18:58:32
Caro Leon:
>A sua carta ao Eugénio Lisboa a propósito do artigo da *LER* é muito curiosa: o autor perante um espelho, o outro de si mesmo. Neste caso funciona como uma espécie de anti-narcisismo.

Não foi só a brincar.
>Não, as páginas das *Memórias* eram cento e vinte. Nem tanta autocensura.

Assim está bem.
>Parabéns (atrasados) à Leonor.

Agradece.
>É esquisita esta aversão das mulheres aos computadores. A Linda, minha esposa (desculpe, mulher), quando me vê agarrado ao teclado, é como se lhe dessem uma facada.

Mistérios da natureza humana. Mas dão-se bem com o telefone (a Leonor não). E os homens fazem o *zapping* com o *remote control*, coisa que as mulheres detestam.
>Boas notícias dos Açores: telefonaram-me hoje da Delegação da Cultura a perguntar para que dias devem marcar as passagens.

Parabéns. Está a ver como deu certo?

Estarei nos Açores na semana antes. Vou dar um seminário lá de 20 a 27, semana em que você ainda terá aulas, suponho.
>Boa semana para si. A ver se os ensaios da Gradiva saem este ano. Isto por cá bem precisava de um abanão teórico.

Sou um pessegueiro. Livros de ensaios metem notas de rodapé e revisões sem fim. Vamos a ver se para o ano com a sabática sai alguma coisa.

Recebi hoje os seus livros. Vou levar para casa a primeira edição do romance para comparar.

Abraços do
Onésimo

E-MAIL DO LEON MACHADO
Quarta-feira, 11 de fevereiro de 1998, 11:21:07

Caro Onésimo:

Terminei a revisão das *Memórias Quase Íntimas*. São 128 páginas, pouco mais ou menos. A ver se em maio estão cá fora.

Há um demiurgo por detrás destas. A ver se você descobre quem é...

Então já recebeu os livros. Não vale a pena perder tempo a comparar o *Ilhado* com a primeira edição. São exatamente iguais. A única coisa alterada foi o título, como lhe tinha dito. Nem as gralhas foram corrigidas. É que, se o fizesse, teria de se fazer nova montagem do livro, o que dava uma trabalheira monstra. Fica para a próxima. Se a houver...

Mandei hoje um fax à editora Campo das Letras. Ficaram de me dizer se iam ou não publicar a historieta sobre os romances que eu escrevi e que foi sugerida pelo Mário Cláudio para edição, e até agora não disseram nada (passaram 4 meses). O Onésimo acha isso normal? Enfim, como eu não percebo nada de editoras, fico de algum modo apreensivo.

Veio-me ontem um volume postal com impressos da Univ. do Minho. Tenho, parece, de registar o tema da tese o mais brevemente possível para evitar que outro se lembre do mesmo tema. Se é que já algum mais rápido do que eu se não lembrou já.

Aqui temos nevoeiro durante as manhãs e à tarde um sol de primavera apetecível. As árvores começam a deitar flor. Os alunos andam a acasalar*...

Acha que deva pôr um destaque na página do Projecto Vercial acerca do colóquio sobre Vitorino Nemésio? Talvez fosse interessante. Precisava era de saber as datas exatas e o programa do colóquio para juntar.

Abraços do
Machado
* Escolher companheiro.

E-MAIL DO ONÉSIMO
Quinta-feira, 12 de fevereiro de 1998, 18:41:35

Caro Leon:

Recebi os livros e fui comparar os textos, mas verifiquei isso que me disse. Que aliás já me dissera, mas esquecera. A velhice não perdoa. Tenho dezenas de factos novos (centenas) todos os dias e muitos esqueço.

Aí vai um (ou uma):

Dimitra Liami, a viúva de Andreas Papendreou, era, como se sabe, hospedeira de bordo. Dizem as más-línguas dormia (ou ficava na cama acordada muitas horas) com membros da tripulação, pilotos e etc. Ao que parece, o único piloto com quem ela não dormiu foi... o piloto automático.

Li os seus poemas. Bonito o que usou na contracapa. Mas achei a poesia excessivamente contida. Não gosto de poesia verbosa, mas gosto do meio-termo. Prefiro os seus contos e diário.

Fico a aguardar este.

Não é estranho que a editora não responda. Em Portugal não é costume responder a cartas. Verdade. Escreva-lhes, ou melhor ainda, telefone-lhes.

Se não for assim, nunca mais lhe dizem nada.

>Acha que deva pôr um destaque na página do Projecto Vercial acerca do colóquio sobre Vitorino Nemésio? Talvez fosse interessante. Precisava era de saber as datas exatas e o programa do colóquio para juntar.

Sim, mas deveria escrever ao Professor António Machado Pires, da Universidade dos Açores, a pedir-lhe o programa, pois não o tenho ainda. Sei que são quase cem participantes. O fax dele é: ******.

Despeço-me com pena de não poder continuar. A porra do trabalho...

Grande abraço do

Onésimo

E-MAIL DO LEON MACHADO

Sexta-feira, 13 de fevereiro de 1998, 13:11:14

Caro Onésimo:

Esta semana tem sido um corridinho (o que é raro...). Milhentas coisas para fazer.

Hoje recebi uma carta muito simpática da Adelaide Baptista com o artigo que saiu na *Vértice* sobre *Moby Dick*. Fala-me de um SAC de que o Vamberto é diretor. Enfim, venho perguntar-lhe na minha ignorância o que é isso do SAC.

Já marquei em definitivo (ou quase...) a minha visita aos Açores. Fica para abril no dia a seguir à Páscoa. Não sei se seria preferível ir uma semana antes e dar uma saltada ao colóquio sobre Nemésio. Isto se os da segurança me deixarem entrar...

Boas notícias da editora Campo das Letras. Mandei-lhes um fax a perguntar se já decidiram ou não da publicação do livro. O editor remeteu-me, também por fax, a resposta: «Há uma decisão positiva quanto à edição do original que nos entregou. Quando vier ao Porto, procure-nos, por favor.»

Será que isto quer dizer que eles vão mesmo publicar o livro? Ou é apenas um vago sinal nesse sentido? Eu queria acreditar nisso, mas as palavras parecem-me inócuas.

O Manuel Carvalho, autor do *Parc du Portugal*, deu finalmente notícias (tinha andado em viagem) e já foi inserido no Projecto Vercial. Pergunta-me ele se é você que lhe vai a presentar o livro no dia 10 de junho em New Bedford.

Concordo com o que referiu acerca dos versos do livro que lhe enviei. Normalmente os poemas, quando saem da pena, são mais longos. A gente começa a cortar, a cortar, daí a pouco ficam nicas. É o desconforto de investir nas formas livres. Um soneto tem 14 versos nem mais nem menos. Em toda a minha vida (que não é muita) escrevi 3 ou 4 sonetos... fracos.

Hoje à tarde teremos 23 graus de temperatura, dizem os meteorologistas (de manhã foi o nevoeiro cerrado). Vi alunas na escola com ramos de flores. Não se esqueça de oferecer um à Leonor.

Abraços,
Machado

P.S. Ah! e obrigado pelas anedotas, em especial a da que ficou grávida do computador. Vou contá-las hoje às estagiárias. É verdade: Sabia que elas andam a lecionar nas turmas o "Arroz do Céu" do Rodrigues Miguéis? Os putos não conseguem imaginar o que é o *subway*.

E-MAIL DO ONÉSIMO
Sexta-feira, 13 de fevereiro de 1998, 09:50:14

>Hoje recebi uma carta muito simpática da Adelaide Baptista com o artigo que saiu na *Vértice* sobre *Moby Dick*. Fala-me de um

SAC de que o Vamberto é diretor. Enfim, venho perguntar-lhe na minha ignorância o que é isso do SAC.

Claro que você sabe o que é: é o Suplemento Açoriano de Cultura do *Correio dos Açores* que você recebe quinzenalmente. Não me diga que não recebe!!!!!!!!!!!!!!!!!!!!!!!!!!!! Enviei-lhes o seu endereço há muito tempo.

>Já marquei em definitivo (ou quase...) a minha visita aos Açores. Fica para abril no dia a seguir à Páscoa. Não sei se seria preferível ir uma semana antes e dar uma saltada ao colóquio sobre Nemésio. Isto se os da segurança me deixarem entrar...

Claro que poderia entrar no colóquio, que é público. Mas creio que terá muito mais tempo para estar e conversar com o Fernando Aires depois da Páscoa, porque ele vai ir ao colóquio e há lá muitos amigos. Escolha entre o trabalho e o prazer.

>Será que isto quer dizer que eles vão mesmo publicar o livro? Ou é apenas um vago sinal nesse sentido? Eu queria acreditar nisso, mas as palavras parecem-me inócuas.

Evidentemente que isso quer dizer que sim, que lhe editarão o livro. Os portugueses têm dificuldade em escrever linguagem direta. Parabéns!

>O Manuel Carvalho, autor do *Parc du Portugal*, deu finalmente notícias (tinha andado em viagem) e já foi inserido no Projecto Vercial. Pergunta-me ele se é você que lhe vai a presentar o livro no dia 10 de junho em New Bedford.

Creio que sim. Devo-lhe carta. Escrevi já sobre o livro para a *LER*, mas ainda não tive tempo de lhe dizer nada.

>Concordo com o que referiu acerca dos versos do livro que lhe enviei. Normalmente os poemas, quando saem da pena, são mais longos. A gente começa a cortar, a cortar, daí a pouco ficam nicas. É o desconforto de investir nas formas livres.

A minha opinião não significa nada. Não sou bom crítico de. Aí os meus gostos ficam-se muito pelo tradicional. Mesmo na poesia livre, uma boa metáfora para mim deve andar sempre agarrada à vida. Desconfio sempre de palavras. A maior parte da poesia moderna portuguesa passa-me ao lado. Não consigo gostar. Herberto Helder *primus inter pares*.

>Hoje à tarde teremos 23 graus de temperatura, dizem os meteorologistas (de manhã foi o nevoeiro cerrado). Vi alunas na escola com ramos de flores. Não se esqueça de oferecer um à Leonor.

Aqui o tempo também está maravilhoso. Nunca me lembra de praticamente não termos inverno. Bem... Ainda é cedo.

E-MAIL DO ONÉSIMO
Sexta-feira, 13 de fevereiro de 1998, 18:05:56

Porte-se bem com a Linda. Só raminhos de flores não é bastante. Já lavou a louça hoje (ou pelo menos pô-la na máquina de lavar?). E levantou as suas meias do chão? Pôs em baixo a tampa da sanita? Limpou os cabelos da barba do lavatório?

Não se preocupe que não estou armado em papaizinho. Estou só a verificar a minha lista a ver se estou em dia.

Um abraço e um xi-coração para a Linda.

Onésimo

E-MAIL DO LEON MACHADO
Sexta-feira, 13 de fevereiro de 1998, 21:31:07

Que burro eu sou!! Pois: o SAC é o Suplemento. Claro que o recebo! Graças ao Onésimo.

Dou-lhe notícias amanhã.

Ou melhor: só no domingo, que a Linda já me proibiu de ligar o computador no dia de São Valentim.

Machado

E-MAIL DO LEON MACHADO
Domingo, 15 de fevereiro de 1998, 14:20:23
Caro Onésimo:
No dia dos namorados à tarde fomos até à aldeia. Os meus sogros estão na casa de campo e levaram a nossa cadelita, a *Farrusca*. Foram fazer a poda. Lá aparecemos. Estava uma bela tarde de sol e aproveitámo-la com gosto. A cadelita é que andava sempre atrás a atrapalhar, a querer também um mimo.
Pela manhã ajudei a Linda a arrumar a casa e não liguei o computador, como prometi. Ah!, e acordámos tardíssimo (o termo mais correto será "levantámo-nos"). Hoje também.
Só me esqueci do diabo das meias no chão.
E o Onésimo já sei que fez tudo direitinho e com o maior charme.
Para o ano há mais.
Abraços meus e um xi-coração da Linda
P.S. O e-mail do Manuel Carvalho, para o caso de o não ter, é: ****@total.net.

E-MAIL DO LEON MACHADO
Segunda-feira, 16 de fevereiro de 1998, 20:58:07
Caro Onésimo:
Os nevoeiros continuam pelas manhãs com lindas tardes de sol. Chegou-me hoje o Suplemento. Traz o programa do congresso do Vitorino Nemésio. Não precisarei de incomodar o Prof. Machado Pires. Não sei é se posso copiar para a Net o programa todo.
Pela lista de intervenientes, vejo que o congresso será sumamente importante. O Onésimo lá está também. É curioso: não vem referido o título da comunicação do Eduardo Lourenço. Terá

a ver com aquilo que você e o Carlos Vasconcelos me contaram em Lisboa? (Enfim, talvez não esteja recordado).

E já agora, a propósito do Vitorino Nemésio: o José Gomes Ferreira tem umas apreciações no único volume de diário até agora publicado um tanto ou quanto depreciativas acerco do autor terceirense.

Esta semana é aqui de imenso trabalho. Começou hoje a feira do livro na escola, organizada pelas "minhas" estagiárias, amanhã vem cá falar o escritor A. M. Pires Cabral, na quarta vou a uma reunião à UTAD, quinta o dia todo a avaliar as estagiárias e sexta um sarau recreativo (os meus alunos vão representar os textos dramáticos que temos andado a preparar). Além de que os carpinteiros me andam cá em casa a meter um armário num quarto, a escavacar paredes, a empoeirar o soalho. Um caos.

Não me queixo. Às vezes sabe bem trabalhar um pedacito.

Mas ainda não me contou das flores que ofereceu à Leonor.

Abraços,
Machado

E-MAIL DO ONÉSIMO
Terça-feira, 17 de fevereiro de 1998, 08:36:32
Caro Leon:
>Os nevoeiros continuam pelas manhãs com lindas tardes de sol.

Muito sol aqui também. Mas frio. Domingo tivemos um *brunch* em casa com malta amiga, vários deles com bebés (daí ser *brunch*, porque à noite não poderiam vir). Depois fomos dar um passeio até à beira-mar. Espetacular este inverno aqui. Mas agasalhados, claro.

>Chegou-me hoje o Suplemento. Traz o programa do congresso do Vitorino Nemésio. Não precisarei de incomodar o

Prof. Machado Pires. Não sei é se posso copiar para a Net o programa todo.
Se esse "posso" é físico, isso é consigo. Se é "moral", claro que pode, porque se trata de informação pública.
>Pela lista de intervenientes, vejo que o congresso será sumamente importante. O Onésimo lá está também. É curioso: não vem referido o título da comunicação do Eduardo Lourenço. Terá a ver com aquilo que você e o Carlos Vasconcelos me contaram em Lisboa? (Enfim, talvez não esteja recordado).
Recordo-me, mas se não me recordasse soava a verdadeiro. Mas é essa a razão, não duvide. É um tormento para aquele homem sentar-se a escrever.
>E já agora, a propósito do Vitorino Nemésio: o José Gomes Ferreira tem umas apreciações no único volume de diário até agora publicado um tanto ou quanto depreciativas acerco do autor terceirense.
Não me admiro. O J. G. F. era comunista e o Nemésio politicamente evitava a cena (exceto por alturas do 25 de Abril, em que apoiou a independência dos Açores).
>Esta semana é aqui de imenso trabalho...
Isso é que é!!!!
>Mas ainda não me contou das flores que ofereceu à Leonor.
Sim, flores, claro. E fomos almoçar fora. Era para lhe dar uma outra oferta, mas não consegui. Imagine que na Graciosa uma onda forte levou-lhe a aliança de casamento. Tem imensa pena. Ando há tempos à procura, mas não encontro igual. Tentei a companhia, mas a resposta chegou há uma semana e tal: que já não fazem esse modelo. Então temos que arranjar outra solução. Ela ofereceu-me duas belas gravatas, uma com manuscritos de Leonardo e outra com um desenho de Frank Lloyd Wright. Tem-me oferecido várias do género; duas com livros, outras com motivos de pintores modernos... Bem... Vou trabalhar.

Eu sou quase como o E. Lourenço em matéria de escrita de ensaios. Ainda não fiz o meu. Faço-o na véspera de partir, que é hoje. Primeiro tenho de limpar a secretária de toda a papelada e miudezas que esperam há tempos. Entretanto vou lendo, lendo, tomando notas. Fico com o ensaio todo organizado. Com a pressão da urgência, escreverei as dez-doze páginas até ao almoço.
Grande abraço.
Onésimo

E-MAIL DO LEON MACHADO
Terça-feira, 17 de fevereiro de 1998, 22:07:27
Caro Onésimo:
Vitória das forças do bem!!!!
Estava aqui entretido há bocado a coçar as teclas ao computador e oiço os gritos da Linda a chamar-me no andar de cima. «Morreu alguém?» perguntei. Era ela que estava a ver o programa *Acontece* e o Pinto Coelho lembrou-se, não sei por que artes, de fazer justiça à página de Literatura da Internet. A nossa querida página é finalmente reconhecida pela TV. Estamos por isso todos de parabéns. Lá mostraram as páginas do Lobo Antunes, do Saramago e da Agustina (só podia...). Quatro minutos de emissão.

E como isto é por demais importante para mim, vou já ligar para a malta (que tem a mania de não ver o *Acontece*...) e relatar a nova. Arauto me faço esta noite.

E para si, bom trabalho (e muita inspiração) para o ensaio.
Abraços (desta vez mais entusiastas) do
Machado
P.S. Estava com algum receio de meter as informações do congresso, não por questões de preguicite, mas para não dizerem que me aproveitei do trabalho dos que fazem o Suplemento.

E-MAIL DO LEON MACHADO
Quarta, 18 de fevereiro de 1998, 21:13:25
Caro Onésimo:
Passei a manhã a dormitar uma reunião de orientadores na UTAD. Tenho o espírito mole, é verdade, e mais ainda se durmo pouco. Lembrei-me daquele seu artigo em que você fala das aborrecidas conferências dos congressos...
À tarde, já em casa, sentei-me a corrigir testes e a deitar uma olhada à televisão. Mudei de canais e dei com um programa na TVI sobre os Açores. Creio que o programa se chama "Portugal Português". Larguei os testes e pus-me a ver. Ainda vi imagens das Flores, Graciosa e São Miguel. Creio que as outras ilhas serão focadas em próximo programa. Pelo menos foi o que depreendi daquilo que o apresentador disse no fim. Deu-me uma vontade de um caldinho de peixe que nem imagina.
Há bocado telefonou-me o Mário Cláudio. Disse-me que tinha visto ontem o *Acontece* e a referência à página da Internet. Informou-me que o editor do Campo das Letras lhe telefonou a perguntar onde é que eu me tinha metido, que desde que me enviou o fax (a semana passada) a falar da publicação do romance, eu ainda não tinha dado notícias. Que afinal o romance sempre vai ser publicado e convinha eu deslocar-me ao Porto logo que me seja possível.
E eu aqui despreocupado, a ver a banda a passar!
E o Onésimo? Já conseguiu redigir todo o ensaio?
Ah! O Mancelos também me telefonou. Disse-me que a Univ. Católica despediu recentemente 10 professores (dois deles profs. doutores) e que ele será o próximo, provavelmente. Os cursos de Letras têm os dias contados. O que é engraçado é que cada vez há mais gente a leccionar matérias ligadas à literatura e há cada vez menos leitores. Talvez não seja de espantar, se pensarmos que uma das minhas colegas anda a dar nas suas aulas a *Aparição* do V.

Ferreira e confessou nunca ter lido o romance. Limita-se a ler (com os alunos) os excertos do manual e a seguir a trama narrativa por um livrinho que por aqui anda à venda com os resumos dos capítulos.

Então a Leonor perdeu a aliança no meio das ondas da Graciosa? Se era do tamanho da sua, é realmente uma perda irreparável.

O meu pai encontrou uma aliança do género numa praia portuguesa há 35 anos atrás. Não devia ser a da Leonor. E se fosse, tinha de dizer-lhe adeus: vendeu-a no primeiro joalheiro que encontrou e pagou uma farra aos amigos. Ainda não era casado...

Abraços do
Zé Machado

E-MAIL DO LEON MACHADO
Quinta-feira, 19 de fevereiro de 1998, 12:40:29
Caro Onésimo:

Mandei-lhe ontem uma mensagem e nem me lembrei que você já estava para os Açores.

Agora, claro, deve ter voltado. Vou acompanhar o congresso pelos jornais.

Abraços do
Machado

E-MAIL DO ONÉSIMO
Quarta-feira, 25 de fevereiro de 1998, 21:36:00
Meu caro:

Regressei ontem à noite depois de oito horas e meia em aviões. Mas a vida teve de seguir normalmente ainda mesmo ontem. E hoje, claro, começou cedo.

Mas tudo bem.

Com mil coisas, não tive ocasião de lhe dizer nada, mas ontem ainda li os seus *mails*.

Não sei se já recebeu uma mensagem do Presidente do Instituto Camões, Dr. Jorge Couto. Ele está interessado em montar um bom serviço de informação cultural, e fazer um projeto parecido ao seu. Falei-lhe no seu projeto e ele ficou muito interessado. Sugeri-lhe que não haveria necessidade de duplicações. Dei-lhe o seu endereço eletrónico porque não me lembrava de cor do acesso ao Vercial e ele disse-me que lhe iria escrever muito em breve.

O congresso nemesiano foi ótimo. Comunicações a mais, mas em geral muito boas. (Sobre isso escrevi um poema que pus a circular e que lhe enviarei.) Convívio, festas, farra, uma festa de surpresa ao F. Aires para os seus 70 anos. (Ele não esperava mesmo nada e calhou bem, pois estavam lá o João de Melo, o Eduíno de Jesus e eu, para além dos outros que vivem em S. Miguel. Praticamente os amigos mais chegados dele estavam todos na festa. Foi divertidíssima.)

Depois escreverei com mais calma.

Abraço do
Onésimo

E-MAIL DO LEON MACHADO
Domingo, 1 de março de 1998, 13:16:04

Caro Onésimo:

Desculpe-me só agora responder à sua última mensagem. Estive a semana toda em Braga, longe do computador. Férias do Carnaval...

Hoje vim ver o correio e tinha 21 mensagens, a maior parte de brasileiros a pedirem resumos de *O Primo Basílio* ou das *Memórias Póstumas de Brás Cubas*.

Pois estive em Braga com a família. Gozei o sol e o verde minhotos. Fiz a matrícula no doutoramento e o registo do título da tese. Só para isso perdi um dia. Passei um outro dia na biblioteca a consultar bibliografia. A lista que o Onésimo me enviou foi muito útil. Muitas das obras existem na Univ. do Minho, o que é ótimo. Começo a ter material para o primeiro capítulo.

Passei também um dia no Porto. Almocei com o Mário Cláudio (falámos de si e ele disse-me que admirava muito o seu trabalho de divulgação da cultura portuguesa), lanchei com o Joaquim Matos e estive na editora Campo das Letras a combinar a edição do romance. Sempre será publicado. O Jorge Araújo, o editor, queria publicá-lo já em maio. Eu opus-me, pois preciso de tempo para rever o texto. Ficou combinada a publicação para outubro deste ano. Estou contentíssimo, claro.

Ah! Passei também na Porto Editora. Já têm a embalagem do CD do F. Pessoa. O seu nome lá vem no rol dos colaboradores especiais. Prevê-se o lançamento em março. Receberá aí um exemplar. O aspeto gráfico é mais atraente do que o do Camões.

Pois não me sabia que o Fernando Aires fazia anos nesta altura. Na nota biográfica que ele me mandou não consta nem dia nem mês. Vou mandar-lhe os parabéns (atrasados...). Acerca da minha ida aos Açores para estar com ele, aguardo com alguma apreensão a marcação da viagem por parte da Secretaria de Cultura. Disseram-me por telefone que sim senhor, pagavam as passagens, mas até agora não recebi nada. A verdade é que faltam ainda dois meses e é provável que ainda haja muito tempo.

Fui realmente contactado pelo Instituto Camões. Queriam saber o endereço da página. Fiquei a pensar se isso não seria devido à reportagem do programa *Acontece* sobre a página. Afinal foi por sugestão do Onésimo, que muito agradeço. Mas creio que a coisa fica por aqui. Não sendo um evento lisboeta, o mais certo é irrelevarem.

O Projecto Vercial é mais conhecido lá fora do que cá dentro. Basta consultar as estatísticas de acesso: 76% são acessos de fora do país: Brasil, EUA, Canadá, Inglaterra e França.

Quanto ao congresso do Nemésio: meti uma pequena notícia com um *link* a partir da primeira página. Agora está desatualizado. Aguardo o próximo número do Suplemento (o Mário Cláudio também o recebe) para "roubar" alguma informação acerca das últimas conclusões.

E como já me estou a tornar chatinho, fico por aqui.

Abraços do
Machado

E-MAIL DO LEON MACHADO
Terça-feira, 3 de março de 1998, 21:16:30
O Onésimo recebeu a minha última mensagem? Devemos andar desencontrados ou então perdeu-se no espaço virtual.

Abraços do
Machado

E-MAIL DO ONÉSIMO
Terça-feira, 3 de março de 1998, 20:23:36
Recebi, recebi. Mas estou a dar prioridade à respiração. Se conseguir tomar fôlego entre amanhã e quinta-feira. Abrirei a boca para falar.

Mas fiquei muito satisfeito com a notícia sobre a publicação do livro.

Grande abraço do profundamente submerso,
Onésimo

P.S. Faleceu a mãe da Leonor e ela teve que ir a Lisboa ao funeral e tive que arranjar tudo em 24 horas. Estou com a casa e os miúdos às costas mais as mil e uma coisas do costume. Hoje esqueci-me que tinha um seminário e marquei três coisas para a hora do almoço. Com uma aula de permeio, tive de dirigir a reunião do Rhode Island Committe for the Humanities, que durou quatro horas, para avaliação de propostas (que tive que ler ontem entre as dez e as duas da manhã). Convidei os alunos a virem fazer o seminário à noite em minha casa. Vieram. Mas mil coisas no percurso interromperam o encontro. E tenho agora que ler 20 ensaios de Filosofia para amanhã. Depois de amanhã, chega um escritor brasileiro (Assis Brasil) para ficar dez dias à minha conta. E fico a ver navios com quatro ensaios para limpar, ultimar, ou rever antes de sair para o seminário que vou dar na Univ. dos Açores. (Saio a 20, mas antes vem aí o Jaime Gama falar, e dias antes vem o Embaixador do Brasil em Washington e amanhã vem um historiador integrado numa série de conferências sobre os Descobrimentos que também está às minhas costas.) Mas vou parar de enumerar coisas e de me queixar.

Falarei, como disse, depois de respirar.

Outro abraço.

Onésimo

E-MAIL DO LEON MACHADO
Quarta-feira, 4 de março de 1998, 21:17:49

Caro Onésimo:

A descrição das suas ocupações faz-me lembrar o Benjamin Constant quando, no seu diário, enumera o rol do já feito e do a fazer.

Quanto à morte da mãe da Leonor, receba (e transmita) o meu profundo pesar.

E como não quero contribuir ainda mais para o seu desassossego, termino.

Na sexta-feira volto a Braga para o batizado da minha sobrinha. Chama-se Eduarda (como a personagem de *Os Maias*). Sou o padrinho, como creio ter-lhe dito.

Abraços do
Machado

E-MAIL DO ONÉSIMO
Sábado, 7 de março de 1998, 11:24:18
Caro Leon:
Quero que quando voltar tenha ao menos notícias minhas.
Estou bem. A Leonor regressou ontem de Portugal e agradece as condolências.
A vida continua louca, mas com a Leonor em casa é outra coisa.
Espero acalmar só depois de maio. Daqui até lá é infernal.
Mas hei de sobreviver.
Mais uma afilhada. Eduarda é o nome da irmã da Leonor.
Não deixe de me escrever. Ler mensagens é sempre agradável. É egoísmo, mas não deixa de ser verdade.
Grande abraço do
Onésimo

E-MAIL DO LEON MACHADO
Domingo, 8 de março de 1998, 22:08:57
Caro Onésimo:
Acabei de chegar de Braga, do batizado. Lá estive a fazer o papel, engravatado, de colete, a pegar na vela e a renunciar ao demónio pela catecúmena. Foi bonito e esteve um dia agradável. Ah! o batizado não foi em Braga, mas em Ponte de Lima (terra dos CDSs...). O meu irmão casou com uma moça de lá e construiu uma

casa na vila. Mas, claro, para ir a Ponte de Lima, tive de passar por Braga para apanhar os meus pais (e dormir em casa).

Para lhe aguçar o dente, digo-lhe que não faltaram bolos de todo o feitio e tamanho (todos caseiros). Lá está: isto da Net é muito bonito, mas ainda não permite transmissão de fatias. Só virtuais. E olhe que trouxemos um recipiente com alguns pedaços.

Estive com o Doutor Santos Alves, meu orientador da tese. Conversámos um bom pedaço sobre diarística enquanto víamos na TV o jogo Barcelona-Real Madrid. O Barcelona ganhou 3-0 e um dos golos foi metido pelo nosso Figo (antigo jogador do Sporting). Grande emoção... no Doutor Santos Alves.

Fui também à feira do livro de Braga. Eu e a Linda trouxemos cada um um saco recheado de livros. Quando os poderei ler (pelo menos os meus), é que não sei. Assistimos a um colóquio com um poeta francês: Jacques Réda. O tipo era simplesmente insuportável. Aguentámos até ao fim por cortesia. É que o presidente da mesa era o José Manuel Mendes (presidente da APE) e tinha-o cumprimentado antes da sessão. O poeta francês pôs-se a ler poemas em francês que poucos lograram entender. E a questão não estava propriamente na língua, que até tínhamos tradução em simultâneo (traduzir poesia em simultâneo parece-me aliás um disparate, mas enfim...).

E termino com uma novidade: o escritor João Aguiar já tem e-mail. Anda à rasca para aprender os trâmites técnicos, mas lá vai conseguindo enviar as mensagens. Se o Onésimo quiser, dou-lhe o endereço. O Mancelos enviou-me o primeiro capítulo da tese de mestrado. É sobre o mito americano. Achei muito bom. Mas, claro, a minha opinião é suspeita. Não só por eu ser amigo dele, mas principalmente por eu não conhecer bem a cultura norte-americana. Mas creio que vai bastante na linha daquilo que você disse no seminário a que assisti na Univ. Nova de Lisboa o outro dia. Se quiser, mando-lhe também isso, embora saiba que tem muito mais que ler.

E como estou cansadinho da vigem por uma estrada cheia de buracos, despeço-me.

Lembranças à Leonor e aos pequenos (que devem ser maiores que eu).

L. Machado

P.S. Ia-me esquecendo disto: na última noite (passada em Braga) sonhei consigo, com a Leonor e com os pequenos. Mas, por estranho que pareça, eram 3 rapazes. A Tatiana não constava. Faço um resumo: eu jogava consigo e com eles uma partidinha de futebol no jardim da sua casa (enfim, não sei se a sua casa tem jardim). Apareceu a Leonor e recomendou-nos que fôssemos jogar para a rua, pois lhe sujávamos a roupa que ela tinha a secar pendurada numa corda com os pontapés mal dados na bola. Como na rua havia demasiado trânsito, o Onésimo levou os jogadores para dentro do gabinete e aí, de encontro às prateleiras apinhadas de livros, continuámos a partidinha. Lembro-me vagamente de que a porta era uma baliza e a janela outra. E o que é mais estranho é que eu e os 3 miúdos jogávamos contra si e perdemos. E esta, hein?

E-MAIL DO ONÉSIMO
Segunda-feira, 9 de março de 1998, 18:51:30

Caro Leon:

>Acabei de chegar de Braga, do batizado. Lá estive a fazer o papel, engravatado, de colete, a pegar na vela e a renunciar ao demónio pela catecúmena. Foi bonito e esteve um dia agradável.

E não lhe fez xixi no colo?

>Para lhe aguçar o dente, digo-lhe que não faltaram bolos de todo o feitio e tamanho (todos caseiros). Lá está: isto da Net é

muito bonito, mas ainda não permite transmissão de fatias. Só virtuais. E olhe que trouxemos um recipiente com alguns pedaços. Infelizmente.

Mas também tive festas por aqui e vinguei-me.

>Estive com o Doutor Santos Alves, meu orientador da tese. Conversámos um bom pedaço sobre diarística enquanto víamos na TV o jogo Barcelona-Real Madrid. O Barcelona ganhou 3-0 e um dos golos foi metido pelo nosso Figo (antigo jogador do Sporting).

Viva o Sporting, que dizem anda mesmo mal de campeonatos...

>...O poeta francês pôs-se a ler poemas em francês que poucos lograram entender. E a questão não estava propriamente na língua, que até tínhamos tradução em simultâneo (traduzir poesia em simultâneo parece-me aliás um disparate, mas enfim...).

Muito se pena... *pour faire avancer la culture...*

Enviei-lhe o poema que fiz sobre a *overdose* de cultura no congresso de Nemésio?

>E termino com uma novidade: o escritor João Aguiar já tem e-mail. Anda à rasca para aprender os trâmites técnicos, mas lá vai conseguindo enviar as mensagens. Se o Onésimo quiser, dou-lhe o endereço.

Não tenciono escrever-lhe. Não posso, porque depois vou sentir-me na obrigação de ler os livros todos e, se bem que goste mesmo da escrita dele (por sua culpa!), estou com uns cem livros entre mãos...

Obrigado. E compreenda-me. Mas diga que vou usar o *Navegador Solitário* numa cadeira de introdução à Cultura Portuguesa através da sua Literatura, que estou a dar este semestre em vez da Leonor, por ela estar a trabalhar na tese.

>O Mancelos enviou-me o primeiro capítulo da tese de mestrado. É sobre o mito americano.

A propósito de mito americano, saiu em Lisboa um livro sobre o "Sonho Americano na *(Sapa)teia Americana"*. É um livro apressado, com citações a mais e análise a menos, mas é o que há. É de uma professora da Universidade Autónoma Luís de Camões, Maria Teresa Carrilho.

>P.S. Ia-me esquecendo disto: na última noite (passada em Braga) sonhei consigo, com a Leonor e com os pequenos. Mas, por estranho que pareça, eram 3 rapazes...
Esta é divertida. Mas olhe que fui sempre muito mau jogador. A guarda-redes ainda dei umas coisas. Fui bom jogador de pingue-pongue (um ano sem perder a jogar todas as noites num clube de Setúbal), mas futebol... Vê-se logo que você estava sonhando.

De qualquer modo, simpático que eu e a minha família tenhamos entrado na privacidade dos seus sonhos sem irmos vestidos de Frankenstein.

Um grande abraço do
Onésimo

E-MAIL DO LEON MACHADO
Terça-feira, 10 de março de 1998, 11:33:58
Caro Onésimo:

Afinal (lembrei-me depois), no sonho éramos apenas três contra si: eu e os seus dois rapazes. Eu era o terceiro rapaz, claro. A Tatiana não aparecia realmente transformada em rapaz. (E chega de rapazes...).

Não, o Onésimo não me mandou o poema sobre o congresso. Quando puder...

Sobre o estudo da *(Sapa)teia*: sim, realmente é melhor muito que pouco.

Hoje tenho uma conferência cá na escola sobre Camões. Vem falar o Dr. Moura da UTAD. Vou tirar uma soneca...

Depois lhe conto mais novidades.

Ah! O João Aguiar vai ficar contente quando souber que o *Navegador* fez sucesso na Brown.
Abraços do
Machado

E-MAIL DO LEON MACHADO

Quarta-feira, 11 de março de 1998, 21:47:55
Caro Onésimo:
Cá se vai andando. Não sei o que fazer com isto do e-mail. Recebo por dia uma carrada de mensagens que me vejo aflito para tentar responder a todas. A maioria são de gente chata, a pedir coisas. Creio que já lhe contei. Na página da Internet retirei o meu e-mail e meti um outro geral da Universidade do Minho. A ver se me incomodam menos com pedidos de resumos de *Os Maias*.
Ontem soube que a Prof. Bulger será novamente operada (tem um cancro nos intestinos). Na UTAD pensam em substituí-la definitivamente. Não sei como isso será. Os alunos andam a queixar-se. É que a professora dá uma cadeira do 4.º ano e sem ela os alunos não poderão fazer estágio. Uma trapalhada.
Fui contactado pelo escritor António Cabral (de Vila Real). Ficou entusiasmado com a página da Net. Quer fundar uma associação de escritores galaico-transmontanos e eu seria uma espécie de secretário. Não lhe disse ainda nada, mas tenho as minhas dúvidas quanto isso. Tanto mais que eu não sou transmontano e não me queria ver metido numa capelania... Sou adverso a rótulos. Que acha o Onésimo do imbróglio?
Estou a corrigir o romance a publicar em outubro. A minha tentação é de cortar tudo e escrever uma nova versão. Infelizmente não há tempo.
Abraços do
Machado

E-MAIL DO LEON MACHADO
Quinta-feira, 12 de março de 1998, 21:13:03
Caro Onésimo:
Você tem por acaso o telefone ou o fax da Secretaria Regional de Cultura? (onde trabalho o Prof. Luís Fagundes Duarte). Era para contactar no sentido de saber se realmente o problema das passagens para os Açores está resolvido. Telefonaram-me há mais de um mês a dizer que sim senhor, mas até agora ainda não recebi nada. Começo a ficar apreensivo, tanto mais que falta um mês para a viagem.
Outra coisa, se não for maçada: conhece a ciência que dá pelo nome de "cresmática"? Aparece em *Os Maias* do Eça e tenho corrido as enciclopédias e dicionários a ver se encontro, e nada. Aparece no contexto em que o autor fala de egiptologia, filologia e astronomia. Se tiver alguma vaga ideia, agradecia a informação.
E por hoje termino.
Bom trabalho.
J. Machado

E-MAIL DO ONÉSIMO
Sexta-feira, 13 de março de 1998, 23:27:47
Caro Leon:
Desculpe-me a demora em responder-lhe. Li a mensagem, ia responder-lhe, mas por causa da cresmática a resposta com o número de telefone do L. F. Duarte não seguiu logo. Ei-lo: ******. É o telefone da Direção Regional dos Assuntos Culturais.
Não se preocupe. Se tiver problema com o acesso a ele, fale com o Álamo Oliveira, para o mesmo número, e diga-lhe que lhe sugeri que falasse com ele. Mas não se preocupe. Se já disseram que sim, cumprirão a palavra.

Não conheço a cresmática. Tentei contactar o meu amigo João Medina, mas não o apanhei. Daí a demora da minha resposta.

Daqui a uma semana sigo para os Açores e, quando já estava com o tempo todo tomado, chegou-me a *LER* com um cartão do Francisco J. Viegas a lembrar-me que tenho de enviar a nova série de crónicas. Mais 30 páginas!!!!

Hoje tenho aqui em casa a festa dos 50 anos de uma amiga. Vai estar a casa cheia de gente: 30 a 40 pessoas.

O escritor brasileiro Assis Brasil (de origem açoriana) vai-se embora amanhã. É uma excelente pessoa e uma visita fácil.

Por aí, tudo bem?

Ah! Telefonou-me de um hospital de Manchester, na Inglaterra, a Laura Bulger. Está abatida e só. Tive imensa pena dela. Vou ver se me calha telefonar-lhe amanhã. (Não chego para as encomendas. Tenho sempre um amigo doente, outro em desgraça, outro deprimido, outro com problemas disto e daquilo e eu sempre armado em padre e em papá. Mas acontece o mesmo com os meus alunos. Vêm ter comigo e confessam-me os seus problemas.... Sem saberem que estive no Seminário...)

Grande abraço.

Onésimo

E-MAIL DO LEON MACHADO
Sábado, 14 de março de 1998, 21:29:15

Caro Onésimo:

Chegou ontem a sua carta com o poema sobre o congresso nemesiano. Grato. Então os do jornal publicaram o poema sem falar com o autor? Imagine se era uma coisa de algum modo indigesta para certos conferencistas... O poema é muito curioso. Você brinca com os títulos dos livros do Nemésio que encaixam como que por medida no sentido dos versos. Olhe que a da "soneca

/Açoriana" podia ter causado algum distúrbio. A quadra que inicia o poema é deveras engraçada. Quanto à sua carta ao jornal, eles chegaram a publicar?

Grato pelo número de telefone. No dia em que chegou a sua carta, recebi também uma da Secretaria de Cultura a confirmar as passagens. Tenho de levantá-las no Porto a partir do dia 8 de abril. Como raramente ando de avião, pergunto ao Onésimo se não bastará levantá-las no dia em que vou (13 de abril). É que ter de ir ao Porto só para levantar as passagens é *overdose*...

Terei de escrever ao Fernando Aires o mais rapidamente possível a informá-lo dos dias certos em que lá estarei com ele. Esperemos que não chova.

Aquilo da cresmática ainda não consegui encontrar. A Linda diz que talvez tenha a ver com *crisma* ou *carisma*, palavras de origem grega. Mas não creio. Tanto mais que o radical é em *e* e não em *i*. Que raio de ciência será está que já nem existe?

Então o Onésimo deu em consolador de almas. Não tenho precisado, pelo menos para já. Talvez em outubro você me possa consolar, quando a crítica portuguesa (dizem que não existe...) cair em cima do meu livrito a publicar. Quando saiu o CD do Camões, foi a Helena Barbas a cair-me em cima, salvo seja.

Hei de ver se compro a nova *LER*. Só quando for a Braga, claro. Sempre vem a sua crónica sobre o livro do Manuel Carvalho?

Bom fim de semana. Descanse, descontraia. E console a Leonor que, coitada, deve andar ainda transtornada com a morte da mãe.

Abraços do
Machado

E-MAIL DO ONÉSIMO
Segunda-feira, 15 de março de 1998, 00:15:08
Caro Leon:

>Quanto à sua carta ao jornal, eles chegaram a publicar?
Sim, publicaram.
Nos dias que correm, publicar um poema-brincadeira daqueles não é nem pecado venial. Se tivesse material para ofender outros? Claro que ainda seria melhor!
>Como raramente ando de avião, pergunto ao Onésimo se não bastará levantá-las no dia em que vou (13 de abril).
Sim, claro. Pode levantá-la mesmo no momento de partir. No próprio balcão diz-lhes que tem um bilhete à sua espera. E eles não falham. Estará lá. Tenho feito isso montes de vezes, quando a organização que convida paga a passagem.
>Terei de escrever ao Fernando Aires o mais rapidamente possível a informá-lo dos dias certos em que lá estarei com ele. Esperemos que não chova.
Não se preocupe. Ele está à sua espera e é eternamente confiável. Se preferir telefonar-lhe, o número é o ******.
Sobre o tempo, não espere coisas impossíveis. Mas o Fernando Aires recebê-lo-á da melhor maneira. Irá gostar de certeza.
Estarei lá de hoje a oito dias para ficar uma semana. Acredite: é talvez a viagem por que espero sempre com mais prazer.
>Aquilo da cresmática ainda não consegui encontrar. A Linda diz que talvez tenha a ver com *crisma* ou *carisma*, palavras de origem grega. Mas não creio. Tanto mais que o radical é em *e* e não em *i*. Que raio de ciência será está que já nem existe?
Ainda hei de tentar o João Medina. A ver se não me esqueço.
>Então o Onésimo deu em consolador de almas.
Não foi querer armar. Sempre tive isso de deixar tudo para ir em socorro deste e daquele. Mas às vezes chega a ser um bocadinho demais, quando ando atrapalhado com falta de tempo e me sinto incapaz de dizer que não.
>Hei de ver se compro a nova *LER*. Só quando for a Braga, claro. Sempre vem a sua crónica sobre o livro do Manuel Carvalho?

Vem sim. É uma pequena coisa, mas sincera.
>Bom fim de semana. Descanse, descontraia. E console a Leonor que, coitada, deve andar ainda transtornada com a morte da mãe.
Descontraio sempre. É a minha sorte. E o que não fica feito fica para trás. Hoje apareceu-me aí de repente mais uma visita: a Rita Costa Gomes, historiadora e mulher do Francisco Bethencourt, Diretor da Biblioteca Nacional. Almoço e, mais logo à noite, irá ao cinema connosco. Mas não escrevi a crónica para a *LER* porque também tive que ir ao aeroporto levar o Assis Brasil. Enfim, o costume.
>Abraços
Abraço também.
Onésimo

E-MAIL DO LEON MACHADO
Segunda-feira, 16 de março de 1998, 21:44:02
Caro Onésimo:
Começa a semana, começam os trabalhos. Além da escola (lecionar e assistir às aulas das estagiárias), tenho ainda que ler montes de coisas para a tese, terminar um mini-dicionário do Eça de Queirós (com a tal cresmática...) para a Internet, rever o romance a publicar em outubro e agora mais um cargo na escola: Nomearam-me (forçadamente) responsável do Programa Enes (não tem nada a ver com o seu professor de Filosofia). Este programa tem a ver com a informatização administrativa das escolas. Eu protestei, dizendo que não era de Informática, que havia mais professores na escola, alguns deles engenheiros nessa área. A direção disse-me que não confiava neles e que eu era o único que desenrascava a coisa. Tanto mais que tinha já dado provas disso quando havia avarias no computador onde são processados os

salários dos professores. Lá tive de aceitar. Agora tenho de ir a uns encontros a Vila Real para ver o que trata o tal Pograma Enes. Como se eu não tivesse mais que fazer.

Lembrei-me (mudando de assunto) que o Onésimo poderia escrever mais uma sequela das suas crónicas sobre a "aventura de um nome". Se perdeu o material que lhe enviei, diga. Talvez ainda tenha por cá as mensagens.

Ainda não comprei a *LER*. Em Chaves não se encontra à venda. A ver se quarta-feira em Vila Real. O Manuel Carvalho está em viagem e deve regressar no final do mês a casa. Nessa altura aviso-o do artigo. Certo? A não ser que o Onésimo o tenha já avisado.

Hoje chegou-me carta da Doutora Adelaide Baptista com uma linda foto tirada por ela à marina de Ponta Delgada. É mesmo de tentar um homem. A foto, claro.

E escrevi ao Fernando Aires a dar-lhe conta da minha ida. A Linda ainda não sabe se me há de acompanhar. Por um lado, tem medo do avião; por outro anda adoentada; e, pelo contrário, não confia muito no comportamento do marido. Pensa que alguma açoriana me pode rouba. Como hei de eu convencê-la de que vou em trabalho?

Abraços do
J. Machado

E-MAIL DO LEON MACHADO
Sábado, 21 de março de 1998, 11:02:35

Caro Onésimo:

Como sei que anda ocupadíssimo, não lhe tenho escrito. Para não incomodar. Faço-o agora.

Primeira novidade: fizemos nova remodelação da página de literatura. Está mais bonitinha e mais funcional. Se quiser dar uma vista de olhos, o endereço é: http://alfarrabio.di.uminho.pt/vercial/

Vai amanhã para os Açores, não é? Faça boa viagem, descontraia as vistas pela paisagem que o viu nascer e dê abraços por mim e por si ao Fernando Aires e cumprimentos à Adelaide Baptista. Tem sido muito simpática.
E para si, abraços também do
J. Machado

E-MAIL DO ONÉSIMO
Segunda-feira, 30 de março de 1998, 17:48:48
Caro Leon:
Espero escrever-lhe logo ou amanhã. Regressei na sexta-feira dos Açores e logo no sábado de manhãzinha saí com a Leonor para um congresso na Yale University, a duas horas daqui. Fiquei para o domingo para descansar um pouco fazendo turismo em família – o Duarte foi connosco e o meu sobrinho é aluno do 3.º ano lá.

Hoje já dei uma aula e amanhã tenho duas. Montes de coisas atrasadas mais o correio infindável. Saio de novo sexta-feira para Newark. Vamos em família, para não aumentar muito o número de dias em que andamos fora – eu deles.

Dir-lhe-ei dos Açores, aonde você irá em breve e o Fernando Aires o espera.

Abraço amigo do
Onésimo

E-MAIL DO LEON MACHADO
Quarta-feira, 1 de abril de 1998, 11:09:00
Caro Onésimo:

Desculpe só agora responder-lhe. Tenho andado com o e-mail avariado. Podia receber mensagens, mas não podia enviar. Mistério dos deuses cibernéticos...

Além disso, estive fora quinta, sexta e sábado numa visita de estudo a Lisboa com os meus alunos. Fomos a Sintra, Mafra (faz este ano dez anos que lá entrei para fazer a tropa que me levou aos Açores), Lisboa, etc. Visitámos uns quantos museus, atravessámos a ponte 25 de Abril por engano do motorista que, em vez de virar à direita, virou à esquerda. Passámos três horas na ponte na sexta-feira à hora de ponta, encravados numa selva de trânsito. E o mais ridículo é que 24 horas depois era inaugurada a ponte Vasco da Gama. Enfim, uma experiência inolvidável.

Então o Onésimo esteve com o Fernando Aires. Hei de telefonar-lhe na próxima semana, a ultimar pormenores.

Aqui chove. Esperemos que não aconteça o mesmo em São Miguel.

Ando há tempos para lhe dizer uma coisa de certa importância, mas esqueci-me o que era. Passou-me completamente. Mas não acabará o mundo por causa disso.

Ah! Estive a reler pedaços de *No Seio Desse Amargo Mar*, em especial aquelas cenas dos conferencistas. Isto por causa do seu poema no âmbito do congresso nemesiano. Ri-me como um maluquinho. Mais uma vez. Você tem uma costela queirosiana. A Marta Celeste, antropóloga só no verão, é de escacha-pessegueiro.

E a tese da Leonor, está indo? Quanto à minha, ando a ler francesices da *Poétique*.

Abraços do
Machado

E-MAIL DO ONÉSIMO
Quinta-feira, 2 de abril de 1998, 19:26:42

Meu caro Leon:

Para não demorar mais o silêncio, aí vai um bocado da mensagem que enviei ao Fidalgo. Queria escrever-lhe a dizer tanta coisa, mas ainda não acabei o texto para a Rutgers University e saio amanhã depois da aula. Esta manhã estive a rever um texto para enviar para Lisboa para um volume de homenagem a um indivíduo que fundou a revista *Peregrinação*. Logo tenho montes de outras coisas e agora vou dar uma aula. É sempre a mesma fita.

Li *A Pesca à Linha* de Alçada Baptista. Gostei.

Escreva-me antes de eu sair.

Gostei de saber que se divertiu com o 2.º ato de *No Seio*... Várias pessoas em Portugal acharam que eu fui inconveniente. Mas mais do que várias: muitas.

O Aires está prontinho à sua espera e pronto a mostrar-lhe a ilha. Gostava de estar lá nessa altura.

Aí vai o roubo da mensagem para o Fidalgo.

Grande abraço.

Onésimo

E-MAIL DO LEON MACHADO
Quinta-feira, 2 de abril de 1998, 22:49:46

Caro Onésimo:

Grato pela mensagem. Não me importo que seja em duplicado.

Seguiu hoje para os USA um volume do novo diário, o volume X. Mando-lhe o primeiro da fornada, mal o recebi hoje da tipografia. Deve chegar aí na próxima semana. Sempre deu as 120 páginas. Vá: 128.

Como já lhe disse, neste volume anda você à baila. Desde já as minhas desculpas prévias por alguma indiscrição. Esforcei-me por evitar isso. Mas pode sempre passar uma vírgula.

Enfim, eu seu que não lhe sobeja o tempo para folhear diarices de rapazinho. Por isso recomendo-lho para as férias do verão.

Então gostou de *A Pesca à Linha* do Alçada Baptista? Hei de lê-lo. Sabe que saiu na Espanha um novo romance do Saramago e que está no *top* de vendas? Deve estar a sair em Portugal. Depois lhe conto.

E como sei que tem que fazer na Rutgers University, despeço-me.

Abraços do
Machado

E-MAIL DO LEON MACHADO
Domingo, 5 de abril de 1998, 11:52:10

Caro Onésimo:

Grato pela lembrança de pedir ao Owen que me enviasse o seu (dele) estudo sobre literatura autobiográfica. Ser-me-á muito útil. Como tinha o texto em Mac, foi um pouco difícil eu conseguir lê-lo. Até que me lembrei do formato universal RTF. O Owen enviou-mo nesse formato e recebi-o lindamente.

Começaram as férias da Páscoa e aproveito-as para reler um dos volumes de *Era Uma Vez o Tempo*. Vou preparando as bagagens (materiais e intelectuais) para a visita aos Açores e ao Fernando Aires. Há dez anos que não vou às ilhas. Nem imagina como me sinto. Comprei três rolos fotográficos...

O Manuel Carvalho publicou um artigo muito curioso no último *Semanário Transmontano*. Título: "Identidade". É facto assente que que o nome do Onésimo é rocambolesco. E o apelido *Carvalho*? Nem imagina o que o Manuel tem passado. É que os canadianos leem-no sem *v*.

Gozará você as férias da Páscoa ou aí não há? Se há, aproveite-as.

Abraços do
L. Machado

E-MAIL DO ONÉSIMO
Segunda-feira, 6 de abril de 1998, 04:02:55
Caro Leon:
Chegámos há pouco de New York onde passámos um belo dia. Fomos na sexta à tarde para a Universidade de Rutgers, em New Jersey, a quatro horas de carro daqui. Hoje de manhã fomos para New York, que fica a 20 minutos.
Bom congresso. Estavam lá o Almeida Faria (de quem não gosto como pessoa por muitas razões), a Clara Pinto Correia (que conheço e admiro, embora não goste muito das meninices dela, mas fez uma excelente comunicação); a Hélia Correia, de quem gostei muito como pessoa. Ela também gostou muito do Duarte e da Leonor. Achei-a muito simples e sem peneiras, pelo que fiquei com vontade de voltar a encontrá-la. E estava ainda muita outra gente, entre a qual a Ana Mafalda Leite, da Univ. de Lisboa, nossa amiga, que levámos para New York e regressou connosco a Providence. Gosta muito de estar aqui e vai ficar duas semanas numa residência da universidade.
O Owen já me tinha dito que lhe tinha enviado a sua tese de licenciatura.
Pode ser que lhe sirva para algo. Mesmo que seja apenas para alargar a sua bibliografia, é uma fonte que lhe fica nas mãos.
É isso. Açores... Você vai mesmo gostar. Estou certo. O Fernando Aires está a postos.
>O Manuel Carvalho publicou um artigo muito curioso no último *Semanário Transmontano*. Título: "Identidade". É facto assente que que o nome do Onésimo é rocambolesco. E o apelido

Carvalho? Nem imagina o que o Manuel tem passado. É que os canadianos leem-no sem *v*.
Gostava de ver o artigo. O que é normal para os anglófonos é lerem sem o *r*. Chamam *Cavalo* aos Carvalho. Até usei isso numa rábula de *Ah! Mònim dum Corisco*. Fico com curiosidade de ver.
>Gozará você as férias da Páscoa ou aí não há? Se há, aproveite-as.
Já tive "férias". Passei-as a dar aulas nos Açores. O sistema aqui não se compadece com festas móveis e por isso temos férias fixas sempre na última semana de março.
Grande abraço do
Onésimo

E-MAIL DO LEON MACHADO
Segunda-feira, 6 de abril de 1998, 11:25:46
Caro Onésimo:
Com que então encontro cultural, hein? O Almeida Faria é esquisito, lá isso é. O João Aguiar também não simpatiza com ele. Acha-o um vaidoso. Enfim, eu tenho uma relação cordial com ele.
Peço-lhe um favor: há de perguntar à Mafalda Leite se recebeu os livros que eu lhe enviei. É que ela até agora não disse água vai. Também lhe tinha enviado uma mensagem por e-mail, mas não recebi nada. Será que pus a morada errada?
Logo aborreço-o mais um bocadinho. É que tenho de levar a cadelita a passear.
Até logo.
Machado

E-MAIL DO ONÉSIMO
Quarta-feira, 8 de abril de 1998, 20:07:21

Meu caro:
>Com que então encontro cultural, hein? O Almeida Faria é esquisito, lá isso é. O João Aguiar também não simpatiza com ele. Acha-o um vaidoso. Enfim, eu tenho uma relação cordial com ele. Um dia posso contar-lhe algumas histórias. Nada grave, mas reveladoras de carácter.
>Peço-lhe um favor: há de perguntar à Mafalda Leite se recebeu os livros que eu lhe enviei. É que ela até agora não disse água vai. Também lhe tinha enviado uma mensagem por e-mail, mas não recebi nada.
Vou perguntar-lhe. Vi-a duas vezes e esqueci-me.
>Logo aborreço-o mais um bocadinho. É que tenho de levar a cadelita a passear.
Fiquei à espera, mas nada...
Por aqui, é sempre o mesmo disco: Trabalho, trabalho, trabalho....
Tenho de despachar as dia-crónicas para a *LER*. Chegou a ler as outras?
E você quase nos Açores... Que inveja!
Você perguntará: mas não veio de lá há pouco e vai voltar lá daqui a uma semana e meia?
Sim, claro. Mas quero ir lá todos os dias!
Grande abraço do
Onésimo

E-MAIL DO LEON MACHADO
Quarta-feira, 8 de abril de 1998, 22:19:02
Caro Onésimo:
Naquele dia falhei a mensagem "para mais logo". É que tive de ir à aldeia do meu sogro ajudar a fazer estrefega do vinho. Uma

trapalhada. Tanto mais que não fizemos estrefega nenhuma. Começou a chover e não se pode fazer com a chuva.

Pois: o Almeida Faria, pelo que o João Aguiar disse, quando está no estrangeiro farta-se de dizer mal de Portugal e em especial dos outros escritores. Parece que só ele é que é bom. Enfim, para mim ele tem sido simpático. Pelo menos para já.

A esposa do Fernando Aires (mulher, desculpe) telefonou-me ontem. Diz que infelizmente não estará em São Miguel quando eu lá for. Vem passar a Páscoa ao continente por mor de um irmão que cá tem bastante doente. Quer isto dizer que eu e o Fernando vamos ter de nos desenrascar na cozinha. Ela disse-me que ele ainda frita uns ovitos, mas pouco mais. Vou ter de ser eu a entrar de faxina.

Se o Onésimo lá estivesse, fazíamos umas ementas chinesas.

Eu compreendo a sua relação com os Açores. Repare: eu quando estou longe por muito tempo de Braga, começa a dar-me uma coceira saudosista que tenho mesmo de pegar no carro, andar 160 km por uma estrada cheia de buracos e respirar o verde do Minho. Aqui tenho montanhas a toda a volta. O Torga é que gostava disto. Já nos Açores sinto-me praticamente em casa, com toda aquela erva a esmeraldar a paisagem.

Não, ainda não li as crónicas da *LER*. É que ainda não fui a Braga desde que a revista saiu.

Ah! Não se esqueça de perguntar à Ana Mafalda Leite se sempre recebeu os livros. Dê-lhe lembranças minhas, já agora.

E mostre-lhe, se puder, a página do Projecto Vercial e do *Letras & Letras*. Houve grandes mudanças. O n.º de visitantes não para de crescer.

Abraços do
Machado

E-MAIL DO ONÉSIMO

Sexta-feira, 10 de abril de 1998, 08:22:42
Caro Leon:
Recebi ontem o volume XI do diário e acho que você————————. A escrita está muito——————e o conteúdo——————————.
Não sei como reagirão——————————————porque——— embora a amiga da Mónica Lewinski também tenha publicado as conversas que teve com ela. Não sei exatamente————————————-, porque a autocensura do seu diário passará também às cartas e mensagens de quem lhe escreve.
Ainda só li as primeiras 30 páginas. Não há dúvida que você é um escritor——————————-e que continuará a——————————.[11]
Hoje tenho de avançar a sério nas minhas dia-crónicas para a *LER*, pelo que só poderei ler algumas páginas nos intervalos. Amanhã dir-lhe-ei mais.
De qualquer modo, boa Páscoa para si e para a Linda.
Um abraço do
Onésimo

E-MAIL DO ONÉSIMO
Sexta-feira, 10 de abril de 1998, 16:10:08
Caro Leon:
Perguntei à Ana Mafalda se tinha recebido algo seu. Sim, recebeu mensagem(ns?) mas o e-mail dela anda avariado. Pediu-me em tempos o seu endereço. Diz que o tem e que só agora vai recomeçar a correar-se eletronicamente.
Abraço.
Onésimo

E-MAIL DO LEON MACHADO
Sexta-feira, 10 de abril de 1998, 19:44:11
Caro Onésimo:
Mas eu não lhe disse que guardasse o diário para ler nas férias? Agora sujeita-se a ler o texto truncado. Pelo menos deitado na areia não sentiria tanto os cortes.
Quanto à Ana Mafalda Leite: afinal ela não recebeu os livros. Que lhes terá acontecido? Enviei-lhe pelo menos dois. Há de dizer-me novamente a morada, se não for incómodo para si. A que eu cá tenho é: [Endereço]
A não ser que algum carteiro viciado em leituras exotéricas os tenha desviado. Mas não acredito.
O Onésimo já comprou as amêndoas? Aqui fazem-se folares.
Entretanto, não se mace a ler o diário e faça as crónicas, que urgem mais.
Abraços do
José Machado

E-MAIL DO ONÉSIMO
Sábado, 11 de abril de 1998, 11:11:16
Caro Leon:
A sua resposta dá-me a entender que não fui claro com o meu comentário inicial ao seu último volume do diário. Não teve a ver com o facto de ele estar truncado, mas de não ter sido truncado bastante. Pelo menos uma linha aqui e acolá no que me diz respeito. Outros falarão por si.
Ontem à noite recomecei a leitura depois de um jantar em casa de uma amiga. Não estava com sono e li até às três da manhã. Acabei-o. Lê-se muito bem e não fica nada uma vida trivial como você diz tantas vezes. Ali condensado, ressalta uma agenda notável na companhia de gente muito interessante, de livros bons, de interesses acima do comum dos mortais. É um retrato de como se

não tem de morrer de tédio numa pequena cidade de província. Você estabeleceu uma rede de contactos e amizades invulgar para uma cidade do interior. A Internet ligou-o com o mundo. A sua escrita não há dúvida que merece mais do que edições de autor. As outras virão a seu tempo, estou certo.
    A Ana Mafalda mudou de residência há tempos. Mas foi só de andar. É no mesmo prédio. Vem cá almoçar amanhã, dia de Páscoa. Perguntar-lhe-ei pelos livros.
    Não comprei amêndoas. Há-as por aí. Não quero deixar a Leonor triste se o fizer. O Duarte e a Tatyana preferem outras guloseimas menos açucaradas e com menos calorias. São os dois muito cônscios da sua alimentação. O Duarte é um *gourmet*. A Tatyana tem uma grande disciplina com o corpo. O folar também é muito açoriano (chamamos "massa sovada" ou, menos comum, folar). E por aqui há os fresquinhos de tentar um santo. Padarias portuguesas fazem-nos todo o ano e vendem-nos em qualquer supermercado com o nome de "Portuguese sweet bread".
    Vou acabar as crónicas para a *LER*. depois tenho que preparar a conferência para New York na quarta-feira. É num hospital, inserida numa série chamada *Humanities* para médicos e outro pessoal do Hospital. Já lá fui uma vez. Agora falarei sobre Filosofia do Humor. Faltava-me mais esta experiência para a minha coleção.
    Boa Páscoa para si e para a Linda.
    Abraço do
    Onésimo

E-MAIL DO LEON MACHADO
Sábado, 11 de abril de 1998, 22:14:22
    Caro Onésimo:

A campainha toca e o homem da opa à frente carrega a cruz que dá a beijar portas adentro. Atrás vai o seminarista com a caldeira de água benta...

Boa Páscoa, mais uma vez.

E grato pelo esforço de leitura do último diário de um futuro náufrago a caminho dos Açores. Imagine se o avião, por azar dos céus, cai. Lá se vai o J. L. Machado. Se isso acontecer, peço-lhe que contacte a minha esposa e ela que lhe entregue o meu espólio. Ofereço-o à Brown com uma condição: que me queimem os diários não publicados. Ah! E que entreguem à editora Campo das Letras no Porto o original quase corrigido de *O Guerreiro Decapitado*. Delego em si a correção dos últimos doze capítulos. O primeiro já está.

Filosofia do Humor? Isso interessa-me. Quando o Onésimo escrever o texto, e se não for muito trabalho, envie-mo. Pode ser por e-mail. Um dia alguém me disse que eu tinha algo de *Homo Humoristicus*. E eu acrescentaria: *Nigrus*.

Como amanhã devo estar com indigestão por causa dos folares e das amêndoas, despeço-me.

Boas Páscoas aí para casa.

Abraços do

J. Machado, o *Homo Humoristicus... Nigrus*

P.S. A Linda diz-me aqui ao lado que não é *Nigrus*, mas *Niger* no nominativo. Ando mesmo a perder o meu latim.

E-MAIL DO LEON MACHADO
Sábado, 18 de abril de 1998, 22:17:11

Caro Onésimo:

Cá cheguei, vivo (o avião não caiu), mas alguma coisa fatigado. Nada que não se possa resolver com um bom sono. O problema é que a Linda não me vê há uma semana...

A ver se lhe faço um relambório destes maravilhosos dias passados em São Miguel. No último, o Fernando Aires levou-me ao Pico da Pedra. Uma terra simpática, com um animado largo, crianças a brincar, velhos a discutir sentados num banco, um café ao lado com homens a rir divertidos. Terra simpática. E comemos bem, sim senhor. Mas há de dizer ao moço do restaurante para pôr uma saladinha de alface. Eu sou minhoto e os minhotos gostam de ruminar verdura. A carne (que estava ótima), assim a seco, custava a passar na garganta.

O Fernando foi extremamente simpático e amável. É um homem fantástico.

Conto-lhe amanhã mais coisas em pormenor. É que ainda tenho de ir tratar de um servicinho antes de poder adormecer.

Abraços do
J. Machado

E-MAIL DO ONÉSIMO
Sábado, 18 de abril de 1998, 23:00:08

Caro Leon:

O Fernando disse-me ao telefone desse dia no Pico da Pedra. Não falei consigo porque estava com pressa. Pedi ao Fernando para lhe dar um abraço. Estava atrasado. Íamos sair para a Universidade de Massachusetts, Amherst, onde estuda o Pedro. Ele fazia 21 anos e íamos lá jantar com ele. Mas são duas horas de viagem. Passámos lá a noite e hoje de manhã passeámos elas montanhas e regressámos no fim da tarde, a tempo de tirar os *jeans* e pôr a farpela para uma festa em Fall River, a meia-hora daqui. Uma festa de homenagem a um tio meu falecido há quase um ano.

Gostei, claríssimo, de saber que a sua ida a S. Miguel tinha sido um sucesso. Sei que o Fernando gostou muito de si.

Se soubesse que iam ao Pico da Pedra, tinha telefonado àquela malta para tratar especialmente de vocês. É uma malta muito simpática e teriam gostado de estar com vocês. Ao longo dos anos, tenho mantido sempre contacto com eles, porque são rapaziada ótima. Mas o Fernando não circula muito bem fora da sua rotina Ponta Delgada-Galera. Um dia, quando acontecer estarmos lá os dois, dou-lhe a volta aos cantos todos da ilha e a fazer o circuito do monte de pessoas interessantes que vale a pena conhecer.
Conte mais coisas.
Abraço.
Onésimo

E-MAIL DO LEON MACHADO
Domingo, 19 de abril de 1998, 14:52:21
Caro Onésimo:
Levantei-me às 11h. Dormi como pedra. E sonhei com os Açores. Não, é verdade. Ontem à noite tentei telefonar ao Fernando Aires, para lhe dizer que cheguei bem, mas não estava em casa. Consegui contactá-lo hoje. Tinha ido ver o *Titanic*. Mas não gostou grande coisa do filme e saiu antes do fim. Pouco depois telefonava o Daniel de Sá. Pensava que eu ainda estava nos Açores. O Fernando deu-lhe o meu número de telefone. Vai mandar-me uns quantos contos de Natal. Parece que ele escreve um por ano.

Passo agora ao relambório dos dias aí passados: como lhe fomos contando por telefone (eu e o F.A.), tivemos uns dias variados. Fomos à Galera (aquilo é realmente paradisíaco e onde apetece escrever uns novos *Lusíadas*); à Lagoa das Sete Cidades (idílica), à Lagoa das Furnas (romântica), à Ribeira Grande, ao Pico da Pedra, etc., etc. Matei saudades da paisagem açoriana. A paisagem humana conheci-a também de perto, em especial os amigos da literatura. Passámos um agradável serão em casa do Vamberto. O Vamberto e a Adelaide foram muito simpáticos. O Vamberto tinha lá a revista *LER* e li muito por alto as crónicas do Onésimo. Li-as por alto, porque tinha de estar atento ao que serão. É que leram-se poemas, textos (a Gabriela foi aliás a estrela do serão. Deve ter engolido um gravador...). Li com atenção o texto sobre o Manuel Carvalho. Concordo plenamente consigo. E grato pela referência ao J. L. M. Embora tenha sido baldada a minha ajuda na questão do Raul Brandão.

Mas não julgue que estes dias foram só de passeio e de serões a recitar poemas ou a falar dos ausentes! Trabalhámos. Eu e o F.A. conversámos imenso. Gravei algumas conversas que passarei a papel nos próximos dias. Como o Vamberto me pediu colaboração para o Suplemento, talvez lhe envie uma espécie de entrevista. E lemos. Comprei a sua *L(USA)lândia*, que estou a ler regaladamente. Vou na pág. 135. O Onésimo era da minha idade quando escreveu a maior parte daqueles textos. E que diferença vai entre os balbucios que eu vou tentando e a maturidade dos seus textos! Até agora, gostei em particular dos textos: "Táticas FLAgrantes", "Racismo à Portuguesa", "Um lar (e umas torradinhas?)", "Onde houver um jornal português..." (este parágrafo é único: «Lisboa anda cheia de jornais matutinos, vespertinos e cretinos...»); "Barões Assinalados" (é engraçadíssimo você dizer que «Portugal é um retângulo torto»), etc., etc. Adivinha-se com este seu livro o futuro autor de *Que Nome É Esse* e de *Rio Atlântico*.

Dir-lhe-ei mais enquanto for lendo o resto.

Abraços do
Machado

E-MAIL DO ONÉSIMO
Domingo, 19 de abril de 1998, 17:22:50
Meu caro:

Bom saber notícias pormenorizadas. Gostava de ter estado lá. Bom saber que tudo correu bem e que você conseguiu o material que queria. Bom ter gostado do Fernando, pois seria muito chato ter de escrever sobre alguém de quem não gostava.

A Gabriela Silva é teatral. Onde está, é a estrela. Mas tem muita piada. Tem poemas lindíssimos sobre o isolamento e a solidão nas Flores.

Os serões em casa do Vamberto e Adelaide são sempre muito agradáveis. Sento-me sempre no mesmo lugar. Já foram tantos.

A Caloura, oh! A Caloura e as noites de serenata a ouvir-se pelo vale fora. Chegamos a fazer serão com umas quarenta pessoas. Guitarras e cantoria pela noite dentro...

Os passeios digestivos depois do jantar para ir tomar café ao bar do porto... A minha ida diária, logo de manhã, à vila para agarrar o jornal, pão fresco e tomar o meu café a conversar com a gente da terra no Cova da Onça; enfim.... Ando sempre de memória a transbordar.

Passarei em S. Miguel quinta-feira de manhã, mas só uma hora e pouco. Seguirei logo para São Jorge. Ah! Meu São Jorge! Como aquela paisagem me agarra pelos fundilhos! Pico da Esperança... O Pico e o Faial ao fundo. É de lá que o Pico é mais belo.

O meu livro: ainda estou com pena de que o tenha comprado. Não lho enviei, como não enviei montes de outras coisas. Não me pareceu que lhe interessaria. Mas não se engane com isso das datas de publicação. Embora o *Rio Atlântico* seja na sua maioria (2/3) escrito a partir de 1994, os três livros de crónicas que mencionou, *L(USA)lândia*, *Que Nome* e *Rio Atlântico*, são quase todos do mesmo período. Seleccionei-as por temas, estilo e destinatário. O primeiro destina-se às comunidades luso-americanas. Os outros, ao público português em geral. *Que Nome* é mais criativo; *Rio Atlântico* é mais de reflexão, e textos mais curtos que o anterior. As crónicas da *L(USA)lândia* vão de 1975 a 1986; as de *Que Nome* vão de 1979 a 1994; as de *Rio Atlântico*, de 1978 a 1995. Infelizmente não há grande evolução no meu modo de pensar desde essa altura. O outro livro de crónicas (*Da Vida Quotidiana na L(USA)lândia*) é que é de 1973-1975, e resulta do meu primeiro embate com a América. Aí é que haverá maiores diferenças. Os dois grandes períodos de maturação da minha vida foram em Angra, de 1966-69; e depois nos Estados Unidos, de 1974-1979, embora eu tivesse chegado em 1972.

Leva-se em regra três anos a entender uma cultura quando se imigra.

Estou a badalar demasiado.

Tive de novo gente para almoçar. Um deles tem uma história por trás muito interessante, daquelas de a gente dizer: como o mundo é pequeno! Mas não dá para contar por escrito. Hoje também foi dia de vir a minha mãe.

Vou regressar à sala para estar um pouco com ela.

Abraço.

Onésimo

P.S. Depois de amanhã fazem-me um lançamento (tardio!) de *Rio Atlântico* na Biblioteca de New Bedford. Vai falar o Prof. Frank Fagundes, da Univ. de Massachusetts, o autor de um longo ensaio sobre a *(Sapa)teia* publicado na *Revista da Faculdade de Letras*. Ele não sabe escrever coisas curtas. Parece que tem mais do que 20 páginas!

Outro a.

O.

E-MAIL DO LEON MACHADO
Segunda-feira, 20 de abril de 1998, 17:59:58

Caro Onésimo:

Acabou-se a mamadeira. Hoje reiniciaram-se as aulas. As minhas estagiárias perguntaram-me pelos Açores. Ficaram tão entusiasmadas com o que eu lhes disse que prometem, quando casarem, passar lá a lua-de-mel.

Quando você me diz que será o Prof. Frank Fagundes a apresentar o seu *Rio Atlântico*, presumo que seja o Cota Fagundes. O Frank é o Sousa, autor de um estudo sobre *A Cidade e as Serras*, creio eu.

Recebi uma carta do Almeida Faria, a agradecer-me o *Diário X* (leu-o todo, coisa inaudita, e gostou, o que é ainda mais inaudito). Manda-me junto o programa de um colóquio sobre *As Viagens na minha Terra* a realizar na University of Massachussetts em 1999, para no caso de eu estar interessado. Parece que foi o Frank de Sousa que lhe deu notícia do mesmo. O Onésimo sabe alguma coisa sobre isso?

Enquanto você estava em amena cavaqueira com a família, estive eu ontem a redigir uma espécie de entrevista ao Fernando Aires. Logo que tenha um rascunho completo, mando-lha em primeira mão. Ele disse coisas muito interessantes.

A Gabriela é uma pessoa *sui generis*. Foi realmente a estrela do serão. Ela lê muito bem poesia. Imagine que até chorou quando se pôs a contar como o pai a atirou brutalmente para dentro de um barco nas Flores. As lágrimas molharam a toalha da mesa onde a Adelaide tinha poisado o bolo de aniversário. Ficámos todos um pouco incomodados. Daí a dois minutos já estava a rir.

Os Açores cá me vão aparecendo na memória em *flashs*. Aquela paisagem pega-se.

Abraços do
José Machado

E-MAIL DO ONÉSIMO

Segunda-feira, 20 de abril de 1998, 18:31:11
Caro Leon:
>Quando você me diz que será o Prof. Frank Fagundes a apresentar o seu *Rio Atlântico*, presumo que seja o Cota Fagundes. O Frank é o Sousa, autor de um estudo sobre *A Cidade e as Serras*, creio eu.
Não me enganei. Os dois são Francisco ou Frank. Um Frank Fagundes (Francisco Cota) e o outro Frank Sousa.
>Recebi uma carta do Almeida Faria, a agradecer-me o *Diário X* (leu-o todo, coisa inaudita, e gostou, o que é ainda mais inaudito). Manda-me junto o programa de um colóquio sobre *As Viagens na minha Terra* a realizar na University of Massachussetts em 1999, para no caso de eu estar interessado. Parece que foi o Frank de Sousa que lhe deu notícia do mesmo. O Onésimo sabe alguma coisa sobre isso?
É uma oportunidade para você se candidatar. Não é fácil. Portugal apoia a vinda de doutorados ou de gente que anda a trabalhar na área do congresso. Mas nunca se sabe. Se vier, conte com uns dias na minha casa. Não me recordo bem, mas creio que o Fagundes me falou nisso. Posso perguntar-lhe amanhã.
>Enquanto você estava em amena cavaqueira com a família, estive eu ontem a redigir uma espécie de entrevista ao Fernando Aires. Logo que tenha um rascunho completo, mando-lha em primeira mão. Ele disse coisas muito interessantes.
Terei muito gosto em ler.
Estou de abalada para ouvir uma conferência.
Abraço.
Onésimo
        E-MAIL DO LEON MACHADO
Terça-feira, 21 de abril de 1998, 20:54:06
Caro Onésimo:

Terminei hoje o texto sobre o Fernando Aires. Mando-o em *attachement*, formato RTF, que poderá ler no seu Mac Word. Se tiver problemas técnicos, diga, que arranja-se outra maneira de enviar.

Abraços do
José Machado
P.S. Estou quase a terminar a sua *L(USA)lândia*. Depois lhe falarei sobre isso.

<<<<<<<<>>>>>>>>

A CRIAÇÃO DIARÍSTICA EM FERNANDO AIRES[12]

Entrevista dirigida por José Leon Machado

Fernando Aires, um dos mais importantes escritores açorianos da atualidade, é autor de quatro volumes de diário com o título genérico de Era Uma Vez o Tempo. *Sentados no escritório da sua casa em Ponta Delgada, a janela aberta sobre a cidade com o mar ao fundo, iniciámos uma conversa informal de que apresentamos alguns fragmentos.*

L. Machado: Em que material é que escreve o diário?

F. Aires: Sempre escrevi em folhas soltas, dobradas a meio, porque é mais cómodo. No caderno, se eu inutilizo o texto, tenho de arrancar as folhas. Se risco, torna-se mais difícil a leitura. A folha solta, se a inutilizarmos, atira-se para o cesto dos papéis e escreve-se outra. Quando muito arranjo uma capa onde guardo as várias folhas soltas, para não se perderem. Ou então agrafo-as quando atingirem vinte ou trinta páginas.

L. Machado: O seu diário é essencialmente um diário manuscrito?

F. Aires: É um diário manuscrito. E continua a ser um diário manuscrito por um velho hábito. Todavia vejo que, à medida que vou entrando na manipulação do computador, vou-me sentindo mais à vontade para poder escrever ali diretamente. Com a vantagem de apagar, em vez de riscar com a esferográfica. Mas ainda é muito reduzido o texto escrito diretamente no computador.

L. Machado: Escreve então os textos à mão e passa-os depois para o computador. Depois como é que os revê?

F. Aires: Antes mesmo de passar para o computador, ainda utilizo o manuscrito para corrigir coisas. Eu trabalho muito os textos.

L. Machado: Posteriormente ou no momento em que os escreve?

F. Aires: Costumo escrever de jato e depois é que trabalho o texto. É como um pedaço de barro que o oleiro molda em bruto, surgindo dali uma forma cada vez mais elaborada. Há, todavia, um risco que se corre. É preciso ter muito cuidado na elaboração de um texto a partir do esboço. Porque, se se elabora o texto como quem faz uma rendinha à mão, há um grande risco de este perder a espontaneidade. Ele tem que brotar e ser alguma coisa de tão fluido como uma água que sai da nascente e que corre. É fundamental que a literatura seja alguma coisa de vivo, que flua e vibre e seja espontânea. Eça de Queirós também fez a mesma coisa. Trabalhou e trabalhou e trabalhou o texto e saiu o que saiu.

L. Machado: Eça de Queirós não escreveu diários.

F. Aires: Sim, é verdade. Eça não escreveu diários. Mas o trabalho de escrita de um romance é semelhante.

L. Machado: Em que locais costuma escrever o diário?

F. Aires: Escrever não é uma função sedentária. Quem está precavido e quem tem alguma experiência, leva consigo inevitavelmente um bloco de notas ou umas folhas soltas e vai preparado para, no caso de surgir alguma ideia, esta não se perder.

L. Machado: Recorda-se de algum caso em que estava num local qualquer e lembrou-se de uma ideia e escreveu-a?

F. Aires: Sim, acontece às vezes encontrar-me num lugar sugestivo, ou depois de uma conversa com alguém, e ter vontade de tomar um apontamento para não se perder um futuro texto.

L. Machado: Quando é que costuma escrever?

F. Aires: Desde o tempo de Coimbra que me habituei a escrever de manhã. De manhã estou mais fresco e afluem mais facilmente as ideias. Depois de lavar a cara, de respirar o ar lá de fora, de fazer um pouco de exercício mexendo-me, eu dou melhor conta do recado do que a uma outra hora do dia.

L. Machado: Como é que publicou o primeiro volume de *Era Uma Vez o Tempo*?

F. Aires: Alguma coisa desse primeiro volume, antes da impressão em livro, foi publicada no *Diário dos Açores*. Tinha lá um grande amigo, o Silva Júnior, que dirigia o jornal. Ele conhecia coisas que eu escrevia, tínhamos conversas e muitas vezes me pedia que eu mandasse textos para as páginas do jornal. E eu mandei. Nessa altura eu não tinha bem assente o projeto de juntar os textos e mandar para uma tipografia.

L. Machado: Já tinha um título?

F. Aires: Os primeiros textos que foram publicados no jornal não traziam designação. Vinha o meu nome e começava o texto. A partir de certa altura, passou a ser nomeado como Diário. Quando saía a página de letras, vinha sempre um retalho do diário. Muito do primeiro volume foi assim. Nos outros já não. Porque tirava a novidade.

L. Machado: Como é que resolveu juntar os textos num volume?

F. Aires: Os meus amigos, entre os quais o próprio Silva Júnior, instaram-me a publicar os textos em livro. Acabei por propor a edição ao Instituto Cultural de Ponta Delgada, de que era diretor o professor Almeida Pavão. Ele tinha sido meu professor no liceu, conhecia-me bem, tinha lido os meus textos que saíram no jornal e responsabilizou-se pela publicação.

L. Machado: Como foi acolhido o primeiro volume?

F. Aires: O primeiro volume teve aqui em Ponta Delgada um bom acolhimento. Talvez por eu ter sido professor do liceu e da universidade, por me conhecerem dos jornais, não sei. Isso deu-me vontade de continuar.

L. Machado: E o segundo volume?

F. Aires: Estava praticamente implícita a publicação do segundo volume. Tive depois uma oferta por parte da editora Salamandra para a publicação dos volumes seguintes.

L. Machado: Como reagiu a sua família à publicação dos diários?

F. Aires: A família teve algum prazer em verificar que o diário tinha sido bem acolhido aqui. As críticas nos jornais foram favoráveis. Enfim, não sou uma pessoa tão exigente como o Saramago ou o Vergílio Ferreira, que aquilo que me tem acontecido de bom seja considerado aos meus olhos como coisa tão insignificante que eu passe a vida a ranger os dentes por não conseguir obter o prémio Nobel. Nada disso (risos).

L. Machado: Falando no Vergílio Ferreira: o Fernando Aires em *Era Uma Vez o Tempo* refere-se a cada passo à *Conta-Corrente*. Até que ponto ela o terá influenciado na escrita do seu diário?

F. Aires: Nada do que lemos, nada do que ocorre no que diz respeito a relações com outros autores cai totalmente em cesto roto. Alguma coisa a gente apreende, assimila. É natural que, ao ler o diário de Vergílio Ferreira, ao ler o diário de Miguel Torga, tentemos ver até que ponto está distante aquilo que escrevemos daquilo que os outros escreveram. Eu penso que tenho um estilo muito pessoal. Se alguém me perguntar qual foi o escritor que mais me influenciou, eu diria que foi Eça de Queirós. Eça de Queirós está tão dentro de mim, tão dentro dos meus hábitos de leitura e a minha admiração por ele é tão grande, que eu não posso deixar de, de uma maneira ou de outra, ser influenciado por ele.

L. Machado: O primeiro volume da *Conta-Corrente* foi publicado em 1980 e o Fernando Aires começou a escrever *Era Uma Vez o Tempo* em 1982. Será que houve certa motivação da sua parte ao ver outro autor a escrever um diário?

F. Aires: Eu ainda não conhecia a *Conta-Corrente* do Vergílio Ferreira nessa altura. Isso no continente era certamente conhecido. Mas aqui não. Ou eu não dei por isso. Comecei a ler a *Conta-Corrente* em finais dos anos 80. Não me influenciou realmente como motivação para escrever também eu o diário. Influenciou-me talvez na perspetiva de um estilo sintético, de *flash*, de sugestão sensorialista. Tinha lido antes dois romances: *Manhã Submersa* e *Aparição*. Li-os quando andava a fazer o estágio no Porto, creio. O último foi para mim um encontro marcante. Impressionou-me sobretudo a temática da morte: quem morre já não está presente. A página sobre o semeador foi para mim um verdadeiro clarão.

L. Machado: E quanto ao Torga, houve alguma motivação?

F. Aires: Conheço o Torga desde o tempo de Coimbra. Cheguei a conhecê-lo pessoalmente. Li muito cedo alguns dos seus volumes do *Diário*.

L. Machado: Quer então dizer que diarística propriamente dita só conheceu a do Torga antes de começar a escrever.

F. Aires: Li também o Amiel. Um volume apenas. Andava já na Faculdade. O *Diário* de Amiel tocou-me bastante. É um diário de reflexão, de busca de razões, uma sensibilidade que não é muito portuguesa, afinada com a exploração do ser, da personalidade íntima. É mais profundo do que o do Torga, sem dúvida.

L. Machado: Chegou a ler o *Livro do Desassossego* do Bernardo Soares?

F. Aires: Não. Sabe que também não convém, para quem os escreve, ter lido muitos diários. Porque a certa altura damos por nós a ser manipulados por aquilo que lemos. Acabamos sem saber o que é nosso e o que não é. É claro que ninguém é original. Quanto a assuntos, tudo está já escrito. Quanto a tentativas de os explorar, é que poderá haver alguma novidade. Porque cada um não é igual a mais ninguém.

L. Machado: Sei que o Fernando Aires escreveu um primeiro diário por volta de 1949.

F. Aires: Sim, é verdade. Foi no meu primeiro ano de Coimbra. Conforme ia escrevendo, ia mandando para o *Diário Açoriano*, onde foram publicados alguns excertos. Foi uma experiência sem continuação, fruto talvez do abandono e das saudades que sentia da família e dos Açores.

L. Machado: Como explica que cerca de trinta anos depois recomeçou a escrever o diário? Não terá sido uma espécie de crise existencial aos cinquenta anos de idade, uma reflexão sobre si próprio?

F. Aires: Os cinquenta anos são uma idade crítica. É a idade em que a gente começa a ter a convicção, como uma pancada na boca do estômago, de que se entra na velhice. É aterrador quando se pensa nisso a sério. A mocidade passou, começa a decadência, vemos a vida a fugir-nos.

L. Machado: São normalmente os adolescentes e as pessoas que entram numa idade avançada que escrevem diários. Os adultos entre os vinte e os cinquenta não costumam escrever. Por que será?

F. Aires: A adolescência é por sua natureza sonhadora, delineadora de um futuro. Vão acontecendo coisas e os adolescentes, os mais indagadores, procuram dar respostas por escrito. Esses diários da adolescência ficam em geral na gaveta, vindo mais tarde a ser rasgados ou guardados como recordação. Quando é já o diário da maturidade, com os cabelos brancos, uma vida vivida, experimentada, aí então é algo de mais sério. Funciona como memorial: a necessidade urgente de buscar no passado alguma consolação que o presente não dá. Recordar o prazer e a aventura de ter sido jovem, os casos de amor, os amigos que se perderam. É um manancial que nunca mais acaba. Ao atingirmos a maturidade, é também ocasião de fazer perguntas de natureza metafísica sobre a morte e o destino do homem, coisas que remetem para a filosofia ou até para a poesia.

L. Machado: O seu diário dos vinte anos serviu como experiência de escritos futuros?

F. Aires: O meu diário dos meus vinte anos não foi uma coisa sistematicamente feita. Eram pequenas notas tomadas aqui e ali num momento de mais inclinação para a reflexão. Não foi uma coisa pensada para publicar, mas para desabafar e não me sentir só. Em Coimbra, muito no começo da minha vida de estudante, refletia sobre a tristeza do bairro quando chovia no inverno, agravado isso pela distância de casa; o desconforto de viver numa pensão barata confrontado com o conforto que minha mãe procurava dar; as saudades da família e desta paisagem que não trocaria por nada.

L. Machado: Se não tivesse nascido nos Açores, teria escrito o diário? Até que ponto as ilhas terão influído nisso?

F. Aires: Há realmente fatores que levam a um intimismo e a uma reflexão sobre esse intimismo: a paisagem, a distância e o isolamento, os dias seguidos de chuva, o clima instável, o mar agitado, os temporais temíveis, os sismos, as recordações vulcânicas.

L. Machado: E, no entanto, nos Açores há apenas um diarista.

F. Aires: É verdade. E agora deu cabo da minha argumentação. No entanto, se nos questionarmos porque é que se escreve por aqui com bastante frequência, essa argumentação é válida.

L. Machado: Por que razão não há uma tradição diarística nos Açores?

F. Aires: Nos Açores, a diarística foi substituída pela poesia confessional. Na poesia, mesmo quando o escritor se confessa, não escandaliza ninguém. Porque é própria da poesia aquela linguagem. O diário corre o risco de ser uma confissão pública. A confissão pública é sempre perturbadora, sobretudo para quem a faz num ambiente circunscrito, como é o caso de uma ilha, uma cidade pequena, onde toda a gente vigia toda a gente.

L. Machado: Poderemos dizer que o Armando Côrtes-Rodrigues seria um dos poucos autores açorianos que poderia ter escrito um diário?

F. Aires: Sim. Ele escreveu uma série de crónicas que comungam de certo modo do diarismo. O autor evoca a infância, evoca o passado da ilha, relembra o povo que conheceu na juventude e faz uma série de considerações de natureza memorialista.

L. Machado: O Armando Côrtes-Rodrigues terá sido uma espécie de antecessor do Fernando Aires?

F. Aires: Eu li bastante cedo a poesia de Côrtes-Rodrigues, quer a da fase de *Orpheu*, bastante passageira, quer a da fase do regresso à tradição lírica. Sem dúvida nenhuma que ela não me passou despercebida.

L. Machado: Continua a escrever o diário?

F. Aires: O diário é como um vício. Um bom vício, aliás. Pelo menos dele não se morre. Já nos basta morrer um pouco todos os dias.

Ponta Delgada, 17 de abril de 1998

E-MAIL DO ONÉSIMO
Terça-feira, 21 de abril de 1998, 16:26:15

Excelente! Muita informação nova. Vale a pena publicar. Depois direi mais. Vou sair para o lançamento do *Rio Atlântico*.

O.

E-MAIL DO ONÉSIMO
Quarta-feira, 22 de abril de 1998, 08:48:05

Reli a entrevista, agora com tempo. Está como lhe disse após a leitura em diagonal. Rica, informativa. Não deve ficar apenas no SAC. Envie-a também para a revista *Escritor*, da APE. É o lugar natural para esse tipo de textos. Bom trabalho.

Ontem o lançamento correu muito bem. O Frank Fagundes fez um texto exemplar. Mas não sabe fazê-los curtos. Foram 20 páginas de análise rigorosa em que fez uma radiografia dos meus quatro livros de crónicas. Quem tem leitores assim é um privilegiado. E eu sinto-me. Não me dá para ter peneiras, mas é agradável sabermos que alguém nos lê como gostávamos de ser lidos no momento em que se escreve uma coisa. Aí vai. Fomos depois jantar a um restaurante e regressámos tarde a casa. Mas tive de me levantar às seis para ir levar o Pedro (que quis vir ao lançamento) a apanhar o carro do Frank Fagundes que vinha de New Bedford a caminho de Amherst e me levava o rapaz.

Com as mil coisas, esqueci-me de lhe perguntar pelo congresso sobre Garrett. Mas já lhe enviei um e-mail a perguntar.

Terei o computador aberto até sair para Boston pelas 16 horas daqui, 21h daí.

Abraço.
Onésimo

E-MAIL DO LEON MACHADO
Quarta-feira, 22 de abril de 1998, 19:54:52

Caro Onésimo:

Acha então que a entrevista pode ficar mesmo assim? Veja lá. Eu enviei hoje por correio ao Fernando Aires uma cópia para o caso de ele querer alterar alguma coisa. Quanto à sua ideia de eu oferecer o texto à revista *Escritor*, como é que poderei fazer isso? Contacto o José Manuel Mendes a perguntar, ou mando pelo correio e ele depois que decida? Além disso, não sei se é demasiado longa: tem 4 páginas A4.

Fui hoje buscar as fotografias que tirei nos Açores. Tem algumas razoáveis, malgrado a maquineta. Hei de mandar-lhe algumas. Pelo menos duas foram tiradas no Pico da Pedra.

O Fernando disse-me que o Onésimo devia ter algumas centenas de fotos das ilhas. Faço-lhe uma proposta: E se as metêssemos na Internet? *Copyright* do Onésimo, claro.

Pois correu bem o lançamento do *Rio Atlântico*? O livro está à venda aí, creio. É que lançamento de livro sem a possibilidade de o comprar, pode ser inócuo.

O F. Fagundes é realmente bom nas análises. Gostei de ler há tempos a que ele fez sobre a sua *(Sapa)teia*.

Pois as crónicas: vou lendo duas por dia, para poupar. Hoje li (numa reunião em Vila Real...) as duas referentes a um tal Francis Rogers. O tipo era mesmo assim ou o Onésimo fez um pouco de caricatura? Se era mesmo assim, espanto-me como o governo português estava tão cego a ponto de o condecorar.

Ontem li o texto referente ao Jorge de Sena e as opiniões que ele tinha acerca da comunidade imigrante portuguesa nos USA. Hoje contei às minhas estagiárias aquele dos onze dedos e o dos dois tipos de peúgas em cima da alcatifa...

Li também os dois textos referentes à violação da rapariga, de que fizeram um filme (creio que a protagonista era a Jodie Foster). O poder da comunicação social é infinito. Até se descobrir a verdade. Mas então já é tarde e a "fama" camoniana dificilmente volta atrás.

Embora uma ou outra crónica da *L(USA)lândia* seja a nível temático muito específica e só mesmo vivendo o contexto é que se compreenderá na totalidade, estou a gostar do conjunto, que não desmerece de forma alguma do autor de *Rio Atlântico*.

Quando o Onésimo tiver o texto do F. Fagundes, se puder, mande-mo.

E *per hodie, gratias agamus.*
Vale, fratre.
J. Machado

E-MAIL DO ONÉSIMO

Quarta-feira, 22 de abril de 1998, 15:07:30

Caro Leon:

Acabo de vir da aula e vou para casa fazer a mala. Tenho menos de uma hora para fazer isso. Assim, escreverei depois sobre todas essas coisas. Enviarei o texto do Fagundes e direi algo mais sobre os assuntos que levanta sobre as crónicas. Agrada-me saber que se interessou por elas, porque tratam de um mundo bem diferente e foram escritas para o público imigrante.

Fale com o J. M. Mendes. Ele deve interessar-se pela publicação da entrevista.

Tanto mais que está sensibilizado para as coisas dos Açores via Vamberto e não só. (Estão os dois no Conselho Nacional da Rádio ou coisa assim.) Faz bem enviá-la ao Fernando para ele corrigir, acrescentar, coisas. Uma entrevista falada é sempre mais falível do que uma escrita. Ele terá o bom senso de não alterar demasiado para não cheirar a forjado.

E aguardo as fotos do Pico da Pedra.

Vou-me para S. Jorge.

Grande abraço.

Onésimo

E-MAIL DO LEON MACHADO
Sábado, 25 de abril de 1998, 16:15:35

Caro Onésimo.

Esqueci-me do dia do seu regresso de São Jorge. Alguma novidade literária? Parece que o Vamberto teve um pequeno aborrecimento com um cacique lá da ilha. Um que ergueu uma estátua a si próprio. O indivíduo não chateou muito durante o colóquio?

Vou mandar-lhe as fotos na próxima semana (segunda-feira). Coisa fraca.

Ah! É verdade: o Instituto Camões já tem uma página na Internet. O Onésimo há de dar uma vista de olhos e dizer-me o que acha. O endereço: www.instituto-camoes.pt

Abraços do
José Machado

E-MAIL DO ONÉSIMO
Terça-feira, 28 de abril de 1998, 09:51:30

Caro Leon:

Regressei domingo à noite e só agora respondo a mensagens não urgentes. Esta é a última semana de aulas e sigo para a Califórnia com a Leonor depois de amanhã de manhã. Ainda não escrevi a conferência e suponho que só poderei fazê-lo amanhã de manhã.

São Jorge foi excelente. Dois dias e meio apenas. Tive de fazer seis voos no percurso todo de quatro dias. Tive de ir de S. Miguel a Lisboa apanhar avião para New York.

O convívio foi quente, como sempre. A ilha estava bela, como sempre. Mal cheguei, depois de uma hora de sono no avião de Boston, via S. Miguel, agarrei de um carro e fui com o Vamberto (que não gosta de turismo) e o Eduardo Bettencourt Pinho (que não conhecia a ilha) percorrer dois terços da ilha (sete horas de viagem). Espetacular. À tardinha, depois de uma receção, metemo-nos para o outro lado a ver o pôr-de-sol.

Em S. Miguel estive uma hora em casa do Aires, que voltou a dizer-me que tinha gostado muito de si.

Estou a escrever a alta velocidade. Tenho um seminário dentro de 10 minutos, uma conferência (só para assistir) à hora do lanche (aqui não é almoço) e outra aula das duas às quatro.

Dê notícias. Escreverei umas linhas ainda antes de sair para a Califórnia.

Abraço.
Onésimo
(Não releio o que escrevi.)

E-MAIL DO LEON MACHADO
Terça-feira, 28 de abril de 1998, 21:48:08
Caro Onésimo:

Com que então a gozar o pôr-do-sol em São Jorge! O encontro de que tratou? O Vamberto disse-me que ia haver o tal encontro, mas não me adiantou grande coisa acerca dos temas a tratar.

Terminei há dias a sua *L(USA)lândia*. O "Epílogo pouco edificante" é uma paródia engraçada com todas aquelas personagens históricas a desfilar. Imagino o que devem ter pensado os congressistas que o ouviram em Buena Park.

Os excertos de algumas entrevistas são interessantes e o Onésimo fez bem juntá-los no livro. São uma visão mais pessoal do que é a L(USA)lândia.

Gostei do livro, pois claro. Não só pela graça dos textos, mas pela temática e pela abordagem de questões que me eram totalmente alheias. Vivemos do lado de cá e quão cegos andamos em relação ao que se passa do outro lado (ou dos outros lados, que são vários).

Novidades: no próximo ano continuo com o estágio de Português / Inglês na escola. O conselho pedagógico queria substituí-lo pelo estágio de Religião e Moral. Fizemos um pé de vento e os tipos deram-nos mais um ano. Para o ano vou pedir licença sabática. Para ter tempo para a tese. O meu orientador, o Prof. Santos Alves, disse-me para eu pedir bolsa à JENICT, ou lá o que é. Fui saber como era, mandaram-me a papelada, mas não vou meter nada. É muita burocracia e ainda por cima temos de andar a fazer relatórios a todas as horas para Lisboa.

Terminei hoje a leitura de um livro de contos do J. Rentes de Carvalho, um senhor radicado na Holanda que só costuma publicar em holandês. Este livro de contos parece que é o primeiro que publica em português. Você conhece o homem?

Abraços e boa viagem.

José Machado

E-MAIL DO ONÉSIMO
Quarta-feira, 29 de abril de 1998, 19:14:12
Caro Leon:

>Com que então a gozar o pôr-do-sol em São Jorge! O encontro de que tratou? O Vamberto disse-me que ia haver o tal encontro, mas não me adiantou grande coisa acerca dos temas a tratar.

O encontro de escritores é só um encontro. Cada um fala do que quer e depois agrupam-se os temas em sessões. É mais ou menos assim, embora a organização sempre tente arranjar um tema genérico.

>Terminei há dias a sua *L(USA)lândia*. O "Epílogo pouco edificante" é uma paródia engraçada com todas aquelas

personagens históricas a desfilar. Imagino o que devem ter pensado os congressistas que o ouviram em Buena Park.

Houve quem não gostasse e jurasse nunca mais me convidar. De facto, nunca mais fui convidado para o congresso daquela organização.

>Gostei do livro, pois claro. Não só pela graça dos textos, mas pela temática e pela abordagem de questões que me eram totalmente alheias.

Surpreendeu-me que se tivesse interessado pelo livro. Foi por isso que nunca lho enviei. Os outros dois – a *(Sapa)teia Americana* e o *Ah! Mònim dum Corisco!* são mais fáceis de interessar quem está desse lado. *Ah! Mònim* deve ser reeditado este verão. O livro de contos será para o ano.

>Meu orientador, o Prof. António Alves disse-me para eu pedir bolsa à JENICT, ou lá o que é. Fui saber como era, mandaram-me a papelada, mas não vou meter nada.

Mas por que razão não há de pedir apoio à JENICT? Se quiser carta de recomendação, escrever-lhe-ei uma. Com muito gosto.

>Terminei hoje a leitura de um livro de contos do J. Rentes de Carvalho, um senhor radicado na Holanda que só costuma publicar em holandês. Este livro de contos parece que é o primeiro que publica em português. Você conhece o homem?

Nunca o encontrei, mas sei quem é.

Em tempos escreveu-me e enviou-me uma versão dactilografada do seu livro sobre os holandeses, que achei muito interessante. Mas nenhuma editora em Portugal se interessou.

Ele publicou crónicas regularmente no *Letras & Letras*.

Vou ver se continuo a minha comunicação. Ainda só escrevi duas páginas.

>Abraços e boa viagem.

Obrigado.

Abraço.

Onésimo

E-MAIL DO LEON MACHADO
Quinta-feira, 30 de abril de 1998, 21:19:10
Caro Onésimo:
Então já escreveu a comunicação? Assunto não lhe faltará. Aqui está um vento gélido. O meu sogro diz que lhe vai dar cabo dos bacelos. Talvez volte a nevar.
Tenho 4 dias de gazeta. Amanhã o feriado, o fim de semana e a segunda sem aulas. A ver se termino a revisão de *O Guerreiro Decapitado*.
Eu não conheço o J. Rentes de Carvalho. Ele manda-me um e-mail de vez em quando e tem página na Internet. O outro dia recebi o tal livro de contos, *O Joalheiro*. O homem escreve bem. Parece que na Holanda é muito conhecido. Chega a vender 100 mil exemplares dos livros traduzidos. Aqui nem o Saramago. Mandou-me estes dias uma entrevista ao *Harold Tribune*, uma página inteira com foto.
Um bocado vaidoso, talvez o F. Venâncio tenha razão. Mas isso deve ter a ver em parte com a ignorância dos nossos "intelectuais" em relação ao que ele escreve.
Quanto à JENICT: Então o Onésimo acha mesmo que eu deva tentar? Estive a ler novamente a papelada (não li tudo) e lá fala realmente de cartas de recomendação. Enfim, o Onésimo deve estar mais por dentro disso. Se achar que vale a pena e se quiser dar-se ao incómodo da redação, agradecia. Mas preciso de mais duas, ao que parece. A ver se convenço o Prof. Aguiar e Silva (com o Santos Alves, o meu orientador, não há problema; tanto mais que foi ele o da ideia de eu concorrer).
O Fernando Aires telefonou ontem. Disse que já leu a entrevista, que corrigiu e que ma envia por correio em carbono.

Disse também que ia a um serão na casa do Vamberto. Parece que ia lá estar um moço que anda pelo estrangeiro. Ele referiu o nome, mas passou-me. Ah! E contou-me que você esteve lá em casa cerca de uma hora, com muita pena dele, claro, que o queria lá bem mais tempo.

Já foi ver a página do Instituo Camões?

Abraços do

José Machado

E-MAIL DO LEON MACHADO

Segunda-feira, 4 de maio de 1998, 18:48:10

Caro Onésimo:

A versão definitiva da entrevista ao Fernando Aires está já na Internet. Se quiser consultar (ou recomendar aos seus alunos), o endereço direto é:

http://alfarrabio.um.geira.pt/vercial/letras/entrev02.htm

(O melhor é imprimir esta mensagem.)

O Fernando enviou-me as alterações / correções e amanhã remeterei ao Vamberto uma cópia definitiva para publicação no Suplemento. O mesmo farei em relação ao José Manuel Mendes.

Li o seu texto sobre o Corvo que saiu no Suplemento. Fiquei descoroçoado. Então nada de Éden? Só motas e turistas? Se o Raul Brandão fosse lá agora, diria gatos e lebres.

Uma novidade: o José Hermano Saraiva, no programa da televisão *Horizontes da Memória* transmitido no domingo (dia 3 de maio) e dedicado a São Miguel, falou de si. Apresentou-o como um dos grandes vultos da ilha. Eu não vi o programa. A Linda é que me contou.

E então a vida? Pensa nela? (na vida, claro).

Abraços do

José Machado

E-MAIL DO ONÉSIMO
Sexta-feira, 8 de maio de 1998, 16:33:44

Meu caro:

Cheguei ontem da Califórnia. Dias maravilhosos com a Leonor.

Escreverei depois. Tenho um fim de semana mais louco do que o resto do semestre.

Escreverei com calma.

Obrigado pelas notícias. Já tinha a versão corrigida da entrevista que o F. Aires me enviara. Recebi várias mensagens a dizerem-me da referência que me fez o José Hermano Saraiva. Surpreendeu-me por vários motivos, o maior dos quais é estar naquela lista. Se calhar pensa que eu já morri.

Grande abraço.

Onésimo

E-MAIL DO LEON MACHADO
Sábado, 9 de maio de 1998, 12:56:53

Seja bem-vindo.

Então um passeio de namorados, hein? O Fernando Aires disse-me que o Vamberto também andou por aí.

Terminei ontem a revisão do *Guerreiro Decapitado* e já mandei o texto à editora. Estou por isso a comemorar com espumante. Mando-lhe um copo...

Abraços do
José Machado

E-MAIL DO LEON MACHADO

Sábado, 16 de maio de 1998, 21:56:24
    Caro Onésimo:
    Como vai isso? Calculo uma secretária a dobrar ao peso dos papéis e dos livros e você com um olho numa página de um tomo de Filosofia, outro numa resma de fotocópias de uma tese, a orelha esquerda colada ao telefone, os dedos a digitar uma mensagem de e-mail, a boca a fazer uma recomendação a um seu aluno de mestrado e o pensamento lá longe, no mar dos Açores.
    Acertei?
    Ora bolas! Esqueci-me de que você também tem direito ao fim de semana.
    Ando a ler o volume II da nova série da *Conta-Corrente*. Já vi lá uma referência a si. E tinha a ver com questões telefónicas.
    Abraços do
    José Machado

E-MAIL DO ONÉSIMO
Domingo, 17 de maio de 1998, 03:02:09
    Caro Leon:
    >Acertei?
    Bruxo!
    >Ora bolas! Esqueci-me de que você também tem direito ao fim de semana.
    Hoje foi o meu primeiro dia mais ou menos em casa estirado a ler trabalhos finais dos alunos. Não tive despertador de manhã.
    Estou atrasadíssimo com tudo e devo dezena e meia de textos, mas ao menos não tenho que andar na correria.
    Esteve aqui o Eduíno de Jesus e fui com ele (e o meu sogro) a New York, a Boston, aqui por Providence e arredores a mostrar-lhe os cantos deste outro lado do meu mundo. Gostou muito. Tinha da América e de New York a imagem que a maioria dos intelectuais

portugueses tem e ficou visivelmente impressionado. Repetiu várias vezes que gostou mesmo.

Na Califórnia ele acompanhou-me a mim e à Leonor nos três dias e meio de viagens pelo Yosemite National Park, San Francisco (que é uma cidade bela) e pelo Nappa Valley, sítio que parece os Açores e onde se fazem os melhores vinhos da América, hoje vencedores de muitos concursos internacionais. Uma das adegas que visitámos é de Francis Coppola, o realizador de *O Padrinho*. Levou-nos lá a filha de um casal amigo, que trabalha como enóloga numa adega também muito conhecida. Provámos inúmeros vinhos de grande qualidade.

Não dá para contar tudo. Foram dias cheiíssimos e divertidos. Como também foi muito agradável o simpósio sobre "a imigração na literatura açoriana" realizado em Tulare, Califórnia. O ambiente é sempre muito divertido.

Enfim, ando a abarrotar de trabalho, mas não me posso queixar da falta de variedade. Pago é depois conta grossa com o que me fica às costas para fazer.

Não leve a mal o meu silêncio.

Abraço amigo do

Onésimo

P.S. Esquecia-me de lhe dizer que num liceu de Tulare onde fomos falar aos alunos de português (há lá uma razoável comunidade terceirense) havia nas paredes uma exposição sobre cultura portuguesa. Muito do material fora tirado de sítios na Internet. Os de literatura eram todos de Vercial, que lá estava em letras garrafais.

E-MAIL DO LEON MACHADO
Terça-feira, 19 de maio de 1998, 19:05:44
Caro Onésimo:

Sabe que os tipos do Instituto Camões tiveram o descaramento de virem copiar do material que tínhamos no Projecto Vercial, meteram na página deles e nem pediram autorização?

Ainda por cima são incontactáveis. Os endereços de e-mail que eles têm na página não funcionam. Mesmo que eu queira protestar, posso bem fazê-lo às paredes.

Desculpe-me este desabafo.

De resto, tudo corre sobre rodas. O estágio está a terminar, as estagiárias esperam uma boa nota porque acham que trabalharam muito (se trabalharam bem, isso não interessa; aqui em Portugal é assim: conta a quantidade...)

Domingo vou à primeira comunhão de um sobrinho meu em Ovar. O Onésimo já provou pão-de-ló de Ovar? É de chorar por mais. Já lambo a beiça e ainda só estamos na terça.

Por aí, imagino a trabalheira.

Abraços para si e saudações à Leonor e à prole do
José Machado

E-MAIL DO ONÉSIMO
Quarta-feira, 20 de maio de 1998, 17:59:32
Caro Leon:
>Sabe que os tipos do Instituto Camões tiveram o descaramento de virem copiar do material que tínhamos no Projecto Vercial, meteram na página deles e nem pediram autorização?

Acho isso inacreditável. Você tem que falar com eles. Se não respondem por e-mail, escreva-lhes uma carta. Podem fazer um *link* se quiserem, mas, se vão usar o material, devem reconhecê-lo. Tenho a certeza de que o Presidente, Dr. Jorge Couto, não sabe disso e que tratará imediatamente de solucionar a questão.

>Domingo vou à primeira comunhão de um sobrinho meu em Ovar. O Onésimo já provou pão-de-ló de Ovar? É de chorar por mais. Já lambo a beiça e ainda só estamos na terça.
Não me fale em doces, que estou em grande dieta.
>Por aí, imagino a trabalheira.
Imagina bem.
Mas vai tudo bem. Estou com menos pressão, porque agora estou por aqui sem viajar. Disse que não a um "discurso" nos Açores que teria um carácter demasiado oficial (nunca me quis colar a nenhum governo) e desculpei-me com um casamento que vou apadrinhar agora a 31 de maio.
Recebi hoje uma crónica do Francisco José Viegas no *DN* (não foi ele que ma enviou) que fala da minha crónica e da do E. Lisboa na próxima *LER*. Ambos, sem sabermos um do outro, falámos do muito que há a ler. O F. J. Viegas usa para título da sua crónica o título da minha e que era uma palavra que eu havia criado a propósito: *Bibliofagia*.
Tenho de ir a um recital de poesia.
Até amanhã. (Pressa.)
O.

E-MAIL DO LEON MACHADO
Domingo, 24 de maio de 1998, 22:55:43
Caro Onésimo:
Acabei de chegar da festa da primeira comunhão do meu sobrinho. Afinal não comemos o tal pão-de-ló de Ovar. Mas foram servidos outros mimos de que lhe não falarei por causa da sua dieta e com receio de que se afogue com a água que lhe possa crescer na boca.
A viagem é que foi de derreter as costas. Fui eu a conduzir. Agora só mesmo umas massagens. A Linda prometeu-mas. A ver.

Ainda não consegui terminar a leitura do volume II da nova séria da *Conta-Corrente*. Mas já dei com outra referência à sua pessoa. Esta fala também de Providence. Parece que o V. Ferreira gostou mesmo da cidade.

Já agora: o Onésimo lembra-se se algum dos volumes da *Conta-Corrente* se refere ao Fernando Aires? Até agora ainda não encontrei nada. Mas como V. F. escreveu ao Fernando e leu um dos volumes, pode ser que.

Estive na sexta-feira em Braga com o Prof. Santos Alves, meu orientador da tese. Contei-lhe dos Açores e ele ficou com vontade de visitar as ilhas. Qualquer dia vou com ele mostrar-lhe São Miguel. Talvez daqui a cinco anos, quando terminar a tese.

Sobre a tese: a Universidade do Minho dispensou-me das propinas (400 contos por ano). O doce foi por causa do "excelente trabalho" que estou a fazer (dizem eles...) no âmbito do Projecto Vercial. Quer isto dizer que não terei de pedir bolsa de estudo à JNICT. Livro-me dos relatórios mensais e da trapalhada burocrática. Fico no entanto grato ao Onésimo pela disponibilidade em assinar-me a carta de recomendação que, claro, já não será precisa.

Escreveu-me o Manuel Carvalho a dizer que o Onésimo sempre vai apresentar o *Parc du Portugal* em Bedford (ou New Bedford? – já não sei). Creio que já lhe disse: O M. Carvalho tem escrito artigos muito interessantes para o *Semanário Transmontano* acerca da experiência da emigração. Seria bom que ele os juntasse em livro. A ver se o anima.

Quanto aos artigos da *LER* com o mesmo título, não há possibilidade de alterar antes de sair o número? Essa coisa do título é chata. E eu que o diga com aquela história da *Ilha de Circe*.

Quanto ao Instituto Camões, estive a conversar com os meus colegas do Projecto e decidimos não fazer nada. Afinal o *site* do I. Camões não tem qualquer significação no âmbito da Internet em Portugal, uma vez que é um *site* praticamente desconhecido e muito pouco acedido.

Termino com mais esta: o jornal *Público* do dia 16 de maio traz no Suplemento Literário um artigo sobre o Projecto Vercial (eu ainda não li, pois não tenho o jornal) e, segundo me contaram, tece encómios ao mesmo. Sou como São Tomé: só acredito se... O jornal está na Internet, mas por azar os tipos não publicam o tal suplemento.

E porque já me estou a tornar chato e demasiado convencido com gloríolas (será por influência da *Conta-Corrente*?), fico-me por aqui.

Abraços do
José Machado

E-MAIL DO ONÉSIMO
Quarta-feira, 27 de maio de 1998, 11:19:52
Caro Leon:
>Acabei de chegar da festa da primeira comunhão do meu sobrinho. Afinal não comemos o tal pão-de-ló de Ovar. Mas foram servidos outros mimos de que lhe não falarei por causa da sua dieta e com receio de que se afogue com a água que lhe possa crescer na boca.

Estou habituado a essas privações.

>A viagem é que foi de derreter as costas. Fui eu a conduzir. Agora só mesmo umas massagens. A Linda prometeu-mas. A ver.

Espero que se tenham confirmado.

>Ainda não consegui terminar a leitura do volume II da nova séria da *Conta-Corrente*. Mas já dei com outra referência à sua pessoa. Esta fala também de Providence. Parece que o V. Ferreira gostou mesmo da cidade.

Gostou. Mas ele não gostava nada de viajar.

>Já agora: o Onésimo lembra-se se algum dos volumes da *Conta-Corrente* se refere ao Fernando Aires? Até agora ainda não encontrei nada. Mas como V. F. escreveu ao Fernando e leu um dos volumes, pode ser que.

Não me recordo bem. Creio que sim, mas não tenho a certeza.

>Sobre a tese: a Universidade do Minho dispensou-me das propinas (400 contos por ano). O doce foi por causa do "excelente trabalho" que estou a fazer (dizem eles...) no âmbito do Projecto Vercial. Quer isto dizer que não terei de pedir bolsa de estudo à JNICT.

Dá jeito. Poupa uns cobres para livros.

>Escreveu-me o Manuel Carvalho a dizer que o Onésimo sempre vai apresentar o *Parc du Portugal* em Bedford (ou New Bedford? – já não sei). Creio que já lhe disse: O M. Carvalho tem escrito artigos muito interessantes para o *Semanário Transmontano* acerca da experiência da emigração.

Sim, falarei sobre o livro dele a 11 de junho em New Bedford. Ele publicou uma bela crónica no *Portuguese Times*. Começou há tempos a publicar lá também por sugestão minha ao diretor do jornal. Ele tem talento.

>Quanto ao Instituto Camões, estive a conversar com os meus colegas do Projeto e decidimos não fazer nada.

Mas você deve esclarecer as coisas com eles.

>Termino com mais esta: o jornal *Público* do dia 16 de maio traz no Suplemento Literário um artigo sobre o Projecto Vercial (eu ainda não li, pois não tenho o jornal) e, segundo me contaram, tece encómios ao mesmo.

Não li. Que tal era?

>E porque já me estou a tornar chato e demasiado convencido com gloríolas (será por influência da *Conta-Corrente?*), fico-me por aqui.

Tenho que interromper. Chegou alguém a casa. Escreverei depois. (Não reli o que escrevi.)
Abraço.
Onésimo

E-MAIL DO LEON MACHADO
Sexta-feira, 29 de maio de 1998, 18:03:01
Caro Onésimo:
Novidade das novidades é o novo livro de poemas do Joaquim Matos. Um deles fala dos Açores. Creio que ele lhe vai mandar um exemplar.

Passei ontem o dia todo no Porto. Joaquim Matos. Almoçámos ambos (cozido à portuguesa – ele come pouco) e, depois de muita conversa a espraiar-se pela tarde, fomos ao lançamento do novo romance do Mário Cláudio. Tem por título *Peregrinação de Barnabé das Índias* e relata a viagem de Vasco da Gama (intertextualidade com *Os Lusíadas*, Álvaro Velho, João de Barros...). Se o Onésimo ainda está a dar a cadeira de Cultura Portuguesa aos seus alunos, recomendo-lho. Na cerimónia estava o Sousa Tavares (filho da Sophia). Foi ele aliás que apresentou o livro. O Mário Cláudio tinha partido o braço direito dois dias antes e não podia passar autógrafos. Foi de carimbo.

Quanto à revista *LER*: ia com intenção de a comprar, mas perdi-me na conversa com o J. Matos. O Mancelos disse-me que já a tem e que vem lá um texto seu sobre diários. Será o tal da bibliofagia? Hei de ler isso.

Bom fim de semana e abraços do
José Machado

E-MAIL DO ONÉSIMO
Terça-feira, 2 de junho de 1998, 14:11:53
Caro Leon:

Curiosamente o livro do J. Matos chegou ainda antes do seu *mail*.

Este silêncio da minha parte tem sido demasiado mas, não tenho tido tempo de me sentar ao computador. Seria demasiado longo contar tudo. Mas está tudo bem. Só o tempo escasseia.

E no entanto ainda não despachei nenhum dos artigos que devo.

Agora vai esta assim.

Abraço do
Onésimo

E-MAIL DO ONÉSIMO
Terça-feira, 2 de junho de 1998, 14:25:36
Volto:
Esquecia-me de me referir à *LER*. Não sei se já saiu. Ainda não a recebi. Mas é nela que sai esse texto sobre bibliofagia. Não é um texto sobre diários, mas mais uma série de dia-crónicas, pois o contrato agora é para escrevê-las habitualmente. Acho muito de uma vez, mas foi o que me pediram. Assim que suspeitar que a coisa começa a maçar, paro logo. Por isso, mantenha o ouvido atento.

Entretanto aí vão duas notas tiradas da minha mensagem a um amigo:

O marido da mulher de Rabo de Peixe que faz limpeza lá em casa foi despedido. Ela veio lavada em lágrimas pedir socorro. Não falam inglês (e são analfabetos). Gastei meio dia em contactos com o sindicato. Resolvi a questão e disse-lhe que o patrão queria reunir-se com ele e o representante do sindicato sem falta às 8 horas de manhã de sexta-feira e que ele recomeçaria a trabalhar hoje (segunda). Repeti-lhe 30 vezes que tinha de lá estar às 8 em ponto. Às 8 e 15 telefonam-me da fábrica: ainda não tinha chegado lá e, se não chegasse dentro de 5 minutos, estava definitivamente despedido. Dali a pouco chega-me ele. Vinha trazer a mulher para me limpar a casa. Deu-me uma breca louca. «Então não lhe disse para estar na fábrica às 8 em ponto?» Ele: «Eh senhô, inté às nove é sempre 8 horas!» Pu-lo a marchar para a fábrica, mas ainda telefonei ao patrão a mentir que ele me telefonara da estrada muito atrapalhado por não poder chegar a horas por causa de um engarrafamento grande devido a um acidente. Lá se safou e hoje está de novo no trabalho. Até à próxima complicação. Ontem "casei" um antigo aluno que fez questão de ser eu a casá-los. A cerimónia era digna de um filme. O cenário era espetacular: uma das mansões de Newport, a utilizada para o filme *The Great Gatsby* (de Scott Fitzgerald, com o Robert Redford). O John e a (agora) mulher são atores. Prepararam uma cerimónia muito bela e simples no meio de todo aquele aparato. O mar no fim do jardim do palácio tornava tudo aquilo ainda mais irreal.

Armado em oficiante, salpiquei a cerimónia com umas pitadas de humor, porque às tantas a coisa estava a ficar um pouco sentimental com o noivo a chorar. Tudo indescritível e só filmado. Como a maior parte dos amigos era gente do teatro, toda a cerimónia, na sua simplicidade, estava encenada até ao pormenor, com fino gosto e os "atores" fizeram tudo acontecer com uma naturalidade espantosa. Mas essa de eu armado em "padre secular" não lembrava ao diabo. Faltava-me mais esta para a minha coleção de experiências.

Por agora, vai este assim. Vou sair para ir buscar outro visitante – o Professor Edgard Knowlton, do Havaii.

Grande abraço do
Onésimo

E-MAIL DO LEON MACHADO
Quarta-feira, 3 de junho de 1998, 09:34:20

Caro Onésimo:

Grato pelos episódios rocambolescos. Olhe que davam dois belos contos! (o do marido da sua empregada e o do casório).

Terminei a leitura da *Gare Marítima* do Joaquim Matos. Alguns poemas são de difícil interpretação. O que é um desafio ao hermeneuta. Gostei do livro. Vou colocar na Net alguns dos poemas. Inclusive o que fala dos Açores.

O Fernando Aires enviou-me a entrevista que saiu a semana passada no Suplemento. Ficou ótima. Pelo menos o aspeto e aquilo que o Fernando disse. Já as perguntas me pareceram em certa medida irrelevantes. Não haveria coisas mais interessantes a perguntar? *Mea culpa...*

O José Manuel Mendes escreveu-me pouco depois a dizer que não vai publicar a entrevista na revista *Escritor* uma vez que ela já saiu no Suplemento. Diz que só publica coisas inéditas. Se a entrevista não tivesse sido publicada no Suplemento, arranjaria outra desculpa qualquer para a não publicar.

Desculpe o Onésimo o meu pessimismo acerca dos homens. Ando a apreendê-lo nos nove calhamaços da *Conta-Corrente* do Vergílio Ferreira.

Boas-novas: descobri mais um texto seu num manual escolar. É um extrato de *Ah! Mònin dum Corisco!*. Referência exata: Artur Veríssimo *et alii*, *O Gosto das Palavras 8*, Porto, Areal Editores, 1996, pp. 130-133 (capa azul). Se não o tiver, diga-me, que eu mando-lhe um exemplar. (Tenho dois.)

A revista *LER* já saiu, disse-me o Mancelos. A ver se a arranjo. Mas aqui em Chaves é impossível. O Viegas já se esqueceu de que viveu em Chaves... (Lá está o meu vergiliano pessimismo acerca dos homens!)

Abraços do
José Machado

E-MAIL DO ONÉSIMO
Quarta-feira, 3 de junho de 1998, 21:40:14

Caro Leon:

>Grato pelos episódios rocambolescos. Olhe que davam dois belos contos! (o do marido da sua empregada e o do casório).

Hei de ver o que farei com eles. Ambos são cheios de pequenos pormenores que dão para fazer muita coisa.

>Terminei a leitura da *Gare Marítima* do Joaquim Matos. Alguns poemas são de difícil interpretação. O que é um desafio ao hermeneuta. Gostei do livro. Vou colocar na Net alguns dos poemas. Inclusive o que fala dos Açores.

Ainda não o li, mas não vou esperar muito.

>O Fernando Aires enviou-me a entrevista que saiu a semana passada no Suplemento. Ficou ótima. Pelo menos o aspeto e aquilo que o Fernando disse. Já as perguntas me pareceram em certa medida irrelevantes.

Ainda não recebi. Estranho. Mas as perguntas estavam boas.

O Aires telefonou-me hoje. Anda abatido. Queria ver se ainda me convencia a ir passar umas férias aos Açores.

>O José Manuel Mendes escreveu-me pouco depois a dizer que não vai publicar a entrevista na revista *Escritor* uma vez que ela já saiu no Suplemento. Diz que só publica coisas inéditas. Se a entrevista não tivesse sido publicada no Suplemento, arranjaria outra desculpa qualquer para a não publicar.

Não pense assim. Ele recebe o Suplemento e sabe que ele tem uma larga distribuição. Foi erro. Foi por isso que lhe disse que mandasse para o *Escritor*, pois gente que não conhece o F. Aires ouviria falar dele.

>Desculpe o Onésimo o meu pessimismo acerca dos homens. Ando a apreendê-lo nos nove calhamaços da *Conta-Corrente* do Vergílio Ferreira.

Se calhar é verdade. Cuidado!

>Boas-novas: descobri mais um texto seu num manual escolar. É um extrato de *Ah! Mònin dum Corisco!*. Referência exata: Artur Veríssimo *et alii*, *O Gosto das Palavras 8*, Porto, Areal Editores, 1996, pp. 130-133 (capa azul). Se não o tiver, diga-me, que eu mando-lhe um exemplar. (Tenho dois.)
Muito obrigado, mas tenho um exemplar. Você descobre tudo. Tenho textos em mais três livros escolares.
>A revista *LER* já saiu, disse-me o Mancelos. A ver se a arranjo. Mas aqui em Chaves é impossível. O Viegas já se esqueceu de que viveu em Chaves... (Lá está o meu vergiliano pessimismo acerca dos homens!)
Não recebi. Mas não pense assim. Sei como é isso de ser diretor de uma revista e não ter controlo sobre quem a recebe. Mesmo isso de oferecer livros, já não sei a quantas ando. Muita gente queixa-se da distribuição da *LER*. Escrevem a pedir e nada. Mas quem trata da distribuição não é o F. J. Viegas.
Estou para aqui a armar em padre e a tirar-lhe maus pensamentos.
Aqui a vida continua a ritmo de me fazer suspirar por um serão estirado a ler um livro. Abraço amigo do
Onésimo

E-MAIL DO LEON MACHADO
Segunda-feira, 8 de junho de 1998, 21:43:10
Caro Onésimo:
Aqui ando ocupadíssimo (até parece mentira...). Provas globais, reuniões de avaliação, reuniões finais com as estagiárias, reuniões gerais de professores. Reuniões, enfim. De rebentar.
Ontem arranjei um tempinho e escrevi ao Fernando Aires, a animá-lo. Infelizmente não vou poder ir aos Açores estas férias com a Linda. Ela anda adoentada (não posso dizer de quê, pois ela

proibiu-me de falar demasiado no assunto). Censura... Felizmente deixei de escrever o diário.

Novidades: saiu mais uma referência ao *site* do Projecto Vercial na revista *Exame Informática*. É já a segunda vez. Creio ter-lhe já dito que saiu também recentemente uma recensão muito simpática no suplemento "Leituras" do *Público*. Só falta a revista *LER*.

Recebi hoje dois livros do Almeida Faria. Ou melhor, um dele (*Vozes da Paixão*) e outro de uma brasileira sobre a sua (dele) obra. O *Vozes* é a dramatização do romance *A Paixão* em verso. Este não lho recomendo. Pelo menos enquanto eu não ler um bom pedaço.

Uma pergunta: o Onésimo tem algum estudo sobre Camões ou algum texto que a ele se refira? Além do da *L(USA)lândia*, onde lhe faz uma breve entrevista. Mas mesmo esse serve. É para a nova edição do CD de Camões.

Aguente-se. E faça uma visita a São Miguel. Aquela terra sem si não anda. Os incenseiros crescem mais devagar.

Abraços do
José Machado

E-MAIL DO ONÉSIMO
Segunda-feira, 8 de junho de 1998, 23:11:29
Não vi nada, não ouvi nada, não percebi nada e não digo nada a ninguém.
Mas PARABÉNS!!!!!!!!!!!!!!!!!!!!!!!!!!
Escreverei depois.
Abraço do
Onésimo

E-MAIL DO LEON MACHADO
Terça-feira, 9 de junho de 1998, 14:06:14

Caro Onésimo:
Você põe-me à nora. Parabéns? Eu só faço anos em novembro. Descobri um *site* internético situado nos EUA inteiramente dedicado aos Açores. É do melhor que tenho visto. Recomendo-lhe uma visita logo que tenha possibilidade. O endereço é: http://www.virtualazores.com/procurar.html
Abraços do
José Machado
P.S. Hoje tive duas reuniões e agora vou a correr para outra. É para contrabalançar a inércia dos outros dias.

E-MAIL DO ONÉSIMO
Terça-feira, 9 de junho de 1998, 19:01:11
Meu caro, não é nada. Eu é que supus coisas. É que, se for verdade, deve ser para fazer aniversário não em novembro, mas fevereiro, o mês da Leonor. Os aquários são boa gente.
O Aires esteve no hospital com a tensão muito alta pensando que era coisa séria. Já está em casa e bem.
Escreverei depois. Abraço.
Onésimo

E-MAIL DO LEON MACHADO
Quarta-feira, 10 de junho de 1998, 17:08:17
Caro Onésimo:
O F. Aires no hospital? Parece mentira. Ele é extremamente cuidadoso na alimentação e tem saúde de ferro. pelo menos foi o que me pareceu. Não bebe, não fuma, não come chocolates, nem abusa nos condimentos, nem na carne de porco. E tem tensão alta.
Ainda bem que não foi nada de grave. Ele ainda tem muitos diários para escrever.

A questão dos aniversários: Mas, se eu faço anos em novembro, como é que passo a fazer em fevereiro? Conheço um sujeito que nasceu no dia 29 de fevereiro. Só faz anos 4 em 4 anos. Ele é da minha idade, sensivelmente, mas na prática só tem 8 anos festejados (32 : 4 = 8). É uma criança... A Leonor não faz no dia 29, ou faz?

Aqui temos dois feriados seguidos, o 10 de Junho, com discursos e medalhas, e o Corpo de Deus. Encerro-me em casa a corrigir 150 provas globais. E os meus pais que faziam hoje 33 anos de casados!...

Abraços do
José Machado

E-MAIL DO ONÉSIMO
Quarta-feira, 10 de junho de 1998, 22:39:44

Caro Leon:

>O F. Aires no hospital? Parece mentira. Ele é extremamente cuidadoso na alimentação e tem saúde de ferro. pelo menos foi o que me pareceu. Não bebe, não fuma, não come chocolates, nem abusa nos condimentos, nem na carne de porco.

Pois é. Parece incrível. Quando chegar a minha vez (se chegar), não resistirei muito. Com os meus abusos....

>Ainda bem que não foi nada de grave. Ele ainda tem muitos diários para escrever.

Espero bem que sim.

>A questão dos aniversários: Mas, se eu faço anos em novembro, como é que passo a fazer em fevereiro?

Desisto. Ou errei, ou você está a gozar-me bem.

>Aqui temos dois feriados seguidos, o 10 de Junho, com discursos e medalhas, e o Corpo de Deus. Encerro-me em casa a corrigir 150 provas globais.

Boa sorte. Já fiz isso. Agora ando às trelas com ensaios para escrever. Estou farto de ensaios. Prefiro ler, mas, já que tenho de trabalhar, prefiro escrever crónicas ou ficção.

Vou sair para o palácio do governo. O 10 de Junho também é celebrado aqui com uma cerimónia lá. Como não deve ir muita gente (o Benfica está cá e há um jantar com milhares de pessoas), levo a família toda. Amanhã o Pedro e o Duarte vão com o meu irmão ver o jogo com o New England Revolution. Eu terei de falar no lançamento do livro do Manuel Carvalho em New Bedford. E, como me esqueci de que no mesmo dia e à mesma hora tinha uma conferência de um professor visitante da Califórnia na Historical Society, pedi à Leonor para o apresentar no meu lugar. Detesta fazer isso, mas... é obediente. Não há aulas e continuo na correria do costume. Hoje foram duas visitas. Amanhã mais três.

E assim se passam os dias sem se fazer nada de jeito.

Abraço.

Onésimo

E-MAIL DO LEON MACHADO
Quinta-feira, 11 de junho de 1998, 21:13:04

Caro Onésimo:

Juro que não sei do que se trata. A sério. Você fala-me de parabéns sem me dar nenhuma pista, como vou eu saber de que se trata? Sou lerdo, pronto.

Então vai ao lançamento do livro do M. Carvalho, não é? Dê-lhe abraços da minha parte.

Por cá anda um rebuliço por causa do Mundial de Futebol. O seu Duarte haveria de gostar de ver. As televisões daí não passam o campeonato? Devem passar, pois claro.

Perder tempo, você? Um minuto gasto por si, é um dia ganho para a comunidade portuguesa (esta é a propósito do seu último desabafo do e-mail).

Abraços do
José Machado

E-MAIL DO ONÉSIMO
Quinta-feira, 11 de junho de 1998, 23:34:04
>Juro que não sei do que se trata. A sério. Você fala-me de parabéns sem me dar nenhuma pista, como vou eu saber de que se trata? Sou lerdo, pronto.

Pronto, lerdo fui eu. Pensei que a razão de você não ir aos Açores era porque a Linda estava "doente" por estar grávida, mas não queria que se falasse no assunto. Foi por isso que lhe dei veladamente os parabéns. Caso ela visse a mensagem, era cifrada e não saberei que você passara o segredo. Errei, portanto. Desculpe.

>Então vai ao lançamento do livro do M. Carvalho, não é? Dê-lhe abraços da minha parte.

Fui e escrevi um texto esta manhã em hora e meia. Li-o lá pela primeira vez. Correu bem. Mas tive de vir para Providence logo de seguida. Marquei duas coisas no mesmo dia e hora. Não pude ir à conferência do prof. Jerry Williams, que convidei para falar sobre os portugueses na Califórnia, numa série de três conferências a acompanhar uma exposição que coorganizámos com a Rhode Island Historical Society.

Amanhã de manhã vou entrevistar o Manuel Carvalho para a TV. Vou a Swansea (30 minutos) buscar o Duarte para voltar a Providence e levá-lo à escola. Sairei às 6h e 30 da manhã. Ele e o Pedro ficaram em casa do meu irmão para irem a Foxboro (meia hora para norte) ver o Benfica jogar contra o New England Revolution. Depois voltarei à autoestrada para New Bedford para a entrevista. Dar-lhe-ei o seu abraço. Ele é simpático. Só o conheci (mal), quando uma vez fui fazer uma conferência a Montreal.

>Por cá anda um rebuliço por causa do Mundial de Futebol. O seu Duarte haveria de gostar de ver. As televisões daí não passam o campeonato? Devem passar, pois claro.
Vi a 2.ª parte do Brasil-Escócia. Pobre. Os jogos são todos transmitidos aqui. O Pedro e o avô (que está cá desde abril) têm visto. Eu não tenho tido ocasião, embora gostasse.
>Perder tempo, você? Um minuto gasto por si, é um dia ganho para a comunidade portuguesa (esta é a propósito do seu último desabafo do e-mail).
Tem sido cheio, cheio, cheio. Preciso de umas férias.
>Abraços
e meus.
O.

E-MAIL DO LEON MACHADO
Sexta-feira, 12 de junho de 1998, 22:05:33
Caro Onésimo:

Eu logo vi que você andou a magicar coisas. *It's my fault.* Quis ser tão discreto, tão discreto que... Não, a Linda não está grávida. Antes estivesse. É mesmo um problema de saúde. A ver se, este resolvido, nos lançamos ao trabalhoso labor (pleonasmo...) da criança. O meu irmão andou quatro meses a tentar. Estava quase a desistir quando a coisa pegou. O rapaz estava nas últimas. Chegou a telefonar-me a desabafar: «cosa-se tanto mocar! Já ando farto». E lá nasceu a Eduarda, minha afilhada.

E vou continuar a corrigir as provas. Só termino na próxima semana. Têm de passar pela mão de três professores. E sobre isso nem lhe conto o caos que por aqui vai. Conto-lhe só esta: uma das professoras, minha colega, ficou de corrigir uma questão em que se pedia para construir uma frase com o verbo no futuro imperfeito. Não é que, olhando eu por acaso para certas respostas dos alunos,

verifico que essa colega tem considerado certo quem pôs o verbo no condicional? Agora compreendo porque é que o ministro quer dar mais formação aos professores.
Então a Itália empatou? E a Dinamarca vi-a marcar um golo. Não sei se marcou mais algum.
Abraços do
José Machado

E-MAIL DO ONÉSIMO

Sexta-feira, 12 de junho de 1998, 23:11:13
>Eu logo vi que você andou a magicar coisas. *It's my fault.* Quis ser tão discreto, tão discreto que... Não, a Linda não está grávida. Antes estivesse. É mesmo um problema de saúde.

Mil desculpas. Mas, se vir o texto que me enviou originalmente, parecia mais a notícia de uma "doença doce" que a Linda queria preservar por enquanto de olhares estranhos, embora você não pudesse conter a satisfação e por isso deixasse a coisa sair dita assim entre dentes.

Não sinta da minha parte qualquer intromissão na sua vida. Aconteçam ou não filhos, é coisa entre vocês. Mas supus de facto que era isso que você queria deixar entrever, sem no entanto contrariar a vontade da Linda de não tornar ainda público a boa nova.

Hoje de manhã fui gravar o programa de TV com o Manuel Carvalho. Correu bem. Ele é um bom conversador. Citou o seu nome como "o comum amigo JLM" a propósito da publicação no *Transmontano* das crónicas dele. É um indivíduo interessante e com nível.

Combinei encontrá-lo à tarde em Providence para que ele conhecesse um pouco da Brown e da cidade. Estava a chover, tempo pouco convidativo a passeios turísticos. Ainda assim levei-os (a ele e à mulher – simpática) a uma volta rápida pela cidade e pela universidade. Pena o tempo não ter estado melhor e eu não ter tido mais tempo, mas estava apertado. É que isto não melhora nada. Estive quase, quase a enviar hoje o texto para Coimbra. Faltam-me duas informações que não consegui obter, porque não sei onde pus os livros. É um daqueles chatérrimos textos, cheios de datas e títulos bibliográficos que dão um trabalho danado.

>Conto-lhe só esta: uma das professoras, minha colega, ficou de corrigir uma questão em que se pedia para construir uma frase com o verbo no futuro imperfeito. Não é que, olhando eu por acaso para certas respostas dos alunos, verifico que essa colega tem considerado certo quem pôs o verbo no condicional?

!!!..........

>Então a Itália empatou? E a Dinamarca vi-a marcar um golo. Não sei se marcou mais algum.

Só vi a 2.ª parte do jogo do Brasil. Não tive tempo para mais. O meu sogro (que está cá – ele é de Vila Real; foi à gravação do programa de TV e ficou de conversa pegada com a "patrícia", a São, mulher do MC, enquanto nós gravávamos a conversa) é que tem visto os jogos todos mais o Pedro.

Abraço amigo.

Onésimo

E-MAIL DO LEON MACHADO
Sábado, 13 de junho de 1998, 16:56:09
Ó Onésimo:

Não precisa de pedir desculpas pela virtual gravidez da Linda. A culpa é minha, que sou um in(com)petente... Quando for a sério, digo-lhe com letras garrafais. E assunto adiado por algum tempo.

Estive a ver a página na Internet do Instituto Camões e o contador deles não sai do sítio. Em três meses tiveram 2900 visitas.

O Projecto Vercial no mesmo período de tempo teve 8900. O que é lamentável é que a direção do Instituto esteja a pagar uma pequena fortuna para manter a página enquanto nós andamos a seco e por carolice. Vai-se lá compreender isto. Quem corre por gosto...

O Manuel Carvalho: costuma escrever umas crónicas muito interessantes no *Transmontano*. Os textos dele sobressaem no meio da lixarada que o jornal publica. Não sabia que a esposa era transmontana. Agora compreendo por que, sendo ele de Leiria, fale da gente cá de cima.

O mundial: não tenho visto grande coisa. Três jogos por dia é dose. E há quem os veja todos. Mas o entusiasmo por cá não é muito. Portugal não joga...

Hoje pela manhã fui à feira de velharias cá em Chaves. A Linda comprou dois pratos fanados, um verde e outro azul, do tempo da avozinha, e eu trouxe quatro livros. Um deles de um tal Sebastião Ribeiro (*Recordações do Passado*, 1967). São memórias. O Onésimo conhece o cavalheiro? Enfim, pode ser que tire de lá algo para a tese. Um outro são os *Esboços de Apreciações Literárias* do Camilo. Livro esgotadíssimo e muito útil. Tem um capítulo sobre Teófilo Braga (tinha este 23 anos de idade e 3 livros publicados). O texto é otimista em relação ao rapaz «com o bigode a despontar». Pergunto-me como terá sido o subsequente convívio do futuro presidente da República com o romântico de Seide.

Provas? Ainda tenho mais cinquenta até terça-feira. Hoje não lhe pego.

Abraços do
José Machado

P.S. O Onésimo já me tinha dito que o seu sogro era matarruano (= transmontano de Vila Real, o que, na gíria flaviense, quer dizer transmontano de segunda. Longe de mim o considerar assim! Tanto mais que eu não tenho voto na matéria. Sou minhoto. Mas os de cá levam muito isso a peito. Transmontano mesmo só de

Vila Pouca para cima. É por isso que o Torga não entra no rol dos transmontanos de gema. Não passava de matarruano nascido em Sabroso, a dois passos de Vila Real).

E-MAIL DO ONÉSIMO
Terça-feira, 16 de junho de 1998, 23:40:39
Leon:
>Não precisa de pedir desculpas pela virtual gravidez da Linda. A culpe é minha, que sou um in(com)petente... Quando for a sério, digo-lhe com letras garrafais. E assunto adiado por algum tempo. *Not one single word. Never again!*
>Estive a ver a página na Internet do Instituto Camões e o contador deles não sai do sítio. Em três meses tiveram 2900 visitas. O Projecto Vercial no mesmo período de tempo teve 8900. O que é lamentável é que a direção do Instituto esteja a pagar uma pequena fortuna para manter a página enquanto nós andamos a seco e por carolice.

Vocês já pediram um apoio ao Inst. Camões? Eles não dão se não pedirem. Expliquem o que fazem e pretendem fazer. Apresentem orçamento.

>O Manuel Carvalho: costuma escrever umas crónicas muito interessantes no *Transmontano*. Os textos dele sobressaem no meio da lixarada que o jornal publica. Não sabia que a esposa era transmontana. Agora compreendo que, sendo ele de Leiria, fale da gente cá de cima.

A mulher é de Miranda do Douro. Ele é de uma terra perto de Miranda. Foi novo para a Batalha e esteve dos 10 aos 20 anos em Leiria. Mas é transmontano. Disse-me no programa de TV. Ela disse ao meu sogro enquanto eu entrevistava o MC.

>O mundial: não tenho visto grande coisa. Três jogos por dia é dose. E há quem os veja todos. Mas o entusiasmo por cá não é muito. Portugal não joga...
   Estou agora meio adicto. Tenho visto uns bocados, sobretudo no fim de semana.
   >Hoje pela manhã fui à feira de velharias cá em Chaves. A Linda comprou dois pratos fanados, um verde e outro azul, do tempo da avozinha, e eu trouxe quatro livros. Um deles de um tal Sebastião Ribeiro (*Recordações do Passado*, 1967). São memórias. O Onésimo conhece o cavalheiro?
   Não. Nunca fomos apresentados.
   >Um outro são os *Esboços de Apreciações Literárias* do Camilo. Livro esgotadíssimo e é muito útil. Tem um capítulo sobre Teófilo Braga (tinha este 23 anos de idade e 3 livros publicados). O texto é otimista em relação ao rapaz "com o bigode a despontar". Pergunto-me como terá sido o subsequente convívio do futuro presidente da República com o romântico de Seide.
   É verdade. O Teófilo era danado. Pena ter desenvolvido o lado azedo dele. Não tenho simpatia pelo homem. Ser açoriano não basta. Aliás, isso está claro na minha peça *No Seio Desse Amargo Mar*.
   Mas não me admiraria se o texto favorável de Camilo (que era um bom pelintra) lhe fosse favorável por ele ter ido ter com o Camilo para fazer padinha com ele por ambos não gostarem do Antero. Devem ter badalado juntos sobre Antero. É a minha suspeita. Gostava de saber se esta hipótese minha se confirma...
   >Provas? Ainda tenho mais cinquenta até terça-feira. Hoje não lhe pego.
   Também só agora acabei um ensaio para Coimbra.
   >P.S. O Onésimo já me tinha dito que o seu sogro era matarruano (= transmontano de Vila Real, o que, na gíria flaviense, quer dizer transmontano de segunda...

O meu sogro é de Pena de Amigo. Se não é transmontano de gema, não sei. Que é homem de gema, isso é. Gosto muito dele. Tivemos hoje um serão com um grupo de brasileiros. Ele entra com anedotas e ditos de humor muito finos e informados. Lê muito e sabe imenso. Tem um belo vocabulário, é interessadíssimo em inúmeras coisas, está sempre a aprender, levo-o para todo o lado e ele regista tudo. Passou a tropa nos Açores (daí ter casado na Terceira) e depois fixou-se em Lisboa. Muito novo portanto. Mas é um indivíduo com muita pinta.

Até amanhã. Um abraço do
Onésimo

E-MAIL DO LEON MACHADO
Quarta-feira, 17 de junho de 1998, 14:31:57
Caro Onésimo

Envio-lhe noutra mensagem ao lado o artigo publicado no *Público* sobre o Projecto Vercial. Juro que não paguei ou fiz algum favor em troca... Nem conheço a jornalista!

Quanto ao subsídio a pedir ao Instituto Camões, acha mesmo que deva? Enfim, nada como tentar.

Voltando ao Teófilo: Sabe o que encontrei na última página da obra de Camilo? Este comentário escrito a lápis, talvez do anterior dono do livro: «Ora bolas! Camilo proclama grandes poetas o Pinto Ribeiro e o Teófilo!».

Dei uma leitura rápida ao texto sobre o Teófilo. É um texto longo, cheio de adjetivos entusiásticos, género: «o sr. Teófilo Braga, com o talismã do seu prodigioso engenho, demuda, a sabor e alvedrio seu, os mitos velhos noutros mais graciosos». Camilo compara o génio poético de Teófilo no livro *A Visão dos Tempos* à genialidade do Victor Hugo de *Legendas dos Séculos*. O português nada deve ao autor da *Notre Dame de Paris*. Sobre Antero, não transparece nada.

O texto tem uns quantos pontos de interrogação a lápis (do dono anterior do livro) nas partes onde Camilo se deixou levar pelo entusiasmo epidíctico. Tendo a obra sido publicada pela primeira vez em 1865, pergunto se na altura o Antero e o Teófilo já tinham cortado relações. Assim, sendo, talvez o Onésimo tenha razão em desconfiar da ramboia.

O seu sogro: que importa que um homem tenha nascido transmontano, açoriano ou minhoto? Eu sou minhoto e identifico-me de certo modo com os Açores. Já com Trás-os-Montes não me identifico, por as minhas cores preferidas não serem o amarelo e o cinza, mas o verde e o azul.

Como acolheu o seu sogro a morte da esposa? Ainda se recente, com certeza.

Abraços do
José Machado

E-MAIL DO LEON MACHADO
Sábado, 20 de junho de 1998, 19:21:00
Caro Onésimo:

Envio-lhe abaixo uma carrada de anedotas futebolísticas. Se achar piada, imprima e ofereça em meu nome ao seu sogro.

Abraços do
Machado

E-MAIL DO ONÉSIMO
Quarta-feira, 24 de junho de 1998, 15:42:16
Caro Leon:

Há tanto tempo sem notícias suas e por culpa minha. Não, o tempo não dá. Mas gosto de receber notícias dos amigos... Claro que tenho que escrever também.

Hoje fui a uma conferência de Harold Livermore, da Cambridge University, que falou sobre os mouros em Portugal. Não sabia que Teotónio era nome teutónico. Pensava que era grego. Falei-lhe da tese da Linda. Ficou muito interessado. Será possível enviar-me o índice dela para eu lhe mostrar? Vou voltar a estar com ele na sexta-feira.

Hoje recebi um e-mail de um tal Osvaldo Silvestre da *Ciberkiosk* de Coimbra. Que tal é a "revista"? Pedem-me que responda a um inquérito de Literatura.

Os dias aqui passam velozes e eu sem avançar nada. Nada. NADA. E o trabalho a aumentar. Nem conto as coisas que me caem em cima.

Agora vai só assim. Espero que tudo esteja bem consigo.
Abraço do
Onésimo

E-MAIL DO LEON MACHADO
Quarta-feira, 24 de junho de 1998, 21:56:25
Caro Onésimo:

Então não recebeu as minhas duas últimas mensagens? Uma falava do Teófilo Braga e do Camilo e outra compilava umas quantas anedotas de futebol.

Por cá muito trabalho também. São os exames do final do ano, as reuniões de avaliação, os recursos dos alunos. Temos de justificar o insucesso escolar. Quer dizer: um aluno anda a preguiçar todo o ano e os professores é que têm de justificar isso. Ordens do Ministério...

Telefonou há bocadinho o Fernando Aires. Está melhor. Falou-me da homenagem ao J. do Canto. É ele que vai abrir o colóquio sobre ele.

Envio-lhe noutra mensagem o que me pede sobre a tese da Linda a respeito do São Teotónio. Se quiser, ela envia-lhe os dois calhamaços. Mas não os recomendo, pois nem eu tenho coragem para os ler. E lembre-se daquele seu artigo sobre a sua amiga que andava a fazer a tese sobre o "ão" português... Teses de linguística dão quase sempre... sono. Não quero com isto desprestigiar a investigação da minha esposa. Nem imagina a trabalheira que aquilo deu a fazer.

Darei mais notícias em breve. E poupe-se.
Abraços do
J. Machado

E-MAIL DO LEON MACHADO
Quarta-feira, 24 de junho de 1998, 22:08:30
Caro Onésimo:

Esqueci-me de lhe falar do *Ciberkiosk*: o diretor da página é o Américo Lindeza Diogo. Foi meu professor de mestrado. Tem bons artigos e as pessoas que colaboram é gente ligada à universidade. Peca, no entanto, pelo seguinte: a página, tal como está feita, é muito lenta e, sempre que sai um novo número (saíram só dois), quem quiser consultar os anteriores vê-se à rasca para encontrar os artigos. Eu fiz *links* para alguns artigos do n.º1 e sabe o que aconteceu? Quando saiu o n.º2 deixaram de funcionar, porque o técnico que eles têm alterou tudo. Isto é muito aborrecido. Tanto mais que, se você for procurar aos motores de busca, eles listam os artigos, mas ao clicar não encontra. Eu já disse ao Lindeza Diogo. Mas a coisa continua na mesma. Resumindo: é como você publicar um livro e todas as semanas lhe andar a alterar o número das páginas.

Mas creio que deve responder ao inquérito.

Um dos que colabora na revista é o Mourão, aquele que fez uma tese de mestrado sobre o V. Ferreira.

Abraços mais uma vez.

Machado

E-MAIL DO ONÉSIMO

Quinta-feira, 25 de junho de 1998, 03:27:00

Caro Leon:

Resposta piramidal, como se dizia na minha adolescência. Você é uma máquina.

Muito obrigado.

Onésimo

E-MAIL DO ONÉSIMO

Quinta-feira, 25 de junho de 1998, 03:27:06

Caro Leon:

Não faça caso! Claro que recebi as mensagens. (Como verá no seu devido tempo, a velhice custa muito, não porque se vai o juízo, mas porque não se chega para tudo...)

Recebi as piadas do futebol. Acontece que as conhecia todas, mas deu para imprimir o texto e lê-lo ao serão lá fora durante uma sardinhada que o meu sogro quis fazer e a que vieram mais uns amigos. Acharam piada. Não tinha a lista escrita, apenas sabia, com exceção de uma.

Recebi e gostei da confirmação das minhas suspeitas acerca das razões por detrás do elogio de Camilo a Teófilo. O safado não dava ponto sem nó. Nunca tive admiração pelo seu carácter, como aliás não tenho pelo de Teófilo. (Enviei-lhe um texto meu sobre a ausência de humor nas polémicas de Camilo?) Imprimi e guardei o seu *mail* para referência futura.

Hoje foi mais um serão sem fazer nada. A conferência do Prof. Livermore foi ao meio-dia, mas à tarde veio, com vários colegas, para um *cocktail* aqui em casa. O jantar foi num restaurante aqui perto (fomos a pé) e depois voltámos para o café e cavaqueio. O Prof. Livermore quer oferecer à Brown a sua biblioteca portuguesa. É extraordinária e fará da nossa coleção de história portuguesa a melhor dos EUA. Já é para os sécs. XV a XVIII.

Ontem foi o Prof. Donald Warrin, que fez conferência e depois veio à sardinhada. (Ele ensina na Califórnia.) Amanhã é o George Monteiro que fala. E assim se passam os dias. Interessantes, muita coisa nova, mas não avanço com o trabalho.

Vou deixar de chatear os amigos com este disco partido. Mas detesto que pensem que não faço caso e por isso não lhes respondo.

Abraço do
Onésimo

E-MAIL DO LEON MACHADO
Sexta-feira, 26 de junho de 1998, 21:12:32

Caro Onésimo:

O trabalho na escola é em excesso. Em tempo de aulas não se trabalha tanto. Imagine a burocracia. Cada vez mais um professor é um preenchedor de papéis. Pedagogia? Quem a quer?

Não, não me enviou o texto seu sobre a ausência de humor nas polémicas de Camilo. E já que lhe falo nisso, lembro-me de que você não me chegou a dizer se tem algum texto sobre o Camões. Se tiver, diga-me.

Sobre aquilo que o Onésimo me diz acerca da oferta à Brown pelo Prof. Livermore da sua biblioteca portuguesa: Não haverá maneira de o Onésimo me saber se existe na Brown alguma tradução inglesa e/ou espanhola de *Os Lusíadas* que seja anterior ao séc. XX? Agradecia-lhe imenso.

Leio agora o volume III da nova série da *Conta-Corrente*. O estilo é o mesmo. Repetições muitas. A campanha para o referendo do aborto termina hoje (sexta). Andamos indecisos. Cá em casa somos mais a favor do não do que do sim. E isto não tem nada a ver com reacionarismo ou qualquer preconceito religioso. É uma questão de consciência por um lado e uma questão económica por outro. Explico a última: diz a ministra da Saúde que os hospitais, se o sim ao aborto ganhar, estarão preparadíssimos para receber as milhares de mulheres que desejem abortar. E eu rio-me do disparate. O Onésimo já foi recentemente a algum hospital português não privado? É um açougue. Faltam as condições mínimas. Nas urgências são filas intermináveis. A não ser que para o aborto a coisa seja diferente e ponham os médicos e as enfermeiras, em vez de estarem a tratar os doentes de cancro ou de SIDA, a fazer o abortozinho à menina que se esqueceu de tomar a pílula.

O avô da Linda está internado. Nem imagina o desprezo e o desleixo com que o tratam. Sempre que lá vai a família, exige que o levem para casa. Prefere lá morrer a aturar as "putas" das enfermeiras...

Conclusão: a Espanha despenalizou o aborto até às dez semanas. Mas tem condições médicas e sociais para isso. Uma mulher que recorra aos serviços médicos para abortar, é aconselhada por psicólogos e só o faz se realmente não houver outra alternativa. Tal como o querem pôr em Portugal, será uma bandalheira. Bem à nossa moda.

O dinheiro que vão gastar em manter equipas médicas, hospitais, etc., poderiam distribuí-lo pelas famílias necessitadas. Aumentarem por exemplo os abonos de família (que em Portugal são 3 contos por cabeça...). Mas é mais prático matar as criancinhas a mantê-las. E mais barato.

Abraços do
José Machado

E-MAIL DO ONÉSIMO
Segunda-feira, 29 de junho de 1998, 20:19:27
Caro Leon:
>Não, não me enviou o texto seu sobre a ausência de humor nas polémicas de Camilo.

Hei de enviar um dia destes.

>E já que lhe falo nisso, lembro-me de que você não me chegou a dizer se tem algum texto sobre o Camões. Se tiver, diga-me.

Não tenho, mas o meu amigo George Monteiro escreveu um livro sobre a influência de Camões em escritores anglo-americanos – *The Presence of Camões*.

>Sobre aquilo que Onésimo me diz acerca da oferta à Brown pelo Prof. Livermore da sua biblioteca portuguesa: Não haverá maneira de o Onésimo me saber se existe na Brown alguma tradução inglesa e/ou espanhola de *Os Lusíadas* que seja anterior ao séc. XX? Agradecia-lhe imenso.

De certeza que tem. Esqueci-me de verificar. Parei a escrita desta resposta e tentei consultar a Biblioteca. Por azar hoje não consigo a ligação (isto nunca aconteceu). Tomarei nota a ver se não me esqueço. Se me esquecer, lembre-me.

>Leio agora o volume III da nova série da *Conta-Corrente*. O estilo é o mesmo. Repetições muitas.

C'est vrai.

> A campanha para o referendo do aborto termina hoje (sexta). Andamos indecisos. Cá em casa somos mais a favor do não do que

do sim. E isto não tem nada a ver com reacionarismo ou qualquer preconceito religioso...
Li este parágrafo a uns amigos. Concordaram.
E hoje já li o seu comentário à vergonhosa abstenção. O *Providence Journal* trouxe na sexta-feira um longo artigo sobre o referendo, mas ainda não disseram nada sobre a magra participação.
>O avô da Linda está internado. Nem imagina o desprezo e o desleixo com que o tratam. Sempre que lá vai a família, exige que o levem para casa. Prefere lá morrer a aturar as "putas" das enfermeiras...
Também li este parágrafo aos amigos. Faz pensar em não pensar em reforma em Portugal....
>Conclusão: a Espanha despenalizou o aborto até às dez semanas. Mas tem condições médicas e sociais para isso. Uma mulher que recorra aos serviços médicos para abortar, é aconselhada por psicólogos e só o faz se realmente não houver outra alternativa. Tal como o querem pôr em Portugal, será uma bandalheira. Bem à nossa moda.
Por aqui, o mesmo. Um bom piquenique ontem; e hoje o dia passado na emergência do hospital a fazer companhia à mulher de um amigo meu que está em maus lençóis.
Um abraço para si do
Onésimo

E-MAIL DO LEON MACHADO
Segunda-feira, 29 de junho de 1998, 21:46:47
Caro Onésimo:
Como já deve ter sabido, o referendo em Portugal foi um fiasco. A malta não foi votar. Cobardia, indiferença? A Linda diz que, se estivesse em causa o tacho de cada um, haveria mais gente a ir votar. Como era a questão do aborto (que não enche a barriga a ninguém;

quando muito desenche às mulheres que o fazem...) quase ninguém foi votar.
Na escola, a trabalheira dos exames. E o calor a pedir praia.
Abraços do
J. M.

E-MAIL DO LEON MACHADO
Terça-feira, 30 de junho de 1998, 22:08:42
Caro Onésimo:
Envio-lhe abaixo uma curiosa anedota hipotética.
Quanto às traduções de *Os Lusíadas*, se me disser o endereço da biblioteca da Brown na Web, talvez eu consiga descobrir daqui se há alguma coisa que me interesse. isto, claro, se o ficheiro estiver disponível *on-line*.
Já agora, se precisar de contactar a Biblioteca Pública de Braga e a da Univ. do Minho (duas das melhores e mais completas do país), diga-me, que eu dou-lhe o endereço.
Abraços do
Machado

E-MAIL DO ONÉSIMO
Sexta-feira, 3 de julho de 1998, 22:53:13
Caro Leon:
>Envio-lhe abaixo uma curiosa anedota hipotética.
É boa!
>Quanto às traduções de *Os Lusíadas*, se me disser o endereço da biblioteca da Brown na Web, talvez eu consiga descobrir daqui se há alguma coisa que me interesse. isto, claro, se o ficheiro estiver disponível on-line.

Não sei se poderá ter acesso à biblioteca. Saberei isso. Mas não terá acesso às obras. Apenas à ficha. Temos duas traduções em inglês: uma de 1655, de Richard Fanshaw. Outra de 1778, de W. J. Mickle. Servem? Diga.

>Já agora, se precisar de contactar a Biblioteca Pública de Braga e a da Univ. do Minho (duas das melhores e mais completas do país), diga-me, que eu dou-lhe o endereço.

Poderei precisar. Nunca se sabe.

Estou em apuros. Um SOS da *LER* para enviar a nova série de dia-crónicas imediatamente. Vou pôr-me a trabalhar em velocidade para deixá-las adormecer depois durante uns dias.

Por aqui tudo bem. Depressa, só o tempo. O mais vai devagar.

Grande abraço.

Perdoe-me a pressa.

Onésimo

E-MAIL DO LEON MACHADO

Sábado, 4 de julho de 1998, 13:44:27

Caro Onésimo:

As duas traduções em inglês (de 1655, de Richard Fanshaw. Outra de 1778, de W. J. Mickle), servem. Preferia a de 1778, uma vez que tipograficamente poderá estar mais legível e o inglês sempre será menos arcaizante. Falta saber se esta tradução é em prosa ou em verso. Se for em verso, ótimo.

Eu sei que lhe vou dar trabalho com isto. Mas, se puder encarregar outro de o fazer, a coisa torna-se mais simples.

Duas hipóteses, uma vez que eu não posso ir à Brown requisitar o livro:

1. Fotocopiar integralmente (não sei se é possível);

2. Fotocopiar o primeiro canto e as 5 primeiras estrofes dos restantes (mais simples e económico).

Em troca (nestas coisas gosto que vigore o *do ut des*..., tanto mais que o serviço é da responsabilidade da Porto Editora) aparecerá no CD de Camões algo como "Trabalho apoiado pela Brown University", ou "Trabalho apoiado pelo Dpt. of Portuguese and Brazilian Studies da Brown University". O Departamento receberá dois exemplares do CD (ou mais alguns. Mas isso tem-se de negociar depois com a Porto Editora).

Se o Onésimo tiver outras sugestões, não hesite.

O endereço da Biblioteca da Univ. do Minho é: http://sgib.sdum.uminho.pt

Vou dar um banho à minha cadela. Anda a cheirar demasiado a cão. O Onésimo ainda não me disse se aí em casa há algum bicho de estimação.

Abraços do
José Machado

E-MAIL DO ONÉSIMO
Domingo, 5 de julho de 1998, 15:30:55

Caro Leon:

>Eu sei que lhe vou dar trabalho com isto. Mas, se puder encarregar outro de o fazer, a coisa torna-se mais simples.

Tentarei, mas duvido que me autorizem a fotocopiar. Normalmente em livros antigos só autorizam microfilme. Telefonarei amanhã ao diretor a ver o que consigo. Está numa biblioteca especializada. Depois direi algo.

>Em troca (nestas coisas gosto que vigore o *do ut des*..., tanto mais que o serviço é da responsabilidade da Porto Editora)...

Em troca? Não costumo nunca pedir nada em troca, mas faço o reparo para situações futuras com outra gente: isso não é troca. É apenas um gesto justo: registar quem lhe forneceu a documentação. Troca será um dia eu precisar de um documento de Braga e você enviar-mo. Então eu registarei no texto o que é justo. «Grato ao Dr. JLM por me ter fornecido...» Mas não se preocupe que não vou pedir-lhe nada.

Apaguei a parte em que você me sugere que eu mande alguém fazer isso, em vez de ir. Toda a gente me recomenda o mesmo. Será que em Portugal é possível mandar alguém fazer isso e aparece gente que vai mesmo cumprir essas nossas ordens e desejos? Aqui, não....

>Vou dar um banho à minha cadela. Anda a cheirar demasiado a cão. O Onésimo ainda não me disse se aí em casa há algum bicho de estimação.

Não há animais de estimação cá em casa. O mais próximo sou eu, mas ainda passo como gente.

Ontem foi o 4 de Julho. Hoje, domingo, as festas continuam. E trabalho, nada.

Tenho visto alguns jogos. Os do Brasil têm sido num clube português. Um grupo de alunos da Brown gosta de lá ir por causa do ambiente quente e quer companhia.

Daqui a uma semana e meia vou até ao Maine.

Tudo bem por aí?

O Manuel Carvalho voltou e não conseguiu apanhá-lo.

Um abraço do
Onésimo

E-MAIL DO LEON MACHADO
Domingo, 5 de julho de 1998, 23:40:32

Caro Onésimo:

"Troca" é uma maneira de dizer. É claro que estas coisas têm de ser compensadas, embora em Portugal não se use muito disso, como deverá saber. Género: «leio o teu artigo, sirvo-me dele mas não te cito.» O meu orientador é que sabe histórias dessas. Quando esteve em Paris, um tipo de Coimbra plagiou-lhe uns quantos artigos e foi lê-los para um congresso do Eça. Quem ficou com os louros foi o outro.

    Na minha escola usa-se muito disso. Este ano aconteceu à Linda o que se segue: uma colega foi ter com ela e perguntou-lhe se não tinha umas fichas de avaliação feitas sobre Camões. Ela disse-lhe que sim e deu-lhe as cópias. O que a Linda não sabia era que a outra dava explicações a dois alunos seus. A outra serviu-se das fichas para "encaminhar" os alunos. Tiraram os dois notas altas e só agora é que a Linda soube porquê.

    É por isso que eu quis frisar bem (no caso do CD) que as coisas não seriam assim.

    Fui há bocadinho levar a Linda ao hospital. Vai passar lá a noite e amanhã vai à faca. O médico disse que era coisa de nada. Mas, como estamos em Chaves... Terça-feira deve estar como nova. Mas não se apoquente o Onésimo por nossa causa. Terça-feira dou notícias (boas se os deuses assim o desejarem).

    Abraços do
    José Machado

E-MAIL DO ONÉSIMO

Segunda-feira, 6 de julho de 1998, 18:01:04

    Caro Leon:

    >"Troca" é uma maneira de dizer. É claro que estas coisas têm de ser compensadas, embora em Portugal não se use muito disso, como deverá saber...

    Nesse contexto, parece de facto um grande favor agradecer devidamente a quem nos fornece material....

    Telefonei ao diretor da Biblioteca John Carter Brown onde estão as obras até 1800. Não podem fazer fotocópias de livros antigos. Podem mandar fazer microfilme. Cada um custa 30 dólares. Mas ele disse-me que o catálogo da Biblioteca John Carter Brown não está ainda todo acessível *on-line*, apenas 20% e acha que deve haver mais traduções d'*Os Lusíadas*. Disse-lhe que talvez lhe interessasse o penúltimo livro do meu colega George Monteiro? *The Presence of Camões*, sobre a influência de Camões em autores anglo-americanos.

Consultei o *Letras & Letras*. Têm-me como colaborador, mas eu não faço nada!

Li as crónicas do J. Mancelos. Não me impressionaram....

Abraço do

Onésimo

E-MAIL DO LEON MACHADO

Segunda-feira, 6 de julho de 1998, 22:08:56

Caro Onésimo:

Muito à pressa para lhe dizer que a operação da Linda correu muito bem. Tão bem que o médico decidiu não operá-la. Por enquanto. Já está cá em casa.

Vou ter de ir fazer o jantar, pois ela não se pode mexer grande coisa.

Abraços do

J. Machado

E-MAIL DO LEON MACHADO

Terça-feira, 7 de julho de 1998, 22:03:51

Caro Onésimo:

Grato pelo esforço quanto à tradução de *Os Lusíadas*. Se não conseguir, tentarei noutra biblioteca.

Li a sua crónica "Prosema sobre o Mar" saído no Suplemento. Gostei muito. Sabe o que lhe digo? Você tem um estilo peculiaríssimo e deveria desenvolvê-lo num romance.

Desconhecia o episódio do Zurara. Mas revela bem o que somos.

O Mancelos telefonou-me há bocado. Está em Chaves. Amanhã é a festa da cidade e ele tem cá parentes. Vamos todos ao foguetório (a Linda ainda não sei se vai, embora esteja melhor). As crónicas dele não são grande coisa, de facto. Mas olhe que as minhas não são muito melhores. Enquanto ele arma ao progressista, ao citadino, eu armo ao provinciano.

O nome do Onésimo vem no rol dos colaboradores do *Letras & Letras* porque você é realmente um colaborador. Então não se lembra que inserimos o seu "Ensaio Teórico «à la» Jorge de Sena"?

É claro que o jornal está lá para o que você quiser.

O livro de George Monteiro sobre Camões: creio que vale a pena colocar no CD um ou dois capítulos. O Onésimo tem o contacto dele?

Abraços do
José Machado

E-MAIL DO ONÉSIMO
Quarta-feira, 8 de julho de 1998, 14:16:15
Caro Leon:
>Grato pelo esforço quanto à tradução de *Os Lusíadas*. Se não conseguir, tentarei noutra biblioteca.

Não percebo. Você não quer que mande fazer o microfilme dos livros? Se fosse para si não lhe levaria nada, mas a Porto Editora deve pagar estas coisas, e 30 dólares cada não é muito.

>Li a sua crónica "Prosema sobre o Mar" saído no Suplemento. Gostei muito. Sabe o que lhe digo? Você tem um estilo peculiaríssimo e deveria desenvolvê-lo num romance.

Obrigado. Tenho tido vários comentários muito simpáticos. Tenciono aos poucos elaborar um livro de afetos naquele estilo. Não é crónica, porque é mais emotivamente envolvente do que a crónica, onde entra mais a ironia. Deveria ter guardado para esse livro algumas crónicas como a da Natália, a da minha avó e a outra sobre São Jorge. Mas teria que refundi-las para ficarem naquele estilo. Agora fica assim. Tenho muitas outras.

Não dá para fazer um romance todo naquele estilo, porque cansa o leitor. E o livro de prosemas também não poderá ser muito grande pela mesma razão. Mas nos dois romances que tenho planeados em pormenor haverá páginas naquele estilo.

>Desconhecia o episódio do Zurara. Mas revela bem o que somos.

É verdade. Li-o há muitos anos. É um dos meus livros favoritos de cultura portuguesa. Entraria nos meus DEZ MAIS.

>O Mancelos telefonou-me há bocado. Está em Chaves. Amanhã é a festa da cidade e ele tem cá parentes. Vamos todos ao foguetório (a Linda ainda não sei se vai, embora esteja melhor). As crónicas dele não são grande coisa, de facto. Mas olhe que as minhas não são muito melhores. Enquanto ele arma ao progressista, ao citadino, eu armo ao provinciano.

Mas é exatamente o que não gosto nele.

>O nome do Onésimo vem no rol dos colaboradores do *Letras & Letras* porque você é realmente um colaborador. Então não se lembra que inserimos o seu "Ensaio Teórico «à la» Jorge de Sena"?

Será que devo mandar outros ensaios de vez em quando para justificar o nome lá?

>O livro de George Monteiro sobre Camões: creio que vale a pena colocar no CD um ou dois capítulos. O Onésimo tem o contacto dele?

O endereço dele é: ***@brown.edu

Há uma conferência hoje à noite sobre a ciência nos Descobrimentos. Será na Univ. Massachusetts Dartmouth, a três quartos de hora daqui. Têm cursos de verão com um ciclo de conferências. Mas agora vou ver o França-Croácia.

Abraço do
Onésimo

E-MAIL DO LEON MACHADO
Quarta-feira, 8 de julho de 1998, 22:11:37

Caro Onésimo:

Antes de ir ao foguetório (festa da cidade), respondo-lhe à sua última mensagem.

O microfilme: eu pensei que o microfilme era de difícil acesso. Foi por isso que não insisti. Tanto mais que não sei o que fazer com ele se você mo enviar. Não é necessário um equipamento especial para o visionar? Além do mais desconfio que é impossível introduzi-lo num *scanner*. Diga-me o Onésimo, se não se aborrecer com a minha ignorância, se a coisa é fácil de consultar e de retirar de lá os textos. A questão não tem nada a ver com o preço, é claro.

Obrigado pelo contacto do George Monteiro. Vou falar com ele.

Quanto à colaboração no *Letras & Letras*, o Onésimo esteja à vontade. Mande o que quiser e se quiser. Mas por favor não se obrigue a isso.

Fiquei curioso acerca dos livros que pretende escrever. A ver se sai um deles no próximo ano. Este ano não temos a sorte de ler nenhum.

Ah! Esteve cá o Mancelos, como lhe disse. Passámos a tarde na conversa diante de uma garrafinha de água com gás. Ele não bebe outra coisa... Já não sei a que propósito, veio à baila o seu nome. Ele tem boa impressão de si. Contou-me que aqui há dias foi a um colóquio qualquer sobre poesia e conheceu lá um tal José ou João Brites, diretor de uma editora americana ou coisa que o valha (O Mancelos está a fazer uma tese de doutoramento sobre literatura americana e daí a conversa de ambos). O tal Brites contou-lhe umas coisas desagradáveis sobre o Onésimo e o Mancelos ficou a pensar que esse Brites ou era parvo ou tinha uma dor de cotovelo qualquer.

Você conhece o homem?

Vou espreitar também o jogo França-Croácia. O meu sogro está farto de me chamar. E só então é que vou ao foguetório.

Abraços do
José Machado

E-MAIL DO ONÉSIMO
Quinta-feira, 9 de julho de 1998, 15:05:29
Caro Leon:
>O microfilme: eu pensei que o microfilme era de difícil acesso. Foi por isso que não insisti. tanto mais que não sei o que fazer com ele se você mo enviar. Não é necessário um equipamento especial para o visionar?

Não é nada difícil fazer o microfilme. Não sei é como poderá usá-lo. Aqui é muito fácil fazer fotocópias a partir do microfilme e poderia arranjar isso. (Não sei quanto custa.) Além disso não sei mais. Imagino que possa usar a própria fotocópia no CD-ROM, como se fosse uma fotografia. Informe-se aí das possibilidades técnicas. Diga-me o que quer que eu faça.

>Quanto à colaboração no *Letras & Letras*, o Onésimo esteja à vontade. Mande o que quiser e se quiser. Mas por favor não se obrigue a isso.

Entendido.

>Fiquei curioso acerca dos livros que pretende escrever. A ver se sai um deles no próximo ano. Este ano não temos a sorte de ler nenhum.

Não será para o ano, porque tenho-os planeados há tantos anos e nunca os escrevo. Já lhe falei de um deles, pelo menos – é sobre a experiência do Seminário. O outro é um romance "académico". Tenho-os planeados em pormenor com caixas de notas e estantes de livros prontos a serem usados como consulta. Falta-me só uma temporada livre para me atirar. Tenciono escrever primeiro o "académico".

Entretanto, para sair este ano tenho a terceira edição (a 1.ª em Lisboa) de *Ah! Mònim dum Corisco*. Tenho as provas comigo há um mês e ainda não toquei nelas...

>O tal Brites contou-lhe umas coisas desagradáveis sobre o Onésimo e o Mancelos ficou a pensar que esse Brites ou era parvo ou tinha uma dor de cotovelo qualquer.

Vou finalmente escrever ao Mancelos, ao Joaquim Matos e a outros que me enviaram livros. Já é de mais!

Quanto ao José Brites, conheço-o muito bem. Fiz montes de coisas por ele. Desde tirá-lo da fábrica e trazê-lo para a Brown até prefaciar-lhe o primeiro livro. Mas ele não deu o que prometia (enganei-me no juízo) e comecei a desinteressar-me por causa das coisas que ele entretanto foi escrevendo. Publicou em tempos um livro de contos – *Imigramar* – que nem era mau, mas eram contos que escreveu para a minha cadeira de Escrita. Não incluiu as minhas correções gramaticais sequer. Para não falar das outras. Entregou-mos como Projeto da cadeira e ao mesmo tempo entregou-os à editora.

Tem uma sede enorme de publicar e de se publicitar. Envia para os jornais a notícia completa sempre a falar dele. Mandou para todo o lado a notícia do seu convite para ir a Coimbra, etc. Não tenho pachorra para esse tipo de coisa e pessoa.

Nunca lhe fiz nada a não ser bem. Mas ele pede a instituições e universidades que lhe façam lançamentos dos livros e fica muito aborrecido se não fazem caso. Manda montes de coisas para o Suplemento do Vamberto e está zangado porque o Vamberto não lhe publica. É por não ter qualidade, mas o Brites pensa sempre que é por influência minha.

Mas até gostava de saber quais foram as coisas que ele disse ao Mancelos.

Fraco nível, enfim. Todavia pensa que é muito bom e criou uma editora (Peregrinação Publications) que publica sobretudo os livros deles. Se quiser amostras, posso enviar-lhe.

>Vou espreitar também o jogo França-Croácia. O meu sogro está farto de me chamar. E só então é que vou ao foguetório.

Vamos a ver o que o Brasil faz domingo. Vou ver o jogo numa almoçarada em casa do meu irmão.

Abraço do
Onésimo

P.S. Não me importo que passe ao Mancelos a informação que aí vai.

E-MAIL DO LEON MACHADO
Quinta-feira, 9 de julho de 1998, 22:14:30

Caro Onésimo:

Uma desgraça no Faial. Dez anos depois de eu lá ter estado. Faz agora em julho que eu cheguei à ilha. A minha ilha de um ano. A Linda chamou-me quando a televisão começou a mostrar as casas em ruínas. Eu conhecia todas aquelas localidades. Embora não tenha nascido lá, embora não tenha lá parentes, foi como se os tivesse, foi como... Compreendo bem o que o Fernando Aires me disse acerca da instabilidade das ilhas.

O microfilme: vou tentar saber como é que se consegue visionar, se é preciso algum aparelho especial e se é possível retirar os textos. Depois lhe direi algo. Está bem?

Ainda estive hoje com o Mancelos. Vai embora amanhã de manhã. Não me contou mais nada sobre o tal Brites. Ontem é que me disse que o homem lhe tinha dito que tinha convidado o Onésimo para lhe apresentar um livro e que o Onésimo foi à apresentação sem o ter lido. O Brites sentiu-se encavacado com a situação. Tanto mais que estavam lá embaixadores, ou coisa parecida. E o tal Brites disse que o Onésimo tinha feito de propósito só para o desprestigiar. Enfim, eu não deitei muita atenção à historieta por me parecer demasiado escanifobética. Nem o Mancelos saberá talvez dar grandes pormenores, uma vez que aquilo foi num intervalo qualquer do tal colóquio de poesia.

Coisa para esquecer, portanto. Pelo que o Onésimo me diz do homem, confirmam-se as minhas suspeitas e as do Mancelos. O Brites é parvo.

Os seus livros: eu se fosse a si largava três ou quatro coisas que me parecessem menos importantes e deitava-me à redação dos livros. Mas antes revia as provas do *Ah! Mònim*. Aqui fica, portanto, o meu incentivo.

Abraços do
José Machado

P.S. O arguente da minha tese de mestrado, o Doutor J. Augusto Mourão, disse-me que vai passar uns dias aos Açores. Você conhece-o? Ele dá aulas na Univ. Nova de Lisboa. Deve ser colega da Mafalda.

E-MAIL DO LEON MACHADO
Segunda-feira, 13 julho de 1998, 14:18:03
Caro Onésimo:
O Brasil lá perdeu. Sabe o que dizem por cá? Que a equipa brasileira se deixou corromper pelos franceses em troca de alguns milhões de francos. Será verdade? Não ponho a minha mão no fogo pelos franceses. Quanto aos brasileiros...
Chegou o seu artigo acerca do humor nas polémicos de Camilo, que muito agradeço. Acabei de o ler. Desconhecia o Camilo polemista. Li cerca de 20 novelas dele (uma prima minha comprara a coleção encapada a ouro do Círculo de Leitores e ia-me emprestando). O mal vem de longe (cantigas de escárnio). É curioso isso: anda uma polémica desgraçada no *Semanário Transmontano* que releva muito disso. Um Araújo publicou um poema no mesmo jornal repleto de palavrões. Um tal Florêncio escreveu um artigo a lamentar e o outro na edição seguinte chama ignorante ao Florêncio, a justificar a verborreia. Citou o Lobo Antunes e o Eugénio de Andrade, profícuos em palavrões, o primeiro nos romances e o segundo nos poemas. Coisa só mesmo para ler e rir de pena.
Leio o 4.º vol. da *Conta-Corrente* do V. Ferreira. Dizem que o 5.º volume se encontra inédito na B. Nacional. Será que a Bertrand não o publica? São 3 anos de diário...
E por aí, como está a rolar a vida?
Abraços do
José Machado

E-MAIL DO ONÉSIMO
Terça-feira, 14 de julho de 1998, 08:15:15
Caro Leon:

>O Brasil lá perdeu. Sabe o que dizem por cá? Que a equipa brasileira se deixou corromper pelos franceses em troca de alguns milhões de francos. Será verdade? Não ponho a minha mão no fogo pelos franceses. Quanto aos brasileiros... Não acredito que um tipo se venda e escolha não ser campeão do mundo por muitas razões, incluindo o valor económico acrescentado que cada pessoa deles teria se ganhasse. O Brasil esteve quase tão fraco como esteve durante todo o campeonato, que nunca me impressionou e só lá muito de vez em quando dava um ar da sua graça. A 1.ª parte do jogo foi zero, tal qual a 1.ª parte com a Holanda. Desta vez o Brasil na 2.ª parte não conseguiu virar o jogo logo no início. E com a Holanda mesmo assim foi atrapalhado...

>...anda uma polémica desgraçada no *Semanário Transmontano* que releva muito disso. Um Araújo publicou um poema no mesmo jornal repleto de palavrões. Um tal Florêncio escreveu um artigo a lamentar e o outro na edição seguinte chama ignorante ao Florêncio, a justificar a verborreia...

Tenho uma crónica no *Rio Atlântico* sobre as "citações" do taxista português de Albino Forjaz Sampaio em contraste com as do taxista inglês que cita Shakespeare. Não me recordo agora qual seja.

>Leio o 4.º vol. da *Conta-Corrente* do V. Ferreira. Dizem que o 5.º volume se encontra inédito na B. Nacional. Será que a Bertrand não o publica? São 3 anos de diário...

Não tenho contacto com a viúva. Raramente a via quando ia lá a casa. Ou não estava, ou não aparecia. Vi-a uma vez ou duas por acaso e cumprimentou-me com a frieza que, ao que parece, lhe era hábito. Até com o próprio Vergílio era fria. Vê-se no diário como ele a trata. De modo que não sei nada do que se passa. Mas você pode escrever-lhe. Ou contactar a Bertrand. Tem o motivo: a sua tese.

>E por aí, como está a rolar a vida?

Ontem fui com a família passar o dia a Block Island, uma ilha do tamanho da Graciosa a uma hora e um quarto de barco. Praia excelente e passeio pela ilha, que é muito atraente. Estava a precisar. Mas vou trabalhar duro até sábado, dia em que seguimos para o Maine.

Em separado copio de uma resposta a um amigo a explicação da razão do meu silêncio.

Abraço do
Onésimo

E-MAIL DO ONÉSIMO
Quinta-feira, 16 de julho de 1998, 22:18:07
Meu caro:
Fui eu quem se calou? Já não tenho notícias suas há tempos. Lembro-me de já ter respondido a este e-mail. Está tudo bem aí?

Abraço do
Onésimo

E-MAIL DO LEON MACHADO
Sexta-feira, 17 de julho de 1998, 13:09:10
Caro Onésimo:
Desculpe o meu silêncio. Estive praticamente toda a semana fora. Em Vila Real, mais propriamente. Eu e a Linda temos estado num encontro de professores de Português (selecionados...). Estamos a rever a terminologia gramatical a adotar nas escolas. Ordens do Ministério da Educação.

Sabe que conheci lá um professor que leu a sua (*Sapa*)*teia* e que gosta muito das suas crónicas? Dá aulas em Foz Côa e estudou em Coimbra. Estivemos um bom pedaço a trocar impressões sobre isso. Aconselhei-o a ler o *Rio Atlântico*.

Amanhã digo-lhe mais coisas, pois estou "fora de horas".
Abraços do
José Machado

E-MAIL DO ONÉSIMO
Sexta-feira, 17 de julho de 1998, 10:26:55
Caro Leon:
>Desculpe o meu silêncio. Estive praticamente toda a semana fora. Em Vila Real, mais propriamente. Eu e a Linda temos estado num encontro de professores de Português (selecionados...). Estamos a rever a terminologia gramatical a adotar nas escolas. Ordens do Ministério da Educação.
Trabalho interessante, imagino. E a preocupação do Ministério também.
>Sabe que conheci lá um professor que leu a sua (*Sapa*)*teia* e que gosta muito das suas crónicas? Dá aulas em Foz Côa e estudou em Coimbra. Estivemos um bom pedaço a trocar impressões sobre isso. Aconselhei-o a ler o *Rio Atlântico*.
Há para aí umas alminhas que me vão lendo. Diga-me ao menos o nome dele.
>Amanhã digo-lhe mais coisas, pois estou "fora de horas".
Amanhã sigo para o Maine por volta do meio-dia (17 horas daí.) No Maine vou poder ler o correio, mas não responder. Comprei um computador portátil novo que terá *modem*, mas a peça não veio a tempo.
Mando-lhe aí uma carta que enviei ao José Brites. Estou habituado a receber montes de críticas e não faço caso. Neste, decidi escrever-lhe sem identificar ninguém. O Mancelos não se preocupe, porque ele diz isso por todo o lado e achei que era tempo de lhe dizer o que ele não gostará de ouvir. Vai cópia em *attachment*.
Abraço. Até amanhã.

Onésimo

E-MAIL DO ONÉSIMO
Sexta-feira, 17 de julho de 1998, 14:34:11
Meu caro:
Acabo de receber este e-mail do Fernando Venâncio que você conhece de certeza e que vive na Holanda. Somos amigos.
Já lhe respondi.
Abraço.
Onésimo

<<<<<<<<>>>>>>>>

Caríssimo: Só ontem, pelas travessuras da vida, tive oportunidade de ler o teu "diário em crónicas" na *LER*. (Desculpa a falta de acentos, aqui na Faculdade as máquinas são de alma anglo-saxónica). Magnífico trabalho, o teu. Mas perdoarás mais uma coisa: esta missiva tem um fim que não é só teu. Este. Vi que conheces um fulano, que desconheço, e com quem ando há anos a querer contactar, o José Leon Machado. Tinha um número de telefone de Chaves que já não serve. Poderias tu dar-me o contacto dele, tendo em vista uma passagem próxima, minha, pelas cercanias? Por hoje é isto. Data de beijos à Leonor e miudagem. E para ti o abraço de sempre, com o pedido de que escrevas mais daquilo. *Ciao. Fernando*

E-MAIL DO LEON MACHADO
Sábado, 18 de julho de 1998, 16:43:01
Caro Onésimo:
Espero que tenha aproveitado para descontrair na sua viagem ao Maine. Conheço o Maine dos romances do Fitzgerald e de alguns filmes. Creio ser uma região muito bonita.

O Manuel Carvalho escreveu-me a falar-me da visita a Providence. Gostou imenso, não só da cidade, mas principalmente de o ter conhecido a si. Passou cá por Chaves o outro dia, mas não pôde estar comigo porque veio muito de passagem. Esteve foi com o diretor do *Transmontano*, onde ambos colaboramos.

O Fernando Venâncio: sim, conheço-o das crónicas do *JL*, algumas de grande controvérsia, e dos artigos na revista *LER*. Tenho-o em boa conta. Parece-me uma pessoa muito divertida. À parte o resto, que não conheço bem. Ele que quererá deste pobre mortal?

Aquele professor de Foz Côa chama-se Reinaldo (não sei o apelido, mas posso perguntar-lhe segunda-feira). Tem 38 anos, é casado com uma Cristina, professora de Inglês, muito simpática (e bonita). O Reinaldo tem barba negra e, pelas conversas que tivemos, mostra conhecer a literatura portuguesa atual. Lê o Saramago, o Lobo Antunes e... o Onésimo. Escrever não escreve.

Sabe o Onésimo que comi três dias seguidos joelho de porca assado num restaurante em Vila Real? E fiquei a chorar por mais. O problema são as banhas futuras no abdómen. Já não tenho 30 anos...

Termino com uma referência à sua carta ao tal Brites: creio que fez bem escrever-lhe, para dar-lhe a conhecer que você sabe o que se passa. Não acredito, todavia, que ele mude grande coisa nesse aspeto. É até provável que faça um bocadinho pior. E você ralado com isso. Eu não estaria. Tanto mais que o homem não merece consumições.

Abraços do
José Machado

E-MAIL DO ONÉSIMO
Sábado, 18 de julho de 1998, 12:37:01

Caro Leon:
>Espero que tenha aproveitado para descontrair na sua viagem ao Maine. Conheço o Maine dos romances do Fitzgerald e de alguns filmes. Creio ser uma região muito bonita.
Ainda estou aqui. A ultimar coisas. Isto nunca acaba. Sairemos daqui a duas horas. Mas sei lá... o mais realista será talvez daqui a quatro (pelas 21h daí.)
>O Manuel Carvalho escreveu-me a falar-me da visita a Providence. Gostou imenso, não só da cidade, mas principalmente de o ter conhecido a si. Passou cá por Chaves o outro dia, mas não pôde estar comigo porque veio muito de passagem. Esteve foi com o diretor do *Transmontano*, onde ambos colaboramos.
Já me escreveu do Canadá. É um indivíduo reservado. Mas de facto é um bom cronista.
>O Fernando Venâncio: sim, conheço-o das crónicas do *JL*, algumas de grande controvérsia, e dos artigos na revista *LER*. Tenho-o em boa conta. Parece-me uma pessoa muito divertida. À parte o resto, que não conheço bem. Ele que quererá deste pobre mortal?
Claro que você o conhece. Você conhece toda a gente das letras. Não sei o que ele lhe quererá.
>Aquele professor de Foz Côa chama-se Reinaldo (não sei o apelido, mas posso perguntar-lhe segunda-feira). Tem 38 anos, é casado com uma Cristina, professora de Inglês, muito simpática (e bonita). O Reinaldo tem barba negra e, pelas conversas que tivemos, mostra conhecer a literatura portuguesa atual. Lê o Saramago, o Lobo Antunes e... o Onésimo.
Não se preocupe que não me sobe à cabeça ver-me no mesmo saco com o Saramago e o Lobo Antunes. Na lista de telefones há muita gente na mesma coluna do Saramago e isso não significa nada.

Sei que não faz grande diferença saber o nome, mas estou americanizado nesse aspeto. Nós dizemos: "Um fulano...." Os americanos dizem "Fulano de tal". Agora sempre tem um nome. Então você vai voltar segunda-feira ao vocabulário?
>Sabe o Onésimo que comi três dias seguidos joelho de porca assado num restaurante em Vila Real? E fiquei a chorar por mais. O problema são as banhas futuras no abdómen. Já não tenho 30 anos...
Deve ser um prato excelente. Mas você verá o que lhe acontece às banhas. Eu como pouco, mas o território aumenta sempre. Nada a fazer. Com a idade...
>Termino com uma referência à sua carta ao tal Brites: creio que fez bem escrever-lhe, para dar-lhe a conhecer que você sabe o que se passa.
Só me dei ao trabalho de lhe escrever porque eu fiz imenso ao J. Brites. Montes de coisas. Mas ele quer mais. Enquanto ele era um moço promissor, dei. Agora anda há anos a recuar e a fazer patetices, não posso continuar a bater-lhe nas costas. Ele insistiu para eu falar nesse lançamento. Já tinha lido o livro e por isso tentei esquivar-me. Insistiu. Que fosse. Que dissesse o que quisesse. Mas queria-me a lançar o livro. Pensei que o que ele queria era poder mandar para o jornal a notícia de que eu falara, sem citar o que eu iria dizer. Para o público, bastaria. Devido à insistência dele, fui.
Mas isso não me tira o sono. Não estou nada preocupado. Se ele continuar a falar, ao menos tem agora a minha versão dos factos.
Não tenho ocasião agora para lhe transcrever uma crónica que ele enviou para o *Portuguese Times* e que o diretor não quis publicar. É sobre o (desculpe-me)... cagalhão (leu bem!). E anunciava que essa crónica fará parte do próximo livro.
Quando vier do Maine hei de transcrever algumas linhas.
Vou despachar-me. Quero ir para aquelas belas costas do Maine. Hei de enviar-lhe um postal.

Divirta-se. Descanse. Saudações à Linda.
Um grande abraço do
Onésimo
P.S. Vou sentir falta das suas notícias. Você é daqueles correspondentes que tem sempre coisas para contar.

E-MAIL DO LEON MACHADO
Domingo, 19 de julho de 1998, 21:59:42
Caro Onésimo:
De regresso do Maine? Espero que tenha aproveitado a fresca das árvores (Tenho em mente que o Maine é uma região arborizada).
Por aqui muito calor e muitos incêndios. A cinza cai-nos no jardim da casa. Não apetece fazer nada. Para distrair e porque detesto deitar-me no sofá a olhar o teto (embora de vez em quando faça falta – o V. Ferreira passava horas a olhar para uma parede), para distrair, dizia, estive a limar o meu percurso por São Miguel quando estive em abril na casa do F. Aires. Espero enviar ao Vamberto uma amostra do texto na próxima semana. Se o Onésimo quiser ler em primeira mão, mando-lhe também.
Segunda e terça vou para Vila Real continuar o debate sobre a nomenclatura gramatical. Parece que vamos voltar à gramática tradicional. Sujeito, predicado, complementos... Está a ser difícil convencer certos professores de que é preferível dizer "substantivo" do que "nome", tradução errónea do inglês *noun*.
Para terminar: o Manuel Carvalho disse-me que leu no jornal *Portugal Ilustrado* de Toronto uma crónica minha. Fiquei intrigado e fui ver à página que eles têm na Internet. Lá estava. Meteram-no lá (foram tirá-lo ao *Letras & Letras* e não disseram água vai.) Que acha o Onésimo? Deixo a coisa andar ou protesto?
Abraços do

José Machado
P.S. Não vem visitar a Expo?

E-MAIL DO LEON MACHADO
Quinta-feira, 23 de julho de 1998, 22:18:26
Caro Onésimo:
Ainda pelo Maine? Aqui fizemos uma pausa nas reuniões para a reforma da nomenclatura gramatical. Continuamos em setembro. Terminei a redação do texto sobre o meu périplo por São Miguel. Para o caso de querer dar uma vista de olhos, mando-lhe um pedaço.
Andámos a falar do J. Brites e no último Suplemento aparece uma foto do homem a ilustrar um artigo altamente laudatório assinado por um tal Carlos Jorge Pereira. Você aparece citado no seguinte contexto: «tal como Onésimo T. Almeida da L(USA)landia (sic), também José Brites é exímio na criação de palavras que traduzem realidades até então inéditas em português».
Abraços e continuação de boa fruição.
José Machado

POSTAL DO ONÉSIMO[13]
[25 de julho de 1998]
Caro Leon:
Para um fanático dos Açores como eu, custa dizer que o Maine é paradisíaco. Mas é. Mar, mar, baías, verde, paz. A Leonor e eu trabalhamos imenso de mistura com leituras, para descontrair, e lagostas, que aqui são ao preço da chuva. Não há horários nem para comer.

A "nova" casa fica numa baía mais para a esquerda, menos povoada e [com] muito [mais] silêncio do que este centro de Boothbay Harbor. Um abraço do
Onésimo

E-MAIL DO LEON MACHADO
Domingo, 26 de julho de 1998, 12:09:41
Caro Onésimo:
Ainda pelo Maine?
As minhas férias começam amanhã. Ainda não sei onde vou. Talvez à Expo, uns dias a Braga e outros tantos a Ovar. E mais nada.
Tanto mais que me deram ontem umas estranhas dores de costas que me prostraram na cama. Desconfio se não foi de uma botija de gás que eu o outro dia carreguei sem prévio aquecimento. Temo que me tenha dado cabo de uma vértebra. Hoje estou melhorzinho, mas nada de abusar do computador.
Sabe bem ficar de vez em quando com uma dor nas costas. As pessoas mimam-nos mais...
O texto sobre os Açores já está todo na Internet. Dou-lhe o endereço direto:
http://alfarrabio.di.uminho.pt/vercial/letras/machad11.htm
Se o Onésimo achar que algo deve ser retocado, não hesite em dizer-mo. Não gostaria de ferir suscetibilidades em São Miguel. Enviei aliás uma cópia ao F. Aires com a mesma recomendação.
Abraços do
José Machado

E-MAIL DO ONÉSIMO
Domingo, 2 de agosto de 1998, 09:50:47
Caríssimo:
Terminou o meu idílio do Maine. Fiz quase tudo o que queria, embora nem tanto quanto gostaria.

Vou sair em breve a ir buscar a minha mãe, que passará o dia connosco. Continuamos os dois sós. O Pedro e o Duarte estão em Lisboa e a Tatyana em Creta.

Escreverei logo ou amanhã a responder-lhe aos seus *mails*.

Grande abraço.

Onésimo

E-MAIL DO LEON MACHADO

Domingo, 2 de agosto de 1998, 21:39:40

Caro Onésimo:

Seja bem-vindo.

Descansou muito? Não apanhou muito sol, pois não? Sabia que bastam três insolações graves para ter probabilidades de apanhar cancro de pele? Este ano não ponho os pés na praia. Gosto de ver o mar. Mas praia, estendido, não.

Na terça vou para Braga. Só devo regressar no dia 20 de agosto. Vou à Expo. Depois conto-lhe como foi a inolvidável experiência.

Abraços do

José Machado

POSTAL DO ONÉSIMO[14]

15/8/98

Meu caro Leon:

Como vai isso? Tudo bem?

Cá estamos pela Turquia. Istambul ainda é mágica. Passeámos muito pela cidade e de barco pelo Bósforo.

Como o atual embaixador de Portugal em Ancara é nosso amigo, estamos aqui uns dias com ele. Ontem fomos por essa Anatólia Central fora a ver ruínas hititas. Logo vamos para a Capadócia e na segunda-feira para Israel.

Vai daqui um abraço amigo do
Onésimo

E-MAIL DO LEON MACHADO
Sábado, 15 agosto de 1998, 11:10:00
Caro Onésimo:
Cheguei hoje de Braga. Mandei-lhe um postal com uma panorâmica da Expo. Deve recebê-lo na próxima semana, antes portanto desta mensagem.
A Expo é, para quem não viu nada no mundo (sou um provinciano), algo de grandioso. Andei por lá três dias e não vi tudo. Estive no pavilhão dos Açores (bem mais bonito do que o da Madeira) e no pavilhão dos USA. Este debruçava-se essencialmente sobre tecnologias relacionadas com o mar (barcos, submarinos, etc.). Achei interessante. Os pavilhões gerais (o Oceanário, o do Conhecimento dos Mares, o do Futuro e o do Território, estavam muito bem).
Recomendação: se o Onésimo puder, dê uma saltada cá em setembro. Mas vá-se preparando para uma estafa. E para abater uns dois quilitos.
Não sei se me enviou enquanto estive fora alguma mensagem. Se o fez, recomendo-lhe que ma reenvie, pois antes de ir cortei a ligação à Internet. O meu endereço atual é provisório e ainda não está personalizado: ***@mail.telepac.pt.
Por isso, por enquanto envie-me as mensagens para este.
Abraços do
José Machado

E-MAIL DO ONÉSIMO
Quarta-feira, 26 de agosto de 1998, 12:38:20

Meu caro:
Estou de volta. Uns dias cheios de viagens, experiências, enfim. Estou a reler *A Relíquia* e os *Evangelhos* por causa da Palestina, agora com outros olhos. Na maior parte dos casos a desmitização é forte: o rio Jordão é um riacho e a Via Dolorosa do Calvário está mais cheia de vendedores do que Fátima.
Escreverei depois com mais calma.
Enviei postal. Recebi o seu. Irei ver a Expo. Saio a 4 e a 8 vou a um Encontro de Investigadores Portugueses no Estrangeiro organizado pelas Univ. de Aveiro e Açores, e que se realiza em Ponta Delgada.
Não serei o único português que não verá a Expo.
Grande abraço.
Onésimo

E-MAIL DO ONÉSIMO
Quarta-feira, 26 de agosto de 1998, 17:36:47
Ia mesmo a sair. Vou a Boston buscar um portuga que chega da Califórnia e está com medo de fazer o transbordo para o Canadá amanhã. Assim, vou buscá-lo. Chega a minha casa às 22h e dormimos umas horitas. Amanhã acordamos às 3h da manhã e saímos às 4 para ele estar a tempo de fazer alfândega e tudo, pois é um voo internacional.
E assim se passam os dias em Paris.
Abraço.
Onésimo

E-MAIL DO LEON MACHADO
Quarta-feira, 26 de agosto de 1998, 21:54:13
Caro Onésimo:

Bons regressos, são os meus desejos.

Então passeio pela Turquia e por Israel? Tenho um sonho antigo: o de visitar a Turquia, esse país de geografia e história complicada onde os nossos antepassados celtas se instalaram (na região da Galácia – Carta de São Paulo aos Gálatas). Somos primos dos que ainda vivem aí e que são cristãos, ao contrário da maior parte dos turcos.

A Israel não tenho ganas de ir. Enfim, talvez na velhice. Afinal a Itália, a Grécia e Israel são pontos de visita obrigatórios para um ocidental. Como o Expo para um português...

Bem-vindo, portanto.

O Fernando Aires parece que vem cá a Chaves. Falta confirmar as datas. Vem com o Eduíno.

Amanhã vou contar-lhe umas coisas. Hoje é mesmo à pressa.

Abraços do
José Machado

E-MAIL DO LEON MACHADO
Quinta-feira, 27 de agosto de 1998, 22:40:20

Caro Onésimo:

Você levou o seu amigo ao Canadá? Faz-me lembrar a história do bom samaritano.

Hoje esteve aqui em Chaves o José Vieira, poeta e escultor de Braga e meu grande amigo. Levei-o a ver as maravilhas flavienses. Fomos almoçar à Adega do Faustino. Disse ele no fim que nunca tinha comido vitela tão tenra. Depois levei-o a beber um copo de água quente às termas onde o Torga costumava retemperar o intestino. Viemos até casa (vim mostrar-lhe o humilde tugúrio), a cadelita ladrou-lhe como a um ladrão e mostrei-lhe esta coisa maravilhosa da Internet. Com sorte apanhei a sua mensagem a falar da tal obra de caridade. Ele ficou impressionado com a tecnologia.

Já partiu para Braga e, embora o não conheça pessoalmente (conhece-o das crónicas do *JL*), manda-lhe cumprimentos. Mas o que eu lhe queria contar era o seguinte: Estive o outro dia na FNAC, a maior livraria do Centro Comercial Colombo em Lisboa, e pego por acaso num livro sobre escrita criativa de capa amarela (esqueci-me do título e do autor – mas era português). Ponho-me a folhear aquilo e verifiquei que estava dividido por exercícios. Um dos exercícios propostos era tentar escrever um diálogo entre dois açorianos (não especificava se eram de São Miguel, da Terceira, do Pico, etc.). E tinha um exemplo escrito pelo autor: uma algaraviada incompreensível e por demais chauvinista com os dois açorianos a dizer asneiras foneticamente distorcidas.

Se o Onésimo se lembrar quando passar em Lisboa, procure o livro. É de edição recente. Tive pena de não o ter trazido. A Linda não deixou... É que já trazia uma carrada deles, entre os quais o *Mariana* da Katherine Vaz e que ando a ler.

Vale
Iosephus Marculatus

E-MAIL DO ONÉSIMO
Sábado, 29 de agosto de 1998, 19:44:21

Caro Leon:
>Hoje esteve aqui em Chaves o José Vieira... embora o não conheça pessoalmente (conhece-o das crónicas do *JL*), manda-lhe cumprimentos.

Dê-lhe cumprimentos também.

Mas olhe que você já me falou tanto dessa Adega do Faustino que sinto vontade de ir a Chaves quase só para experimentar. Tanto mais que não conheço Chaves. Mas que publicidade você faz! Deveriam tê-lo lá sempre à borla. (E se calhar têm-no!)

>Estive o outro dia na FNAC, a maior livraria do Centro Comercial Colombo em Lisboa, e pego por acaso num livro sobre escrita criativa de capa amarela (esqueci-me do título e do autor – mas era português). Ponho-me a folhear aquilo e verifiquei que estava dividido por exercícios. Um dos exercícios propostos era tentar escrever um diálogo entre dois açorianos...
Vou tomar nota. Mas estou habituado.
>Se o Onésimo se lembrar quando passar em Lisboa, procure o livro. É de edição recente. Tive pena de não o ter trazido. A Linda não deixou... É que já trazia uma carrada deles, entre os quais o *Mariana* da Katherine Vaz e que ando a ler.
Ainda não acabou *Mariana*? E não vai tentar *Pedro e Paula*, de Helder Macedo?
Recebi a *LER* do verão, sem ter recebido a da primavera. A distribuição da revista é estranha. Já recebeu?
Vou a Lisboa sexta-feira e depois aos Açores. Não verei o Fernando Aires, que estará para aí. Na Adega do Faustino, está visto!
Grande abraço do
Onésimo

E-MAIL DO LEON MACHADO
Domingo, 30 de agosto de 1998, 20:18:38
Caro Onésimo:
A Adega do Faustino é a maior tasca (pelo menos que eu conheça) do país. Quanto a descrevê-la, só mesmo cá vindo ver e provar... Mas olhe que não é publicidade. Quando lá vou, pago. A única coisa que me ofereceram foi uma jeropiga o ano passado.
Considere-se pois convidado a cá vir na próxima oportunidade. Mas não demore muito, que o Faustino já tem oitenta e tais e pode já não estar cá para o atender condignamente.

Não, ainda não terminei a *Mariana*. O livro começou bem, mas cheguei a um ponto que se me afrouxou a atenção. Tanto mais que leio ao mesmo tempo os volumes da primeira série da *Conta-Corrente*. A Kathrine Vaz deveria ter ficado mais tempo na Alentejo a conhecer melhor aquelas gentes. Há muito artificialismo em certas descrições, em especial no traçado do carácter das personagens. Não parecem portuguesas e muito menos a viverem no século XVII. O romance histórico é difícil e é pena esta falha, porque a autora escreve muito bem e tem uma conceção curiosa da vida. Mas nada do que lhe digo é definitivo, pois ainda não cheguei ao fim. Até pode ser que entretanto eu reconsidere.

O romance do Helder Macedo não o tenho cá. Só mesmo indo a Braga. Quando estive em Lisboa, não o encontrei. Mas tenciono lê-lo. O Onésimo já pegou no do Rui Nunes que ganhou o prémio APE? Eu até me assustei. O "Nouveau Roman" andará outra vez na moda?

Amanhã envio-lhe pelo correio uns caderninhos que lhe prometi desde o nosso encontro em Lisboa. Já não se lembra, com certeza. Mas até que os receba, não direi mais nada sobre eles.

Aguardo entretanto resolução do Fernando Aires em relação à sua (dele) vinda a Chaves. Creio que ele tem de comunicar ainda com o Eduíno de Jesus, que também virá. Se vierem, sairão daqui com mais seis quilos abdominais...

Quanto à Expo: vá treinando umas pedaladas de bicicleta aí na sua rua. É para vir preparado para a estafa.

Χάιρετε *

do

José Machado

* É grego (gáirété).

E-MAIL DO ONÉSIMO

Terça-feira, 1 de setembro de 1998, 07:26:17
Caro Leon:
>A Adega do Faustino é a maior tasca (pelo menos que eu conheça) do país. Quanto a descrevê-la, só mesmo cá vindo ver e provar... Mas olhe que não é publicidade. Quando lá vou, pago. A única coisa que me ofereceram foi uma jeropiga o ano passado.

Pronto! Pronto! Mas compreenda que dá para a gente desconfiar (estou no gozo, se é que é necessário dizê-lo).
>Considere-se pois convidado a cá vir na próxima oportunidade. Mas não demore muito, que o Faustino já tem oitenta e tais e pode já não estar cá para o atender condignamente.

Hei de ir ao centenário dele. O homem afinal é só 30 anos mais velho do que eu... Porra!
>Não, ainda não terminei a *Mariana*. O livro começou bem, mas cheguei a um ponto que se me afrouxou a atenção...

Acredito, porque senti o mesmo sobre *Saudade*, o livro que ela escreveu sobre os Açores.
>O romance do Helder Macedo não o tenho cá. Só mesmo indo a Braga. Quando estive em Lisboa, não o encontrei. Mas tenciono lê-lo. O Onésimo já pegou no do Rui Nunes que ganhou o prémio APE? Eu até me assustei. O "Nouveau Roman" andará outra vez na moda?

Vade retro, Satana!
>Amanhã envio-lhe pelo correio uns caderninhos que lhe prometi desde o nosso encontro em Lisboa. Já não se lembra, com certeza. Mas até que os receba, não direi mais nada sobre eles.

Aguardo.
>Quanto à Expo: vá treinando umas pedaladas de bicicleta aí na sua rua. É para vir preparado para a estafa.

Estou em forma.

Vou sair para a televisão a gravar um programa com o Padre António Rego.

Abraço.
O.

E-MAIL DO LEON MACHADO
Terça-feira, 1 de setembro de 1998, 22:51:47
Caro Onésimo:
O Projecto Vercial chegou às 50 mil visitas. O Mancelos, que apostou comigo que não chegaria nos meses mais próximos, deve-me um jantar... na Adega do Faustino. Estamos, por isso, todos em festa.

No último *JL* vem uma notícia a dizer que o Terràvista, o *site* mais consultado a nível nacional (é do Ministério da Cultura), é visitado mais de um milhão de vezes por mês. Fui confirmar. Afinal era treta. Foram lá num ano 500 mil vezes. O que é bastante diferente. Enfim, a guerra das audiências já chegou à Internet. E mentir é com alguns...

Então está preparado fisicamente para a Expo? Ótimo. A Leonor também vai? A ver se pode com ela ao colo quando ela se esvair em cansaço. Como fez o Eneias ao pai Anquises.

Abraços do
José Machado

E-MAIL DO ONÉSIMO
Quarta-feira, 2 de setembro de 1998, 20:38:56
Caro Leon:
>O Projecto Vercial chegou às 50 mil visitas. O Mancelos, que apostou comigo que não chegaria nos meses mais próximos, deve-me um jantar... na Adega do Faustino.

Parabéns!

>No último *JL* vem uma notícia a dizer que o Terràvista, o *site* mais consultado a nível nacional (é do Ministério da Cultura), é visitado mais de um milhão de vezes por mês. Fui confirmar. Afinal era treta. Foram lá num ano 500 mil vezes. O que é bastante diferente. Enfim, a guerra das audiências já chegou à Internet. E mentir é com alguns...
Eu sei como é.
>Então está preparado fisicamente para a Expo? Ótimo. A Leonor também vai? A ver se pode com ela ao colo quando ela se esvair em cansaço. Como fez o Eneias ao pai Anquises.

Iremos em semanas diferentes, porque um de nós tem que ficar cá com a garotada.

Acabámos de chegar de uma ilha aqui perto onde nos fomos despedir do verão. A Tatyana começa a escola amanhã e o Duarte no dia seguinte. Na segunda o Pedro segue para a Universidade (4.ª ano de Economia). E na terça começam as aulas na Brown.

E assim se vão as férias.

Levei para a praia histórias de Raymond Carver, mas acho o minimalismo muito blablá.

Abraço do
O.

E-MAIL DO ONÉSIMO
Quarta-feira, 2 de setembro de 1998, 22:36:10
Caro Leon:
Recebi finalmente resposta do José Brites. Ei-la:
<<<<<<<<>>>>>>>>
Onésimo:
Recebi a tua carta datada de 16 de julho. Com muito gosto responderei à mesma, mas como não gosto de disse-disse mas de pegar o toiro pelos cornos à boa moda ribatejana, mandas-me o nome, morada e n.º de telefone da pessoa, e também cópia do que me é atribuído eu ter dito (sic!). É que eu além do mais, necessito

de fazer a minha própria leitura, e não uma leitura da tua leitura. Doutra forma tirarei as minhas próprias ilações das possíveis informações que considero pidescas que te terão sido enviadas.

Continuação de bom verão.

Zé Brites

P.S. Tens toda a liberdade de enviar cópia desta à pessoa que não identificaste.

Comentário meu:

Era o que faltava! Com que então ele não quer fazer uma leitura da minha leitura, mas quer fazê-la direta bla-bla-blá... O nó Górdio da minha carta era muito claro: «eu não falei do teu livro não porque não o lera, mas porque não gostara dele».

As minhas conclusões?

1. O Zé vem com esse blablá todo e nunca nega que disse essas coisas.

2. Quer o nome para saber qual foi a pessoa (de entre as várias com quem já deve ter falado no assunto) me passou a informação.

Claro que não vou mexer mais nisso. Serei brevíssimo na resposta. O Zé não é nada mau rapaz. Meteu-se-lhe foi na cabeça que tinha mesmo de ser um escritor. E é. Só que, com pena minha, é cada vez menos um bom escritor.

Abraço. (Não sei por que ando a perder tempo com isto!

Onésimo

E-MAIL DO LEON MACHADO

Quinta-feira, 3 de setembro de 1998, 21:59:12

Caro Onésimo:

Esse José Brites, em vez de pedir desculpas, ainda piora a situação. Ele não terá consciência de que Portugal é demasiado pequeno e que tudo se sabe? Pelo menos a partir de agora terá (penso eu...) mais cuidado com a língua.

Bons começos de aulas para os seus filhos. Eu ainda estou mais ou menos de férias. A Linda é que tem ido à escola fazer vigilâncias de exames. Mas segunda-feira acaba-se-me a mama. Amanhã tenho cá um primo, o Abel Machado. É professor de Filosofia e o pobre ficou colocado em Chaves. É casado e tem dois filhos. Mora em Braga. Nem sabe onde se veio meter. Vou levá-lo ao *Faustino*, está visto. Enfim, para se ir habituando ao vinho e ao presunto de cá. O vinho verde que ele bebe em Braga é demasiado ácido.

E como vivo em Chaves, não há mais que contar.

Abraços do
José Machado

E-MAIL DO ONÉSIMO
Quinta-feira, 3 de setembro de 1998, 23:02:13

Caro Leon:

Saio amanhã. Só para um abraço de despedida caso me aconteça o que aconteceu aos desgraçados que iam ontem no avião da Swissair.

>Amanhã tenho cá um primo, o Abel Machado. É professor de Filosofia e o pobre ficou colocado em Chaves. É casado e tem dois filhos. Mora em Braga. Nem sabe onde se veio meter. Vou levá-lo ao *Faustino*, está visto. Enfim, para se ir habituando ao vinho e ao presunto de cá. O vinho verde que ele bebe em Braga é demasiado ácido.

Coitado. Mas cada vez mais vai acontecer isso em Portugal. Malta formada que tem um emprego na periferia. E quem lucra, claro, é a periferia. E você que fica com mais uma companhia. Espero que simpática.

Um abraço.

Onésimo

E-MAIL DO LEON MACHADO
Sábado, 12 de setembro de 1998, 18:41:31

Caro Anésimo[15]:
Com que então de volta? Gostou da Expo? E o encontro de escritores, que tal? Esteve com o Vamberto? O Fernando Aires ainda não me deu certezas acerca da sua (dele) passagem por Chaves. Se vier é nos dias 20-21.
Estou a terminar a leitura da *Conta-Corrente V*, onde o V. Ferreira relata a visita aos EUA e, mais propriamente, a Providence. Fala imenso de si, como não poderia deixar de ser, da sua ex-esposa, da Tatyana, da universidade, da cidade... Aquela coisa de lhe morrer a tia freira no momento em que ele se preparava para a visitar foi uma grande coincidência. Ele não diz se chegou a ir visitar o cemitério onde foi enterrada. Quer dizer: fala num cemitério todo ajardinado, mas não diz se lá foi por causa da tia. Achei curiosa a descrição do quarto da residência universitária onde ficou hospedado: uma casa-de-banho para dois quartos. Sabe que a mim, quando estive hospedado numa família francesa, me aconteceu uma coisa extremamente embaraçante? Levantei-me pela manhã, abri a porta da casa-de-banho que dava para o quarto e dou de caras com a dona da casa praticamente nua sentada na sanita. O sistema era o mesmo que o V. F. descreve: dois quartos e uma casa-de-banho.
Eu sei que deve ter por esta altura muito trabalho. Mas conte coisas.
José Machado
P.S. Recebi o último livro da escritora de Braga, aquela que lhe pediu um parecer para arranjar um subsídio de edição. Li o livro. Aquilo está cheio de incorreções sobre os Açores. O primeiro

texto, que é de um casal francês, ainda escapa. Mas o resto é uma enxurrada de lugares-comuns. Desde quando é que ainda se caçam cachalotes no Pico? Ou desde quando é que os açores são abutres? Aparece uma citação sua e outra do Fernando Aires. Ao menos valha-nos isso.

E-MAIL DO ONÉSIMO
Quinta-feira, 17 de setembro de 1998, 10:07:44
Caríssimo:
Cheguei vivo, mas combalido.

A maratona Lisboa (gostei muito da Expo), Açores, Providence, Toronto, Providence terminou anteontem, mas apanhei uma valente constipação (alergia?) em Toronto. Ontem voltei ao aeroporto para deixar a Leonor, que foi a Lisboa. Hoje tenho um colega irlandês que vem à Brown e vai ficar cá em casa. Depois, as mil coisas que estavam à minha espera no departamento.

Quero dar sinal de vida aos amigos, mas ainda não o fiz a ninguém. (Estou em casa há pouco mais de 24 horas.)
Até mais logo.
Abraço.
Onésimo

E-MAIL DO LEON MACHADO
Sexta-feira, 18 de setembro de 1998, 21:11:39
Caro Onésimo:
Seja bem-vindo. Já está melhor da constipação? Aquilo em Toronto dizem que é mesmo frio. Mas não sabia que em setembro a coisa apertava.

Do Fernando Aires, até agora nada. A ver se ele me telefona hoje. Deve andar perdido pelo Alto Douro.

Chegaram-me as provas do romance que a Campo das Letras vai publicar em outubro. Apetece-me cortar, cortar, cortar... Você já reviu tudo da *(Sapa)teia*?

E leio *The Western Canon* do Harold Bloom. Aquilo é só Shakespeare. Vou na página 92. Estou a gostar, mas algumas opiniões parecem-me um tanto ou quanto radicais. O livro foi bem acolhido nos EUA?

Sou capaz de ir outra vez à Expo. Ainda não sei o dia. Vou com os meus sogros. Mas eles não devem ter pernas para a estafa.

Abraços do
Leon Machado

E-MAIL DO ONÉSIMO
Domingo, 20 de setembro de 1998, 19:56:49

Meu caro:

O Fernando Aires telefonou-me hoje de casa do Eduíno de Jesus. Afinal não vai aí. Só chegou a Tormes. Disse-lhe que você esperava por ele, mas garantiu-me que lhe dissera que, se pudesse ir aí, lhe diria com 48 horas de antecedência. Bicho de buraco como ele é, ir a Tormes já foi uma volta ao mundo!

Irá telefonar-lhe terça-feira de S. Miguel, pois não quer abusar do telefone do Eduíno.

Gostei muito da Expo. Andei que me fartei. Num dia, onze horas. Voltei segunda vez, mas até à hora do avião. Ainda estou em forma.

Fui no dia da Madeira e encontrei muitos amigos madeirenses da malta das letras e da cultura.

A Expo é boa em qualquer parte. Pena acabar tão cedo, que agora é que vai sendo conhecida.

Depois, a ida aos Açores foi rápida mas excelente. O Eugénio Lisboa foi também. Fizemos um belo serão em casa do Vamberto.

Dei umas voltas com o E. L., mas não pude ficar até ao fim do Fórum porque tinha de regressar por causa de um compromisso com Toronto. Fui. Lá fiz a conferência e passei o resto do tempo com os amigos. E vivam os congressos e as palestras por nos permitirem estas visitas aos amigos.

Regressei e não tenho parado. Ontem houve um mini-congresso sobre Goa na Brown, que coorganizei. Hoje fui fazer turismo aqui à volta com alguns dos conferencistas.

A Leonor está em Lisboa por uma semana e eu de faxina com os garotos.

Regressarei a Portugal a 22 de outubro. Vou a Coimbra e irei de novo a Aveiro e a Lisboa palestrar.

Espero ser melhor correspondente a partir de quarta-feira.

>Seja bem-vindo. Já está melhor da constipação? Aquilo em Toronto dizem que é mesmo frio. Mas não sabia que em setembro a coisa apertava.

Não é isso. É alergia que tem a ver com a mudança de estação e em Toronto tudo acontece mais cedo. O tempo estava ótimo.

>Chegaram-me as provas do romance que a Campo das Letras vai publicar em outubro. Apetece-me cortar, cortar, cortar...

Corte, mas não abuse.

>Você já reviu tudo da *(Sapa)teia*?

Não. Sairá primeiro a reedição de *Ah! Mònim dum Corisco*.

>E leio *The Western Canon* do Harold Bloom. Aquilo é só Shakespeare. Vou na página 92. Estou a gostar, mas algumas opiniões parecem-me um tanto ou quanto radicais. O livro foi bem acolhido nos EUA?

Muita crítica, mas ele é muito respeitado. Importante para nós pelo lugar que deu a Pessoa.

>Sou capaz de ir outra vez à Expo. Ainda não sei o dia. Vou com os meus sogros. Mas eles não devem ter pernas para a estafa.

Eu voltaria.

>Abraços
e do
Onésimo

E-MAIL DO LEON MACHADO
Segunda-feira, 21 de setembro de 1998, 19:54:49
Caro Onésimo:
Andei a comprar bananas, pão integral e cereais para o Fernando Aires e ele nada. A Linda, imagine, até me obrigou a limpar o escritório (coisa que eu faço 15 em 15 dias, ou talvez mais espaçadamente). Foi a Tormes: mais duas horas de viagem e vinha a Chaves provar a aguapé do Faustino.

A Expo tem sido uma enchente. Os portugueses guardaram para os últimos dias. É provável que, a ser assim, eu já não volte lá. Os meus sogros receiam a confusão e a chuva (tem chovido). O Onésimo deve ter apanhado uma boa altura. Agora são 140 mil visitantes por dia.

As aulas começaram hoje na escola. Calharam-me três estagiárias de uma antipatia berrante. E feias que elas são. Não, este ano, não vou ter sorte com as vistas. O ano passado as reuniões eram bastante animadas. No bom sentido, entenda-se.

Já aconselhei às novas estagiárias o calhamaço do Harold Bloom. Ficaram de beiça caída. Já sei que não vão ler.

No domingo passou na TVI uma reportagem sobre os portugueses em Newark (não sei se é assim que se escreve). Entrevista com o xerife, um português de Trás-os-Montes, e com empresários oriundos daqui. Gostei de ver. O xerife é dos duros. A criminalidade, disse ele, diminuiu em 80 por cento no seu mandato. Estaria a fazer propaganda política?

O Onésimo deve estar a receber por aí um exemplar do CD do Fernando Pessoa. Vá estando atento.

Ah! Ainda não me disse se a escritora de Braga lhe enviou o novo livro dela sobre os Açores, aquele que tem uma citação sua em epígrafe. A citação vem na página 41, onde começa o capítulo sobre a ilha de São Miguel: «Um arco-íris de verdes suspensos no tempo, um onírico parêntesis entre o azul-acinzentado do céu e do mar atlântico.»

E por hoje chega, que tem você mais que ler.

Abraços do
Maç(h)ado(r)

E-MAIL DO ONÉSIMO
Quinta-feira, 24 de setembro de 1998, 21:58:41

Caro Leon:

Desculpe-me o silêncio. Visitas, um simpósio, amanhã uma festa para o Departamento em casa (40 pessoas). Amanhã chega o L. Adão da Fonseca e fica até segunda-feira. Não sei para onde me virar. Estou a ver a sabática a ir ao ar e eu não fazer nada. Depois vem Ramos-Horta, um ministro brasileiro, o Ant. Machado Pires, o João de Melo, o Emanuel Félix, o Ivo Machado, um outro amigo meu... Um atrás do outro. Isto está mesmo um rio Atlântico e eu estou lixado.

Grande abraço do
Onésimo

E-MAIL DO LEON MACHADO
Domingo, 27 de setembro de 1998, 21:10:12

Caro Onésimo:

Então está mais descansado? Sim, já sei: esta semana é mais uma corrida. Quando estiver com o Emanuel Félix e o João de Melo, mande-lhes cumprimentos meus.

Passei o fim de semana a trabalhar na tese. Estou a redigir o primeiro capítulo (primeiro, como quem diz: o terceiro ou o quarto. É que ainda não sei onde vai encaixar na versão definitiva). São cerca de 50 páginas compactas. Deve dar umas 80. Este é referente à *Conta-Corrente* do V. Ferreira. Espero pegar em seguida em *Era Uma Vez o Tempo*.

O Fernando Aires já me telefonou. Voltou a São Miguel fatigadíssimo. A "ilha" continental é bem maior do que qualquer uma do Arquipélago dos Abutres (na tradução da escritora de Braga...).

Continuação de bom trabalho.

Abraços do

L.M.

POSTAL DO ONÉSIMO[16]

[Setembro de 1998]

Este postal era para lhe enviar dos Açores. Não [se] vê a casa do Fernando Aires, onde passo o verão, mas é por pouco. Fica no alto, mesmo no centro superior direito logo a seguir à casa que lá se vê. A praia fica a 6 ou 7 minutos (também não se vê.)

Um abraço do Onésimo.

P.S. Só agora começo a retirar papéis que trouxe dos Açores.

Afinal não vai para o correio. Remeterei com os textos que hão de seguir, mas esperam que escreva uma nota explicativa do *Centenário*.

Abraço

Onésimo

E-MAIL DO ONÉSIMO

Quarta-feira, 30 de setembro de 1998, 15:50:06

Caro Leon:
>Então está mais descansado? Sim, já sei: esta semana é mais uma corrida.
A corrida continua. E creio que nem mencionei uma festa do departamento em minha casa com quase 50 pessoas. O trabalho que aquilo dá....
>Quando estiver com o Emanuel Félix e o João de Melo, mande-lhes cumprimentos meus.
Darei. Mas não vou ver o João de Melo. Estará cá quando eu estiver em Coimbra.
>Passei o fim de semana a trabalhar na tese. Estou a redigir o primeiro capítulo (primeiro, como quem diz: o terceiro ou o quarto. É que ainda não sei onde vai encaixar na versão definitiva). São cerca de 50 páginas compactas. Deve dar umas 80. Este é referente à *Conta-Corrente* do V. Ferreira. Espero pegar em seguia em *Era Uma Vez o Tempo*.
Começo a ficar com muita curiosidade. Avante!
>O Fernando Aires já me telefonou. Voltou a São Miguel fatigadíssimo.
O F. Aires nasceu para estar entre P. Delgada e a Caloura. Estou farto de lhe dizer isso.
>A "ilha" continental é bem maior do que qualquer uma do Arquipélago dos Abutres (na tradução da escritora de Braga...).
Vi o livro dela na Expo. E nem por ter uma citação minha em epígrafe me apeteceu comprá-lo. É cruel dizer, mas talvez alguns abutres o comam. (Livre-se de eu saber que você repetiu esta frase a alguém! Saiu assim porque estava à mão de semear. É injusta para com as autoras, mas o trocadilho estava a pôr-se-me debaixo dos pés.)
>Continuação de bom trabalho.
Para si também.
Até breve.

E-MAIL DO LEON MACHADO
Quinta-feira, 1 de outubro de 1998, 21:12:39
Carus Onesimus Teothonii Almediae:
Já recebeu o CD-ROM do Fernando Pessoa? A Porto Editora ficou de lho enviar para o departamento na universidade. Alguns colaboradores daqui já o receberam.
Pois a Expo encerrou ontem com trezentas e tal mil pessoas lá dentro. Foi uma festa de arromba, com braços partidos, excesso de álcool e droga. Mas valeu a pena, ao que dizem. Hoje pela manhã o recinto era um mar de lixo. Como depois de uma feira. Não pense que lá estive. Vi na TV.
Diga-me: por acaso não haverá no seu *Ah Mònim dum Corisco* um texto que os alunos possam representar na minha escola? Estava a precisar de um texto suficientemente divertido e que ao mesmo os motivasse. Se me puder aconselhar a esse nível, ficar-lhe-ia grato. Os ensaios começarão dentro em breve com duas peças. Uma delas intitula-se *O Explicador*. Autor anónimo... Mas precisávamos de outra.
É em outubro que vem ao continente?
Vale,
Iosephus Leonis Marculati

E-MAIL DO ONÉSIMO
Quinta-feira, 1 de outubro de 1998, 19:21:48
Caríssimo:
Como foi que eu não lhe disse do CD-ROM? Não sei. Têm sido uns dias malucos, com pouco tempo a restar para trabalhar e montes de prazos a cumprir.
Recebi, sim, e achei-o com ótima apresentação externa e muito material de imenso interesse. Notei a incrível ausência de Eduardo

Lourenço (ao menos na lista de nomes na caixa-capa). Como não consegui abrir vários *folders* no meu computador, ainda tenho que analisar tudo melhor no computador na Universidade. Imagino que haja um plano geral que permita uma visão do conjunto melhor do que aquela que consegui descortinar. Por isso não me posso pronunciar muito sobre isso. Aliás, pensei mesmo emprestá-lo a um aluno que está a trabalhar sobre Pessoa para ele ver se encontra lá coisas de interesse para a pesquisa que está a fazer e ele fará uma avaliação mais bem informada que a minha. De qualquer modo já dei indicações para a biblioteca da universidade adquirir um.

Em relação ao *Mónim*: a 3.ª edição já deve estar pronta em Lisboa. Quando lá passar daqui a três semanas, já terei um exemplar. Se for demasiado para você esperar, pedirei ao editor que lhe envie um. Como você é que conhece o ambiente, eu não posso recomendar-lhe nada. Decidirá por si. Receio, porém, que seja demasiado local e use demasiado vocabulário açor-americano para ter alguma piada aí. Fico curioso à espera da sua reação. Mas, se optar por não usar nada, apenas confirmará as minhas suspeitas e estará tudo bem, claro!

Chegarei a Lisboa a 21 e seguirei logo para Coimbra. Falatarei a 24. Depois ficarei algum tempo em Coimbra a ver amigos (antes e depois, claro) e irei a Aveiro para mais faladura. Idem em Lisboa: Universidade Aberta e não sei onde mais.

Pedem-me para ir ao Porto em novembro. Quando a Leonor souber, mata-me. Mas sou capaz de não ir. Ando tão atrasado com tanta coisa, que tenho é de assentar arraiais e trabalhar. É que em janeiro há Lisboa outra vez, em março há a Alemanha, em maio a Califórnia e a Madeira, em junho o Brasil e Deus sabe o que ainda virá no entretanto. Passaria o ano na boa vida sem fazer nada de jeito.

Termino por aqui. Diga coisas. Gosto mesmo de receber novas suas.

Um abraço do
Onésimo

E-MAIL DO LEON MACHADO
Domingo, 4 de outubro de 1998, 11:12:20
Caro Onésimo:
Desculpe-me a demora em responder à sua última mensagem. Tenho andado nas vindimas e é com as unhas sujas de mosto que lhe escrevo esta.

Quanto ao CD do Fernando Pessoa: para ver tudo o que contém de uma forma interativa, terá de instalar o programa num computador PC (não funciona nos MAC). Os seus textos vêm na secção da "vida e obra" e são logo os primeiros a aparecer. Isto porque os autores foram indexados pelo último nome (ALMEIDA, Onésimo Teotónio) por sugestão minha. Mera coincidência.

O Eduardo Lourenço é realmente um dos poucos nomes que não consta. Eu contactei-o por carta há mais de um ano. Como não recebi resposta, presumi que ele não tivesse querido participar. No entanto, havia dois textos dele que estavam para ser adicionados. Bastava a autorização. Foi pena.

A minha opinião acerca do CD: houve bastantes problemas técnicos que levaram a que o dia do lançamento se fosse arrastando. Saiu com cerca de um ano de atraso. O Onésimo nem imagina o difícil que foi a relação entre mim e os técnicos que trataram da programação. Eu dizia que tinham de fazer assim, que o programa tinha de ter isto e isto, eles sim senhor e depois trocavam tudo. Erros ortográficos de meia-noite. Perdemos mais tempo a corrigir o que estava mal do que propriamente a fazer o CD.

Quer isto dizer que poderia estar bem melhor do que o que está. E se não está, a culpa é nossa, portugueses, pois claro, que não há meio de aprendermos a trabalhar em equipa e a ouvir a opinião dos outros. O problema é que cada um se julga um geniozinho na sua área.

Veja o que se passa nos Açores com aquela história de a oposição mandar o governo abaixo.

Quanto ao *Mònim*, aguardarei. Os ensaios começam na próxima quinta-feira. Vamos ensaiando as peças já escolhidas.

Hoje não lhe mando abraços, pois estou a cheirar a uvas esmagadas, nem cumprimentos, pois tenho as mãos de uma estranha cor entre o negro e o roxo.

J. Machado

E-MAIL DO ONÉSIMO
Terça-feira, 6 de outubro de 1998, 18:15:45
Caro Leon:
>Desculpe-me a demora em responder à sua última mensagem. Tenho andado nas vindimas e é com as unhas sujas de mosto que lhe escrevo esta.

Claro que desculpo. Eu próprio às vezes demoro tanto!

>Quanto ao CD do Fernando Pessoa: para ver tudo o que contém de uma forma interativa, terá de instalar o programa num computador PC (não funciona nos MAC).

Ainda não vi num PC. Mas o que vi pareceu-me que se tratava de uma grande fonte de informação. Parabéns pelo trabalho. Sei como são essas coisas em Portugal. Mas você desde muito novo vai aprendendo a ganhar essas guerras. Daqui a uns anos você tem cá um treino!...

>O Eduardo Lourenço é realmente um dos poucos nomes que não consta. Eu contactei-o por carta há mais de um ano. Como não recebi resposta, presumi que ele não tivesse querido participar.

Não é por mal. Viu a carta. Deixou-a sobre a secretária e perdeu-a. Vi-o em ação aqui diariamente. Só filmado.
>Quer isto dizer que poderia estar bem melhor do que o que está. E se não está, a culpa é nossa, portugueses, pois claro, que não há meio de aprendermos a trabalhar em equipa e a ouvir a opinião dos outros.
Você lá vai levando projetos avante!
>Veja o que se passa nos Açores com aquela história de a oposição mandar o governo abaixo.
Não sei ainda como irá acabar. Mas o governo atual deveria chegar ao fim do mandato. A natureza tem sido o seu pior inimigo com montes de cataclismos....
>Quanto ao *Mònim*, aguardarei. Os ensaios começam na próxima quinta-feira. Vamos ensaiando as peças já escolhidas.
Enviar-lhe-ei um.
>Hoje não lhe mando abraços, pois estou a cheirar a uvas esmagadas, nem cumprimentos, pois tenho as mãos de uma estranha cor entre o negro e o roxo
Está cheirando aqui....
Ao que parece, irei ao Porto em princípios de dezembro para um congresso organizado pela Casa dos Açores e a Univ. Portucalense Inf. D. Henrique. Será que nos veremos?
Ontem tive aqui Ramos-Horta; hoje o Embaixador do Brasil no Canadá; amanhã começa o festival de Cinema Português (dez dias); depois de amanhã tenho o Barata-Moura...
Abraço.
Onésimo

E-MAIL DO LEON MACHADO
Quarta-feira, 7 de outubro de 1998, 09:34:55
Caro Onésimo:

Então vai ao Porto em dezembro? Há de dizer-me os dias exatos em que lá vai estar. Eu vou ao Porto frequentemente e poderemos encontrar-nos nessa altura. Se o Onésimo não andar muito ocupado, claro.

Recebi finalmente uma resposta do George Monteiro ao meu pedido de colaboração para o CD do Camões. (Respondeu-me em inglês.) Diz-me que fica muito honrado com a inserção de um texto da obra *The Presence of Camões* no CD, mas não me diz onde o posso arranjar. Não sei se conseguirei arranjar a obra na biblioteca da Univ. do Minho. Creio bem que não. A ver se lhe peço a fotocópia de um capítulo.

O Onésimo sabia do bicentenário do nascimento do Garrett a comemorar em 1999? Vá-se preparando para escrever alguns estudos sobre o autor. Afinal ele esteve algum tempo nos Açores. O tio dele parece que era bispo em Angra. Recordo-me de ver um busto num jardim com coreto quando lá estive há dez anos atrás. É verdade: não foi ele que após o determinativo "do Heroísmo" a Angra? Vá-se inspirando...

Abraços (hoje o cheiro a mosto é menor, embora se pegue durante dias e não adiantam os banhos) do
J. M.

E-MAIL DO LEON MACHADO
Quinta-feira, 8 de outubro de 1998, 21:05:11

Poça, pá!! Chiça! Até que enfim. Agora foi de vez. O Benfica é o maior!! E o Porto!! E o Sporting! E o Saramago!! E nós todos!! Bibó's Portugueses!! Biba nós!!!!!!!!!!!!!
J. M.

E-MAIL DO ONÉSIMO
Quinta-feira, 8 de outubro de 1998, 21:19:18

Não tenho parado todo o dia. Tinha aqui o Barata-Moura, mas os telefonemas choveram de jornais, rádio, TV, agências noticiosas de Providence a Washington. Toda a gente queria uma palavra sobre (R)osé Saramago. Ou Saramaggio, como um jornalista da rádio dizia. Escreverei depois. Tenho o Festival de Cinema a decorrer. Dois filmes por dia durante dez dias! O George Monteiro já lhe enviou o livro de Camões. Abraço.

Onésimo

E-MAIL DO LEON MACHADO

Sexta-feira, 9 de outubro de 1998, 13:02:09

Caro Onésimo:

Recebi hoje a documentação que teve a amabilidade de me enviar: programa do festival de cinema, postais, a caricatura do Clinton e o programa sobre o simpósio relacionado com Goa. Grato pois pela lembrança. Agradou-me obviamente a caricatura do Clinton. É que eu, como disse o Fernando Aires, tenho uma costela do Marquês de Sade...

Imagino o assédio à sua pessoa aí nos USA após a notícia do Nobel. Aqui não se fala de outra coisa. Mesmo assim, ouvi hoje na escola uns comentários desagradáveis de uns colegas afetos ao PSD. Que era uma vergonha para o país premiarem um gajo comunista que nem sabe escrever. E davam o tão estafado exemplo da pontuação. Perguntei a um se já tinha lido alguns dos livros. O tipo diz-me, todo emproado, que não leu nem lerá.

Este paizinho não tem cura. Compreendo bem porque é que o Saramago se pôs a andar para Lanzarote. Com esta escumalha nem o diabo quer trato.

Abraços do

J. Machado
P.S. Coragem para ver a filmografia toda. Alguns dos filmes devem ser um pouco sonolentos, presumo.

E-MAIL DO LEON MACHADO
Domingo, 11 de outubro de 1998, 21:02:19
Caro Onésimo:
Escrevinhei um texto a "gozar" um pouco com a tacanha opinião portuguesa da atribuição do Nobel a Saramago. Se tiver paciência para ler, vai abaixo. Sairá no *Semanário Transmontano*.
Abraços do
J. Machado

E-MAIL DO ONÉSIMO
Segunda-feira, 12 de outubro de 1998, 20:13:38
Gostei da crónica. Muito boa mesmo. Deveria pô-la na Net. Imagino que a ponha. Agarrou mesmo tudo. Mas você deveria ter arranjado era sete pecados. Algo como:
Sétimo: o sétimo pecado capital não é propriamente do Saramago, mas daquelas pessoas que o insultam sem o terem lido.
Estou pior do que sempre. As visitas vão continuar esta semana. Sexta-feira telefonou-me e foi ao gabinete o... Carlos do Carmo...
E tenho tanto para escrever antes de partir para aí.
Abraço.
Onésimo

E-MAIL DO LEON MACHADO
Terça-feira, 13 de outubro de 1998, 21:15:07
Caro Onésimo.

Os sete pecados capitais tinham-me lembrado para o artigo sobre o Saramago. Não me servi disso por dois motivos: o primeiro, porque só encontrei seis grandes pecados; o segundo, porque queria apresentar um texto desviante em relação ao número canónico dos pecados. Como aliás Saramago teria feito, ou não fosse ele um artista do "desvio" literário.

A sua sugestão é engraçada e eu podia acrescentá-la ao texto. Agora é tarde, pois o texto já foi para o jornal. Está também na Internet.

Acabei de ver na TV a apoteose do Saramago à chegada hoje a Lisboa. Eram centenas de pessoas a quererem abraçá-lo, beijá-lo, tocá-lo. Como a um santo. Ponho-me a pensar, vendo as imagens de alguns toscos que o abraçam, se eles terão lido algum dos seus livros. Cá para mim, não leram e a manifestação de carinho deve-se exclusivamente à divulgação dos meios de comunicação social. De qualquer forma, foi bonito. E o Saramago estava emocionado.

Termino falando-lhe de um novo livro do João de Mancelos, que hoje recebi e comecei a ler. Tem um título bastante escanifobético: *As Fadas não Usam Baton*. Como é que vou dizer ao rapaz que não gostei do livro? Isso não se diz aos amigos. Ainda por cima terei de escrever um texto a gabá-lo muito. Deus me livre de eu arranjar cá um Brites...

Abraços do
J. Machado

E-MAIL DO LEON MACHADO
Terça-feira, 13 de outubro de 1998, 23:11:57

Caro Onésimo:

Envio-lhe uma polémica acerca do prémio Nobel que copiei das News portuguesas. Os textos são de vários indivíduos que se insultam *on-line*. Dentre uns e outros o diabo que escolha.

Radicalizaram-se as posições e afinal parece que nenhum tem razão. Se o Saramago lesse isto, ficaria aborrecido, tanto com os que o atacam como com os que o defendem.
Abraços do
J. Machado

E-MAIL DO ONÉSIMO
Quarta-feira, 14 de outubro de 1998, 21:48:15
Caro Leon:
Raramente vejo televisão e ainda menos a RTPi, mas calhou ver as imagens no noticiário da noite.
A sua crónica como está, está muito bem. É mau feitio meu meter a colherada nas crónicas dos outros.
Diga a verdade ao Mancelos. Não se comprometa nem alimente egos. Mantenha alguma isenção. Se não tiver coragem de ser direto, use o silêncio. Para bom entendedor...
Um abraço do
Onésimo

E-MAIL DO ONÉSIMO
Quarta-feira, 14 de outubro de 1998, 21:51:59
Caro Leon:
Obrigado. Tenho seguido um diálogo apenas um pouquinho melhor na Lusa-net, a rede dos investigadores portugueses no estrangeiro.
A Leonor comentou-me esta manhã ao almoço ao ler o jornal: «Ontem três prémios Nobel americanos de Medicina. Hoje, mais dois de Física e Química. Cinco ao todo. Ninguém fala disso. Em Portugal, vai um alarido enorme. Não achas que há um bocadinho de provincianismo nisso?» E eu: «Tira o "bocadinho"».

E essas discussões são ainda mais pacóvias.
Abraço.
Onésimo

E-MAIL DO LEON MACHADO
Sexta-feira, 16 de outubro de 1998, 11:29:19
Ó Onésimo:
São para mim uma honra as suas sugestões no que quer que seja. Já dizia São Tomás parafraseando talvez Sócrates: «Oiça o discípulo o mestre». (É curiosa a frase: tanto dá para um lado como para o outro). Por isso, não se acanhe em dar-me sugestões. Agradeço muitíssimo. Estive ontem a pensar nisso e cheguei à conclusão de que eu costumo ter em conta as opiniões dos outros. Sempre que tomei uma decisão só minha, sem consultar ninguém, a coisa deu geralmente para torto. O meu amigo José Vieira (falo nele nos diários) é o meu censor: raramente publico qualquer coisa sem lhe pedir a opinião. E quanto ele me ensinou! Especialmente na melhor forma de pegar na tesoura e cortar o inútil. Mas às vezes lá transparecem umas quantas *inutilia*.

Isto também a propósito do livro do Mancelos. Ele mandou-me aqui há meses dois dos contos que agora publicou. Eu li-os, disse-lhe que tinha uma imaginação riquíssima (e tem-na), mas que deveria ser mais cuidadoso no estilo, em especial na diminuição da exuberância adjetival e em evitar certas metáforas. Esteve uma semana sem me falar, o que é invulgar. O livro saiu e verifico que não alterou nem uma vírgula. É claro que ele tinha todo o direito e liberdade em irrelevar as minhas sugestões. O problema, creio, é a terrível falta de humildade. E essa não se adquire: nasce-se com ela.
Abraços do
José Machado

E-MAIL DO LEON MACHADO
Sábado, 31 de outubro de 1998, 21:33:02
Caro Onésimo:
Seja bem-vindo (ou bem ido?). Aproveitou muito a temporada no "berço"? Tenho a certeza que sim. Esta é só para lhe dizer olá.
Enquanto você andava por Coimbra e Aveiro, encontrei uma página na Internet muito curiosa acerca da estupidez. É tratada de uma forma filosófica e aparecem várias citações de filósofos famosos. Se tiver pachorra e tempo, dê uma olhada. O endereço é: www.stupidity.com.
Abraços do
L. Machado

E-MAIL DO ONÉSIMO
Terça-feira, 3 de novembro de 1998, 18:53:39
Caro Leon:
Lembra-se da consulta que lhe fiz sobre Brandão?
Disse à moça, aluna em Princeton, que tinha a impressão de que Miguéis e Brandão seriam os autores portugueses mais influenciados por Dostoievski. Você não encontrou referências nas *Memórias* (o que não prova nada, claro!) Ela avançou com essas pistas e agora envia-me isto.[17] Tenho que lhe perguntar onde estão as referências ao russo nas *Memórias*.
Abraço.

E-MAIL DO LEON MACHADO
Quarta-feira, 4 de novembro de 1998, 12:25:49
Caro Onésimo:

O estudo da sua amiga parece-me de sobremaneira interessante. É pena ela não incluir o Vergílio Ferreira, uma vez que ele foi um grande admirador do autor russo. Na *Conta-Corrente* são imensas as referências a Dostoievski.

Quanto às *Memórias* do Raul Brandão, eu realmente não encontrei nenhuma referência direta ao autor russo. Não quer isso dizer, como lhe disse na altura, que não me tenha falhado nada. Li aqui há tempos um texto do Prof. Álvaro Manuel Machado (creio que foi numa revista de ensaios) que afirma não haver referências diretas a Dostoievski nas obras publicadas de Raul Brandão. O que confirma de certo modo o facto de eu não ter encontrado nada nas *Memórias*. Refere, no entanto, duas cartas, até ao momento inéditas, onde Raul Brandão fala abertamente do autor russo. Essas cartas devem estar no Museu Martins Sarmento e a sua amiga poderá, creio eu, consultá-las.

Aqui em casa vai uma grande confusão. Andam cá os carpinteiros a pôr o soalho no sótão (vou mudar o escritório para cima, pois cá em baixo já não tenho sítio para pôr a livralhada) e andam três eletricistas a montar os candeeiros das divisões. E ainda por cima a minha cadelita está doente. Parece que engoliu um osso inteiro...

Entretanto, escrevi mais duas páginas da "tesa" ao som do barulho ambiente (marteladas e máquinas de furar).

Abraços do

JLM

P.S. O sol acabou de se mostrar por entre as nuvens.

E-MAIL DO LEON MACHADO
Sexta-feira, 6 de novembro de 1998, 21:37:26

Caro Onésimo:

Estive os dois últimos dias em Braga a consultar bibliografia para a "tesa" e a rever alguns amigos (e amigas...). Foi uma corrida dos cem metros. Consegui entrar numa livraria e comprar o novo volume dos *Cadernos de Lanzarote* do Saramago, além de mais dois diários do José Gomes Ferreira. Os *Cadernos* há de lê-los o Onésimo, em especial as primeiras 30 páginas, que contêm algumas referências aos EUA. Negativas, já se vê. O Saramago não gosta nada da terra do Tio Sam.

Falei com o meu orientador acerca do andamento da tese e perguntei-lhe se, agora que o Saramago ganhou o Nobel, não seria pertinente dar um tratamento dos diários dele mais destacado no meu estudo. O Santos Alves disse que não. Que podia falar dele, sim senhor, mas sem me deter demasiado. E a razão é simples: os diários do Saramago, embora tenham esse nome, não são verdadeiros diários. E com isto fico indeciso e já não sei se sim ou se sopas.

E por aí, as folhas começaram a cair? Hoje tive uma vista quase deslumbrante da serra do Gerês e dos carvalhos com a folha amarela a desprender-se dos ramos estrada fora.

Abraços do
J. Leon M.

E-MAIL DO ONÉSIMO
Segunda-feira, 9 de novembro de 1998, 17:17:51

Caro Leon:

>Falei com o meu orientador acerca do andamento da tese e perguntei-lhe se, agora que o Saramago ganhou o Nobel, não seria pertinente dar um tratamento dos diários dele mais destacado no meu estudo. O Santos Alves disse que não. Que podia falar dele, sim senhor, mas sem me deter demasiado. E a razão é simples:

os diários do Saramago, embora tenham esse nome, não são verdadeiros diários.
 Ele tem razão. TODA! Mas então o diário de Saramago passaria a ser bom só porque ele ganhou o Nobel? Ó Leon!
 >E por aí, as folhas começaram a cair? Hoje tive uma vista quase deslumbrante da serra do Gerês e dos carvalhos com a folha amarela a desprender-se dos ramos estrada fora.
 Gostava de ter visto.
 Abraço do
Onésimo

E-MAIL DO LEON MACHADO

Terça-feira, 10 de novembro de 1998, 21:00:30
Caro Onésimo:
 Terminei a leitura do volume V dos *Cadernos* do Saramago. Você tem razão. Se eu fosse a pegar naquilo para a tese, não saberia como me desenrascar. Fica a quilómetros de distância da *Conta-Corrente*. Então de *Era Uma Vez o Tempo* seriam milhas. Em definitivo: limitar-me-ei a um breve apontamento em relação aos *Cadernos*. Uma página, se tanto. E isto para não me aparecer pela frente um arguente lisboeta que me possa perguntar porque é que o Saramago não consta.
 Não me espanta nada que a Pilar tenha uma opinião tão negativa dos USA. Os espanhóis nunca perdoaram aos americanos o terem-lhes roubado Cuba em 1898... Enfim, talvez a razão não seja bem essa. Talvez tenha a ver com um certo esquerdismo vindo do tempo de Brejnev que propagandeava aos quatro ventos que todos os males da Humanidade se deviam aos americanos. Até os furacões.
 Estou a corrigir as segundas provas do romance. Estava para sair em outubro, mas, por causa da Feira do Livro de Frankfurt,

a editora atrasou-se nas edições e adiou para janeiro. Trabalho também na "tesa".

É verdade: e o seu *Ah Mònim*? O Natal está à porta e será difícil aprontar com os meus alunos a tempo a peça. É que eles demoram bastante tempo a decorar os papéis.

Li a sua crónica da revista *LER*, aquela que fala do senhor que lhe foi pedir um exemplar do livro que tinha surripiado do gabinete do Georges Monteiro. O exemplar já apareceu?

Abraços do
J. Leon Machado

E-MAIL DO ONÉSIMO
Quinta-feira, 12 de novembro de 1998, 12:12:40

Caro Leon:

>Terminei a leitura do volume V dos *Cadernos* do Saramago. Você tem razão. Se eu fosse a pegar naquilo para a tese, não saberia como me desenrascar. Fica a quilómetros de distância da *Conta-Corrente*. Então de *Era Uma Vez o Tempo* seriam milhas. Em definitivo: limitar-me-ei a um breve apontamento em relação aos *Cadernos*.

Muito bem. Assim é que se é gente.

>Estou a corrigir as segundas provas do romance. Estava para sair em outubro, mas, por causa da Feira do Livro de Frankfurt, a editora atrasou-se nas edições e adiou para janeiro.

Se calhar é bom. O mercado vai estar superlotado agora para o Natal.

>É verdade: e o seu *Ah Mònim*? O Natal está à porta e será difícil aprontar com os meus alunos a tempo a peça. É que eles demoram bastante tempo a decorar os papéis.

Compreendo. Mas já o deve ter recebido. Era para remetê-lo quando aí estive, mas nunca tive ocasião de ir ao correio. Desculpe. Mas seguiu daqui por avião.

>Li a sua crónica da revista *LER*, aquela que fala do senhor que lhe foi pedir um exemplar do livro que tinha surripiado do gabinete do Georges Monteiro. O exemplar já apareceu?
Não apareceu nunca.
Não vou sacar-lhe adjetivos, mas o facto de não dizer mais nada sobre as crónicas da *LER*, deduzo que seja por não ter gostado. Demasiado corriqueiras? Comigo pode comentar à vontade. Aprecio muito a sinceridade. E não venha agora dar voltas e dizer: «Não senhor, adorei! é o máximo», que não vou acreditar. Não preciso que faça dessas coisas. Mas gostava de saber se a coisa tem algum interesse.
Daqui, abraço.
Onésimo

E-MAIL DO LEON MACHADO
Quinta-feira, 12 de novembro de 1998, 21:52:52
Caro Onésimo:
Lembrar-se-á que eu também frequentei o seminário durante 5 anos e tive vários professores profundamente escolásticos. Um deles era o Dr. Costa Lopes, formado na Universidade de Oxfod (ele comia os erres), que nos massacrava com as teses de S. Tomás. O autor da *Suma Teológica* tinha resposta para tudo: desde os pré-socráticos até Wittgenstein (já não sei como se escreve). Uma altura o professor distribuiu uma fotocópia com uma lista de falácias. É bem provável que viesse no rol a "Ignorância de elenco". A fotocópia devo tê-lo num caixote de cartão que guardo no sótão, entre alguns milhares de outras. Desculpe-me o Onésimo se não

vou confirmar, embora eu tenha consciência de que se devem fazer os maiores sacrifícios em prol da veracidade científica.

Grato pelo seu *Ah Mònim*. Lerei com prazer. No programa *Ler para Crer* de terça-feira, o F. José Viegas falou do livro e disse que estava em terceiro lugar no *top* dos mais vendidos em Ponta Delgada. A esta hora já deve estar em primeiro lugar.

Mas, ó Onésimo, olhe que, se eu não tenho semeado adjetivos a propósito das suas crónicas da revista *LER*, não é porque eu não goste, mas porque tenho aversão a essa classe gramatical, como aliás você já sabe. Se eu viesse para aqui dizer que as suas crónicas são ótimas, soberbas, excelentes, exuberantes e o diabo a quatro, você iria pensar que eu estava a querer fazer com que os seus sapatos *shine out*.

A "corriqueirice" (expressão sua) que nelas possa haver é o que lhe dá a graça que desperta o leitor. Muita pouca gente em Portugal sabe escrever crónicas que tenham conteúdo cultural e ao mesmo tempo divirtam. E as suas são exatamente assim. Se pegar no jornal *Público*, verá três a quatro páginas inçadas de crónicas sensaboronas e de cara séria. Nada pior do que isso. Ninguém lê. Saberá o Onésimo que, pelo menos, tem dois leitores assíduos cá em Trás-os-Montes: eu e o Reinaldo, de quem já lhe falei. Por isso, força na ponta dos dedos, que o que faz cá mais falta são crónicas suas.

Abraços do
L. Mach(ad)o

E-MAIL DO ONÉSIMO
Quinta-feira, 12 de novembro de 1998, 20:20:57

Responderei amanhã. Obrigado, de qualquer maneira. Mas não lhe pedia adjetivos.

Bom, agora acabo por lhe responder mesmo!

Como você nunca se referiu às crónicas da *LER*, pensei que ou não as lia ou não estava a achar piada. Agora que falou nessa sem dizer nada, achei que seria altura de lhe perguntar. Poderia ser que não gostasse e estaria no seu direito. Não mudaria o estilo porque não posso, mas começaria a tomar nota a ver se havia mais gente a pensar assim e isso levar-me-ia a reconsiderar se deveria ou não continuar. Sinceramente.

Nada pior do que amigos que têm receio de dizer uns aos outros: Li e não gostei. O meu amigo Eduíno de Jesus faz-me isso. E por isso eu prezo-o muito. E outros também o fazem.

Mas então você ainda não recebeu o *Mònim*? Muito estranho. Disseram-me isso do F. J. Viegas. Devo-lhe já tanta referência pública (no *D. Notícias*, na revista *Camões*, na TSF, que fico sem saber como falar com ele.)

Essa do Mach(ad)o é um achado. Andará o homem a tomar Viagra?

A propósito, aí vai esta que me chegou hoje:

[Transcrição de uma anedota em que um indivíduo vai para um quarto de hotel com uma mulher e, quando perde a ereção, unta-se com pomada para os calos.]

Vai um grande abraço para Chaves. E já agora dê saudações aos outros 50% dos meus leitores de Trás-os-Montes.

Onésimo

E-MAIL DO ONÉSIMO

Sexta-feira, 20 de novembro de 1998, 16:08:13

Mil desculpas. Estou bem. Mas cheio de coisas. Agora estão aqui o Emanuel Félix, poeta angrense, e o Ivo Machado, da Terceira, poeta também e que vive no Porto. E montes de outras coisas. Escreverei. Grande abraço.

O.

E-MAIL DO LEON MACHADO
Domingo, 22 de novembro de 1998
Caro Onésimo:
Desculpe-me o silêncio. A minha vida tem sido um *sprint*, o que é raro acontecer. Junta-se, de vez em quando, tudo. Imagine que, com o de ontem, já cá cantam três enterros. Gente idosa da família da Linda. Os velhos caem como as folhas das árvores... Pelo menos o último foi de certo modo "comestível". Os familiares deram beberete com presunto e bolo caseiro. Coisa fina.
O seu livro ainda não chegou. Ontem chegou-me foi o novo romance de João Aguiar. Intitula-se *O Dragão de Fumo*. Já li alguma coisa e estou a gostar. Aparecem umas referências muito curiosas à América e à influência desta no que diz respeito à mania do *show on*: tudo é espetáculo. Não lhe recomendo para já a leitura, tanto mais que sei que anda atabafado de trabalho. Quando eu terminar, dir-lhe-ei algo mais. O livro tem muito da questão da identidade cultural, da perda do império com a entrega aos chineses do último reduto do mesmo.
É verdade: o Onésimo já visitou Macau?
Sei que vai em dezembro ao Canadá. Disse-me o M. Carvalho.
Quer então dizer que sempre se decidiu a não vir ao Porto?
Talvez a gente se possa ver durante o próximo ano. Afinal este ano já nos vimos (foi em março, não foi?).
Abraços do
Leon Mac(aco)
P.S. Como vê, o meu nome também dá para umas brincadeiras.
P.S.S. Estou a rever a minha tese de mestrado para publicação. Adicionei, porque vinha a propósito, uma febra das suas. O seu nome vem no corpo do texto com a frase entre aspas (não gosto de roubar nada...) e vem na bibliografia geral. Não foi a tempo para a apresentação (ainda não nos conhecíamos e eu, nabo, não

me preocupei em passar a pente fino toda a bibliografia sobre o assunto), vai agora.

E-MAIL DO ONÉSIMO
Domingo, 22 de novembro de 1998, 14:03:24
>Desculpe-me o silêncio. A minha vida tem sido um *sprint*, o que é raro acontecer. Junta-se, de vez em quando, tudo. Imagine que, com o de ontem, já cá cantam três enterros.

Os meus pêsames.
>Pelo menos o último foi de certo modo "comestível". Os familiares deram beberete com presunto e bolo caseiro.

Já não sei se devo retirar os pêsames.
>O seu livro ainda não chegou. Ontem chegou-me foi o novo romance de João Aguiar. Intitula-se *O Dragão de Fumo*.

Diga-me se devo ler.
>É verdade: o Onésimo já visitou Macau?

Sim, em 1983. Mas aquilo mudou muito de lá para cá. Fui convidado para lá fazer uma conferência em abril, mas não podia ir por causa de compromissos anteriores.
>Sei que vai em dezembro ao Canadá. Disse-me o M. Carvalho.

Sim, irei. Faço um fim de semana longo. Vou de carro com a família: seis horas para cada lado. Gostamos de ir a Montréal.
>Quer então dizer que sempre se decidiu a não vir ao Porto?

Isso mesmo. Pedi que me desculpassem. Preciso de me pôr a pau com compromissos atrasados. Depois, sair assim tanto de casa deixa-me pena. A família ressente e (bolas!) faço cá falta. E eles também me fazem falta! Sou um pai galinha. Gosto muito de ter os meus sobre as minhas asas. Mas também tenho de escrever e rever textos antigos que estão à espera de ir satisfazer compromissos vários. Não se pode andar só na boa vida. Mas fiquei com pena.

Ia ver amigos e você era um deles. No entanto, já me arrependi de ter dito que não. Vai haver no dia 7 uma homenagem ao Professor Amadeu Torres e calhava perfeitamente. Ele disse-me numa carta que o vira a si.
>Talvez a gente se possa ver durante o próximo ano. Afinal este ano já nos vimos (foi em março, não foi?).
Espero que sim.
Tenho aqui o Emanuel Félix e o Ivo Machado. É sempre muito agradável, mas o tempo vai-se. (Que se lixe! Os amigos são mais importantes!)
>Leon Mac(aco)
Isso pode significar que salta de galho em galho e a Linda não vai gostar.
>P.S. Como vê, o meu nome também dá para umas brincadeiras.
E você também já foi a Maca(c)o?
>P.S.S. Estou a rever a minha tese de mestrado para publicação.
Vai publicá-la onde?
E continuo a estranhar muito que *Ah! Mònim* não lhe tenha chegado ainda. A secretária deve ter-se distraído e remetido de barco. Se assim foi, pode levar dois ou três meses. E eu que tive isso nas mãos em Lisboa para lhe remeter! Mas não tive um minuto livre.
Grande abraço.
Onésimo

E-MAIL DO LEON MACHADO
Domingo, 22 de novembro de 1998, 22:00:20
Caro Onésimo:
Dê cumprimentos meus ao Emanuel Félix. Ele é uma pessoa delicadíssima. Já não há disso. Ou pelo menos é extremamente

difícil encontrar. Quanto ao Ivo Machado, infelizmente não conheço. Mas dê-lhos também, já agora.

É verdade. O seu livro ou perdeu-se ou vem mesmo de navio. A não ser que o empregado do Georges Monteiro o tenho intercetado...

Terminei hoje (domingo) a leitura do novo romance do João Aguiar. Tem certas passagens que o Onésimo não gostaria de ler. Transcrevo-lhe esta a propósito do patriotismo:

«O único patriotismo despudorado que hoje não está mal visto é o americano. As pessoas papem-no em incontáveis filmes e séries de TV, que até mesmo quando fingem que criticam estão, no fundo, a exaltar o poder americano, a virtude americana, toda a trapalhada americana. As pessoas papam e ninguém acha mal, mas se a produção fosse francesa, ou alemã, ou portuguesa, os críticos dos respetivos países atiravam-se ao ar, é essa a grande superioridade mental dos europeus, pelo menos enquanto eles se lembrarem dos fascismos e da última grande guerra.» (João Aguiar, *O Dragão de Fumo*, Porto, Asa, p. 310)

Uma outra, que não sei em que página ocorre, diz qualquer coisa como isto: quando o presidente Clinton mija fora do penico, tremem as bolsas de Nova Iorque e de Tóquio e anda a economia mundial em perigo...

Transcrevo-lhe mais esta passagem, em que uma das personagens fala dos filhos:

«É um problema quando os filhos nos conhecem quase tão bem como nós os conhecemos. Quando eles são pequenos, fazem chichi e cocó nas fraldas, fazem barulho, têm toda a espécie de problemas quando os dentes começam a romper. Na idade do armário, zangam-se com o mundo e ofendem-se connosco. E depois de crescerem, só nos dão angústias. Por que não usei uma camisa-de-vénus?» (p. 253)

O João Aguiar é um prato. Há de o Onésimo conhecê-lo qualquer dia. Tanto mais que, a seguir ao Saramago e ao Lobo Antunes, é o autor que mais livros vende em Portugal.

Corrijo ainda gralhas da tese e do romance. A tese será publicada a expensas minhas. Não será comercializada. É para oferecer aos amigos e a meia dúzia de bibliotecas. Tanto mais que os ensaios não vendem. O romance sairá na editora Campo das Letras, do Porto.

Recebi informações da Porto Editora sobre as vendas do CD-ROM do Fernando Pessoa, onde o Onésimo colabora. Parece que está a vender como pipocas em filme de Spielberg. Deve sair nova edição em breve. Assim o desejem os deuses.

Abraços do
J. L. (M)achado

E-MAIL DO ONÉSIMO
Terça-feira, 24 de novembro de 1998, 14:30:54

>Dê cumprimentos meus ao Emanuel Félix. Ele é uma pessoa delicadíssima. Já não há disso. Ou pelo menos é extremamente difícil encontrar. Quanto ao Ivo Machado, infelizmente não conheço. Mas dê-lhos também, já agora.

Dei. Viemos de almoçar na baixa. Ele e o Ivo estão a gostar muito de estar aqui. Têm tido sorte com um lindo tempo de outono que tem feito. Ontem foram a New York.

>É verdade. O seu livro ou perdeu-se ou vem mesmo de navio. A não ser que o empregado do Georges Monteiro o tenho intercetado...

Incrível. Se calhar foi ele...

>Terminei hoje (domingo) a leitura do novo romance do João Aguiar. Tem certas passagens que o Onésimo não gostaria de ler...

Não vejo muito mal nisso. Os escritores vivem do exagero. Mas reclamam quando são os estrangeiros a exagerar sobre Portugal.

>Transcrevo-lhe mais esta passagem, em que uma das personagens fala dos filhos...

Alguém poderá dizer o mesmo do pai dele. Que deveria ter usado uma...

>O João Aguiar é um prato. Há de o Onésimo conhecê-lo qualquer dia. Tanto mais que, a seguir ao Saramago e ao Lobo Antunes, é o autor que mais livros vende em Portugal.

Acredito que seja. Mas a minha pergunta é: vale a pena eu ler o livro?

>Corrijo ainda gralhas da tese e do romance. A tese será publicada a expensas minhas. Não será comercializada. É para oferecer aos amigos e a meia dúzia de bibliotecas. Tanto mais que os ensaios não vendem. O romance sairá na editora Campo das Letras, do Porto.

Sabia de o romance ser no Campo das Letras. Mas deveria também procurar uma editora para a sua tese. Já tentou?

>Recebi informações da Porto Editora sobre as vendas do CD-ROM do Fernando Pessoa, onde o Onésimo colabora. Parece que está a vender como pipocas em filme de Spielberg.

E nada de vocês receberem direitos de autores decentes, não?

>J. L. (M)achado

José Leon Achado até nem fica mal...

Você está um Le...ão de criatividade.

E-MAIL DO LEON MACHADO

Quarta-feira, 25 de novembro de 1998, 19:11:12

Caro Onésimo:

Acabei de chegar de Vila Real. Passámos lá o dia, eu e a Linda. Fomos esbanjar o subsídio de Natal em móveis de escritório (é para o sótão, onde farei o meu refúgio literário – um pouco à maneira do Fernando Aires). Comprámos três secretárias, uma cadeira de escritório (daquelas à ministro...), dois sofás, duas estantes e duas carpetes. Durante o mês de dezembro é passar fome...

Quanto ao livro do João Aguiar, tenho a dizer-lhe que não é fundamental a leitura. No entanto, se o Onésimo quiser ler...

A editora para a tese: pensei nisso, claro. O que sucede é isto: qualquer uma me publicaria a tese, mas teria de arranjar um subsídio qualquer, um patrocinador ou pagar eu. Ora, se assim é, de pouco me adianta. Por isso decidi publicá-la eu.

Hoje sou rápido, pois tenho algumas pessoas à espera. Vou jantar à Adega do Faustino. E pago eu ainda por cima. Quem me mandou a mim fazer anos?

Abraços do
J. Leon (M)a(ss)ado
Leão assado será bom? A Linda diz que sim...

E-MAIL DO ONÉSIMO
Quarta-feira, 25 de novembro de 1998, 14:25:25
Caro Leon:
Não sabia que fazia anos hoje. Não sou bom nestas coisas e não registei no ano passado quando me disse.

PPPPPPPPPPPPPPPPPPPPPPPPPPPAAAAAAAAAAAAAAAA BBBBBBBBBEEEEEEEEEEEEEEENNNNNNNNNNNNNNNS

Que repita por muitos e proveitosos, profícuos e prolíficos anos.

Estou a abarrotar de coisas para fazer e amanhã é Thanksgiving, a grande festa nacional de Ação de Graças. Terei dúzia e meia de gente em casa para jantar. Darei graças entre outras coisas pelos meus bons amigos da Internet, um deles faz anos hoje.

Um grande abraço para si e parabéns pelo novo gabinete de trabalho.

Acho que faz mal não ir ter com uma Câmara da sua terra a pedir um subsídio para a edição numa editora. Sempre é outra coisa.

Que o tenham tratado bem no Faustino. Beberei logo à sua saúde.

Outro abraço.

Onésimo

E-MAIL DO LEON MACHADO
Quinta-feira, 26 de novembro de 1998, 13:31:28

Caro Onésimo:

Chaves deve ficar mais longe de Braga do que Providence. Só hoje recebi o convite do Prof. Amadeu Torres para a sessão de homenagem. Ele mandou-lhe a caricatura também? A comissão de honra é de peso. Até o Grilo vai lá estar. Mais o arcebispo de Braga e os governadores civis e a fina flor da academia portuguesa. Bem merece o Prof. Amadeu a homenagem.

Pois fomos todos à Adega do Faustino comemorar ontem os meus 33 e sabe o que aconteceu? O meu sogro, porque estava a dar o jogo do Benfica com não sei que equipa alemã na TV, teimou em querer ver, largou-nos e meteu-se num café ali perto. O vício do futebol é terrível. E por vezes indelicado. Não jantou. Mais comemos nós...

Obrigado pelos parabéns. Sinto-me cada vez mais perto de si... na idade. O tempo tudo uniformiza. *Qui pulvis es, et in pulveris reverteris*, ou coisa assim.

Chegaram-me agora mais dois livros, um do Fernando Echevarría e outro de um tal Lustosa da Costa, jornalista brasileiro (conhece?). Do seu nem sinal. Mas como Chaves fica mais longe do

que Providence do que quer que seja, talvez ainda o venha a receber. *Gaudium et spes...* Desejo para si e para os seus um feliz dia de Ação de Graças. Coma por mim e por si. Mas cuidado com a bebida.
Muitos abraços do
Zé e da Linda.

E-MAIL DO ONÉSIMO
Quinta-feira, 26 de novembro de 1998, 13:15:44
Meu caro:
>Chaves deve ficar mais longe de Braga do que Providence. Só hoje recebi o convite do Prof. Amadeu Torres para a sessão de homenagem. Ele mandou-lhe a caricatura também?
Sim, recebi tudo. Tenho pena de não ir. Ele merece, de facto, a homenagem.
>Pois fomos todos à Adega do Faustino comemorar ontem os meus 33 e sabe o que aconteceu? O meu sogro, porque estava a dar o jogo do Benfica com não sei que equipa alemã na TV, teimou em querer ver, largou-nos e meteu-se num café ali perto. O vício do futebol é terrível. E por vezes indelicado. Não jantou.
Incroyable!
>Obrigado pelos parabéns. Sinto-me cada vez mais perto de si... na idade. O tempo tudo uniformiza. *Qui pulvis es, et in pulveris reverteris*, ou coisa assim.
Vai chegando, vai, mas eu vou-me chegando aos outros. Há dias lembrei-me que quase todos os meus professores no Seminário eram mais novos do que sou hoje. Chiça!

>Chegaram-me agora mais dois livros, um do Fernando Echevarría e outro de um tal Lustosa da Costa, jornalista brasileiro (conhece?).
Não.

>Do seu nem sinal. Mas como Chaves fica mais longe do que Providence do que quer que seja, talvez ainda o venha a receber.
Gaudium et spes...
Isso foi de barco de certeza! Também.... *incroyable.*
>Desejo para si e para os seus um feliz dia de Ação de Graças. Coma por mim e por si. Mas cuidado com a bebida.
Tomarei cuidado. Nunca me descuidei com bebida, embora aguente muito.
Estou a ajudar a Leonor a preparar um enorme peru para 18 pessoas. Virão o Emanuel Félix, o Ivo Machado (vou dizer-lhe para lhe enviar poemas para o Vercial); o Carlos Ceia (da Univ. Nova, aqui na Brown a preparar uma Enciclopédia de Crítica Literária (nas Bibliotecas encontra tudo o que quer); um jovem engenheiro informático do Porto aqui num programa de cooperação e a fazer um curso sobre hipertexto com um professor que já foi meu aluno de Filosofia aqui na Brown (ai a idade!); o Francisco Bethencourt, que foi diretor da Biblioteca Nacional e está a lecionar no meu Departamento este semestre; uma professora da Univ. de Lisboa que fez uma tese sobre Eça e está cá a fazer um pós-doutoramento; uns amigos de cá; e claro! a família. O Pedro chegou ontem de Amherst. Vem magro. Trabalha duro. (Aqui nas universidades trabalha-se duro!)
Teria muito gosto em convidar você e a Linda. Não vai faltar peru. Se quiserem vir, o jantar é às 19. Não precisam telefonar. Basta aparecerem.
Teremos muito gosto.
Um abraço do
Onésimo

E-MAIL DO LEON MACHADO

Sábado, 28 de novembro de 1998, 14:59:53

Caro Onésimo:

Por ter avariado o avião, não pude comparecer na sua festa de Ação de Graças. Desde já as minha desculpas, em meu nome e em nome da Linda. Bem que desejaríamos estar aí consigo e com os seus a trinchar o peru. Fica para a próxima década.

Ouvi na TV que os americanos oferecem em média 8 presentes por pessoa nesta época. Os alemães oferecem no Natal 7 por pessoa, os franceses 6 e os ingleses 5. Sobre os portugueses não deu. Mas deve ser algo como 00,1. Com toda essa gente que teve em casa, deve ter sido uma fartura de presentes. Com quantas gravatas presentearam o Onésimo?

Espero que tenha sido uma festa divertida, fraterna e aconchegante.

O Onésimo diz-me que o Ivo Machado me enviará poemas para o Projecto Vercial. Acho ótimo. Se mos puder mandar em disquete ou coisa assim, seria ótimo a dobrar. Quanto ao Carlos Ceia, que está a fazer a tese sobre crítica literária, o Onésimo podia dizer-lhe para ele consultar a seção de recensões do *Letras & Letras* na Internet. Talvez encontre lá algo que lhe possa interessar. O endereço é:

http://alfarrabio.di.uminho.pt/vercial/letras/

Recebi ontem em CD-ROM uma *História da Literatura Portuguesa* publicada pela Texto Editora. A nível técnico, está muito bem feita. Peca, no entanto, pela pouca informação disponível. Contém apenas 382 autores, desde a Idade Média até agora. Se pensarmos que eu tenho uma base de dados com 1070 autores (e que está ainda muito incompleta), poderemos concluir que, ou fizeram uma seleção muito reduzida, ou simplesmente ignoram a existência dos outros autores. Procurei vários nomes, como o do próprio Onésimo e o do Fernando Aires, e nada. Além disso, muita da informação bibliográfica que utilizaram foram buscá-la ao Projecto Vercial. Não pediram, mais uma vez, autorização. Até as fotos dos autores foram lá buscar. A do João Aguiar, por exemplo, que ele me deu em exclusivo.

O Onésimo pode no entanto contrapor dizendo que o que está na página da Internet é de livre acesso. É sim senhor. Acontece que está lá bem explícito que os textos e as imagens podem ser lidos, vistos, copiados e citados, mas não podem ser republicados sem a autorização dos autores ou dos editores.

Outra novidade: o livro de contos do Mancelos foi selecionado (não sei como) para livro da semana do programa *Acontece* do C. Pinto Coelho. Durante uma semana inteira vai passar uma sequência em que se fala das virtudes do livro. O rapaz está satisfeitíssimo. E eu agora pergunto: Se um livrito como o do Mancelos conseguiu ser selecionado, por que razão a editora Salamandra não apresenta ao diretor do programa os livros dos autores açorianos? Tenho a certeza de que isso ajudaria imenso a divulgar a literatura açoriana, seja qual for o autor. Aqui fica a ideia para o Onésimo, caso ache bem, propor à Salamandra.

Como terça-feira é feriado, o Guterres resolveu autorizar a "ponte" de segunda. Quer dizer que agora só tenho aulas na quinta. A ver se aproveito estes dias para terminar a revisão do romancezito e dou um avanço à tese. Ah! E à leitura de alguns livros. Recebi mais um, em que o autor me pede uma palavrinha para pôr na badana da segunda edição. O livro é um relato de experiências sexuais desde os 9 anos até à velhice. Desfilam rapariguinhas lúbricas e putas baratas em quase todas as páginas. Não sei como o homem chegou aos 70 ainda com as ferramentas no sítio. O livro é, ou pretende ser, autobiográfico.

Abraços do
José Ma(chad)o Tse Tung?

E-MAIL DO ONÉSIMO

Segunda-feira, 30 de novembro de 1998, 17:57:21
>Caro Onésimo:
Igualmente caro Leon.
>Por ter avariado o avião, não pude comparecer na sua festa de Ação de Graças. Desde já as minha desculpas, em meu nome e em nome da Linda. Bem que desejaríamos estar aí consigo e com os seus a trinchar o peru. Fica para a próxima década.
Foi pena. A festa foi divertida e o jantar estava delicioso. Vocês teriam gostado. Convidámos só malta portuguesa, porque alguns não sabiam inglês (estão de visita apenas) e não funciona quando um grupo não muito grande não partilha a mesma língua.
>Ouvi na TV que os americanos oferecem em média 8 presentes por pessoa nesta época. Os alemães oferecem no Natal 7 por pessoa, os franceses 6 e os ingleses 5. Sobre os portugueses não deu. Mas deve ser algo como 00,1. Com toda essa gente que teve em casa, deve ter sido uma fartura de presentes.
A estatística refere-se à quadra que agora começa e que vai até ao Natal. O bom da festa de Thanksgiving é não haver presentes. Apenas um jantar em família. É altamente calma e serena.
>Espero que tenha sido uma festa divertida, fraterna e aconchegante.
Foi mesmo.
>O Onésimo diz-me que o Ivo Machado me enviará poemas para o Projecto Vercial. Acho ótimo. Se mos puder mandar em disquete ou coisa assim, seria ótimo a dobrar. Quanto ao Carlos Ceia, que está a fazer a tese sobre crítica literária, o Onésimo podia dizer-lhe para ele consultar a seção de recensões do *Letras & Letras* na Internet.
Esqueci-me de lhe dizer. Mas farei. E se ele não mandar, peça-lhe.
>Recebi ontem em CD-ROM uma *História da Literatura Portuguesa* publicada pela Texto Editora. A nível técnico, está

muito bem feita. Peca, no entanto, pela pouca informação disponível. Contém apenas 382 autores, desde a Idade Média até agora. Se pensarmos que eu tenho uma base de dados com 1070 autores (e que está ainda muito incompleta), poderemos concluir que, ou fizeram uma seleção muito reduzida, ou simplesmente ignoram a existência dos outros autores. Procurei vários nomes, como o do próprio Onésimo e o do Fernando Aires, e nada. Além disso, muita da informação bibliográfica que utilizaram foram buscá-la ao Projecto Vercial. Não pediram, mais uma vez, autorização. Até as fotos dos autores foram lá buscar.

Você tem toda a razão. E devia escrever-lhes a protestar. Também deveria entrar em contacto com a Sociedade Portuguesa de Autores para saber que direitos o protegem agora. A Sociedade é excelente nesse domínio.

Mas escreva a protestar. E já agora diga a esses senhores que não se devem lembrar dos Açores apenas quando há barulho pela independência das ilhas.

Aponte-lhes as faltas que têm.

Se me der o a referência, adquirirei um para o Departamento e depois escrever-lhes-ei. Não vou mencionar o meu nome, mas acho arrogante a ignorância de nomes como o do Fernando Aires. E tenho a certeza de que haverá outros.

>O Onésimo pode no entanto contrapor dizendo que o que está na página da Internet é de livre acesso. É sim senhor. Acontece que está lá bem explícito que os textos e as imagens podem ser lidos, vistos, copiados e citados, mas não podem ser republicados sem a autorização dos autores ou dos editores.

Repito: você tem razão!

>Outra novidade: o livro de contos do Mancelos foi selecionado (não sei como) para livro da semana do programa *Acontece* do C. Pinto Coelho...

Vá lá a gente saber como funciona a cabeça do Carlos Pinto Coelho! Lembra-se do programa que ele fez a partir dos Açores? Uma cegada!
>Como terça-feira é feriado, o Guterres resolveu autorizar a "ponte" de segunda. Quer dizer que agora só tenho aulas na quinta. Que boa vida!....
>A ver se aproveito estes dias para terminar a revisão do romancezito e dou um avanço à tese. Ah! E à leitura de alguns livros. Recebi mais um, em que o autor me pede uma palavrinha para pôr na badana da segunda edição...
Também tenho a minha dose dessas apresentações. É livrar!
>José Ma(chad)o Tse Tung?
Você prossegue na Ma(r)cha do Leon!

E-MAIL DO LEON MACHADO
Quarta-feira, 2 de dezembro de 1998, 11:48:45
Caro Onésimo:
Parece que hoje é o primeiro dia do seu aniversário, não é? O segundo é no próximo dia 9. Você é um sortudo. Até faz anos duas vezes. Parabéns então e muitos anos de vida. Da próxima vez ponho mais floreados.
Pois estive a dar mais uma olhadela no tal CD da *História da Literatura*. Faltam, entre muitos outros, autores como Ferreira de Castro, Frei António Brandão, Afonso Botelho, João Grave e o poeta João de Barros. Esqueci-me de ver se tem o Teófilo Braga. De autores açorianos, tem o Nemésio e pouco mais. Dos recentes só consta o João de Melo. Pelo menos eu não vi mais nenhum.
Se o Onésimo quiser encomendar o CD para o Departamento, mande um e-mail para: multimedia@textoeditora.pt.
Mas como está nos USA, creio que terá de lhes enviar um cheque por correio. Não sei o preço. O meu ficou por metade por

eu ser professor. Manda o e-mail a perguntar como encomendar a partir dos USA. É o mais prático.

Quanto ao protesto em relação ao Projecto Vercial, estive a conversar com alguns colaboradores e resolvemos fazer uma recensão crítica demolidora. Já está *on-line*. Tem mais impacto, porque vai muita gente ler. Se nos limitássemos a enviar um e-mail à editora a protestar, o mais certo era cair em saco roto.

Quanto à Sociedade Portuguesa de Autores, ela só defende os sócios. Nós não somos sócios, por isso nada feito.

O Emanuel Félix ainda está por aí? Tenho andado a ler um diário do Antunes da Silva, um escritor alentejano que fez uma visita à ilha Terceira. Fala do Álamo e do Emanuel Félix. Diz que adorou os Açores. Do Emanuel Félix não lhe chegam as palavras para o elogiar. Se o vir (ao Emanuel F.), diga-lhe isso. Talvez ele não saiba da referência.

Por cá vai um frio de cortar as mãos. Quem me mandou vir viver para os cus de Judas? Se tivesse casado com a açoriana, estava agora no Faial em mangas de camisa...

Abraços do
Zé Mach(ad)o

E-MAIL DO ONÉSIMO
Quarta-feira, 2 de dezembro de 1998, 23:27:49

Caro Leon:
>Parece que hoje é o primeiro dia do seu aniversário, não é? O segundo é no próximo dia 9. Você é um sortudo. Até faz anos duas vezes. Parabéns então e muitos anos de vida.

Não abuse. A série começa no dia 14.
>Pois estive a dar mais uma olhadela no tal CD da *História da Literatura*. Faltam, entre muitos outros, autores como Ferreira de Castro, Frei António Brandão, Afonso Botelho, João Grave e o

poeta João de Barros. Esqueci-me de ver se tem o Teófilo Braga. De autores açorianos, tem o Nemésio e pouco mais. Dos recentes só consta o João de Melo.

Se não tem Álamo Oliveira, J. Martins Garcia, Cristóvão de Aguiar, Vasco Pereira da Costa, Pedro da Silveira, Fernando Aires, Daniel de Sá, Dias de Melo, Roberto de Mesquita, Emanuel Félix, pode dar bordoada a valer.

>Se o Onésimo quiser encomendar o CD para o Departamento, mande um e-mail...

Encomendarei.

>Quanto ao protesto em relação ao Projecto Vercial, estive a conversar com alguns colaboradores e resolvemos fazer uma recensão crítica demolidora. Já está *on-line*. Tem mais impacto, porque vai muita gente ler.

Acho bem, mas enviem-lhes cópia para eles saberem. Digam assim: «Não será necessário enviar-lhes cópia, pois pelos vistos visitam frequentemente o nosso *site*...»

>Quanto à Sociedade Portuguesa de Autores, ela só defende os sócios. Nós não somos sócios, por isso nada feito.

Eu sei disso. Mas sugeria que vocês se fizessem membros.

>O Emanuel Félix ainda está por aí? Tenho andado a ler um diário do Antunes da Silva, um escritor alentejano que fez uma visita à ilha Terceira. Fala do Álamo e do Emanuel Félix. Diz que adorou os Açores.

Não sabia. Como se chama o livro? Quero adquiri-lo.

>Por cá vai um frio de cortar as mãos. Quem me mandou vir viver para os cus de Judas? Se tivesse casado com a açoriana, estava agora no Faial em mangas de camisa...

Aqui o tempo continua maravilhoso. Sol lindo e temperatura a 14 graus. Acima do normal.

Dias muito cheios. A minha sabática está quase com metade ao ar e eu sem fazer nada. Ninguém acredita. Cheio, cheio sempre e nada feito.
Um grande abraço para aí do
Onésimo

E-MAIL DO ONÉSIMO
Quinta-feira, 3 de dezembro de 1998, 11:26:15
Caro Leon:
Ontem escrevi-lhe demasiado à pressa e quase sem pensar. Minutos depois de lhe enviar a resposta, ocorreram-me duas coisas:
1. Num CD tão sério, aquele meu texto com a paródia d'*Os Lusíadas* destoa completamente. Não deveria incluí-lo. A não ser que tenham uma secção de paródias.
2. O diário de Antunes da Silva: Pedi-lhe que me desse o título para eu o adquirir. Não perca tempo. Lembrei-me que o tinha e até sabia onde estava. Peguei nos dois volumes. Folheei o primeiro. Já o tinha lido e assinalado, com comentários à margem como costume fazer. Não vi as referências ao Emanuel porque desisti no final do 1.º volume. Aquilo é uma chachada. Muito simples e muitas simplicidades. Na pág. 82 do I vol. fala dos Açores e diz: «pareceu-me OUVIR (meu sublinhado)... o vulcão dos Capelinhos fumegar.» Folheei ontem à noite o 2.º volume e encontrei mais passagens simplórias como a de 6 de outubro (p. 84), que deveria acabar assim: «...e esta entrada de diário». Ou a parvoíce da de 30 de setembro (p. 172). O relato da passagem por Angra é de uma pobreza linguística e literária confrangedora. Depois, (sem nenhuma má intenção, reconheço) fala dos açorianos como "indígenas" e "aborígenes"!!!!
Enfim, coisa para pôr de lado.

Mas não deixe de me referir essas coisas que vai descobrindo, porque eu muitas vezes não conheço mesmo. Não sabia por exemplo dessa ida dele aos Açores referida no II volume. Você diz que se refere ao Álamo. Não. É ao J. Orlando Bretão, um grande amigo meu também que morreu há um mês e pico. (Veio notícia no *JL*). Advogado, fazia pintura *naïf* (local), sabia imenso das danças de Carnaval da Terceira, era cartoonista e um tipo cheio de garra e piada. Perdemos um valor e perdi um amigo, embora não me correspondesse com ele, porque ele não era de cartas. Mas, sempre que eu ia à Terceira, era serão certo até às tantas em casa dele. Fazia questão de criar em casa um bom ambiente de tertúlia para os amigos. De uma vez contei anedotas até às cinco da manhã.

Vai um abraço do
Onésimo

E-MAIL DO LEON MACHADO
Quinta-feira, 3 de dezembro de 1998, 19:33:09
Caro Onésimo:
Tem toda a razão. A passagem do tal diário não refere o Álamo, mas o seu amigo J. Orlando Bretão e o Francisco Ernesto de Oliveira Martins. Não sei como é que fui meter o Álamo nisso. Talvez por sugestão inconsciente?

Você tem razão: o diário não é grande coisa. Só tenho cá o segundo volume. Enfim, vou ter de o citar na tese. Se o Onésimo tiver a referência bibliográfica completa do primeiro volume, agradecia. É que por aqui anda esgotado. É só para o citar.

Diz o Antunes da Silva que na casa do J. Orlando Bretão provou, «por instâncias do locatário, aguardente de araçá, bastante digestiva» (p. 245). Terá tomado a piela? Se refletirmos bem no que diz a seguir, bem podemos pôr essa hipótese. Diz ele que via, ou parecia ver nos olhos dos terceirenses, «uma angústia quase frenética, diluída em gestos duma saudade mítica». Que quererá ele dizer com isto?

O excerto da sua *L(USA)lândia*, creio, é digno de constar no CD do Camões. Afinal também lá vem a paródia do Trindade Coelho de *In Illo Tempore*. Lembrei-me até de incluir algumas estâncias da sua (do Onésimo) epopeia seminarística. Mas não tive coragem para lhe pedir autorização. Tenho agora.

Estive a ver se encontrava no tal CD os nomes dos escritores açorianos que me enviou. Não encontrei nenhum (Álamo Oliveira, J. Martins Garcia, Cristóvão de Aguiar, Vasco Pereira da Costa, Pedro da Silveira, Fernando Aires, Daniel de Sá, Dias de Melo, Roberto de Mesquita, Emanuel Félix). O Teófilo Braga também não consta, como eu desconfiava. Só mesmo o Antero, a Natália Correia e o João de Melo. Ah! E o Armando Côrtes-Rodrigues.

Se pensarmos que o título do CD é *História Universal da Literatura Portuguesa*, bem poderemos dizer que bem incompleta é essa História Universal.

Por cá, um frio de morrer. Até os canos congelam. E você a gozar os 14 graus, hein?

Abraços do

J. Machado

E-MAIL DO ONÉSIMO
Sexta-feira, 4 de dezembro de 1998, 00:38:50

Meu caro:

>Tem toda a razão. A passagem do tal diário não refere o Álamo, mas o seu amigo J. Orlando Bretão e o Francisco Ernesto de Oliveira Martins. Não sei como é que fui meter o Álamo nisso. Talvez por sugestão inconsciente?

Também conheço o F. Ernesto. A casa-museu dele foi feita sabe Deus como. Foi trazendo coisas das igrejas... Se calhar salvou-as, mas há muitas razões para desconfiar.
>Você tem razão: o diário não é grande coisa. Você está a ser demasiado generoso com o homem!
>Enfim, vou ter de o citar na tese. Se o Onésimo tiver a referência bibliográfica completa do primeiro volume, agradecia. É que por aqui anda esgotado. É só para o citar.
Aqui vai: *Jornal I – Diário* (Lisboa: Livros Horizonte, /1987/) Registo a data assim porque não tenho a certeza. Ainda há editoras portuguesas (a Europa-América é a pior!) que não indicam a data para o livro não envelhecer. Num cantinho no fim do livro, este tem a tipografia em letra muito miúda e a seguir 3-87. Ora como a escrita é dos anos 1984 e 1985, pode muito bem ser 1987 a data de edição.
>Diz o Antunes da Silva que na casa do J. Orlando Bretão provou, «por instâncias do locatário, aguardente de araçá, bastante digestiva» (p. 245). Terá tomado a piela? Se refletirmos bem no que diz a seguir, bem podemos pôr essa hipótese: diz ele que via, ou parecia ver nos olhos dos terceirenses «uma angústia quase frenética, diluída em gestos duma saudade mítica». Que quererá ele dizer com isto?
Creio que não conhecia bem o Bretão, que às vezes tinha ar de angustiado e revoltado (andava sempre doente, com complicações umas atrás das outras) e deve ter ficado impressionado com ele.
> O excerto da sua *L(USA)lândia*, creio, é digno de constar no CD do Camões.
Desde que o inclua no meio de outras paródias. Não haverá mais além dessa do *In Illo Tempore*? Eu, só à minha conta, devo ter feito mais de dezoito da primeira estância, embora só tivesse publicado duas.

>Afinal também lá vem a paródia do Trindade Coelho de *In Illo Tempore*. Lembrei-me até de incluir algumas estâncias da sua (do Onésimo) epopeia seminarística. Mas não tive coragem para lhe pedir autorização. Tenho agora.

Não me oponho, mas deveria levar uma nota introdutória de duas ou três linhas.

>Estive a ver se encontrava no tal CD os nomes dos escritores açorianos que me enviou. Não encontrei nenhum (Álamo Oliveira, J. Martins Garcia, Cristóvão de Aguiar, Vasco Pereira da Costa, Pedro da Silveira, Fernando Aires, Daniel de Sá, Dias de Melo, Roberto de Mesquita, Emanuel Félix).

Parece incrível. Vou escrever-lhes. Não reclamarei contra a minha ausência, evidentemente, mas protestarei contra a ausência de toda essa gente.

>O Teófilo Braga também não consta, como eu desconfiava. Só mesmo o Antero, a Natália Correia e o João de Melo. Ah! E o Armando Côrtes-Rodrigues.

Mas que generosos!

>Se pensarmos que o título do CD é *História Universal da Literatura Portuguesa*, bem poderemos dizer que bem incompleta é essa História Universal.

Universal? Que parvoíce!

>Por cá, um frio de morrer. Até os canos congelam. E você a gozar os 14 graus, hein?

E continua. Inauguraram há dias um ringue de patinagem em gelo (descoberto) na baixa da cidade e a Leonor e eu estivemos a passear até há pouco (11 horas da noite). Apenas com uma camisa e casaco. Muito acima do normal.

Abraço

Onésimo

P.S. Hoje abri por acaso uma mensagem da Lusa-net (recebo muitas mas raramente as abro). Transcrevo-a:

[Transcrição da mensagem relativa aos Programas de Cursos de Verão 1999 em Universidades do Norte de Portugal.]

E-MAIL DO LEON MACHADO
Sexta-feira, 4 de dezembro de 1998, 21:38:01
Caro Onésimo:
Procedi às alterações ao texto da *L(USA)lândia* de acordo com as suas sugestões e foi já inserido no CD-ROM. Vamos enviar uma cópia na próxima segunda-feira à Porto Editora para testes. O texto do George Monteiro também foi adicionado. Quanto aos nomes dos colaboradores, não sei se a editora vai colocá-los na embalagem como fez com o CD do Fernando Pessoa. Depois lhe direi algo sobre isso.

Obrigado pela informação bibliográfica acerca do diário do Antunes da Silva. O primeiro vol. é realmente de 1987. Vem listado numa das páginas iniciais do vol. II. Só me faltava saber se a cidade e a editora eram as mesmas.

Naquele curso de verão de que você me enviou o calendário, no caso do de Aveiro, você vai falar ou é um dos autores tratados? Dá a ideia de que realmente você será um dos autores tratados. E desde já as minhas congratulações. Só acho estranho, aliás como você, que o Torga esteja metido no rol dos tais escritores da diáspora. Creio que isso deve ser da responsabilidade do organizador do curso. E se está lá o seu nome, é porque é algum seu conhecido. Mas o que é certo é que o Torga destoa.

A propósito: soube hoje que os espanhóis criaram em Salamanca um instituto qualquer com o nome do Torga. E o Guterres inaugurou há dias uma ponte em Vila Real com o nome do autor dos *Bichos*. Segundo informações académicas que me chegaram, o Torga é, neste momento, o segundo autor mais tratado a nível científico (trabalhos de licenciatura, ensaios críticos, teses

de mestrado, de doutoramento...). O primeiro ainda é o F. Pessoa e o terceiro é o Eça de Queirós. A seguir vem o Vergílio Ferreira. Depois já não sei. O Saramago deve andar lá para centésimo ou coisa parecida. Pergunto: o que é que os nossos académicos verão de tão especial no Torga? Será o complexo umbilical?
Abraços do
Zé M., que enregela, malgrado os aquecedores.

E-MAIL DO ONÉSIMO

Sexta-feira, 4 de dezembro de 1998, 17:08:18
Caríssimo:
>Procedi às alterações ao texto da *L(USA)lândia* de acordo com as suas sugestões e foi já inserido no CD-ROM. Vamos enviar uma cópia na próxima segunda-feira à Porto Editora para testes. O texto do George Monteiro também foi adicionado. Quanto aos nomes dos colaboradores, não sei se a editora vai colocá-los na embalagem como fez com o CD do Fernando Pessoa.

Por amor de Deus não ponham o meu nome na capa por tão pouco. Não sou camonista! Peço-lhe!

E desistiu da paródia do seminário?

>Obrigado pela informação bibliográfica acerca do diário do Antunes da Silva. O primeiro vol. é realmente de 1987. Vem listado numa das páginas iniciais do vol. II. Só me faltava saber se a cidade e a editora eram as mesmas.

Ainda bem que acertei.

>Naqueles cursos de verão de que você me enviou o calendário, no caso do de Aveiro, você vai falar ou é um dos autores tratados?

Sim, serei dos autores tratados. Não sei quem é que leciona o curso. O Torga afinal deve ser porque ele esteve algum tempo (muito pouco, creio) no Brasil.

>Pergunto: o que é que os nossos académicos verão de tão especial no Torga? Será o complexo umbilical? Tenho a mesma dúvida. Porquê tanto barulho? Mas isso de famas é assim.

Lamento dizer-lhe que o bom tempo continua aqui. Fui com uns colegas almoçar aqui perto, mas fomos a pé e em mangas de camisa. Uma temperatura agradabilíssima: 16 graus. Uma luminosidade espetacular.

Continuo sem escrever. Atarefadíssimo com mil miudezas, a produção literária fica para trás.

Bom fim de semana para si. Deveria estar no Porto hoje. Mas bem bom que não fui. Teria sido uma loucura.

Como está o seu novo gabinete? E a Linda, como vai?

Abraço.

Onésimo

E-MAIL DO LEON MACHADO

Domingo, 6 de dezembro de 1998, 12:03:06

Caro Onésimo:

Por cá o frio continua. E há de continuar. Pelo menos até março. Se o Onésimo estivesse no Porto, bem lhe faria falta uma samarra alentejana. Embora no Porto o frio seja bem menos do que em Trás-os-Montes.

Ontem foi dia de limpezas. Apliquei-me a limpar o sótão, para onde mudarei em breve os "serviços de secretaria". Ainda não estou no novo gabinete. A empresa a que comprei a tralha escriturária só a traz na próxima quarta-feira.

A paródia do seminário: como o Onésimo não me tinha dito nem sim nem sopas, eu supus que você não autorizaria a inclusão da mesma no CD. Mas se assim é, fico satisfeito e durante a próxima semana vou proceder à digitalização do texto (ou melhor, encomendar a alguém que o faça) e depois envio-lho para possíveis correções. Estamos então entendidos? O CD já foi enviado à Porto Editora, mas não é o definitivo. O que enviamos é para testes. Só faremos o definitivo alguns dias antes de a fábrica proceder à cópia dos milhares de exemplares. Quanto ao seu nome na embalagem, olhe que autores por muito menos também o terão. Lembro-me, por exemplo, do Pedro Tamen, que participa com um soneto.

Ainda sobre o CD da tal *História Universal da Literatura*: o Onésimo, em vez de escrever aos editores, poderia inserir um comentário crítico numa sua próxima crónica da revista *LER*. Ou então fazer as duas coisas. Mera sugestão.

O Mancelos disse-me que está melhor da crise existencial. Ainda não me disse os motivos. Anda a fazer segredo. E custa-me a entender isto. Primeiro assusta os amigos, depois não diz porquê. Fazia-lhe falta um irmão. É filho único...

Descobri uns poemas do Ivo Machado na revista *Atlântida* que me enviaram. Eu já os tinha lido e tinha-os achado muito bons. Mas, como não conhecia o nome, esqueci. Agora que a folheio é que associo.

Veja lá se arranja tempo para escrever. Ou está a pensar inscrever-se naquela associação americana de congelação *post-mortem* (Como é que se chama? Alcondor?) para o ressuscitarem daqui a 500 anos e só então dedicar-se a escrever as peripécias do antiquíssimo séc. XX?

Abraços do
Z.

E-MAIL DO ONÉSIMO
Domingo, 6 de dezembro de 1998, 08:28:12

Meu caro:

Acordei há pouco e levantei-me. É cedo, pois é domingo. Sete horas... convenhamos. Mas é sempre assim. A ideia de que os calhamaços do *New York Times* e do *Providence Journal* estão lá em baixo à porta à minha espera faz-me saltar da cama mal acordo. Ponho música, tomo o pequeno-almoço e leio. Ah! E hoje acenderei a árvore de Natal. Muito cedo, dirá. Mas aqui começam tudo cedo. Tivemos de a fazer ontem porque a Festa de Natal do Departamento é sexta-feira e ontem deu mais jeito do que daria durante a semana que vem, pois tenho as noites todas tomadas. Quando a Leonor acordar, lá para as nove, já terei lido a maior parte do que me interessa dos jornais e então iremos dar o nosso passeio a pé à beira-mar. Mas ainda quero escrever um fax para a Junta de Freguesia de Punhe para lerem amanhã na sessão de homenagem ao Professor Amadeu Torres.

Vim ao computador, como faço todas as manhãs, para ler o correio que vem da Europa, pois ele chega enquanto durmo. Cá estava a sua mensagem. Li-a com muito interesse como sempre e achei que era tempo de lhe dizer uma coisa:

Gosto sempre muito de ler as suas mensagens. São ricas, informativas, vivas, tresandam a irrequietude e dinamismo. Na sua cabeça há sempre montes de atividade neuronal e imagino que, se Chaves fosse outra, você já tinha dado a volta nessas fechaduras que selam tanta cabeça capaz aí para trás do Marão. Dá de facto gosto lê-lo. Você é a antítese do chato. Tem sempre a novidade de um livro, de um artigo, de uma referência a alguma coisa que encontrou, descobriu ou inventou de uma coisa qualquer que lhe ocorreu, de uma informação curiosa sobre seja o que for. Como digo tantas vezes à Leonor, que com a sua doçura não deixa de me admoestar quando tantas vezes sou lacónico ao telefone e dou sinais evidentíssimos de querer despachar a pessoa: «Não consigo forçar sorrisos a chatos e não consigo fingir interesse em chachadas».

Pois hoje de manhã escrevo-lhe só para lhe dizer isto. Uma mensagem sua é um pacote de energia que entra aqui em casa e eu recebo pacotes desses com uma satisfação especial.

Era só. Sobre os assuntos da sua mensagem escreverei mais tarde, depois de ir levar a minha mãe. É dia de ela cá vir almoçar e passar a tarde, e sou eu quem a vai buscar e levar.

Dê um beijinho à Linda, que se calhar não gosta que você passe tanto tempo ao computador. A Leonor também exprime as suas queixinhas de vez em quando e até agora costuma passar-lhe com um beijinho.

Um grande abraço para si daqui desta outra margem do Atlântico. E lá vou agora continuar a minha manhã de leitura agradável comendo jornais com café.

E mantenha essa juventude.

Outro abraço do
Onésimo

E-MAIL DO LEON MACHADO
Domingo, 6 de dezembro de 1998, 23:03:56
Caro Onésimo:

Até fico sem jeito com o seu discurso epidíctico a respeito da minha pouca pessoa. Não volte a fazer-me isso, peço-lhe. É que fico a pensar que tenho qualidades que me são alheias. E quando eu me virar chato (porque nunca digas que desta água não beberás...), mande-me catar javalis.

Sabe quem me telefonou? A esposa do Antunes da Silva, autor daqueles diários de que temos falado. Eu tinha enviado uma carta ao escritor a perguntar se havia publicado mais algum volume, além daqueles dois. Pois a esposa dele telefonou-me a dizer que o marido morreu há cerca de um ano vítima de uma trombose. Tinha setenta e tais. Lá consolei a viúva como pude e ela contou-me que havia ainda um diário inédito e que provavelmente não seria publicado por estar manuscrito e a letra ser difícil de decodificar. Disse-me também que tinha o espólio do escritor e que não sabia o que fazer com ele. Esteve quase para oferecê-lo à Univ. de Évora. Desistiu da ideia quando lhe disseram que o espólio que um outro escritor doara à mesma universidade tinha sido muito maltratado: os da universidade queimaram a maior parte dos livros e os manuscritos e outros documentos andavam amontoados no chão da biblioteca, presas da humidade e dos ratos. Estava agora a pensar doar tudo ao Museu do Neorrealismo.

Esta história faz-me lembrar aquela por que você passou em relação ao espólio do R. Miguéis. Pelo menos na Brown está em boas mãos. O mesmo não aconteceria se tivesse sido doado a alguma instituição portuguesa.

Você disse-me na última mensagem que preparou um fax no âmbito da homenagem ao Prof. Amadeu Torres para enviar no dia seguinte (segunda-feira?) à Junta de Freguesia de Vila de Punhe. Estive a confirmar e verifiquei que a homenagem não é na segunda, mas no domingo, isto é, hoje (dia 6). Ou melhor, já foi. Terá havido confusão de datas?

Eu guardo uma surpresa para o Amadeu Torres. O romance que vai sair no Campo das Letras dediquei-lho a ele. Afinal foi na altura em que eu frequentava a cadeira de História da Língua lecionada por ele que me surgiu a ideia para o romance. Mas o Onésimo não diga nada por enquanto.

Amanhã (segunda) envio-lhe o texto do *Centenário* para correções.

A Linda retribui os beijinhos, embora, confessou, lhe meta impressão imaginar como seria beijar um homem de bigode. Nunca teve essa experiência *sui generis*. Quiçá um dia.

Beijinhos já agora para a Leonor, que deverá estranhar por não ter eu bigode. No Minho há uma canção que diz: «Bibam os homes que não têm bigode.» No Minho as mulheres é que o têm...
Abraços do
Z. :>)

E-MAIL DO ONÉSIMO
Segunda-feira, 7 de dezembro de 1998, 15:23:28
Caro Leon:
>Até fico sem jeito com o seu discurso epidíctico a respeito da minha pouca pessoa. Não volte fazer-me isso, peço-lhe. É que fico a pensar que tenho qualidades que me são alheias. E quando eu me virar chato (porque nunca digas que desta água não beberás...), mande-me catar javalis.

Deixe-se disso.
>Sabe quem me telefonou? A esposa do Antunes da Silva, autor daqueles diários de que temos falado.

Fico com pena de ter dito tanto mal do diário.
>Desistiu da ideia quando lhe disseram que o espólio que um outro escritor doara à mesma universidade tinha sido muito maltratado...

Em Portugal é assim. E ainda veio o Mário Neves dar uma tacadinha na América que pega em tudo, que o lugar do espólio do Miguéis era Portugal....
>Esta história faz-me lembrar aquela por que você passou em relação ao espólio do R. Miguéis. Pelo menos na Brown está em boas mãos. O mesmo não aconteceria se tivesse sido doado a alguma instituição portuguesa.

Verdadíssima.
> Você disse-me na última mensagem que preparou um fax no âmbito da homenagem ao Prof. Amadeu Torres para enviar no dia

seguinte (segunda-feira?) à Junta de Freguesia de Vila de Punhe. Estive a confirmar e verifiquei que a homenagem não é na segunda, mas no domingo, isto é, hoje (dia 6). Ou melhor, já foi.
Incrível. Como meti água! Escrevi-lhe um fax a pedir desculpa e a explicar o sucedido. Porra!
Vou ver se me lembro de lhe enviar por e-mail o texto.
>Eu guardo uma surpresa para o Amadeu Torres. O romance que vai sair no Campo das Letras dediquei-lho a ele.
Bonito. É uma joia de pessoa.
>Amanhã (segunda) envio-lhe o texto do *Centenário* para correções.
Faça só uma amostra. Mas terá que sair mesmo numa secção de paródias. Garante-me isso?
>A Linda retribui os beijinhos, embora, confessou, lhe meta impressão imaginar como seria beijar um homem de bigode. Nunca teve essa experiência *sui generis*.
Não vou dizer que me ofereço, porque não se faz isso aos amigos. Mas o comentário dela é uma provocação.
>Beijinhos já agora para a Leonor, que deverá estranhar por não ter eu bigode. No Minho há uma canção que diz: «Biba os homes que não têm bigode.» No Minho as mulheres é que o têm...
E no Alentejo!
Conhece o breve ensaio do José Moreira da Silva "Vergílio Ferreira: o que é isso de um diário?" publicado na *Diacrítica*, n.º 7 (1992), pp. 111-120? Imagino que conheça, mas pelo sim pelo não.... ele deu-me uma separata de uma vez que fui falar a Braga.
Um abraço do
Onésimo

E-MAIL DO LEON MACHADO

Terça-feira, 8 de dezembro de 1998, 18:29:19
Caro Onésimo:
Cada manhã é pior do que a anterior. Falo de geadas que põem as ruas, as casas, as árvores brancas. Bem pior do que neve. Lá se vai aguentando, embora a cama saiba bem melhor do que a rua. Hoje levantei-me às onze. Há de dizer: este rapaz é que me saiu um preguiçoso. Ora, não é bem assim: eu levantei-me às onze, mas estive a trabalhar deitado.
Estive a conversar há bocadinho com o programador do CD do Camões, o Mário. Conversámos pela Net, já se vê. Embora a casa dele não seja longe daqui. Mas com esta geada quem é que se mete na rua? Perguntei-lhe se era possível introduzir uma nova secção no CD intitulada "Paródias". Ele disse que era bastante complicado. Pedi-lhe para descomplicar. Andou ali às voltas e acabou por dizer que meter uma nova secção implicaria uma reformulação parcial das bases de dados e do código do programa em vários módulos, o que atrasaria a versão final.
Estive então a reflectir cá para mim e creio que cheguei a uma solução: os textos paródicos do Onésimo serão incluídos na secção dos "textos adicionais", secção esta que já existe. E como funciona a secção? – Um exemplo: quando o utilizador estiver a consultar no CD o episódio do Concílio dos Deuses, além de um dicionário, música da época, imagens, textos teóricos e notas explicativas, tem à disposição um conjunto de textos suplementares que se relacionam intertextualmente com o texto base, que é o do Camões. Clica num botão à esquerda (gosto mais deste lado...) e aparece uma caixa de diálogo com os tais textos adicionais. O utilizador pode escolher o que pretende ler. O seu *Centenário* lá estará também, para o caso de o utilizador querer consultá-lo.
Enfim, isto parece complicado. Mas, vendo *in loco*, a coisa seria muito simples. Se concordar com a ideia, amanhã procederemos à inserção do seu texto.

Aquele ensaio de que me falou do José Moreira da Silva não conhecia. Fui ver a minha lista bibliográfica e estava lá (retirei-a da base de dados da biblioteca da Univ. do Minho). Mas ainda não tenho o texto. Como não assino a *Diacrítica*, terei de ver se encontro esse número na biblioteca. De qualquer forma, obrigado pela informação. Se não ma tivesse dado, o mais certo era passar à frente da referência.

Ando a ler, imagine, contos do Isaac Asimov. É muito curiosa a forma como ele descreve a educação de crianças e adolescentes no ano 6000 e tal. Pegam num miúdo de 8 anos, injetam-lhe informação no cérebro e o miúdo começa instantaneamente a ler. Aos 18, estudam-lhe a configuração do cérebro e injetam-lhe informação respeitante a uma profissão altamente especializada. Num ápice, o rapaz passa a ser um engenheiro mecânico, um cozinheiro, um varredor, um economista (cada um com o seu múnus, claro). As universidades obviamente que deixaram de existir. Preparemo-nos para a reforma... Professores? Entes inúteis.

Abraços gélidos do
Leon M.

E-MAIL DO ONÉSIMO
Quarta-feira, 9 de dezembro de 1998, 11:52:24
Caro Leon:
>Hoje levantei-me às onze. Há de dizer: este rapaz é que me saiu um preguiçoso. Ora, não é bem assim: eu levantei-me às onze, mas estive a trabalhar deitado.

Que boa vida. Com a desculpa do frio, fica-se na caminha... Isso de trabalhar deitado deve funcionar muito bem....

> Estive então a refletir cá para mim e creio que cheguei a uma solução: os textos paródicos do Onésimo serão incluídos na secção dos "textos adicionais", secção esta que já existe.

Está bem. Mas fica-me então uma dúvida: que sentido terá meter no CD uma paródia no meio de tanta coisa erudita? Haverá alguma coisa a explicar? A minha pergunta é séria. Não estou a ser brincalhão nem modesto. Para mais, uma brincadeira de garoto de 16 anos. Pode ficar de facto mal ali. O que haverá mais nessa secção? Serei eu o único mais o Trindade Coelho? Não haverá pelo menos mais um para ao menos fazer trindade?

Estou a sério!

\>Aquele ensaio de que me falou do José Moreira da Silva não conhecia. Fui ver a minha lista bibliográfica e estava lá (retirei-a da base de dados da biblioteca da Univ. do Minho). Mas ainda não tenho o texto. Como não assino a "Diacrítica", terei de ver se encontro esse número na biblioteca.

Fiz fotocópia e seguirá no correio de hoje.

\>Ando a ler, imagine, contos do Isaac Asimov.

O I. Asimov era um escritor prodigioso. Escreveu cerca de 400 livros. Não se deve ter correspondido nem por carta nem por e-mail com ninguém para ter todo o tempo necessário para escrever isso tudo.

Junto com a fotocópia envio-lhe o programa de uma espécie de "Vésperas" realizadas numa igreja aqui pelo Departamento de Clássicas. Tudo em Latim (bem, uma das leituras era em grego). Toda a assembleia canta em latim, mesmo que não saiba. É uma experiência desconcertante para quem não a imagina na América. Fazem isso há 52 anos.

\>Abraços gélidos

Agora fica a custar-me ter de lhe dizer que o tempo continua excelente.

E-MAIL DO LEON MACHADO
Quarta-feira, 9 de dezembro de 1998, 22:26:06

Caro Onésimo:

Estou a escrever-lhe já no novo gabinete. Veio hoje um camião TIR trazer a tralha. A Linda não ficou satisfeita com a cor dos sofás. Disse que ficava melhor o verde. Eu teimei no vermelho. Para variar, as carpetes são verdes. A paisagem vista da janela é bem mais interessante do que aquela que via no outro gabinete. Aqui estou no sótão e consigo ver os montes à volta. Cheios de geada, obviamente. Não sabia que o Asimov tinha escrito tanto. Nem o Camilo! Esse só escreveu 200 livros.

Obrigado pelo material que me enviou. Já me evita perder uma tarde na biblioteca à procura da revista *Diacrítica*. Está informatizada, mas encontrar o espécime bibliográfico nas estantes é para super-ratos da biblioteca.

O seu texto do *Centenário* não destoa dos outros. A secção de "textos adicionais" contém 276 textos de variadíssimos autores. Estes textos não são "eruditos", pelo menos tal como os entendo. São textos literários que estão em relação intertextual com a obra de Camões. Os textos eruditos, isto é, os estudos teóricos, ensaios, etc., sobre Camões estão noutra secção. Por isso não vejo mal nenhum em que o seu *Centenário* emparceire com o *In Illo Tempore* do T. Coelho, com uma elegia de Tibulo, um soneto de António Sardinha, um extrato do *Anfitrião* de Plauto, a *Invocação a Vénus* de Lucrécio, etc., etc. São 276 e não o vou estafar a recitar os nomes todos.

Pedia-lhe que, dentro das suas possibilidades temporais, procedesse à correção de gralhas do texto. Se não tiver gralhas, tanto melhor. Depois remete-me (salvo seja) o texto por e-mail.

Então também se canta aí em latim? Folgo muito em ouvir isso. Eu pertencia ao coro do Seminário e não cantava mal. *Vivant academia, vivant professores...* Agora sou uma cana rachada. Tenho cá a viola, mas prefiro dedilhar a cantar.

Em falar em grego e latim, vou contar-lhe esta que ouvi quando era estudante e que não sei se é verdade: um dia um professor francês (já não sei se era francês, se italiano, se outra coisa) conheceu o Amadeu Torres num congresso. Escreveu-lhe mais tarde uma carta metade em alemão e metade em latim, sabendo que o Amadeu Torres conhecia bem ambas as línguas e para mostrar certo garbo linguístico. O Amadeu Torres então respondeu-lhe em hebreu e grego. O prof. andou à nora para traduzir.

Por cá, o Saramago volta a andar na baila. Parece que é amanhã a receção do prémio. Vai jantar ao lado da rainha da Suécia. Ela fala português e quis tê-lo o mais perto possível de si. O que dirá o Saramago a uma rainha? Pagava para saber.

Abraços do
Leon

E-MAIL DO ONÉSIMO
Quinta-feira, 10 de dezembro de 1998, 00:31:08

Caro Leon:
Aí vai o fax que enviei ao professor Amadeu Torres.
Amanhã envio-lhe as provas corrigidas do *Centenário*.
Abraço.
Onésimo

<<<<<<<>>>>>>>

Caríssimo Amigo:
Shame on me! Vergonha das vergonhas! Tenho há duas semanas colado ao meu computador e, dentro dele, um envelope com a sua carta e o convite da Junta de Freguesia de Punhe para participar na sua festa de homenagem. No calendário anotei: dia 7 – enviar fax no domingo. Via-o várias vezes ao dia e garatujei nele algumas ideias para incluir na mensagem. Ainda ontem de manhã

(domingo) enviei um e-mail ao seu antigo aluno e meu amigo INTERNETional, José Leon Machado, dizendo-lhe (transcrevo):

Meu caro Leon:

«Acordei há pouco e levantei-me. É cedo, pois é domingo. Sete horas... convenhamos. Mas é sempre assim. A ideia de que os calhamaços do *New York Times* e do *Providence Journal* estão lá em baixo à porta à minha espera faz-me saltar da cama mal acordo. Ponho música, tomo o pequeno-almoço e leio. Ah! E hoje acenderei a árvore de Natal. Muito cedo, dirá. Mas aqui começam tudo cedo. Tivemos de a fazer ontem porque a Festa de Natal do Departamento é sexta-feira e ontem deu mais jeito do que daria durante a semana que vem, pois tenho as noites todas tomadas. Quando a Leonor acordar, lá para as nove, já terei lido a maior parte do que me interessa dos jornais e então iremos dar o nosso passeio a pé à beira-mar. Mas ainda quero escrever um fax para a Junta de Freguesia de Punhe para lerem amanhã na sessão de homenagem ao Professor Amadeu Torres.»

À tarde chego a casa e dou com a seguinte mensagem-resposta do Leon:

«Você disse-me na última mensagem que preparou um fax no âmbito da homenagem ao Prof. Amadeu Torres para enviar no dia seguinte (segunda-feira?) à Junta de Freguesia de Vila de Punhe. Estive a confirmar e verifiquei que a homenagem não é na segunda, mas no domingo, isto é, hoje (dia 6). Ou melhor, já foi. Terá havido confusão de datas?»

Perante isto fiquei pior do que estragado. Mas será possível? Fui verificar também e era. Isto é foi!

Mas a confusão veio de trás. Quando lhe disse que, se tivesse ido ao Colóquio do Porto, poderia ter estado na sua homenagem, já aí estava a confundir datas, porque ele acabava no domingo à tarde. (Evidentemente que teria deixado o Colóquio para ir à sua Festa. Nem se poria a questão.)

Quer dizer: o meu Amigo é que faz já 50 Anos de Vida Literária e continua jovem e eu já estou ficando senil desta maneira! Vou mandar cópia deste fax à Junta de Freguesia de Punhe a pedir desculpa de não ter estado presente, pois queria deste lado do Atlântico falar desse meu casual mas providencial encontro consigo aqui em Rhode Island há mais de uma dúzia de anos, no meu programa de televisão e numa conferência que aqui fez, e de uma amizade que daí para cá se desenrolou e desenvolveu entre nós, porque fui conhecendo mais e mais da riqueza da sua personalidade nas suas variadas facetas: a humana, a académica, a literária, para não falar da de guia turístico e de conselheiro gastronómico. (Digo "conselheiro" porque nunca o vi servir-se do seu gosto neste domínio. Só me levava a belíssimos restaurantes minhotos e me aconselhava pratos sobrenaturais. Quem foi acumulando quilos fui eu!) Nesse fax eu iria recordar consigo e partilhar com os presentes na sessão os passeios pelo Minho em sua companhia a aprender cultura geral, desde Diogo Bernardes à *Grammatica Philosophica* ou de Paulo Orósio a Erasmo, que depois aprofundava nos pacotes de separatas que trazia e lia no comboio e no avião. Até o bom tempo conseguia o meu Amigo encomendar, por qualquer contacto direto na sede dos Arcebispos. E por isso vim sempre de memória atafulhada de *bytes* com imagens idílicas do Minho. Não me perdoarei esta confusão inexplicável e o não ter tido o cuidado de duvidar se faria sentido uma sessão numa segunda-feira. Confesso que cheguei a ser assaltado por essa dúvida, mas estava fora de casa e não deu para verificar. Pensei que haveria qualquer significado especial nesse 7 de dezembro e que, como era num dia de ponte entre o domingo e um feriado, tudo fazia sentido. E com essa se me esvaiu a dúvida.

    Aborrecido comigo mesmo, quedo-me por aqui, se não daqui a pouco o rio Lima, ao contrário do que fazia com Diogo Bernardes, não se queixaria de recolher lágrimas minhas, acharia que neste caso eram merecidas e não se lhe turvariam as claras águas.

Meu caríssimo amigo, merecidíssima foi a Homenagem. A minha voz não lhe fez falta nenhuma. Eu é que teria querido associar-me às palmas e aos abraços ao Amadeu transformado em coisa amada da sua terra e da sua lista grande de admiradores e amigos.

Vão então agora os meus enFAXados em vergonha para esconder a cara. Seu muito admirador e amigo,

Onésimo

E-MAIL DO ONÉSIMO
Quinta-feira, 10 de dezembro de 1998, 10:40:46
Caro Leon:

Aqui vai então o texto corrigido. Não sei se lhe chegará como chegou ao meu: com os acentos nas maiúsculas transformados em quadrados. Se for assim, poderão corrigir?

E acha que isso deve ir assim, sem sequer uma nota a situar essa coisa? Deixo isso ao seu critério e ao da equipa.

Sabe que nem costumo incluir isso na minha bibliografia nem no meu currículo. Há também duas outras coisas que não incluo: uma peça de teatro, *Esperança-21*, representada no Seminário de Angra em 1969 e depois proibida pela censura, mas sempre fiz uma edição particular; e um livro de ensaios sobre os meios de comunicação, *Cérebros do Grande Público*, publicado em 1970 em Angra (168 págs.). São coisas de um passado distante e demasiado juvenil. Tenciono apenas, em relação à peça e ao *Centenário*, arranjar maneira de incluir passagens no meu romance sobre o Seminário.

Um abraço do
Onésimo

E-MAIL DO LEON MACHADO
Quinta-feira, 10 de dezembro de 1998, 21:19:55
Caro Onésimo:
Acabo de ver na TV o resumo da cerimónia em Estocolmo. Comovente. Falo a sério!
O Centenário chegou cá direitinho. Acentos todos no sítio. Desde já obrigado em nome de toda a equipa.

Quanto a não receber as mensagens que lhe chegam convenientemente acentuadas, é provável que você tenha o seu programa de e-mail mal configurado. Porque não é natural que ele envie bem as mensagens e as receba mal. Ou faz as duas coisas bem, ou faz as duas coisas mal. Peça a um técnico da universidade para lhe ver isso. Como o seu sistema é Mac, o melhor é eu lhe não dar palpites.

É uma ótima ideia você incluir no seu romance sobre o Seminário a paródia do *Centenário*. Eu não sei quanto tempo você demorou a escrever as oitavas. Mas no romance podia ir pondo a personagem, em vários capítulos, a rilhar o lápis, de *Lusíadas* ao lado, a compor a paródia. E incluía as oitavas todas, não seguidas, mas inseridas nos tais capítulos. Mera sugestão. E quem sou eu para a dar?

Gostei da sua mensagem ao Amadeu Torres. Ele compreenderá com certeza.

Por cá chove. Acabaram-se por enquanto as geadas. A temperatura subiu um pouco. Será que agora é a vez de Providence ligar os aquecedores?

Abraços do
L.

P.S. A sua peça de teatro *Esperança-21* não foi incluída no *Ah! Mònim*? Essa de ser proibida pela censura há de ma contar com tempo. Diante de uma aguardente velha feita do bagaço do vinho tinto de Ponte de Lima. O meu irmão diz que é de estalo. Mas eu não sei se se comparará com a da Graciosa.

                E-MAIL DO LEON MACHADO
Segunda-feira, 14 de dezembro de 1998, 12:27:05
   Parabéns e muitos anos de vida
   ao grande Onésimo
   em número e em tamanho
   físico e intelectual!!!!!
   São os votos do Zé e da Linda
   ambos Machados a viver em
   Chaves, aves, avos, ados, imos, simos, ésimos...
   Onésimo :)

                E-MAIL DO ONÉSIMO
Terça-feira, 15 de dezembro de 1998, 12:11:19
   Caro Leon:
   >Estou a escrever-lhe já no novo gabinete.
   Parabéns. Espero que se sinta bem e produza muito. Eu cá por mim adoro estar entre livros.
   >A paisagem vista da janela é bem mais interessante do que aquela que via no outro gabinete. Aqui estou no sótão e consigo ver os montes à volta. Cheios de geada, obviamente.
   Que bom ter uma vista. Infelizmente não tenho montanhas à volta e daqui não vejo o mar.
   >Obrigado pelo material que me enviou. Já me evita perder uma tarde na biblioteca à procura da revista *Diacrítica*. Está informatizada, mas encontrar o espécime bibliográfico nas estantes é para super-ratos da biblioteca.

Espero que já tenha chegado. E o famigerado *Mònim*? A secretária garante-me que o remeteu de avião. Se dentro de um mês não chegar, vou considerá-lo perdido e remeter-lhe-ei outro exemplar.

>O seu texto do *Centenário* não destoa dos outros. A secção de "textos adicionais" contém 276 textos de variadíssimos autores. Estes textos não são "eruditos", pelo menos tal como os entendo.

Estou mais descansado. A sério: tinha muitas dúvidas.

>Em falar em grego e latim, vou contar-lhe esta que ouvi quando era estudante e que não sei se é verdade: um dia um professor francês (já não sei se era francês, se italiano, se outra coisa) conheceu o Amadeu Torres num congresso...

É boa.

Ele não me disse nada. Será que você me arranja o endereço do *Diário do Minho*? Eu quero enviar-lhes o fax que mandei ao professor Amadeu. Espero que não pense que quis evitar vir a público com a minha mensagem e preferi fazê-lo apenas a ele. Assim, envio o texto para o *DM*.

Aqui foi a festa de Natal na sexta-feira. Não sei se já lhe disse. Apareceram mais de 40 pessoas e a Leonor e eu só nos fomos deitar às três da manhã, porque detestamos acordar com a casa em leilão.

Por causa das diferenças horárias e do meu estado perene de ocupação, não me deu jeito ver mais do que uma reportagem do Saramago na Suécia três dias antes do Nobel.

Um grande abraço para si do
Onésimo

E-MAIL DO ONÉSIMO
Terça-feira, 15 de dezembro de 1998, 12:14:43
Obrigado.

Foi o primeiro porque ficou-lhe na mente sempre a data da festa dos meus 50 – 14 de dezembro.

Ontem já chegaram outros e hoje telefonou do Brasil o Zelimir (o tal croata que agora é o #2 da Embaixada da Croácia em Brasília). Aqui em casa a família tem rancho melhorado é amanhã. Mas em todos os papéis oficiais a data é 18. Tomo cuidado, porém. Só conto uma vez.

E o vosso Natal? está preparado?

Abraço.

Onésimo

E-MAIL DO LEON MACHADO
Terça-feira, 15 de dezembro de 1998, 16:53:08

Caro Onésimo:

Chegaram as suas mensagens quando eu estava ligado. Fiz uma pausa na correção dos testes dos alunos para ver o correio.

Chegou hoje a sua encomenda. Obrigado. A Linda levou para as aulas da tarde o opúsculo com as músicas em latim. Vai mostrar aos alunos de Latim.

Fico portanto aqui com a separata da *Diacrítica* e o texto do George Monteiro sobre a sua *(Sapa)teia*. Vou ler logo.

O endereço do *Diário do Minho* é:

Redação do *Diário do Minho*

Rua de Sta Margarida

4719 Braga Codex

Sabe o Onésimo que eu já lá trabalhei dois anos? Quando era estudante e precisava de dinheiro.

Escrevo-lhe com mais calma depois.

Abraços

J.M.

E-MAIL DO LEON MACHADO
Terça-feira, 15 de dezembro de 1998, 22:35:20

Caro Onésimo:

Cá estou eu, mais desafogado, depois de ter corrigido setenta fichas de avaliação repletas de asneiras sobre a poesia de Bocage. O pior, apesar de tudo, ainda eram os erros ortográficos.

Andei à procura do fax do *Diário do Minho* e não encontrei. O endereço da Internet também não sei. Creio que ainda não estão conectados. Por isso o Onésimo mande o texto por carta.

O Saramago e a SIC armaram bronca no dia da entrega do Prémio. Foi uma vergonha. Você soube? A coisa foi assim: o Saramago deu aos jornalistas o texto que iria ler no dia seguinte na cerimónia com a condição de não ser divulgado antes. Todos concordaram. Mas a SIC, que está-se a "cagar" para essas coisas e o que quer é ter audiência, divulgou o texto. Os suecos ficaram escandalizadíssimos. Nunca tal tinham visto. O Saramago ficou irritado com a situação e, no dia da entrega do prémio, ao sair do hotel, viu o *cameraman* da SIC mais a repórter e desancou-os. Tudo escarrapachado na televisão. Eu nunca tinha visto o Saramago daquela maneira. Quase que os mordia. Para quem defende a tolerância, aquilo caiu bastante mal. Quer dizer: tanto a SIC como o Saramago deixaram muito a desejar. O Saramago o que tinha a fazer era indignar-se delicadamente. Quis entrar à bruta e esfodicou-se também. No domingo à noite, a SIC vingou-se, contando a versão dos factos como quis. O Saramago aparece como um valdevinos, um oportunista, um ditador.

Os conservadores portugueses, se não viam com bons olhos o Saramago, têm agora mais um motivo: afinal ele, que anda a pregar a tolerância, é tão intolerante como os outros.

Malhas que o império tece...

Já estive a ler um pedaço do ensaio do George Monteiro sobre a sua *(Sapa)teia*. Muito curiosa a relação que ele faz do Luso com

Os Lusíadas e Lusus. É verdade: o George M. já esteve nos Açores? Fala deles com certo à vontade.

O texto sobre o diário do V. Ferreira vai-me ser muito útil. Mais uma vez obrigado pelo envio.

Estou no novo gabinete, como já lhe disse. Tem menos livros do que o outro (para já) e os sofás que aqui pusemos convidam mesmo a um relaxe. Leio o novo romance da Lídia Jorge: *O Vale da Paixão*. É uma autora curiosa, da geração do A. Lobo Antunes e do Mário de Carvalho. Do seu *Mônim* nem sinais.

Então a sua festa é só no dia 18? Já anda a preparar-se fisicamente para ter o fôlego suficiente para apagar as cada vez mais numerosas velas? Pegue na bicicleta...

Por cá, já montámos a árvore de Natal. Ah! E ando aos poucos a preencher os cartões de boas festas. São mais de 40. Não sei como é possível. O seu foi hoje pelo correio, juntamente como o do F. Aires e o do Vamberto.

Abraços do
Z. L.M.

E-MAIL DO LEON MACHADO
Quinta-feira, 17 de dezembro de 1998, 16:59:58

Caro Onésimo:

Então a festança é hoje? Bom proveito. Eu também tenho uma: o jantar de Natal na escola. Haverá bacalhau com couves. E depois bailarico. Como ando com dores de costas, este ano, verei a Linda dançar. Com outros.

Amanhã tenho um almoço à francesa também na escola. É organizado pelos professores de Francês. O pitanço custa 500 escudos por cabeça. Baratíssimo. Parece que o prato é *Le coq au vin*.

Então o Lobo Antunes detesta assim tanto o Saramago? Eu sabia que ambos não se davam muito bem, mais o Lobo do que o

Saramago. Mas nunca ninguém viu um lobo a comer saramagos...
O Lobo Antunes também detesta toda a gente. Eu gosto daquilo que ele escreve (já li sete romances), mas não lhe aguento a arrogância. Um autor tem de ser minimamente humilde. Conhece o que ele disse da Natália Correia? São coisas aborrecidas. Enfim, talvez ele tivesse alguma razão. Mas não era caso para tanto.

Do Saramago tenho a contar-lhe mais esta: um colega meu da escola (é professor de Educação Física e amante dos livros do Saramago) foi ontem aos Correios e perguntou se já havia os selos do Saramago (os Correios lançaram agora uma coleção para o homenagear). Na bicha, atrás do meu colega, estava outro sujeito que, ao ouvir a pergunta, exclamou:

– Selos do Saramago? A esse comunista de merda deviam era cortar-lhe o pescoço. Neste país só aos filhos da puta (sic) é que fazem estátuas.

Sem comentários.

Boas comemorações. Abuse no bolo por si e por mim, que aí estou em espírito.

Abraços do
M.

E-MAIL DO LEON MACHADO
Sexta-feira, 18 de dezembro de 1998, 21:27:15

Aleluia! O seu livro chegou!! O *Mònim* claro. *Muchas gracias.* Comecei a ler. Já li a introdução e as duas primeiras peças. São deliciosas. A peça da professora faz-me lembrar uma que eu escrevi há tempos intitulada *O Explicador*. Era um explicador de Matemática, Português, Inglês e já não sei que mais. Se quiser ,envio-lhe um pequeno extrato.

Só para lhe dizer que recebi e estou a ler. Amanhã dou-lhe mais pormenores. Tanto mais que ando estomacalmente desarranjado da jantarada de ontem. O bacalhau com natas tinha demasiada pimenta e entortou-me a ferramenta... Espero que o bolo não lhe tenha feito mal a si.

Abraços do

Z.

E-MAIL DO ONÉSIMO
Domingo, 20 de dezembro de 1998, 00:01:56

Também digo o mesmo: aleluia! Parece incrível. Será que pode ver no envelope se diz *AIR MAIL*? Estou com curiosidade.

Também estou com curiosidade de saber se o livro "passa" a barreira do mar. É todo tão luso-americano que não sei se terá piada além-mar. Foi sempre a minha dúvida.

Claro que gostaria de ver essa peça que fez.

E você está melhor? Então o Faustino faz-lhe uma coisa dessas?

O meu bolo estava ótimo e tive carta branca para abusar. Mas isto de fazer 52 anos é uma poça. Ainda há dias eu estava na 1.ª classe... Isto passa cada vez mais depressa. Tome muito cuidado. Ouça os amigos. Vá devagar! Acabo de chegar da maravilhosa estafeta de compras com os miúdos. A piada é os truques de se esconderem uns dos outros para comprarem as prendas de oferta mútua. Preferia ficar em casa à lareira a ouvir música e a ler. Já viu no que dão os 52 anos?

O tempo por aqui continua ótimo.

Um abraço para si do

Onésimo

E-MAIL DO LEON MACHADO
Domingo, 20 de dezembro de 1998, 20:16:46

Caro Onésimo:

Já estou melhor. A jantarada não foi no Faustino, mas na cantina da escola. Creio que o vinho carrascão, além da pimenta, também contribuiu para o desarranjo. Estou pronto para as próximas, que são respetivamente a do Natal e a do Ano Novo.

Não sei bem o que dizia o envelope onde vinha o seu *Mònim*. Deitei-o ao lixo mal o recebi (o envelope, não o livro...). Mas creio que dizia *AIR MAIL*.

Acabei de o ler ontem, sábado. Não parei enquanto não cheguei à última página. Pode o Onésimo ter a certeza de que o livro "passou" a barreira do mar. As situações dramatizadas são curiosíssimas. E fartei-me de rir. Os diálogos têm grande vivacidade. E o Onésimo não precisava de colocar tantas notas, especialmente quando o inglês está pouco estropiado. As piadas compreendem-se bem. Mas como é capaz de haver leitores cá que não percebem, entende-se o propósito.

Eu não sabia que o Onésimo conhecia o meu pai... Cita o nome dele na pág. 114 (José Martins Machado). E na última história aparece também um José Machado. Que não sou eu nem ele, com certeza.

Embora tenha gostado de todas as peças, as que eu mais apreciei foram a dos miúdos e da professora Cavalo (essa do Cavalo está bem apanhada); a do candidato a *Mayor* (podia perfeitamente adaptar-se ao retrato de certos políticos que cá temos e que costumam ir fazer comícios aos acampamentos ciganos e aos bairros de lata); a que fala da pedra de Dighton (totalmente inesperada a atuação do empregado da limpeza. Já agora: em que pé estão as investigações?).

No diálogo entre o Peter Francisco e o das bandas de música, o Onésimo dá o seu melhor. O pagode com os nomes dos presidentes americanos é de escachar a rir. E já agora, será que o Clinton não é filho de um ex-micaelense dos Arrifes e não terá ele adaptado também o nome? Não seria por acaso Guilherme Clítoris?

A última peça coroa com louros todo o livro. A professoreca, os dois velhotes, a filha, o genro e o miúdo dão, para quem não conhece o contexto sociocultural, uma visão rápida e creio que fiel da L(usa)lândia.

As letras das canções (musicadas com as melodias tradicionais dos Açores) são engraçadas e ajudam à rábula (*ridendo castigant mores*, ou melhor, *canendo castigant mores*).

Imagino o burburinho que este livro causou por aí quando foi publicado e quando os textos foram representados.

O prefácio do George Monteiro condensa bem as principais ideias e linhas de força da obra. Depois dele, o que mais se poderá dizer?

Resta-me aguardar mais uma dose. E que seja para breve.

Abraços do

Z.

E-MAIL DO ONÉSIMO
Terça-feira, 22 de dezembro de 1998, 00:10:24
Caro Leon:

>Já estou melhor. A jantarada não foi no Faustino, mas na cantina da escola. Creio que o vinho carrascão, além da pimenta, também contribuiu para o desarranjo. Estou pronto para as próximas, que são respetivamente a do Natal e a do Ano Novo.

Pois é. Você tinha-me dito. Mas o que é que quer? A 500 paus o prato, dá nisso...

>Acabei de o ler ontem, sábado. Não parei enquanto não cheguei à última página. Pode o Onésimo ter a certeza de que o livro "passou" a barreira do mar.

Agrada-me saber isso. Acredite.

>As situações dramatizadas são curiosíssimas. E fartei-me de rir.

Se se riu, então é essa a melhor prova para mim.

>Os diálogos têm grande vivacidade. E o Onésimo não precisava de colocar tantas notas, especialmente quando o inglês está pouco estropiado. As piadas compreendem-se bem. Mas como é capaz de haver leitores cá que não percebem, entende-se o propósito.

Pois é. Mas você tem muito conhecimento dos Açores, sabe inglês... Nestas coisas a gente nunca sabe. Mas eu talvez tenha a preocupação exagerada de ser didático.

>Eu não sabia que o Onésimo conhecia o meu pai... Cita o nome dele na pág. 114 (José Martins Machado). E na última história aparece também um José Machado. Que não sou eu nem ele, com certeza.

É verdade. Mas Machado é um nome muito micaelense.

>...a que fala da pedra de Dighton (totalmente inesperada a atuação do empregado da limpeza. Já agora: em que pé estão as investigações?).

Estive para fazer um livro sobre isso. Cheguei à página 80 e tenho montes de material. Mas essa história é tão comprida que só mesmo um romance surrealista. Não há nada de novo sobre o assunto. É tudo uma teoria sem grande fundamento. Mas o Luciano da Silva continua a fazer descobertas. Volta e meia sai com mais uma. Tudo na cabeça dele. É uma grande figura de heroi-cómico de grande romance.

>E já agora, será que o Clinton não é filho de um ex-micaelense dos Arrifes e não terá ele adaptado também o nome? Não seria por acaso Guilherme Clítoris?

Você agarrou bem a deixa. Vê-se logo que esteve no semen...ário. (Esta era uma alusão ao vestido da Mónica.)

>A última peça coroa com louros todo o livro. A professoreca, os dois velhotes, a filha, o genro e o miúdo dão, para quem não conhece o contexto sociocultural, uma visão rápida e creio que fiel da L(usa)lândia.

Vejo que você entrou mesmo no mundo l(USA)landês.

>As letras das canções (musicadas com as melodias tradicionais dos Açores) são engraçadas e ajudam à rábula...

Fiz a peça num fim de semana longo (4 dias). Tudo menos as paródias das canções. Essas saíram-me todas numa noite. Estávamos atrasadíssimos, o espetáculo marcado e eu ainda não tinha escrito a peça.

>Imagino o burburinho que este livro causou por aí quando foi publicado e quando os textos foram representados.

Com poucas exceções, o público reagiu muito bem. Levámo-la à cena durante dois anos. Chegámos a ir à Bermuda e representámos na TV a rábula do polícia a multar o emigrante.

>O prefácio do George Monteiro condensa bem as principais ideias e linhas de força da obra. Depois dele, o que mais se poderá dizer?

O George é um mestre em tudo o que faz.

>Resta-me aguardar mais uma dose. E que seja para breve.

Não me atirarei a outra. Já não tenho idade para coisas juvenis. Este ano espero reeditar a *(Sapa)teia*.

Obrigadíssimo pelas suas palavras. Como se trata de um livro luso-americano, não espero grandes reações da crítica, pelo que o seu juízo para mim vale muito. Se calhar será 100% das críticas que o livro receberá. Mas não me perturba. As duas primeiras edições esgotaram-se e o editor diz-me que o livro está a sair muito bem.

Como está o seu amigo Mancelos?

Hoje recebi o seu postal de Boas Festas. O meu chegará aí depois do Natal.

Mais uma vez, obrigado.

E um grande abraço do
Onésimo

E-MAIL DO LEON MACHADO
Terça-feira, 22 de dezembro de 1998, 22:22:16
Caro Onésimo:
A minha casa está um caos. Familiares, sobrinhos, os sogros, dois cães (o meu sobrinho trouxe o dele) e as compras que temos de fazer. Nós cá fazemos tudo em cima da hora. Depois não se consegue andar na rua.
Ontem chegou-me o último número do SAC. Vem publicado o prefácio do G. Monteiro e as suas Notas. Pelo menos aqui não poderão dizer que não sabiam do seu livro.
Amanhã escrevo com mais calma (se a houver...)
Abraços do
Z.

E-MAIL DO LEON MACHADO
Quarta-feira, 23 de dezembro de 1998, 22:20:38
Caro Onésimo:
Consegui arranjar um pedaço de tempo para lhe responder. O dia foi uma corrida de loja em loja entre Espanha e Chaves. A gente daqui gosta muito de ir fazer compras ao outro lado. Almoçámos numa pizaria mas o meu sogro, que é transmontano ferrenho, teimou em não comer e o dono da pizaria teve de lhe arranjar um bife a cavalo. Agora à noite houve jantarada com os familiares no restaurante *A Talha* (posta à mirandesa regada com tinto de Santa Marta de Penaguião. Não bebi.). E agora anda-me um sobrinho de oito anos aqui a rondar. Quer que eu lhe ponha um jogo de robôs no computador...

O Mancelos telefonou antes de eu sair para o restaurante. Ofereceram-lhe um telemóvel e foi para me desejar um bom Natal que me ligou (e para mostrar a máquina...). Perguntei-lhe como ia. Disse-me que anda a ter visões. Perguntei-lhe então se ele já foi a um psiquiatra. Não me quis dizer. Mistério! Das duas uma: ou está com um cansaço cerebral ou está a ficar lelé. Tenho pena do moço. A não ser que... Mas, não, não é possível.

Quando chegou o seu *Mònim*, eu tinha interrompido a leitura do último romance da Lídia Jorge. Retomei-o e fiquei a saber que uma das personagens esteve a viver em Providence. Era sua vizinha! Aí vai a passagem: «Há quatro anos atrás (Walter) encerrou o negócio de joias que tinha a meias com um grego, em Providence.» (p. 184)

O livro conta a história de uma família de vários irmãos que emigraram, um para o Canadá, dois para os USA, um para a Venezuela e um outro (o Walter) para vários pontos. Este, além de Providence, esteve no Canadá, na Austrália, na Argentina e na África. A descrição dos irmãos que fizeram vida nos USA é muito curiosa. Do nada, fizeram fortuna.

Na pág. 190, a autora refere uma visão dos americanos que não sei se corresponde bem. O Onésimo me dirá. Diz assim: «Os Americanos dão a vida pela pátria que é mais do que a América, é a própria Democracy, como eles mesmos dizem.» etc.

É um livro de leitura difícil (um enredo muito *noveau roman*), mas creio que o Onésimo, se o puder arranjar, faria bem em folheá-lo. Tem coisas curiosas sobre a emigração. Em especial no que diz respeito ao retrato dos emigrantes do outro lado do Atlântico. E agora me lembro que no seu *Que Nome É Esse, Ó Nézimo?* se refere à Lídia Jorge. Não me lembro é em que texto. O Onésimo conhece a autora?

Como amanhã é o dia que é, reafirmo os meus votos de Bom Natal. Embebede antes o peru para o não deixar fugir para o jardim. Ou aí só se come bacalhau, como aqui?

Abraços redobrados do
J. Machado
P.S. Acabou-me de chegar isto:

<<<<<<<<>>>>>>>

Please consider a link to a new Rhode Island Portuguese Book Publisher and author José Brites.
http://www.peregrinacao.com/
and also a link to a new page for a special poetry contest
http://www.peregrinacao.com/concurso.htm
<<<<<<<<>>>>>>>>
Será o José Brites seu conhecido?

E-MAIL DO ONÉSIMO
Sábado, 26 de dezembro de 1998, 11:55:39

Caro Leono:

Continuação de Boas Festas.

Escreverei logo. Agora é só para lhe dar sinal de vida. Vou sair ao passeio com a Leonor até à beira-mar. Está tudo branco com uma pequena camada de neve.

Até mais logo.

Abraço do

Onésimo

E-MAIL DO LEON MACHADO
Domingo, 27 de dezembro de 1998, 12:13:32

Caro "Enésimo":

As festas têm sido lautas em comes e bebes e calor humano. Espero que por aí esteja a ser o mesmo.

O Mancelos está por cá. O moço anda mesmo alterado. Mas não há modos de dizer o que tem. Já desisti de lhe perguntar.

Um dia destes encontrei na rua o J. Carlos de Vasconcelos (o do *JL*). Falámos em si. Bem, claro.

A confusão cá em casa ainda persiste. Na próxima semana vou para Braga passar o Ano Novo. Entretanto, boas passagens para si, para a Leonor e para os miúdos.

Abraços do
Leon(o)

E-MAIL DO LEON MACHADO
Segunda-feira, 28 de dezembro de 1998, 21:20:20

Caro Onésimo:

Embora fria, esteve uma bela tarde de sol. Saí com o Mancelos a conversar sobre literatices. Falámos da América e dos Quakers. parece que eram o oposto dos "puristas". Como a conversa demorou e estava na hora da merenda, levei-o ao Faustino. Mandámos vir presunto cá do sítio, bolinhos de bacalhau e vinho branco. Eu preferia tinto, mas ele disse que o branco é que era. Lá bebemos o branco. O novo livro dele entra esta semana no *Acontece* do Pinto Coelho. Foi pena o Onésimo não estar presente. Sempre animaria com alguma das suas. Ao sair, vimos a passar numa Citroen Diane o J. Carlos Vasconcelos. Quer dizer: eu não vi, que ia distraído com a conversa. Viu o Mancelos, que se voltou para mim e disse:

– Ia ali um tipo de barba branca que olhou muito para nós.

– Onde? – perguntei.

– Numa Citroën Dyane.

– Então era o C. Vasconcelos.

– Bem que podia ter vindo com a gente ao presunto.

– Para a próxima.

A casa está mais sossegada. Quarta-feira vou para Braga passar o Ano Novo. É a vez de estar com a família do meu lado. O meu rio não é Atlântico: é pedrântico.

Abraços do
J. Machado

E-MAIL DO ONÉSIMO
Segunda-feira, 28 de dezembro de 1998, 21:59:59

>Embora fria, esteve uma bela tarde de sol. Saí com o Mancelos a conversar sobre literatices. Falámos da América e dos Quakers. Parece que eram o oposto dos "puristas".

Propriamente opostos não, mas sensivelmente diferentes. "Puristas" não é o termo, mas "puritanos".

>Como a conversa demorou e estava na hora da merenda, levei-o ao Faustino. Mandámos vir presunto cá do sítio, bolinhos de bacalhau e vinho branco. Eu preferia tinto, mas ele disse que o branco é que era. Lá bebemos o branco.

Pelos vistos está melhor.

>O novo livro dele entra esta semana no *Acontece* do Pinto Coelho.

Acontece cada uma!

>Foi pena o Onésimo não estar presente. Sempre animaria com alguma das suas.

Não me parece o meu tipo de companhia preferida.

>Ao sair, vimos a passar numa Citroen Diane o J. Carlos Vasconcelos.

Pelos vistos ele vai muitas vezes aí. Convide-o você um dia para almoçar. Ele apreciará o gesto, tenho a certeza.

>A casa está mais sossegada. Quarta-feira vou para Braga passar o Ano Novo. É a vez de estar com a família do meu lado.

Que se divirta e mate saudades do verde. Dou-me melhor com os minhotos do que com os transmontanos. Refiro-me à gente da província. Na malta com rodagem académica ou cosmopolita esse fator de origem já não é importante.

>O meu rio não é Atlântico: é pedrântico.

É. Eu sei. Sinto sempre falta da água. Um dia ainda lhe envio um mapa aqui da área. estou sempre a falar-lhe em água e é para ver como não poderei nunca morrer aqui de sede.

Abraços do
Onésimo

E-MAIL DO ONÉSIMO
Segunda-feira, 28 de dezembro de 1998, 22:09:31
Caro Leon:
>Consegui arranjar um pedaço de tempo para lhe responder. Simpático. Eu não parei.
>O Mancelos telefonou...
Afinal, já sabe o que é que ele tem?
>Quando chegou o seu *Mónim*, eu tinha interrompido a leitura do último romance da Lídia Jorge. Retomei-o e fiquei a saber que uma das personagens esteve a viver em Providence.
Ela esteve aqui uns dias a meu convite. Gostei dela. Achei-a muito bonita. Fui buscá-la ao hotel para levá-la a jantar. Não nos conhecíamos. Disse-lhe de caras: «Você é muito mais bonita em pessoa!» Ficou meio perturbada. Saímos pela noite fora e ela pareceu-me que teve medo. Na América, em Providence, só, de noite, com um tipo a dizer-lhe coisas assim à primeira... Mas mostrei-me inofensivo. E ficámos amigos.
>O livro conta a história de uma família de vários irmãos que emigrou, um para o Canadá, dois para os USA, um para a Venezuela e um outro (o Walter) para vários pontos.
Tenho curiosidade em ler.
>Na pág. 190, a autora refere uma visão dos americanos que não sei se corresponde bem. O Onésimo me dirá. Diz assim: «Os Americanos dão a vida pela pátria que é mais do que a América, é a própria Democracy, como eles mesmos dizem.», etc.

É uma bonita frase.

>É um livro de leitura difícil (um enredo muito *noveau roman*), mas creio que o Onésimo, se o puder arranjar, faria bem em folheá-lo. Tem coisas curiosas sobre a emigração. Em especial no que diz respeito ao retrato dos emigrantes do outro lado do Atlântico.

Fico mesmo com curiosidade, porque ela não contactou com imigrantes aqui e até nem se interessou pela minha *(Sapa)teia Americana* quando a Vega lhe pediu opinião. Mas não deixei de gostar dela por isso.

>E agora me lembro que no seu *Que Nome É Esse, Ó Nézimo?* se refere à Lídia Jorge. Não me lembro é em que texto. O Onésimo conhece a autora?

Também não me lembro do texto, mas é provável. Estivemos juntos várias vezes.

A minha comadre enviou-me *O Pórtico da Glória* do Mário Cláudio. Já leu? Tenho aí montes de livros novos para ler. A maioria em inglês.

>Será o José Brites seu conhecido?

Poderia lá ser outro? Ele é um danado à procura de publicidade. E por que razão lhe escreveu ele em inglês?

Abraço.

Onésimo

E-MAIL DO LEON MACHADO
Terça-feira, 29 de dezembro de 1998, 12:51:07

Caro Onésimo:

Escrevo-lhe hoje cedo.

Pois ainda não sei o que tem o Mancelos. Desconfio que é algo do foro psiquiátrico. Ele disse que ia consultar um psiquiatra... Não me disse mais nada, talvez por receio de eu pensar que ele era maluco. Coisa que eu não iria pensar nunca. Tanto mais que cada um de nós lá tem as suas taras. E as minhas não são mais nem menos do que as de qualquer um dos outros.

Ontem à noite o *Acontece* transmitiu pela primeira vez o livro da semana do Mancelos. Fizeram uma coisa bonita. Apareceu a foto do Mancelos. Com esta publicidade, o livro vai vender aos quilos. Veja o Onésimo se arranja a que os autores publicados pela Salamandra também tenham a possibilidade de entrar no tal Vídeo-livro da Semana.

Sabe porque é que o Onésimo se dá melhor com os minhotos que com os transmontanos? É que os minhotos têm um clima idêntico ao dos açorianos: verdura, muita humidade e a emigração tornaram-nos parecidos. Quando eu cheguei aos Açores há dez anos atrás, simpatizei logo com as ilhas e achei que estava em casa. Colegas meus de outros cantos do país passaram um ano nos Açores de verdadeiro martírio. O Figueira, por exemplo, algarvio, teve uma crise tal que o comandante do quartel teve de lhe dar uma dispensa especial para ir ao continente. Ou o Costa, do Fundão, que passou a vida a suspirar pela namorada e, logo que podia, vinha ao continente mordido de saudades. O Machado (não era eu) de Mogadouro (Trás-os-Montes) dizia a toda a hora que no dia em que entrasse no avião havia de mandar as ilhas e os ilhéus com elas para o raio. Etc., etc.

Sabe o que me aconteceu? O Saramago enviou-me os *Cadernos de Lanzarote V* com uma dedicatória. Ponho-me a pensar por que carga de água. Ele nunca me mandou nenhum livro.

Entretanto, releio o *Memorial do Convento*, que eu li há dez anos atrás no momento em que assentei praça em Mafra. Vou na pág. 80 e tal. É um belo romance. O Saramago deu nele o seu melhor.

Sabe que eu, quando vi a primeira vez a Lídia Jorge, também a achei belíssima? A última vez que estive perto dela foi em Braga, há dois anos, creio. Falhou a luz e eu e ela ali diante um do outro sem saber o que fazer. Imagino a cena do Onésimo com ela no meio de Providence.

 O Pórtico da Glória do Mário Cláudio: já li (tenho cá o livro assinado pelo autor) e fiz uma pequena recensão. O tema talvez lhe interesse: a história de uma família de emigrantes espanhóis que se radica no Porto. É um romance bem escrito, como aliás tudo o que sai do Mário Cláudio. Mas foi pena a sua comadre não lhe ter oferecido o último: *Peregrinação de Barnabé das Índias*. É superior ao *Pórtico da Glória* e as implicações com a questão da identidade cultural, o fim do império, os portugueses no mundo, etc., são múltiplas.

 A Linda está a chamar para o almoço.

 Abraços do

 J. Machado

E-MAIL DO ONÉSIMO

Terça-feira, 29 de dezembro de 1998, 19:37:28

 Caro Leon:

 >Escrevo-lhe hoje cedo.

 Foi. Abri o correio de manhã e cá estava você.

 >Pois ainda não sei o que tem o Mancelos. Desconfio que é algo do foro psiquiátrico. Ele disse que ia consultar um psiquiatra... Não me disse mais nada...

 Mistérios insondáveis da vida.

 >Ontem à noite o *Acontece* transmitiu pela primeira vez o livro da semana do Mancelos. Fizeram uma coisa bonita. Apareceu a foto do Mancelos. Com esta publicidade, o livro vai vender aos quilos. Veja o Onésimo se arranja a que os autores publicados pela Salamandra também tenham a possibilidade de entrar no tal Vídeo-livro da Semana.

Essas coisas acontecem dos modos mais estranhos. Como lhe disse, já lá fui duas vezes. Uma por causa de *Que Nome*... Na outra ele viu-me numa Feira de Cultura. Perguntou-me se nos EUA havia daquilo. Não gostou da resposta que eu lhe dei. Disse que em Portugal consideravam vendas de computadores e dicionários objetos de cultura. Que na América certames daquele género eram especializados se queriam ter algum valor. Um congresso de Filosofia tem sessenta ou oitenta expositores e todos só vendem obras de Filosofia. O mesmo com os outros.

Não lhe disse o que ele queria ouvir: que Portugal é que é um país de cultura e que na América não há cultura.

Mas os livros dos Açores não há maneira de pegarem no Continente. A *LER* vai trazer algo sobre a Salamandra e o Eugénio Lisboa escreve sobre autores açorianos no próximo número.

>Sabe porque é que o Onésimo se dá melhor com os minhotos que com os transmontanos? É que os minhotos têm um clima idêntico ao dos açorianos: verdura, muita humidade e a emigração tornaram-nos parecidos...

De acordo.

Mas também há emigração em Trás-os-Montes...

>Sabe o que me aconteceu? O Saramago enviou-me os *Cadernos de Lanzarote V* com uma dedicatória. Ponho-me a pensar por que carga de água. Ele nunca me mandou nenhum livro.

Um prémio Nobel faz-lhe isso... Sinta-se honrado!

>Sabe que eu, quando vi a primeira vez a Lídia Jorge, também a achei belíssima? A última vez que estive perto dela foi em Braga, há dois anos, creio. Falhou a luz e eu e ela ali diante um do outro sem saber o que fazer.

Boa.

>...foi pena a sua comadre não lhe ter oferecido o último: *Peregrinação de Barnabé das Índias*. É superior ao *Pórtico da Glória*

e as implicações com a questão da identidade cultural, o fim do império, os Portugueses no mundo, etc., são múltiplas.
Aceito a sugestão. Vou adquirir.
Boa viagem para Braga. Boas entradas.
Abraço
Onésimo

E-MAIL DO LEON MACHADO
Sábado, 2 de janeiro de 1999, 21:17:47
Caro Onésimo:
Cheguei há pouco de Braga. Foram quatro dias de boa vida. Comidinha da mamã, os mimos todos, rever amigos, rever a cidade que me viu crescer. Estive com o Santos Alves, o meu orientador. Perguntou-me como vai a tese da Leonor (da sua Leonor). Disse-lhe que estava a andar. Tudo o que diga respeito ao Eça de Queirós ele interessa-se. O Fernando Aires enviou-lhe dois diários e o livro de contos. Ele apreciou muito, não só o gesto, mas também (e principalmente) o rigor da escrita. Estivemos a falar do Eugénio Lisboa, (o Santos Alves conhece-o pessoalmente e tem-no em boa conta). O Eugénio L. armou uma polémica com o Carlos Reis por causa do J. Régio e dos "autores esquecidos". A polémica vem nos últimos dos números do *JL*. O Eugénio puxou pelos galões universitários e a coisa deu para o torto. Quem anda à chuva... Mas só lendo.

Acerca dos emigrantes de Trás-os-Montes e do Minho: o Onésimo não compare. É claro que os transmontanos também emigraram, como os beirões e os durienses. Mas não em tão grande escala como os do Minho ou os dos Açores. Tanto mais que o Minho foi (e é, tirando Lisboa e Porto) a região mais habitada de Portugal. Não há uma única família na Minho que não tenha alguém no estrangeiro. Na minha família foram uma irmã da minha

mãe e um irmão do meu pai, ambos para Paris (separados, claro...).
Conheço uma família de 16 irmãos que foram todos para o Canadá. Regressaram dois. Na aldeia dos meus avós maternos é porta sim, porta sim. O meu pai também foi para a França. Esteve lá cinco dias. Puseram-no a dormir numa barraca, veio-se logo embora. Não quis trocar o conforto da família pelos francos e o desconforto da barraca.

Os transmontanos emigraram, mas em muito menor número. Na família da minha esposa não há um único emigrante. E não é uma exceção. Creio que a razão deve-se ao facto de os transmontanos terem algo de seu. Por mais pobres que fossem, tinham sempre um bocado de terra para semear umas batatas. No Minho isso não era assim. O emparcelamento praticamente não existia. As grandes quintas pertenciam a meia dúzia. A grande massa de gente alugava os braços. Creio que nos Açores também era assim. O Fernando Aires contou-me qualquer coisa acerca disso.

É claro que isto só poderia ser inteiramente provado com números, estatísticas e coisa assim. Se as houver.

Estive a consultar a tal página da Internet do J. Brites. É coisa fraquinha. Tem, lá, no entanto, a lista dos seus (do Onésimo) livros. Com preço e tudo. Ao menos isso. Afinal a zanga foi superficial.

A ver se esta semana arranjo tempo para escrever um texto sobre o seu *Mònim*. Não prometo nada de especial. Tanto mais que são escassas as minhas capacidades críticas.

Ah! Estive a folhear a nova *LER*, mas não vi nenhuma crónica sua. Ou terei visto mal? É provável. Também não vi o texto do Eugénio Lisboa sobre os autores açorianos.

Desejo-lhe um ano repleto de coisas boas.

Abraços do

J. Machado, o minhoto bracarense, transmontano emprestado, açoriano por afeição.

E-MAIL DO ONÉSIMO
Domingo, 3 de janeiro de 1999, 18:55:09
Caro Leon:
>Cheguei há pouco de Braga. Foram quatro dias de boa vida. Comidinha da mamã, os mimos todos, rever amigos, rever a cidade que me viu crescer. Estive com o Santos Alves, o meu orientador. Perguntou-me como vai a tese da Leonor (da sua Leonor). Disse-lhe que estava a andar.

Está a andar, embora devagar. Ela já escreveu quase uma centena de páginas, mas continua a ler muito. Durante este mês de janeiro, tenciona escrever mais um capítulo. Durante os semestres, dá duas cadeiras e por isso não tem muito tempo.

>Tudo o que diga respeito ao Eça de Queirós ele interessa-se.

Vou ver se me lembro de lhe enviar fotocópia de uma comunicação que a Leonor fez em Oxford e que é de algum modo o texto raiz da tese.

>O Fernando Aires enviou-lhe dois diários e o livro de contos. Ele apreciou muito, não só o gesto, mas também (e principalmente) o rigor da escrita.

É bom que o leia, já que você vai falar do F. A. na sua tese.

>Estivemos a falar do Eugénio Lisboa, (o Santos Alves conhece-o pessoalmente e tem-no em boa conta). O Eugénio L. armou uma polémica com o Carlos Reis por causa do J. Régio e dos "autores esquecidos". A polémica vem nos últimos dos números do *JL*. O Eugénio puxou pelos galões universitários e a coisa deu para o torto. Quem anda à chuva... Mas só lendo.

Vou ler. Não sabia. Sou amigo do E. L. Gosto mesmo muito dele. Não sei como é que ele fez uma dessas.

Mas os dois textos vêm exatamente em que números do *JL*? Tenho aqui o último que chegou que é o que traz a reportagem do Nobel.

>Acerca dos emigrantes de Trás-os-Montes e do Minho: o Onésimo não compare. É claro que os transmontanos também emigraram, como os beirões e os durienses. Mas não em tão grande escala como os do Minho ou os dos Açores...
Não sabia ser assim tão grande a diferença.
>Os transmontanos emigraram, mas em muito menor número. Na família da minha esposa não há um único emigrante. E não é uma exceção...
O caso de Trás-os-Montes é então parecido ao das ilhas do grupo central e ocidental dos Açores e o do Minho, ao de S. Miguel, onde havia muita gente sem terra – sem eira nem beira.
>É claro que isto só poderia ser inteiramente provado com números, estatísticas e coisa assim. Se as houver.
Deve haver.
>Estive a consultar a tal página da Internet do J. Brites. É coisa fraquinha. Tem, lá, no entanto, a lista dos seus (do Onésimo) livros. Com preço e tudo. Ao menos isso. Afinal a zanga foi superficial.
Chateou-me muito para lá ter os livros. Eu não estava interessado, mas são razões publicitárias lá dele.
Não estou de relações cortadas com ele, mas há anos que não sou o mesmo com ele. Fui muito amigo dele, "apadrinhei-lhe" todos os passos, mas depois ele encalhou e nunca mais desenvolveu. Recebeu mal essa minha quebra de entusiasmo e começou a queixar-se por aqui e por ali. É um bom rapaz, mas está convencido de que é mesmo bom e que só a má vontade das capelinhas o não aceita.
>A ver se esta semana arranjo tempo para escrever um texto sobre o seu *Mònim*. Não prometo nada de especial. Tanto mais que são escassas as minhas capacidades críticas.
Não, não faça nada. Não depreenda do que eu disse há dias que lhe ando a pedir que escreva. Por amor de Deus!!!! Sinto-me mal se o faz!

>Ah! Estive a folhear a nova *LER*, mas não vi nenhuma crónica sua. Ou terei visto mal?
É uma história complicada. Enviei as crónicas já um tanto atrasadas, mas estive a almoçar com o F. J. Viegas em Lisboa e ele não me disse nada. Há dois meses que não me escreve ou diz nada. Deveria vir cá. Não me responde a e-mails, a telefonemas nem faxes. Estranho. Mas tem lá mais uma série de crónicas.
>Também não vi o texto do Eugénio Lisboa sobre os autores açorianos.
Sairá no próximo número.
Tenho de sair. Continuarei daqui a pouco. Nem revejo o que escrevi. Abraço.
Onésimo
BOM ANO NOVO!

E-MAIL DO LEON MACHADO
Domingo, 3 de janeiro de 1999, 15:48:28
Caro Onésimo:
Aí vai a recensão ao seu *Mònim*. Se houver alguma incorreção, diga-me. Não tenho a certeza acerca das datas das várias edições.
O texto sairá no *Semanário Transmontano* e será colocado na página da Internet. Acha que devo enviá-lo também ao Vamberto?
J.M.

E-MAIL DO ONÉSIMO
Domingo, 3 de janeiro de 1999, 21:12:37
Caro Leon:
Demorei em enviar-lhe a resposta porque ia continuar a mensagem. Quando enviei, já era tarde.

Estou-lhe muito agradecido. A recensão está muito boa. De verdade. É muito informativa. Concentra mesmo muita informação em pouco espaço (virtude pouco típica da prosa portuguesa). Mas sinto-me incomodado com o seu gesto. Quando lhe disse que não esperava recensões, era porque isso é naturalíssimo numa terceira edição, ainda por cima de um livro de teatro. Para mais, sendo como é um livro estranho aos interesses do grande público. Nunca me queixei de falta de atenção da crítica para as coisas que escrevo.

Mas não quero mostrar-me desagradecido, que não estou. (Em 1978, quando o João Gaspar Simões esteve aqui, dei-lhe esse e, anos mais tarde, a *(Sapa)teia*. Disse-me de caras que me deixasse de escrever literatura sobre gente e meios menores. Que sim, tinha jeito, mas deveria escrever sobre outras coisas. Disse-lhe também de caras que era sobre essas coisas que eu queria escrever e que arrostava com as consequências. E éramos amigos. Encontrava-me com ele em Lisboa, divertíamo-nos, porque ele era um tipo porreiraço. Mas literatura para ele era "alta literatura". Reconheço-lhe, porém, a isenção e honra lhe seja feita. Não escrevia sobre um livro por ser de um amigo. Por outro lado, impressionava-se com o "impacto do lá fora". Andou por aqui um tal Miguel Barbosa que escreveu umas coisas estranhas e horríveis. Mas inscreveu-se em tudo o que era *Who's Who*, coisa fácil na América, mas que não significa nada. O J. G. S. fez uma recensão dizendo tal que sim, que o livro isto e aquilo, sempre sem mostrar grande apreço, mas terminava dizendo que, no entanto, a crítica internacional apreciava a obra que não era bem ao paladar da tradição portuguesa, mas que por isso merecia respeito... ou qualquer burrice assim.)

>O texto sairá no *Semanário Transmontano* e será colocado na página da Internet. Acha que devo enviá-lo também ao Vamberto?

Pode, mas talvez fosse melhor, para não chover no molhado, enviá-la ao *JL*. Pode dirigi-la mesmo ao José Carlos de Vasconcelos. Se ele publicar, muito bem. Se não, mande-a então para outro lugar qualquer. (*Diário de Notícias*, por exemplo.) É que nos Açores o livro é muito conhecido e quem está atento a coisas destas já o tem (ou leu, porque nenhum livro meu passou tanto de mão em mão como este.)

Estou-lhe SINCERAMENTE grato. Acredite.

E vai daqui um abraço do
Onésimo

E-MAIL DO LEON MACHADO
Segunda-feira, 4 de janeiro de 1999, 22:06:13

Caro Onésimo:

Fiz uma ou outra alteração ao texto da recensão ao seu *Mònim*, de acordo com as sugestões. Já seguiu para o *Semanário Transmontano* e segue em breve para o *JL*. Como tenho de enviar um extrato do meu livrito para pré-publicação, vai junto o texto sobre o seu livro.

O J. Gaspar Simões, embora tenha deixado fama do "maior crítico" que esta terra deu, a nova geração não o reconhece nem se reconhece nele. Tanto mais que a tal "alta literatura" que ele apreciava não era mais do que a francesa que, convenhamos, não é grande coisa. Num mundo onde cada vez mais se fala em multiculturalismo, qualquer "literatura de minorias" tem o seu lugar. Qualquer escritor, de qualquer cultura, nunca teve tantas possibilidades de ser lido como agora. E não precisa de escrever a tal "alta literatura", que eu aliás nem sem bem o que é. Basta escrever a sua experiência de ser humano, numa dada cultura, num particular grupo humano.

Quanto à polémica entre o Carlos Reis e o Eugénio Lisboa, creio que ela começou a propósito do longo artigo publicado no n.º 736 do *JL* (deve ser esse o que você aí tem) e que se refere a Saramago. O texto do Eugénio Lisboa vem no último *JL*. Ainda não deve ter chegado aí. Quem me falou da polémica foi o Santos Alves, que tinha o último número lá em casa. Eu ainda não o comprei. Nem tempo tive de ir à cidade. Hoje passei o dia na escola a aturar alunos e estagiárias. Acabaram-se as férias...

Não compreendo a admiração do Eugénio Lisboa pela obra do Régio. Enfim, parece-me exagerada. O V. Ferreira disse-o várias vezes na *Conta-Corrente*. E parece que eram amigos, ou pelo menos conhecidos.

O Fernando Aires telefonou-me no domingo a dizer-me muito preocupado que uma moça o tinha contactado por causa de uma tese de doutoramento. A moça é aluna da Clara Rocha, a filha do Torga, e terá proposto como tema da tese os diários do Fernando Aires. A filha do Torga disse que não conhecia o autor, mas a aluna lá insistiu e ela acabou por dar o aval. O problema é que, institucionalmente, não podem estar dois indivíduos a estudar ao mesmo tempo o mesmo assunto. Pelo menos foi o que me disseram uma vez na Univ. do Minho no momento em que apresentei o meu tema. Creio, no entanto, que é capaz de ser interessante a investigação simultânea do mesmo assunto. Vou ter de falar ao Santos Alves da situação. Que pensa o Onésimo?

E por hoje, *nothing else* (nadinh'alsa...).
Abraços do
J.M.

E-MAIL DO ONÉSIMO
Terça-feira, 5 de janeiro de 1999, 20:45:12
Caro Leon:
>Fiz uma ou outra alteração ao texto da recensão ao seu *Mònim*, de acordo com as sugestões. Já seguiu para o *Semanário*

Transmontano e segue em breve para o *JL*. Como tenho de enviar um extrato do meu livrito para pré-publicação, vai junto o texto sobre o seu livro.

Já vi o texto. Mais uma vez, muito obrigado.

Se não sair no *JL*, não tem importância. Curiosamente, o editor diz-me que o livro está a sair muito bem. Vá lá gente entender estas regras!

>O J. Gaspar Simões, embora tenha deixado fama do "maior crítico" que esta terra deu, a nova geração não o reconhece nem se reconhece nele.

Ele tinha faro crítico, mas era muito *narrow-minded*.

>Quanto à polémica entre o Carlos Reis e o Eugénio Lisboa, creio que ela começou a propósito do longo artigo publicado no n.º 736 do *JL* (deve ser esse o que você aí tem) e que se refere a Saramago.

Aguardo.

>Não compreendo a admiração do Eugénio Lisboa pela obra do Régio. Enfim, parece-me exagerada. O V. Ferreira disse-o várias vezes na *Conta-Corrente*. E parece que eram amigos, ou pelo menos conhecidos.

Amigos. Também não entendo. Mas ele é mesmo apaixonado. *Suum cuique*. Gosto muito do E. L. É uma joia de homem. Muito inteligente e culto.

>O Fernando Aires telefonou-me no domingo a dizer-me muito preocupado que uma moça o tinha contactado por causa de uma tese de doutoramento. A moça é aluna da Clara Rocha, a filha do Torga, e terá proposto como tema da tese os diários do Fernando Aires...

Aqui isto é perfeitamente normal. As abordagens serão diferentes. Ela deveria procurar saber o que você está a fazer para evitarem cobrir as mesmas áreas. Mas não vão dizer as mesmas coisas, naturalmente. E uma variedade de pontos de vista é

enriquecedora. Não vejo necessidade de se estabelecerem monopólios, ou controlos de terreno. Mas o seu orientador é que lhe há de sugerir o que fazer.
>E por hoje, *nothing else* (nadinh'alsa...).
Tá criativo o tipo!
Abraço do
Onésimo

POSTAL DO ONÉSIMO[18]

6/1/99
Caro Leon:
Só agora reparo que ainda não lhe agradeci o bonito postal personalizado que o seu talento eletrónico com certeza desenhou.
Vai aí o meu, muito tradicional e banal, que se faz muito tarde para ainda apanhar o ano de 99.
Os nossos votos de tudo de melhor para vocês. Que o novo estúdio seja um ninho de criatividade, mas que a Linda não se veja na necessidade de dar parte à polícia do seu desaparecimento do resto da casa (sobretudo da cozinha).
Um abraço do
Onésimo e da *Leonor*

E-MAIL DO ONÉSIMO
Quinta-feira, 7 de janeiro de 1999, 16:13:46
Aqui vão dois excertos de uma troca de correspondência com um flaviense amigo que vive em Connecticut, a duas horas daqui. E a quem ao telefone eu falara de si.
Da minha mensagem:
<<<<<<<<>>>>>>>

O endereço do meu amigo minhoto, José Leon Machado, que vive em Chaves, é: jleonmachado@telepac.pt.

Se quiser ver o jornal eletrónico que ele edita (*Letras & Letras*) o endereço é: http://alfarrabio.di.uminho.pt/vercial/letras/

A partir daí pode fazer clique em VERCIAL e terá acesso à maior antologia de Literatura Portuguesa na Internet que ele criou e mantém. É um moço de muita garra e muito esperto. Gosto muito dele. Trás-os-Montes ganhou-o ao Minho só com a isca de uma namorada. O que dá quando um homem perde a cabeça por causa de amores!

Um abraço do
Onésimo

<<<<<<<<>>>>>>>

Da resposta dele:

<<<<<<<<>>>>>>>

Também fui meter o nariz na página de *Letras & Letras* e, apesar de lá passar pouco tempo, gostei.

Isso de perder a cabeça por causa dos amores é interessante, mas talvez o seu amigo também gostou da paisagem.

Fernando Rosa

<<<<<<<<>>>>>>>

Abraço.
Onésimo

E-MAIL DO LEON MACHADO

Quinta-feira, 7 de janeiro de 1999, 19:10:12

Caro Onésimo:

Esta semana tem sido uma caminhada árdua. Duas aulas por dia que tenho de lecionar e três das estagiárias a que tenho de assistir. Para a semana volta tudo à normalidade.

Parabéns pelas vendas do seu livro. É *mònim* em caixa. Por este andar, ainda temos um *best-seller*.

A Campo das Letras finalmente deu-me uma data para a saída do romance. Será na primeira quinzena de fevereiro. O lançamento será em Braga no dia 25 do mesmo mês. Está pois o Onésimo convidado. Se não puder estar em corpo, estará pelo menos em espírito (se é que ele existe). A apresentar ainda não sei quem será. O Santos Alves? O Amadeu Torres? O Mário Cláudio? Não sei se será de bom tom apresentar o livro a quem eu o dedico, isto é, o Amadeu Torres. Que acha o Onésimo? Por outro lado, a minha "cunha" no Campo das Letras foi metida pelo Mário Cláudio. Por outro, ainda, tenho o Santos Alves, que, sendo ele o meu orientador, se aborrecerá se eu o não convidar. Estou atado.

Esqueci-me de lhe dizer o outro dia que encontrei numa rua de Braga a Leonor. Não a sua, claro. Esta Leonor foi minha colega de curso e, depois dos beijinhos da praxe (está cada vez mais bonita), contou-me que estava colocada nos Açores. O ano passado trabalhou no Faial (não gostou) e agora estava em São Jorge, de que diz maravilhas. Que é uma gente simples mas muito comunicativa. Já os do Faial tinham a mania e não sei quê.

Eu disse-lhe da minha experiência açoriana, que ela já sabia. Disse que estava a pensar convidar o Saramago para ir à escola onde trabalha. Eu coloquei-lhe as minhas dúvidas. É que não estava a ver o Saramago a ir agora a São Jorge, atarefado que anda depois do prémio Nobel. Perguntei-lhe então por que não convidava ela um escritor açoriano. Não conhecia nenhum. Sugeri-lhe nomes, recomendei-lhe que contactasse a Secretaria de Cultura de Ponta Delgada. Veremos se se desenrasca.

Termino com uma novidade: o Projecto Vercial foi distinguido pelo Top 100 como uma das melhores páginas nacionais da Internet. Recebi ontem a notícia. Estamos pois todos de parabéns, Onésimo incluído.

Recebi uma mensagem do Manuel Carvalho a dizer que você vai até Montreal.

Boa viagem de ida se esta chegar a tempo; senão, boa viagem de volta.

Abraços do

J. M.

E-MAIL DO ONÉSIMO
Quinta-feira, 7 de janeiro de 1999, 16:18:31
Meu caro Leon:
>Parabéns pelas vendas do seu livro. É *mònim* em caixa. Por este andar, ainda temos um *best-seller*.
"Vender-se bem" é em termos de Salamandra, claro. Nunca esperei grande impacto do livro.
>A apresentar ainda não sei quem será. O Santos Alves? O Amadeu Torres? O Mário Cláudio? Não sei se será de bom tom apresentar o livro a quem eu o dedico, isto é, o Amadeu Torres. Que acha o Onésimo? Por outro lado, a minha "cunha" no Campo das Letras foi metida pelo Mário Cláudio. Por outro, ainda, tenho o Santos Alves, que sendo ele o meu orientador, se aborrecerá se eu o não convidar.
Se eu me chamasse JLM, escolheria o Mário Cláudio, se foi ele quem o levou lá. Explique isso ao Santos Alves. Foi de facto ele quem se empenhou. Parece-me uma escolha óbvia e justa. O Santos Alves deverá falar quando você publicar a tese. Isso é que faz sentido.
>Esta Leonor foi minha colega de curso e, depois dos beijinhos da praxe (está cada vez mais bonita), contou-me que estava colocada nos Açores. O ano passado trabalhou no Faial (não gostou) e agora estava em São Jorge, de que diz maravilhas. Que é uma gente simples mas muito comunicativa.

Eu também prefiro São Jorge, como sabe.

>Perguntei-lhe então por que não convidava ela um escritor açoriano. Não conhecia nenhum. Sugeri-lhe nomes, recomendei-lhe que contactasse a Secretaria de Cultura de Ponta Delgada. Veremos se se desenrasca.

Quem ela escolher, a Direção Regional da Cultura (situada em Angra e não Ponta Delgada) costuma apoiar esses pedidos. O Diretor é o Prof. Luiz Fagundes Duarte.

>Termino com uma novidade: o Projecto Vercial foi distinguido pelo Top 100 como uma das melhores páginas nacionais da Internet. Recebi ontem a notícia. Estamos pois todos de parabéns, Onésimo incluído.

Os meus sinceros parabéns. Você merece isso. Eu de parabéns por tabela? Meu Deus! Seria como os que tomaram o Nobel do Saramago como um prémio também para eles!

>Recebi uma mensagem do Manuel Carvalho a dizer que você vai até Montreal. Boa viagem de ida se esta chegar a tempo; senão, boa viagem de volta.

Sim, irei amanhã. Saio amanhã. São seis horas de carro e não sei ainda se vou apanhar neve, porque aquilo lá para cima é branco até maio. Mas terei de ir falatar numa sessão de aniversário de um jornal português. A viagem é bonita na maior parte do trajeto por causa das montanhas de Vermont. E gosto de Montréal, aonde vou com alguma frequência.

A Leonor e o Duarte irão comigo. O Pedro está na universidade a duas horas daqui e a Tatyana ficará com a mãe. Mas ainda não escrevi o texto e tenho outras coisas a terminar antes de me atirar a isso.

Uma última:

Não costumo ver muita televisão, mas à noite às vezes ligo a RTPi e apanho um noticiário. Tenho uma no sótão-biblioteca, e outra na cave, onde estão os quartos do Pedro e Duarte. Nenhuma no rés-do-chão. E então uma no quarto da Tatyana, ao lado do gabinete e no andar onde a Leonor e eu dormimos. É essa que abro às vezes à noite. A que lá estava avariou-se. A Tatyana esteve um mês sem televisão no quarto. Comprei uma ontem e, por meríssimo acaso, acendi-a antes de me deitar. Estava na casa-de-banho a lavar os dentes e ouvi uma referência ao meu nome e ao *Rio Atlântico*. Fui ver. Era o Luís Carmelo a fazer um comentário de dois ou três minutos ao livro.

Creio que o *Acontece* é transmitido primeiro na RTP2, mas ninguém me falara de nada. É um programa recente, pois falava de livros que saíram há pouco tempo. O L. Carmelo disse que foi ler o meu livro por causa de uma crítica do Eugénio Lisboa na *LER* e que só agora lhe chegara às mãos... Li a polémica EL-CR. O EL não deveria ter exagerado tanto no final como fez, nem deveria ter escrito aquele P.S. Quis dizer que não atacava a universidade por estar fora, mas não lhe saiu muito bem. A argumentação dele estava muito boa e informada.

Pena. Deu um golo de bandeja ao Carlos Reis, que é quem fica com ar de modesto, ele que de modesto nada tem. Ao pé dele, o Eugénio Lisboa é um humílimo cristão.

Abraços do
Onésimo

E-MAIL DO LEON MACHADO
Terça-feira, 12 de janeiro de 1999, 09:16:18
Caro Onésimo:

Então já regressou no Canadá? Sempre viu a neve? Aqui nevou no sábado. Especialmente nas montanhas. No vale foi pouco consistente e derreteu logo.

Telefonei ontem ao Mário Cláudio a convidá-lo para o lançamento do livro. Ofereceu-se com todo o gosto. Isso espantou-me. Não pôs qualquer reserva de agenda, não me disse que ia pensar, ou ver como é que estava de disponibilidade. Disse-me logo que ia.

O programa *Acontece* que você viu por acaso e que falava do *Rio Atlântico*: não o vi cá. O que sucede é que eu não vejo os programas todos. Vejo um ou outro. E esse deve ter sido dos tais em que eu tinha a televisão do computador desligada. Descoincidências. Coincidência foi você ter ligado a sua televisão por mero acaso e deparar-se com o programa. Estas coisas só "acontecem" uma vez em cada década.

A polémica entre o Eugénio Lisboa e o C. Reis descaiu realmente para o último. O Fernando Venâncio, que me contactou graças a si, disse-me que estava a preparar um estudo sobre a polémica Saramago-Eugénio Lisboa no âmbito dos *Cadernos de Lanzarote*. Parece que será publicada na *Colóquio*.

E termino com um desabafo, pois tenho andado sumamente transtornado:

O responsável da disciplina de Português (o delegado) era um professor que o ano passado se reformou. Não sei bem porquê, o homem não me podia ver e aproveitava todas as ocasiões para me desprestigiar diante dos colegas com comentários do género: «Esses professorzecos que ainda agora largaram os cueiros e que pensam que são alguém...»; «Esses mestres que têm a mania...»; «Esses mestres que pensam que sabem tudo...»; etc. Nos últimos dois anos, tentou por todos os meios acabar com o estágio de Português-Inglês na escola. Como eu sou o orientador de Português, era uma forma de me prejudicar. Quando tinha oportunidade, dizia mal de mim às estagiárias, criava conflito. Felizmente elas distinguiam bem por quem é que deveriam tomar partido (afinal era eu que lhes dava a nota, além de nunca terem nada contra mim) e vinham contar-me as tropelias do homem. Sabotava o trabalho do estágio, do género: organizávamos uma feira do livro e ele, como professor de Português e responsável, em vez de apoiar, criava mil situações para que tudo corre mal. Além de não pôr os pés na feira.

Enfim, o homem reformou-se e eu pensei que teríamos paz. Engano meu. Como tem os filhos a estudar na escola, meteu-se na secção de pais e foi eleito presidente da Assembleia de Escola, o órgão máximo da escola segundo a nova legislação. Logo na primeira reunião, que foi a semana passada, no discurso de abertura, falou da necessidade urgente de se terminar com o estágio de Português-Inglês para se acabar com os professores incompetentes de Português (os estagiários) que muito têm prejudicado os estudos dos alunos. De certa forma queria atingir-me a mim, pois ele acha que eu não sou digno de ser orientador. Tenho algumas suspeitas a respeito desta ronha: eu não sou do PSD e não vou à missinha todos os domingos. Ele até canta no coro... Ah! Passava o tempo a gabar-se que tinha sido aluno do Vitorino Nemésio em Lisboa. Talvez se sentisse mais importante com isso.

E diga-me agora o Onésimo se não é de mandar isto tudo à fava.
Abraços (e desculpe o desabafo) do
J. Machado

E-MAIL DO ONÉSIMO
Terça-feira, 12 de janeiro de 1999, 19:16:18

Caro Leon:
>Então já regressou no Canadá? Sempre viu a neve? Aqui nevou no sábado. Especialmente nas montanhas. No vale foi pouco consistente e derreteu logo.

Só regressámos ontem à noite. Apanhámos neve durante toda a viagem para lá (sete horas) e nevou durante todo o sábado. A temperatura rondou sempre os -20.º. Mas foi muito agradável. As pessoas foram simpatiquíssimas connosco. Passeámos pela cidade, que estava mais bonita do que nunca. Toda de branco, parecia um parque infantil. Muita gente pelas ruas, muita vida nos cafés, lojas, passeios, parques...

Estive um pouco com o Manuel Carvalho, que foi ao colóquio. Ficámos mais um dia para regressarmos com as estradas em melhores condições. A viagem de regresso foi de sol e parámos em Stowe, Vermont, uma das mais belas aldeias americanas. Fica numa zona de *ski*.

>Telefonei ontem ao Mário Cláudio a convidá-lo para o lançamento do livro. Ofereceu-se com todo o gosto. Isso espantou-me. Não pôs qualquer reserva de agenda, não me disse que ia pensar, ou ver como é que estava de disponibilidade. Disse-me logo que ia.

Muito bem. E falou com o Santos Alves?

>O programa *Acontece* que você viu por acaso e que falava do *Rio Atlântico*: não o vi cá. O que sucede é que eu não vejo os programas todos. Vejo um ou outro. E esse deve ter sido dos tais em que eu tinha a televisão do computador desligada. Descoincidências. Coincidência foi você ter ligado a sua televisão por mero acaso e deparar-se com o programa. Estas coisas só "acontecem" uma vez em cada década.

Está tudo explicado. O Luís Carmelo, quem falou no *Acontece*, foi casado com a Ana Mafalda Leite, da Universidade de Lisboa. Encontrei-o com ela em Washington há vários anos. Nunca mais o vi. Vejo a Ana Mafalda e sou amigo dela. Perguntei-lhe se sabia algo sobre a origem daquele tão tardio comentário. O Luís, que é professor de Literatura Portuguesa em Évora, enviou-me o seguinte e-mail e o texto que leu:

«Pois é, já nem bem me lembrava. Aconteceu há um ano, em janeiro de 1997, quando li oito crónicas que escrevera acerca de alguns ensaios, romances e textos de crónica. Passaram quase todos na altura e anteontem, na minha universidade, os alunos disseram-me que eu tinha reaparecido no *Acontece* e só após alguns minutos é que me lembrei do *Rio Atlântico* (de que gostei muito – li-o, creio, no Natal de 96). Junto segue o texto – e espero que passes um ótimo 1999. O meu iniciou-se em Granada e esteve comigo o Artur Goulart, cuja morada é: *******.»

<<<<<<<<>>>>>>>

>A polémica entre o Eugénio Lisboa e o C. Reis descaiu realmente para o último. O Fernando Venâncio, que me contactou graças a si, disse-me que estava a preparar um estudo sobre a polémica Saramago-Eugénio Lisboa âmbito dos *Cadernos de Lanzarote*. Parece que será publicada na *Colóquio*.

Aguardo.

>...E diga-me agora o Onésimo se não é de mandar isto tudo à fava.

Meu caro, isso é perfeitamente natural. Acontece a muito boa gente e toda a vida tive a minha dose desse tipo de gente. Tive e tenho. Custa, mas o que há a fazer é ignorá-los. O pior que se pode fazer é dar-lhes trela. Adoram a atenção e sentem-se com poder. Nem se deve falar neles, porque pelam-se por saber que nos arreliam.

Por outro lado, isso tem um efeito benéfico: obriga-nos a estar sempre à cautela no que fazemos e dizemos, sem nos deixarmos levar pelo fácil.

Mas isso é o tributo que a mediocridade paga a quem faz coisas, como é o seu caso.

Sinto muito não ter melhores palavras para lhe dizer, mas aviso-o de que não será o seu último detrator. Eles continuarão a aparecer e a tentar atravancar-lhe o caminho.

Mande-os passear e siga a sua vida. Se for dar ouvidos, irrita-se e não consegue nada.

O tempo encarrega-se de dar razão a quem tem talento e a quem mobiliza gente e promove iniciativas.
Vai um abraço do
Onésimo

E-MAIL DO LEON MACHADO
Quarta-feira, 13 de janeiro de 1999, 21:47:31
Caro Onésimo:
Grato pelas palavras de conforto. Você tem razão. O melhor é não ligar. Isto se for possível ficar a ver as tropelias dos outros sem fazer nada. É preciso ter a paciência de São Francisco.

A última: veio ontem o presidente da escola ter comigo a dizer que era preciso colocar no meu horário as horas em que eu tinha reunião com as estagiárias. Achei aquilo estranho, mas não comentei. Há três anos que eu faço reuniões e nunca me vieram pedir uma coisa dessas. Daí a pouco vem o orientador de Educação Física contar-me que o tal professor reformado de que eu lhe falei foi exigir ao presidente que se verificasse se realmente as reuniões de estágio eram feitas, pois suspeitava que os orientadores se andavam a baldar. O que era uma grande mentira.

Mal intenção, portanto. A um tipo destes o que é que se pode fazer? Esperá-lo e dar-lhe uma sova? Mas eu não tenho jeito para andar à pancada. Ainda mais com um velho. Nem jeito nem predisposição interior.

E ando eu envolvido nestas mediocralhadas, como dizia o Vergílio Ferreira, em vez de ter o pensamento voltado para coisas bem mais importantes.

Então o Onésimo regalou-se com a neve? 20 graus negativos é muito grau. Não experimentou o trenó, pois não?

Já chegou o seu postal de Natal, que muito agradeço. Nas festas não cozinhei nem ajudei a cozinhar. As mulheres não me quiseram na cozinha. Eram três e acharam que era gente a mais. Contentei-me em comer. Não foi preciso dar parte à polícia do meu desaparecimento. Quem me quisesse encontrar, era à volta da mesa a comer bolinhos de bacalhau.

Enviei-lhe na segunda-feira o recorte com a recensão ao seu *Mònim*, que já saiu no *Transmontano*. Deve recebê-lo daqui a três semanas, se o caminho a percorrer for igual ao seu postal.

Obrigado pela crónica do ex-marido da Ana Leite. Gostei de a ler. Aquela do «pessoano rosto da Europa» que «poucas vezes sorri» é bem tirada. Houve gente que não deve ter gostado. É que a literatura em Portugal, para ser boa, tem de ser carrancuda, seriíssima até ao bocejo. Razão tinha o Alexandre O'Neill.

Não, ainda não falei com o Santos Alves a propósito do lançamento do livro. A ver se o faço no fim deste mês quando for a Braga.

É verdade: ele da última vez que o vi contou-me da homenagem ao Prof. Amadeu Torres. Disse-me que também foi. Aquilo era um mar de gente. Esteve lá alguns minutos e foi-se embora. Ninguém deu conta. Nem oportunidade teve de estar pessoalmente com o homenageado.

Abraços do
J. Machado

E-MAIL DO ONÉSIMO
Quinta-feira, 14 de janeiro de 1999, 19:38:30

Caro Leon:
>Grato pelas palavras de conforto. Você tem razão. O melhor é não ligar. Isto se for possível ficar a ver às tropelias dos outros sem fazer nada. É preciso ter a paciência de São Francisco.

Custa, mas é a única forma de os detratores não conseguirem aquilo que pretendem.

>A última: veio ontem o presidente da escola ter comigo a dizer que era preciso colocar no meu horário as horas em que eu tinha reunião com as estagiárias. Achei aquilo estranho, mas não comentei. Há três anos que eu faço reuniões e nunca me vieram pedir uma coisa dessas. Daí a pouco vem o orientador de Educação Física contar-me que o tal professor reformado de que eu lhe falei foi exigir ao presidente que se verificasse se realmente as reuniões de estágio eram feitas, pois suspeitava que os orientadores se andavam a baldar.

É importante que o diretor saiba que ele anda a fazer isso. Mas o importante é ele ter na sua mão as provas de que você cumpre com os horários.

>E ando eu envolvido nestas mediocralhadas, como dizia o Vergílio Ferreira, em vez de ter o pensamento voltado para coisas bem mais importantes.

Os meios pequenos têm desses inconvenientes. Mas nos outros também há disso.

>Já chegou o seu postal de Natal, que muito agradeço.

Isso é que foi demorar!

>Enviei-lhe na segunda-feira o recorte com a recensão ao seu *Mònim*, que já saiu no *Transmontano*. Deve recebê-lo daqui a três semanas, se o caminho a percorrer for igual ao seu postal.

Será que o seu texto saiu no *JL*? De Lisboa dizem-me que saiu uma nota sobre *Ah! Monim* no *JL*... Soube também que saiu uma no *DNA*. Não sei de quem. Dizem-me apenas que é muito simpática.

>Obrigado pela crónica do ex-marido da Ana Leite. Gostei de a ler. Aquela do «pessoano rosto da Europa» que «poucas vezes sorri» é bem tirada. Houve gente que não deve ter gostado. É que a literatura em Portugal, para ser boa, tem de ser carrancuda, seriíssima até ao bocejo. Razão tinha o Alexandre O'Neill.

É verdade. Apesar de Eça e de Ramalho, de Gil Vicente e Bocage, de O'Neill e Trindade Coelho, de Nicolau Tolentino e José Sesinando...

>Não, ainda não falei com o Santos Alves a propósito do lançamento do livro. A ver se o faço no fim deste mês quando for a Braga.

Não há nenhuma razão para ele não compreender.

>É verdade: ele da última vez que o vi contou-me da homenagem ao Prof. Amadeu Torres. Disse-me que também foi. Aquilo era um mar de gente.

Vi uma fotografia num número do *Diário do Minho* que o Prof. Amadeu Torres me enviou. Era de facto muita gente. Sei que não fiz falta, mas teria sido interessante lá estar. Ao menos revia alguns amigos.

Tenho um fraco por reencontrar-me com os amigos. É por isso que as minhas idas a Portugal são sempre apetitosas.

Aqui, neva forte. Mas telefonam-me de Toronto a dizer que lá é que ela cai grossa.

Tenho andado a perder o meu tempo com bugigangas burocráticas e com a revisão de dois ensaios meus para publicação. A gente acaba um texto e pensa que está pronto. Chegam as provas e a gente revê, revê, revê. Poça.

Um grande abraço. E aguente-se nos pés de trás. Não se esqueça:

Não há corte no Machado,
na raiz, no pensamento,
criticar é como o vento
que só sopra...
Onésimo

E-MAIL DO LEON MACHADO

Sábado, 16 de janeiro de 1999, 14:17:08
   Caro Onésimo:
   Ainda neva por aí? Por cá muitas nuvens, muito frio, mas nada de neve.
   O texto que saiu no *JL* sobre o *Mónim* não é o meu. É aliás um texto curto. Algumas linhas apenas. Mas sempre é melhor que nada. Desta vez, o *JL* traz um *dossier* sobre o Jorge de Sena. Estranhei que não tivesse um texto seu. Como você diz, não pode estar em todas...
   A moça que contactou o Fernando Aires por causa da tese sobre os diários não deu até agora notícias. Ficou de me contactar. Terá desistido? Dizem-me que a Clara Rocha, filha do Torga e orientadora da tese, não é flor que se cheire. Afinal o pai foi um nobilizável.
   A minha tese: redigi 30 páginas sobre o Vergílio Ferreira. Tenho de as entregar até ao fim do mês ao Santos Alves. O problema é a revisão do texto. É sempre o mais aborrecido. A ver se em fevereiro termino o capítulo sobre o V. F. e em março entro nos diários do Fernando Aires. Terei de os ler novamente. Quanto ao Eduardo Prado Coelho, ando a pensar se valerá mesmo a pena dedicar-lhe um capítulo inteiro.
   E como vou pegar já na tese para rever, fico por aqui. Aproveite o fim de semana para descansar e andar de trenó.
   Abraços do
   J.M.

E-MAIL DO ONÉSIMO
Segunda-feira, 18 de janeiro de 1999, 10:40:11
   Caro Leon:
   Escreverei logo. Hoje é feriado aqui (Luther King). Ontem tive uma grande festa de família em casa, com irmãos, sobrinhos, sobrinhos netos, etc.

Minha mãe fez 82 anos. Deitámo-nos tardíssimo e só agora me levantei, coisa que nunca faço. Não consigo levantar-me depois das 8. São 9 e meia.
Abraço.
Onésimo

E-MAIL DO LEON MACHADO
Terça-feira, 19 de janeiro de 1999, 18:51:46
Caro Onésimo:
Então festa familiar e preguicite pela manhã, hein? Vá lá que o atraso não foi muito em relação ao costume. Imagine se se levantava à uma da tarde... Como às vezes me acontecia. Mas isso eram velhos tempos, com idas à discoteca ou coisas mais cansativas.
Conheci o Luís Carmelo. Vi-o no *Acontece* de ontem (segunda-feira) a falar de um livro ligado ao Barroco. Então era casado com a Mafalda Leite? Gostei de o ouvir.
Não sei porquê, tenho sonhado com os Açores. A andar de barco, imagine, entre o Pico e a Horta. Faz agora dez anos que beijei pela primeira vez uma açoriana... E que saudades me ficaram. Das ilhas, claro.
Hoje vai assim breve. Por causa do frio e porque tenho de levar a cadelita a passear.
Abraços do
J. M.

E-MAIL DO ONÉSIMO
Terça-feira, 19 de janeiro de 1999, 19:46:24
Caro Leon:
>Ainda neva por aí? Por cá muitas nuvens, muito frio, mas nada de neve.

Nevou um bocado, mas está quase tudo derretido. A temperatura tem andado a 8-9 graus, com sol bonito. Só uso camisola.

>O texto que saiu no *JL* sobre o *Mònim* não é o meu. É aliás um texto curto. Algumas linhas apenas.

Pena não ser o seu. Gostava de o ver a colaborar no *JL*. Uma secção intitulada: "Pontapés do canto", aí desse canto do quadrilátero português.

>Desta vez, o *JL* traz um *dossier* sobre o Jorge de Sena. Estranhei que não tivesse um texto seu. Como você diz, não pode estar em todas...

A expressão tem piada. O Vergílio Ferreira dizia que o Sena "ia a todas", exceto a Filosofia...

>A moça que contactou o Fernando Aires por causa da tese sobre os diários não deu até agora notícias. Ficou de me contactar. Terá desistido? Dizem-me que a Clara Rocha, filha do Torga e orientadora da tese, não é flor que se cheire. Afinal o pai foi um nobilizável.

Não será Nobelizável, com *e*?

>A minha tese: redigi 30 páginas sobre o Vergílio Ferreira. Tenho de as entregar até ao fim do mês ao Santos Alves. O problema é a revisão do texto. É sempre o mais aborrecido.

Você ao menos redige. A Leonor, nada. Lê, lê, lê, faz fichas, por mais que eu insista com ela...

>Quanto ao Eduardo Prado Coelho, ando a pensar se valerá mesmo a pena dedicar-lhe um capítulo inteiro.

Você deve fazer o que sente. Quem é o juiz é o autor da tese. Deve sim justificar as decisões que toma. Mas de facto o diário do EPC é um diário intelectual, livresco. Além disso, em termos ideológicos, um bom título (vergiliano) seria: *Diário (sempre) na Corrente*.

>E como vou pegar já na tese para rever, fico por aqui. Aproveite o fim de semana para descansar e andar de trenó.
Donde lhe veio a ideia de que por aqui andamos de trenó? Dos postais de boas festas?
Abraços do
O.

E-MAIL DO LEON MACHADO
Quarta-feira, 20 de janeiro de 1999, 21:45:28
Caro Onésimo:
Talvez tenha uma surpresa para si (se não conhecer, portanto, o que vou dizer). Você conhece uma passagem de uma Carta de São Paulo a falar de um tal Onésimo? Se tiver uma bíblia à mão, abra-a na Epístola a Filémon, parágrafo 10. Já agora, poderá ler a carta toda. É pequena e muito curiosa. Por ela se vê que o São Paulo tinha tendências pederastas. O Onésimo parece que era o amante dele. Ou um deles... Pelo menos assim o suspeitam alguns, como Gore Vidal.
Quando eu recomendava para você andar de trenó, não quis dizer para você andar realmente de trenó. Embora numa região que neve muito se possa pensar que as pessoas aos fins de semana levam as criancinhas ao parque para andar de trenó. Creio que não é o caso de Providence. Estava a brincar, claro.
"Pontapés do canto" é um título oportuníssimo. Quando precisar de títulos, já sei onde ir bater. Não creio, todavia, que o *JL* queria as minhas crónicas. Olhe o que sucedeu com o Fernando Venâncio. Publicavam-lhe as crónicas por favor e ao fundo da página.
Passei o dia a trabalhar na tese. Choveu imenso.
A Leonor faz fichas? Por que não faz uma base de dados no computador que substitua as fichas? Pelo menos é o que eu faço.

Torna-se muito mais fácil depois ao redigir: temos o material todo à mão em questão de segundos. Mera sugestão.
A tese de mestrado está quase a sair. Mando-lhe um exemplar para aí. Talvez dois, um para si e outro para a biblioteca da universidade.
E por hoje, por cá me fico com a chuva e você aí com o sol...
Abraços do
J. Machado

E-MAIL DO ONÉSIMO
Quarta-feira, 20 de janeiro de 1999, 17:05:18
Meu caro Leon:
Só uma linha agora, que acabo de ler a sua mensagem. Onde está a sua memória? Na tese? Pois eu então não falo nisso da Carta a Filémon na última crónica de *Que Nome É Esse, Ó Nézimo?*
Agora os *gays* querem ver *gays* em todo o lado. Onésimo era um escravo e ladrão que S. Paulo terá convertido na prisão. Se fosse antes da conversão de S. Paulo, bem poderia ter acontecido alguma coisa mais, porque os gregos eram famosos (e ainda são entre os *gays*) por gostarem muito do seu cabritinho. Mas não me parece que haja razão para as suspeitas do Gore Vidal. Ele queria!
Até logo.
Abraço do
Onésimo

E-MAIL DO LEON MACHADO
Quinta-feira, 21 de janeiro de 1999, 13:56:09
Caro Onésimo:

Eu bem que suspeitava que o escravo Onésimo tivesse sido referido por si na tal crónica do seu livro. Como agora me mudei para o sótão e o seu livro está no rés-do-chão, deu-me a preguiça de descer os três lanços de escada e ir confirmar. Tiro uma lição disto: Machado, nunca confies na memória!

A citação encontrei-a num livro do Mircea Eliade, *O Sagrado e o Profano*, p. 207 (edição Livros do Brasil).

Acho que a "tesa" me está a dar voltas. Será que é a base de dados que anda a misturar informação?

Pois o Gore Vidal parece que é dos tais. Nos livros dele nem o Cristo escapa...

Até logo.

Abr.

J.M.

E-MAIL DO ONÉSIMO
Sábado, 23 de janeiro de 1999, 20:33:15

Caríssimo:

O Pedro e o Duarte arrastaram-me esta tarde para diante do televisor para ver o Desportivo de Chaves-Sporting. Não consegui vê-lo na assistência. Chegou o recorte com o seu artigo sobre o *Ah! Mònim*. Mais uma vez muito obrigado. Você faz um bom apanhado do que é o livro, para além de salpicá-lo de simpáticos adjetivos. Não acredito que aí em cima se venda nenhum exemplar, mas não se fazem coisas impossíveis.

Vou para baixo ajudar a Leonor a fazer o jantar.

Um grande abraço do

Onésimo

E-MAIL DO LEON MACHADO

Domingo, 24 de janeiro de 1999, 16:23:18
   Caro Onésimo:
   Então já chegou o artigo? A ver se agora sai no *JL* da próxima semana, de que tenho dúvidas.
   Não, não fui ver o Desportivo de Chaves-Sporting. Aliás em toda a vida só fui uma vez ao futebol ver um Braga-Porto. E não gostei. Cheguei a casa encharcado. Prefiro ver na televisão, sentado no sofá. Bem mais cómodo. Evitam-se os incómodos das bancadas em pedra, os piropos ao árbitro, o frio, a chuva... Mas há quem considere emocionante. O meu sogro, por exemplo, que não perde um jogo. É sócio do Desportivo de Chaves.
   O Prof. Amadeu Torres enviou-me os dois jornais de Braga (onde eu trabalhei) com os artigos sobre a homenagem e o livro de sonetos que saiu na altura. Creio que o Onésimo também recebeu. O livro é uma espécie de diário em verso. O que não deixa de ser curioso.
   Entretanto, continuo com a "tesa". Já tenho 42 páginas sobre o Vergílio Ferreira. A ver se as entrego na próxima sexta-feira ao Santos Alves. Eu queria entregar o capítulo completo, mas é impossível. Pelo menos para já. Queria começar o do Fernando Aires quanto antes.
   E a Leonor, já começou a redigir?
   Abraços do
   J. M.

E-MAIL DO LEON MACHADO
Terça-feira, 26 de janeiro de 1999, 21:22:23
   Caro Onésimo:
   Então muito trabalho? Venho atrapalhar? Não? Ótimo.
   Aquele jogo Chaves-Sporting que você viu deu uma polémica desgraçada. Você lembra-se com certeza de o árbitro ter anulado

um dos golos do Sporting. Pois agora veio para a televisão dizer que se tinha enganado e que o golo era válido. A direção do Sporting tem-se fartado de barafustar pela injustiça, os adeptos do Chaves dizem que, se apanharem cá o árbitro, que o empalam. O Sporting até marcou uma greve já não sei de quê e a Federação tem pronunciado comunicados sobre a crise.

O que é engraçado é que ninguém comprou o árbitro. O Chaves pelo menos não o fez. Nem tinha por onde pagar. Disse na televisão que teve um dia horrível e que foi por isso que não arbitrou convenientemente. Se aparece em Chaves... O meu sogro já disse que era um dos que o vai esperar.

Para mudar de assunto: enviei hoje dois exemplares da tese de mestrado, um para si e outro para a biblioteca do seu Departamento. Nada de especial. Tanto mais que o tema é comezinho. Não deixou, todavia, de dar trabalho. Dá-me a impressão de que os estudiosos da literatura andam a discutir o sexo dos anjos. É que já pouco há que não esteja tratado.

Abrajos do
Jé, como diz o meu jogro...
(É da terra da *majá doje...* = maçã doce.)

E-MAIL DO LEON MACHADO
Segunda-feira, 1 de fevereiro de 1999 12:35:17
Caro Onésimo:

Como vai? Presumo que esteja a trabalhar afincadamente em algo realmente importante. Por exemplo, no romance sobre a experiência seminarística. A ver se o temos cá fora do próximo milénio.

Por cá continua o frio, embora o sol abra ao fim da manhã, um sol gélido, mesmo assim saboroso se o virmos do lado de dentro das janelas.

Terminei ontem a revisão ao capítulo da tese para entregar ao Santos Alves. Em princípio, vou lá na próxima sexta-feira. Falar-lhe-ei da questão dos diários do Eduardo P. Coelho. Estou mesmo decidido a passá-lo por alto. Tanto mais que já tenho demasiado material para tratar. Só o segundo capítulo (uma resenha dos diaristas portugueses) dá pano para várias mangas. O terceiro capítulo é sobre a *Conta-Corrente* e o quarto sobre o Fernando Aires. O primeiro é essencialmente teórico e será o último a ser redigido. Os primeiros serão os últimos...

Nada sei ainda do romance a sair no Campo das Letras. Cá para mim não sairá a tempo do lançamento e terei de adiar tudo. Como sou novato, a editora vai protelando a edição, deixando passar à frente os "da casa". Não tenho jeito para cunhas, que hei de fazer? Se andasse sempre por ali, já tinha o livro cá fora há meses. (Conversa com um amigo que conhece os meandros...).

Pois no novo *JL* nada de artigo sobre o seu *Mònim*. Deve ser por falta de espaço. Pelo menos essa razão predispõe-me positivamente. Tenho andado tão macambúzio, que nem imagina. Esta terra enregela-me os ossos e empederniza-me o espírito. Tenho saudades do mar e do sol realmente quente. E você tem-nos aí a qualquer hora!

Abraços do
J. Machado

E-MAIL DO ONÉSIMO
Terça-feira, 2 de fevereiro de 1999, 09:51:00

Caríssimo:

Quero escrever-lhe, mas estou pela ponta dos cabelos. Semana superlotada e não sei como vai ser. Pelos vistos, daqui até maio vai ser duro.

Mas não queria que o frio mexesse tanto consigo. Tanto mais que você está a avançar na tese a grande velocidade e isso deveria aquecê-lo.

Quanto ao EPC, já lhe disse. Você é que sabe. Faça como achar que deve e pronto!

O livro, eu sei como é isso. Longe da vista.... Até o J. C. Vasconcelos me disse um dia: «Quando vir que um texto seu não sai, telefone a lembrar, como toda a gente faz. Às vezes o seu artigo está paginado, telefona alguém – mesmo o Eugénio de Andrade – a reclamar que um texto de X sobre ele ainda não saiu e a gente lá vai e retira o de alguém que não reclama para calar a boca ao reclamante...» (Eu não me queixara nem alguma vez me queixei. Era um aviso genérico.)

C'est Portugal, un petit pays!

Aqueça-se, homem. E ria um pouco.

Sabe que os alentejanos pintaram as casas todas de preto? Ouviram na rádio e TV que é perigoso fazer amor em casa branca.

Para alargar a minha mensagem, que está tristemente curta, lembrei-me de lhe juntar uma crónica que fiz ontem expressamente para um jornal português de Montréal a pedido deles. Sem tempo nenhum, mas insistiram e eu não sei dizer que não. Tanto mais que aquela gente foi super-simpática quando lá fomos.

Quero sabê-lo vivo e em forma. Erga-se aí por Detrás-dos-Montes.

Um grande e amigo abraço do
Onésimo

E-MAIL DO LEON MACHADO

Quarta-feira, 3 de fevereiro de 1999, 13:56:27

Caro Onésimo:

Grato pela sugestiva imagem da nova teoria da evolução humana e pela crónica para o jornal do Canadá. As suas crónicas continuam a ser divertidas e informativas. O que eu não sabia era que os Açores tivessem tido tantos jornais. Mais de 600 é muito jornal. Eu ouvira falar da intensa atividade editorial e tipográfica açoriana, já no tempo daquele poeta da Horta que foi para os USA. Como é que se chamava? Creio que Garcia Monteiro. Mas não sabia que era tanto. Enfim, quando estive na Horta, estranhai que se conseguissem publicar dois jornais diários, *O Telegrapho* e o outro... Já não me lembro. Costumavam dizer mal da tropa porque andávamos em cuecas pela rua. Eram afinal os calções de ginástica. Verrinosos, os faialenses... Se pensarmos que Braga tem dois jornais diários e o distrito tem mais população do que as ilhas todas juntas, podemos concluir que a Horta era excecionalmente bem servida a nível jornalístico.

Fico também intrigado que haja emigrantes que, altruisticamente, teimem em manter publicações em português nos seus países de acolhimento. Soube que um dos jornais mais lidos em Chicago é publicado em espanhol pela comunidade mexicana aí residente. Ia ser bonito se aqui em Portugal os cabo-verdianos se lembrassem de publicar um jornal diário género *Público* em crioulo. Vinha o governo abaixo.

Telefonou-me hoje a editora a dizer que haverá mais um atraso na publicação do romance. A data de lançamento terá, pois, de ser adiada. O que vai causar uma série de confusões, pois havia já contactos feitos e a agenda da Câmara Municipal já tinha publicado o evento. Se não estivéssemos em Portugal, seria de espantar. Como estamos...

Falei com o Santos Alves pelo telefone por causa do meu encontro com ele na próxima sexta-feira. Falei-lhe do Mário Cláudio para o lançamento e ele achou bem. Ficou, no entanto, ao critério dele o apresentar ou não um pequeno texto. O que eu não sei é se para o lançamento não será palavreado a mais. Mas os portugueses gostam de treta, e quanto mais redundante, melhor. Nisso somos parecidos com os chineses.

É verdade: a sua crónica não poderia ser republicada no *Letras & Letras*? Se achar bem, diga-me que título genérico quer que se ponha. Género "Pontapés do Canto"?

Retribuo a gentileza da oferta com uma da Expo. É digna de servir como papel de fundo do computador... A cor da calçada está correta. Não é de calcário, mas de granito azul.

Abraços do
J. Machado

E-MAIL DO ONÉSIMO
Quinta-feira, 4 de fevereiro de 1999, 19:04:43
Leon,
Devo-lhe resposta. Atrevo-me a enviar-lhe cópia desta resposta que acabo de dar ao Eduíno de Jesus.

Grande abraço do
Onésimo

<<<<<<<<>>>>>>>>
Meu não menos caro Eduíno:

O que decidi fazer em resposta ao teu SOS de Amizade é ridículo e contraditório. Vou tirar tempo para te demonstrar que não tenho tempo. Recomeçou o segundo semestre e não tenho viagens em fevereiro, porque decidi ficar aqui a ver se despacho os ensaios que devo. As viagens virão em março (Açores, Frankfurt, Utrecht), abril (Moçambique), maio (Califórnia e Açores). Eis o que está a acontecer.

Todos os dias faço a agenda do dia e uma lista das coisas urgentes para fazer nos intervalos.

Hoje, quinta-feira, 4 de fevereiro. Um dia normal:

9:00 – Reunião na Graduate School com o Dean das Finanças (para decidir que bolsas haverá para os nossos alunos de mestrado e doutoramento para o ano e quem receberá o quê).

11:00-13:00 – Seminário Intensivo sobre História Intelectual do Brasil (lecionado por duas professoras brasileiras – assistem professores e alunos. Hoje só fiquei até cerca do meio-dia, porque...).

12:00-12:15 – Reunião urgente com a Dean of the College para consultá-la sobre uma questão legal.

12:30 –14:00 – Almoço/reunião com o Prof. Earl Fitz, da Vanderbilt University, e mais o grupo de Scholars e professores visitantes no Departamento (parte do processo de avaliação de todos os Departamentos de Letras e Humanidades da Brown Departamento por uma equipa de professores de várias universidades).

14:30-16:00 – Aula (lembra-te que sou professor).

16:30 – Reunião na Câmara Municipal de Fall River (a 25 minutos daqui) da Comissão do Monumento ao Poeta João Teixeira de Medeiros. Porque sou Chairman, despachei-a depressa e vim ao Departamento tratar de coisas urgentes (ver abaixo). Mas trouxe várias incumbências, tais como contactar a Câmara Municipal do Nordeste por causa do azulejo, e a Direção Regional da Cultura por causa do busto.

19:00 – Ir ao supermercado comprar aperitivos (ver adiante).

19:30 – Jantar de despedida com as Professoras brasileiras e alguns colegas do Departamento (o seminário termina amanhã).

21:30 até ???? – Doces, café e serão lá em casa com colegas, alunos de Doutoramento e as profs. bras....

Nos intervalos deveria ter-me ocupado de coisas do Departamento. Tenho meia dúzia de cartas de recomendação para escrever até amanhã (elas aqui são longas e minuciosas) e não consegui escrever nenhuma. Fiz uma dúzia de telefonemas para

Lisboa, New York, universidade e Canadá. Chegaram, como sempre, montes de correio (duas vezes por dia) e mal pude abrir, porque todos os dias há crises. As principais de hoje foram:

1. Responder a um pedido de um amigo dos Açores que tem uma sobrinha com leucemia cujos pais querem vir a Boston consultar um especialista. Meia dúzia de telefonemas para Boston e Açores a tentar obter informações do hospital para os pais e dos pais para o hospital.

2. Recebi a resposta de um amigo em Connecticut sobre um pedido que lhe fizera em resposta a um pedido de uns amigos meus de Lisboa cuja filha anda a namorar pela Internet um português que vive no estado vizinho. Fizeram-se várias tentativas. Hoje finalmente soube que a razão das dificuldades em descobrir se o senhor era um a pessoa "séria" advinha do facto de o tipo dizer que tinha 27 anos e solteiro, mas afinal é casado, tem dois filhos e 50 anos. Para além de outras complicações. O caso meteu chamadas telefónicas para Connecticut, Lisboa, Consulados, Lisboa outra vez, complicações de diversa ordem, desgostos da moça, choro, segredos oficiais relativamente ao modo como a informação foi obtida...

3. Preparar um relatório urgente para enviar para um grupo de professores de universidades portuguesas coordenado pela Univ. dos Açores. Estiveram já cá e querem voltar, mas o grupo de educadores que eu aqui reuni para trabalhar com eles tem sérias reservas sobre a validade de tudo isso. As passagens estão marcadas para virem e é importante parar o processo (ou pelo menos adiar), mas com cuidado para não ferir suscetibilidades. Tem de ser feito hoje e falta-me acabar para ainda seguir esta noite.

4. Preparar mais um fax com montes de dados para uma Vice-Reitora da Universidade de Aveiro que aqui virá este mês contactar vários Serviços da Brown para ver como aqui lidam com problemas que hoje afetam os estudantes universitários. O

programa envolve contactar vários Deans e organizar um horário, mas inclui inúmeros outros pormenores que seria longo mencionar.

5. Resolver uma complicação com a FLAD e a Associação de Universidades de Língua Portuguesa por causa da minha passagem para Maputo. Ficou tudo suspenso. Telefonar-me-ão de Lisboa amanhã. Já sei: acordar-me-ão às cinco da manhã.

6. Reunião em conferência telefónica para marcarmos uma reunião do comité de seleção do novo diretor Executivo do Rhode Island Committe for the Humanities.

Com isso tudo, não consegui rever as provas (apenas alguns pormenores gráficos) da tradução de *Mau Tempo no Canal* e tenho de fazê-lo quanto antes para enviar para os Açores, porque a data do lançamento está marcada. Não consegui tempo para ler duas propostas de tese de doutoramento de dois alunos. Prometera fazê-lo até sexta-feira passada.

Não consegui ler nada das 100 páginas de tese de doutoramento de uma aluna da Universidade de Tulane, em Nova Orleães, quando lhe prometera fazer isso até 1 de fevereiro.

Não consegui ler um longuíssimo conto que o Cristóvão de Aguiar me enviou pela Internet.

Deveria ter terminado há uma semana um texto (25 páginas em inglês) para um livro coletivo e a coordenadora está sempre a lembrar-me, porque tem que entregá-lo na Rutgers University Press quanto antes e está só à espera do meu texto.

Idem para a um ensaio para o volume de homenagem ao Prof. Francisco Carmo, que prometera enviar há uma semana (último prazo) para a Universidade dos Açores. Ambos os textos estão quase prontos. Mais três horas para um e um dia de trabalho para o outro, termino-os. Mas tenho uma lista de 20 artigos e/ou ensaios e conferências para escrever até fins de maio.

Cerca de trinta livros oferecidos pelos autores e tenho que responder-lhes a dizer alguma coisa.

Um livro (coletânea de ensaios) prometido à Gradiva para maio.

Um pequeno livro (70 páginas) prometido à Clara Pinto Correia para a sua coleção de Ciências para junho.

O texto revisto da *(Sapa)teia Americana* prometido à Salamandra para este mês.

Montes de correio atrasado. Montes de e-mails a pedirem as coisas mais incríveis.

O fim de semana está lixado, porque teremos de ir ao Cape Cod (a três horas daqui), torcer pela Tatyana, que vai ter uma grande competição de natação.

Vou desistir, que isso já está feio de mais.

Com tudo isto, meu caríssimo Eduíno, como é que eu teria tempo para ficar ofendido contigo?

Um enorme abraço para ti com um beijinho para a Hélia.

Onésimo

P.S. Ó Eduíno, se não sabes quanto eu gosto de conversar com os meus amigos por e-mail, pergunta à Leonor. É a primeira coisa que faço de manhã: abro a caixa do correio eletrónico para ler as mensagens da Europa.

E-MAIL DO LEON MACHADO
Sábado, 6 de fevereiro de 1999, 22:00:34

Caro Onésimo:

Pelo e-mail que me remeteu e que era dirigido ao Eduíno, só me sinto culpado por contribuir ainda mais para o seu *spam*. Prometo ser breve.

Acabei de chegar de Braga. Estive com o Santos Alves a falar da tese. Entreguei-lhe as páginas que já redigi e disse-lhe que estava a pensar não tratar demoradamente os diários do Ed. Prado Coelho. Sabe que ele concordou logo comigo? Que sim senhor, que os diários do EPC eram mais para o filosófico e o que eu pretendia era o tratamento literário. E pronto: o EPC foi excluído como autor fundamental. Referir-me-ei a ele apenas em duas ou três páginas. Sobram portanto o V. Ferreira e o F. Aires. E estes ficarão até ao fim. Sem eles, aliás, não haveria tese. Trabalho simplificado, portanto, e mais tempo para tratar do que realmente interessa.

Estava eu e o Santos Alves na conversa em casa dele e toca a campainha por volta das 22 horas. Era o J. Cândido Martins, meu colega de Seminário e prof. na Univ. Católica. Acabou agora a tese de doutoramento sobre Fidelino de Figueiredo. Disse-nos que tinha acabado de chegar do congresso do Almeida Garrett em Coimbra. Lá nos contou as novidades, as fofoquices, falámos da polémica entre o Carlos Reis e o Eugénio Lisboa, apoiámos todos o Eugénio, lamentando, todavia, o remate infeliz daquele artigo no *JL* que deu trunfos ao CR. Até que a conversa descambou para computadores e Internets. O Santos Alves perguntou se valia mesmo a pena meter Internet em casa e que era isso do e-mail. Lá expliquei e vai então o Cândido e refere aquela crónica do Onésimo da *LER* em que você fala de uma mensagem que me enviou a propósito do Raul Brandão. Eu perguntei-lhe que tal achava as crónicas do Onésimo e ele disse-me que as costumava ler com muito agrado.

E fica pois a saber que tem um leitor fiel em Braga. O J. Cândido Martins, meu colega de camarata e de capela.

Abraços (e não se "mate" demasiado) do
J. Machado

E-MAIL DO ONÉSIMO
Sábado, 6 de fevereiro de 1999, 23:35:20

Meu caro Leon:

Amanhã escrevo-lhe. É já tarde. Mas, *mutatis mutandis*, o que digo ao Eduíno serve também para si.

Um grande abraço do
Onésimo

<<<<<<<<>>>>>>>>

Meu caro Eduíno:

Pois foi seco e de corrida porque estava mesmo de corrida. Queria escrever-te e não tinha tempo. Digo sempre às pessoas que não tenho tempo e as pessoas hão de dizer: Este tipo pensa que os outros têm tempo. Mas o meu não chega, porque nunca me libertei deste síndroma de ter de apagar todos os incêndios à minha volta ou resolver todos os problemas de que ouço falar. O meu pai era exatamente assim. O Seminário só deu cobertura ideológica. O essencial é de nascença. Acabo de vir mais a Leonor de casa da Manuela Duarte. Fomos levar-lhe comida. Está doente. Vive só. Antes tínhamos ido comprar medicamentos para um moço que está sozinho estas duas semanas. A mãe está aqui de sabática e ele tem comido aqui em casa algumas vezes e hoje foi connosco ver a Tatyana nadar (foram três primeiros lugares nas três competições em que entrou), mas estava a chocar uma gripe. Agora à noite estava pior e fomos então comprar-lhe medicamentos e levar-lhe comida.

E é assim. Não é por bondade. É por sentimento de obrigatoriedade. Ora a conclusão que o meu amigo Eduíno deveria tirar de tudo isso não é que deveria escrever menos vezes. Deves saber que ler um e-mail não tira tempo nenhum. Responder é que sim. Eu não gosto de escrevê-los curtos, como quem está a despachar. Bem sei, bem sei…. Não posso esperar recebê-los sem responder… Mas ao menos quero que limpes da cabeça a hipótese de qualquer zanga contigo a pretexto de seja o que for. Muitas vezes não tenho ocasião de responder. Ainda se fosse um só… Mas são tantos. Muitos são burocráticos e oficiais, pois agora a maioria das comunicações na universidade são feitas por e-mail. Ontem à noite abri a caixa. Tinha 24. Claro que li só as dos amigos.

Uma mensagem tua é das que mais gosto. É sempre um primor de estilo condensado, sugestivo e fino. E como por detrás está um dos meus grandes amigos, tomara eu ter *mails* dele todos os dias! Portanto, resumindo e concluindo esta atabalhoada lengalenga: escreve quanto mais melhor, que eu quero muito ler as tuas mensagens. Não quero desigualdade. Responderei a todas e cada uma das que me enviares. Mas, se eu não for muito rápido, perdoa-me e nunca penses que não é por eu não pensar várias vezes ao dia que tenho de te escrever.

Amanhã a Leonor faz anos e não poderei trabalhar muito. Tanto mais que terei de passar quatro horas e meia na estrada para ir levar o Pedro à universidade, que veio a casa este fim de semana por causa dos anos da mãe e da competição de natação da Tatyana (também essa a duas horas daqui). Dá um beijinho nosso à Hélia.

Para ti, um enorme e sempre muito Amigo abraço do
Onésimo

E-MAIL DO ONÉSIMO
Segunda-feira, 8 de fevereiro de 1999, 13:50:00
Caro Leon:
>Pelo e-mail que me remeteu e que era dirigido ao Eduíno, só me sinto culpado por contribuir ainda mais para o seu *spam*. Prometo ser breve.

Não diga isso que me sinto mal.

Tudo isso tem a ver com a necessidade que eu sinto de me desculpar por não poder responder rapidamente às mensagens que recebo. Já lhe disse e repito:

GOSTO MUITO de receber as suas mensagens. São cheias de vida, de notícias, de coisas interessantes. ESCREVA SEMPRE.

>Acabei de chegar de Braga. Estive com o Santos Alves a falar da tese. Entreguei-lhe as páginas que já redigi e disse-lhe que estava a pensar não tratar demoradamente os diários do Ed. Prado Coelho. Sabe que ele concordou logo comigo? Que sim senhor, que os diários do EPC eram mais para o filosófico e o que eu pretendia era o tratamento literário.

Muito bem. Acho que isso é verdade, embora ache também que um diário de ideias é também um diário. Mas você escreve sobre aquilo de que gosta. Desde que justifique por que razão inclui X e exclui Y, tudo bem.

>...falámos da polémica entre o Carlos Reis e o Eugénio Lisboa, apoiámos todos o Eugénio, lamentando, todavia, o remate infeliz daquele artigo no *JL* que deu trunfos ao CR.

É verdade.

>...e vai então o Cândido e refere aquela crónica do Onésimo da *LER* em que você fala de uma mensagem que me enviou a propósito do Raul Brandão. Eu perguntei-lhe que tal achava as crónicas do Onésimo e ele disse-me que as costumava ler com muito agrado.

Acha que eu sou de pau? Evidentemente que gosto que me leiam e que gostem do que escrevo. Não sou masoquista. Como estou distante, não tenho contacto direto com os leitores e é só por intermédio de outros (como agora) que vou sabendo. Algumas pessoas escrevem-me assim sem mais, mas são raras. No meio cultural inglês é muito mais comum as pessoas escreverem aos autores. Por um lado é bom, porque depois fico amigo das pessoas e nunca mais teria tempo de manter a correspondência. Presentemente tenho uma dúzia de pessoas (meia dúzia delas com assiduidade, entre elas você – que é dos mais assíduos) com quem travei contacto, porque me escreveram em reação a escritos meus. E você é um deles. Não se vá, que quero continuar a ter frequentes notícias suas.

>E fica pois a saber que tem um leitor fiel em Braga. O J. Cândido Martins, meu colega de camarata e de capela. Tenho muitos bons amigos desse meu tempo.
>Abraços (e não se "mate" demasiado)
Não. Ontem foi o dia dos anos da Leonor. O Pedro veio da universidade e o dia foi leve. Mas tive de reler grande parte do Zurara para um encontro hoje com um aluno a fazer um Independent Study.
Grande abraço do
Onésimo

E-MAIL DO ONÉSIMO
Segunda-feira, 8 de fevereiro de 1999, 18:22:39
Chegou o homem. Li já a introdução e várias páginas aqui e ali, e naturalmente a conclusão. Muita investigação, muita erudição. Um trabalho sério e rico. Se eu tivesse que dar alguma aula sobre o tema. Não teria mais nada a fazer senão ler o seu livro e pôr-me a dormir. O trabalho está todo feito. Pena é você teimar em fazer essas edições de autor que não garantem grande distribuição ao livro e dão-lhe assim um ar artesanal que não corresponde ao que vem lá dentro. E tanto livro para aí há que tem capas lindas e edições luxuosas, mas vêm recheados de palha... Vi e agradeço a citação. Mas falta ali um contexto. Pessoa usa o conceito de mito num sentido muito especial, que só encontrei em Georges Sorel. Não tem nada a ver com os outros usos comuns de "mito". E é nesse uso que se insere a referência a Viriato.

E obrigado para o exemplar para a biblioteca, que já seguiu. Espero que eles o cataloguem. Como se trata de uma edição de autor, não gostam muito.

Mas enviei com uma nota.
Parabéns.

Um abraço amigo do
Onésimo

E-MAIL DO LEON MACHADO
Terça-feira, 9 de fevereiro de 1999, 14:45:28
Caro Onésimo:
Por favor, não perca tempo a ler a tese sobre o mito viriatino. Sim, realmente falta qualquer coisa que contextualize melhor a referência do Onésimo a propósito do poema de Pessoa. Mas temia alongar-me demasiado ao falar de Georges Sorel. Afinal você escreveu um livro inteiro sobre isso. Quem quiser saber mais, deverá consultar o seu livro, que tem lá tudo. Aliás nem me sentiria à vontade a falar da questão. Não quero com isto dizer que me desculpo da falha.

Tive cá hoje na escola o escritor António Cabral (conhece? É autor de livros sobre jogos populares, além de poesia e ficção). Os alunos estiveram muito interessados a ouvi-lo. No fim estivemos a conversar e ele sugeriu a fundação de uma Associação de Escritores Luso-Galegos e quer a todo o risco que eu fique à frente disso, porque, segundo diz, já está velho para tais andanças. Mas eu não tenho disponibilidade, disse-lhe. Não ficou convencido. Depois contou-me um episódio que lhe sucedeu muito parecido com aquele que você teve a propósito do lançamento do livro do J. Brites. Ele foi apresentar um livro de poesia de uma senhora que não prestava para nada (o livro, não a senhora...) e na apresentação, em vez de falar do livro, falou da autora e coisa e tal para não se comprometer demasiado. Aquilo deu para o torto, porque no fim a senhora disse-lhe que ele tinha sido injusto. Não me contou os pormenores.

Telefonei ontem ao Fernando Aires a dizer-lhe que o Santos Alves não via inconvenientes em que duas pessoas estudassem os seus diários; que até tinha considerado uma experiência potencialmente enriquecedora. O F. Aires então contou-me que recebera uma carta da Ana Silva e, pelo que se depreende da mesma, o que a moça pretende não é fazer uma tese, mas um estudo a apresentar num seminário de que é Prof. a Clara Rocha. O Fernando ficou de confirmar isso com ela por telefone, uma vez que a carta era inconclusiva.

Veja em anexo uma imagem do Clinton que me mandaram. Não sei se já conhece...
Abraços do
J. Machado

E-MAIL DO ONÉSIMO
Quarta-feira, 10 de fevereiro de 1999, 14:39:07
Caro Leon:
>Por favor, não perca tempo a ler a tese sobre o mito viriatino. Sim, realmente falta qualquer coisa que contextualize melhor a referência do Onésimo a propósito do poema de Pessoa. Mas temia alongar-me demasiado ao falar de Georges Sorel. Afinal você escreveu um livro inteiro sobre isso.

Lá foi você dar uma importância tão grande a essa observação minha. Apenas lhe disse que há um conceito de mito diferente de todos os outros, que é o de Sorel.

Mais importante era o outro comentário de você dever procurar publicar o seu estudo numa editora ou ao menos numa revista académica. Poderia enviá-lo por exemplo ao *Boletim do Instituto da Gulbenkian,* de Paris. Poderia enviar ao menos uma versão abreviada. Eles até publicam textos muito longos. Tente enviar o texto inteiro (não o livro). Quer o endereço?

>Tive cá hoje na escola o escritor António Cabral (conhece? É autor de livros sobre jogos populares, além de poesia e ficção).

Sim, conheço, claro. Falava-se nele com frequência nos anos sessenta e setenta. E tive um livro de poemas dele dos anos sessenta de que gostava muito. Perdi-o. Se não estou em erro, tinha poemas musicados pela gente das baladas. O Padre Fanhais, por exemplo. Era um livro de poemas creio que publicado na coleção Nova Realidade, de Coimbra. Tenho isso muito nublado.

Ao reler isto, lembro-me agora mais. Claro: era dele a famosa versão de "Descalça vai para a fonte" que o Padre Fanhais cantava. E dele era ainda essa outra "À saída do correio". Soube ambos os poemas de cor e, se fizer esforço, ainda me conseguirei lembrar de muitos versos.

Se o vir, diga-lhe que tem para aqui um admirador. Cantei muitas vezes esses seus versos com a malta minha amiga.

>Os alunos estiveram muito interessados a ouvi-lo.

Também eu gostaria de o ouvir.

>No fim estivemos a conversar e ele sugeriu a fundação de uma Associação de Escritores Luso-Galegos e quer a todo o risco que eu fique à frente disso, porque, segundo diz, já está velho para tais andanças. Mas eu não tenho disponibilidade, disse-lhe.

Tenho um amigo em La Corunha (Universidade) que me fala de reuniões no Minho com malta dos dois lados. Creio que no Natal resolveram fundar uma associação desse tipo. Chama-se Carlos Quiroga e escreveu uma tese sobre Pessoa. É um tipo excelente. Se quiser, dou-lhe o endereço eletrónico e poderá perguntar-lhe o que há nesse sentido.

>Telefonei ontem ao Fernando Aires a dizer-lhe que o Santos Alves não via inconvenientes em que duas pessoas estudassem os seus diários; que até tinha considerado uma experiência potencialmente enriquecedora.

Tinha-lhe expressado a mesma opinião. Quantas teses há sobre Eça ou Camões? O terreno é (e deve ser) livre.

>Veja em anexo uma imagem do Clinton que me mandaram.
Não sei se já conhece...
Não chegou nada. Ontem enviei-lhe umas coisas também.
Espero que tenha recebido.
Abraço do
Onésimo

E-MAIL DO LEON MACHADO
Quarta-feira, 10 de fevereiro de 1999, 22:34:02
Caro Onésimo:
Fui a Vila Real "perorar" e venho derreadinho de todo. Almoçarada com carnes pesadas, sessão de palradura (falei três quartos de hora sobre questões multimédia, assunto de que pouco entendo; limitei-me a falar da minha experiência como coordenador dos CDs publicados pela Porco Editora), troca de bacalhoadas a secretários de Estado, diretores não sei de quê, governadores civis de dois distritos e uma carrada de engravatados e fatos de seda que não conhecia.

Estas cerimónias são desgastantes. Não sei como o Onésimo consegue aguentá-las quando é solicitado. O que mais me impressionou foi o ar de aborrecimento e de desinteresse que tinha aquela gente pelo que os oradores iam dizendo. Nos bastidores só falavam em ajudas de custos, subsídios, cargos, tachos. Vim estafado.

Pois, a tese de mestrado: pensei em publicar um ou dois capítulos na revista *Dédalus* da Associação Portuguesa de Lit. Comparada. Não o fiz por isto: o tema é tão coeso que, a publicar um capítulo, ficaria a mancar de uma perna. É que não se pode falar de Viriato no séc. XIX sem primeiro falar de Viriato no séc. XVII. O Santos Alves (ofereci-lhe um exemplar quando fui a Braga) disse-me que eu não deveria ter cortado tanto na publicação em livro. Eu disse-lhe que, se o não tivesse feito, o livro teria 300 páginas e não 200. E o que cortei provavelmente era irrelevante. Ele disse que não. Mesmo assim... Mas também creio que nenhuma editora pegaria no tema. Se fosse um estudo histórico, ainda poderia pegar. Mas estudo literário talvez não.

O António Cabral: o poema "Descalça vai para a fonte" de que você me fala faz parte agora de uma *Antologia dos Poemas Durienses* de que o A. Cabral me ofereceu ontem um exemplar (o livro saiu agora). Vou-lhe dizer para enviar um exemplar ao Onésimo.

Ouvi falar no Carlos Quiroga, mas não tenho o contacto. Se o Onésimo me arranjar o endereço, fico-lhe grato.

Recebi uma mensagem muito simpática do Eduíno. Eu tinha-lhe enviado o *Ilhado em Circe*. Ele diz que não gosta lá muito da palavra "Ilhado". Oxalá seja só isso.

Amanhã é dia de trabalho duro aqui. Hoje a cerimónia, embora pouco trabalhosa, cansou mais do que a dureza do dia de amanhã. Vai-se lá perceber isto!

Abraços do
J. Machado

E-MAIL DO LEON MACHADO
Sexta-feira, 12 de fevereiro de 1999, 20:08:24

Caro Onésimo:

Chegou hoje mais um pacote com que a sua generosidade me vai presenteando. Obrigado pelo mapa, onde vi que a sua casa não fica bem no centro de Providence, ao contrário do que eu pensava; obrigado pelo número da revista *Mundo Português* e o livro sobre a sua *(Sapa)teia*.

Li a entrevista que lhe fizeram e fiquei de algum modo confuso com a nomenclatura utilizada para definir os graus académicos. O bacharelato na USA corresponde à licenciatura?

Quanto ao livro sobre a sua *(Sapa)teia*, já li a introdução do George Monteiro e folheei aqui e ali. Notei citações demasiado longas em inglês. A autora bem que poderia ter traduzido, uma vez que o texto-base é em português. Não me pronuncio sobre o conteúdo, que lerei com tempo. Mas parece-me um estudo interessante, tendo em conta os títulos do índice. O Onésimo precisa de reeditar a *(Sapa)teia*. A ver se é este ano. E, já agora, os livros de ensaios. Não se esqueça de incluir o estudo sobre a *Mensagem* do Fernando Pessoa, que é muito interessante e difícil de encontrar por cá. Há académicos das nossas universidades (e pretensos especialistas em Pessoa) que não o conhecem.

O texto que saiu no *The Wall Stree Journal* sobre o Saramago tem certo odor a sectarismo dos anos 50. Pensei que os americanos já tivessem ultrapassado a obsessão do estalinismo. Tanto mais que acusar Saramago de estalinista é não só erróneo como injusto.[19]

Termino agradecendo a foto com a árvore dourada do seu quintal. Se o Onésimo não se importar, vou digitalizá-la e pô-la como fundo do ecrã de computador. Se o padre Bento, responsável pela editora das Missões de Cucujães, visse a foto, apunha-lhe uma frase de São Paulo e vendia-o como postal piedoso. É que a foto induz a refletir na precaridade e na contingência da vida.

Abraços do
J. Machado
P.S. Está interessado num congresso sobre cultura chinesa?

E-MAIL DO ONÉSIMO
Sexta-feira, 12 de fevereiro de 1999, 20:12:39
Caro Leon:
Devo-lhe resposta a outro e-mail anterior, mas já agora respondo a este. Acabo de chegar de uma sessão de autógrafos de um livro coletivo sobre os portugueses nesta área. Um volume

vistoso, cheio de fotografias. Tenho lá o ensaio introdutório e um dos contos da *(Sapa)teia Americana*, traduzido. Não lhe envio um exemplar porque é todo em inglês.

>Chegou hoje mais um pacote com que a sua generosidade me vai presenteando.

Com muito gosto.

>Obrigado pelo mapa, onde vi que a sua casa não fica bem no centro de Providence, ao contrário do que eu pensava;

A Brown não fica no centro da cidade, mas numa zona contígua e é no bairro residencial que circunda a universidade que moro.

>Li a entrevista que lhe fizeram e fiquei de algum modo confuso com a nomenclatura utilizada para definir os graus académicos. O bacharelato na USA corresponde à licenciatura?

Sim. Portugal é que fez uma confusão diabólica. Na América e Inglaterra há séculos que o sistema é assim:

Bacharelato – 4 anos. (B.A.)

Mestrado – 5 anos (M.A.)

Doutoramento 7 ou 8 anos mínimo (PhD)

Portugal misturou o sistema latino que era:

Bacharelato – 3 anos

Licenciatura – 5 anos

Doutoramento – não havia cursos, mas apenas uma tese que poderia levar a vida toda.

Aboliram o bacharelato por causa do mau nome, passaram a licenciatura para 4 anos, acrescentaram dois para o mestrado e continuam sem currículo para o doutoramento. Continua a ser a tese acompanhada apenas pelo orientador.

>Quanto ao livro sobre a sua *(Sapa)teia*, já li a introdução do George Monteiro e folheei aqui e ali. Notei citações demasiado longas em inglês. A autora bem que poderia ter traduzido, uma vez que o texto-base é em português. Não me pronuncio sobre o conteúdo, que lerei com tempo.

Não perca tempo. Enviei-o mais por curiosidade. Disse isso das citações à autora, mas ela teve pressa de publicar o livro e não teve pachorra para traduzir as citações. Se eu tivesse sido o orientador, não deixaria passar um livro assim com tanta citação não integrada no texto.

>Onésimo precisa de reeditar a *(Sapa)teia*. A ver se é este ano.

Será este ano. Já está combinado e deve ir para a editora em breve.

>E já agora, os livros de ensaios. Não se esqueça de incluir o estudo sobre a *Mensagem* do Fernando Pessoa, que é muito interessante e difícil de encontrar por cá.

Isso é mais complicado. A Gradiva só quer reeditar a *Mensagem* depois de eu lhes dar um original que prometi sobre a Ciência em Portugal (recolha de ensaios). Com uma dúzia de ensaios para escrever até junho, como posso entregar o livro?

>O texto que saiu no *The Wall Street Journal* sobre o Saramago tem certo odor a sectarismo dos anos 50. Pensei que os americanos já tivessem ultrapassado a obsessão do estalinismo. Tanto mais que acusar Saramago de estalinista é não só erróneo como injusto.

De acordo. E o *Wall Street* costuma ser muito mais liberal do que aquilo. Enviei o artigo como curiosidade apenas. Não por concordar. Nem quis enviá-lo ao Saramago. Ele já é suficientemente contra a América. E o autor do artigo do *WSJ* sabe disso e daí ter-se vingado. Mas o Saramago tem as mãos sujas do tempo do *DN*!

>Termino agradecendo a foto com a árvores dourada do seu quintal. Se o Onésimo não se importar, vou digitalizá-la e pô-la como fundo do ecrã de computador.

Utilize-a à vontade. Tenho montes de fotografias do outono. É uma estação espetacular.

>Abraços
Também do
Onésimo

>P.S. Está interessado num congresso sobre cultura chinesa?
Não especialmente. Porquê?

E-MAIL DO LEON MACHADO
Domingo, 14 de fevereiro de 1999, 14:36:33
Caro Onésimo:
Recebi uma mensagem que transcrevo abaixo:
<<<<<<<<>>>>>>>
Porque é que não contactam a editora Assírio & Alvim para que disponibilize parte do novo romance de Possidónio Cachapa, *A Materna Doçura*? Recordo-vos que este livro está a ser considerado unanimemente por toda a crítica como o melhor primeiro romance de um autor português dos últimos 20 anos.
Alex.
<<<<<<<<>>>>>>>
Não lhe parece exagerado? "Toda a crítica"? Não haverá mesmo nenhum livro melhor nos últimos 20 anos? À parte o valor que o livro possa ter (e que o deve ter), parecem-me perigosas generalizações deste calibre. Lembra-se do que aconteceu com o Dinis Machado? Escreveu um livro (ótimo, na verdade), mas não escreveu mais nada depois.
Escrevo-lhe amanhã com mais calma, pois tenho de sair.
Abraços do
J. Machado

E-MAIL DO LEON MACHADO
Terça-feira, 16 de fevereiro de 1999, 21:21:48
Caro Onésimo:
Por cá foi o Carnaval. Não saí de casa... Surgiu-me uma dor de garganta e presumo que ando a chocar uma constipação. Aproveitei

para ler e alinhavar um ensaio a apresentar no tal congresso sobre a China. Pois, o congresso realizar-se-á em abril na Univ. de Trás-os-Montes e Alto Douro. Disseram-me que era de toda a conveniência que eu participasse por causa do "capital simbólico". Lá participarei, embora não saiba muito bem que capital simbólico é que vou lá ganhar.

O João Aguiar escreveu-me a dizer que foi a Ponta Delgada participar na abertura oficial do "Espaço Asa", mesmo ao lado da Livraria Solmar. Contou-me que o dono da Solmar (como é que ele se chama?) ficou embeiçado e não foi à inauguração para que estava convidado. Disse-me também o João Aguiar que gostou muito de São Miguel. Parece que vai começar a lá ir mais vezes, por causa do tal "Espaço".

Hoje recebi um e-mail do José Brites muito manteigueiro e com algumas contradições. Copio-lhe o início:

«Só agora a Peregrinação Publications, através do seu diretor e autor destas palavras, tem oportunidade de dar as Boas-Vindas ao Projecto Vercial, que recebemos com muito gosto no nosso *site*. Não sabemos como fomos descobertos, pois que a página está ainda a dar os seus primeiros passos e não fizemos praticamente nenhuma publicidade dela.»

Ele diz que não sabem como foram descobertos: ter-se-á esquecido que me foi enviada uma mensagem há cerca de um mês a fazer publicidade à página dele? Estranho.

Diz que vai enviar para cá «algumas edições de obras pessoais e da Peregrinação Publications». Suspeito que ele esteja a fazer-se ao bife da lista de autores do Projecto Vercial. Que faço? Insiro o nome dele?

E vou ver o Carnaval do Brasil pela TV.

Abraços do
J. Machado

E-MAIL DO ONÉSIMO
Sexta-feira, 19 de fevereiro de 1999, 16:55:53
Meu caro:
Que silêncio. O meu, claro! Mas não estou acostumado a não ter notícias suas. Aqui vão minhas. Por agora. Depois responderei ao seu último *mail*. Por aqui está tudo normal. O tempo está maravilhoso e, a continuar assim, as flores vão começar a aparecer. Está um ar de primavera.
Acabei um texto banal mas que me deu muito trabalho. Um ensaio para o volume de homenagem a Francisco Carmo. Tinha-o lido na Califórnia há dois anos: "*Tales of Three Cities* – Olhares sobre três comunidades portuguesas dos anos 20". A parte inglesa do título é decalcada no *Tales of Two Cities*, de Charles Dickens. Fui alargando, alargando, e deu trinta páginas. Agora tenho que me atirar a outros: uma palestra para os Açores para 14 de março sobre (pedem-me)....Cultura!!!! Oh Deuses! Mandei-lhes o título: "Cultura: a alta, a baixa, a clássica, a moderna, ou a do quintal?" Falarei sobre ser culto hoje, ou a luta por ingloriamente se procurar ser menos inculto. Farei isso quase em jeito de crónica, porque a assistência será muito diversificada.
Depois terei de me atirar a rever um texto sobre a identidade nacional – uma revisitação crítica do debate, para ler na Alemanha num congresso e depois na Holanda, Universidade de Utreque. Logo a seguir terei de me atirar a resolver um bico de obra: falar no Encontro da Associação de Universidades de Língua Portuguesa (em Maputo) sobre o que as universidades americanas fazem para desenvolvimento dos seus quadros docentes (mesmo após o doutoramento deles). O público serão reitores, vice-reitores e C.^{ia}. Os padres diziam que o pior que se podia pedir a um padre era que falasse a padres.
E mais. Tenho os artigos (pequenos) para a Enciclopédia de Cultura Açoriana, e um maior sobre os portugueses para a

Encyclopedia of New England. E em junho tenho que entregar à Clara Pinto Correia um pequeno livro sobre o pós-modernismo. Antes disso voltarei aos Açores para falar de (outra vez!) comunidades açorianas na América. Armar-me-ei em bruxo a adivinhar-lhes o futuro. Mas tenho ainda de falar no lançamento do livro do Cristóvão Aguiar em maio, aqui na Casa dos Açores da Nova Inglaterra; do livro de contos do José Costa, em New Bedford; e da tradução de *Mau Tempo no Canal*, pelo Fagundes, na Califórnia. Como é que vou fazer isso tudo, não sei.
Dê notícias. Grande abraço do
Onésimo

E-MAIL DO LEON MACHADO
Sábado, 20 de fevereiro de 1999, 15:36:32
Caro Onésimo:
Desculpe-me o silêncio. É que tenho andado fugido. Não da polícia, pois tenho a consciência tranquila. Como sabe, por cá tivemos uma semana de férias (as do Carnaval). Aproveitei para me juntar com a equipa do CD-ROM do Camões e fazer a correção de *bugs*. O CD deve estar para sair, mas, enquanto houver remendos... São algumas milhares de linhas de código que tivemos de rever. Uma colossal chatice. Tanto mais que eu devia era estar a gozar o sol e o Carnaval. Depois estou a preparar a comunicação para o congresso sobre a China. Vai incidir sobre os dois romances que o João Aguiar escreveu sobre Macau. Tenho andado a relê-los. E por último a trapalhada de ter de comprar um carro novo.
Pois. Eu e a Linda corremos as *stands* todas e não nos decidimos. Por mim, servia qualquer um. Mas ela quer um carro com todas as comodidades: ar condicionado, *airbag*, barras de proteção lateral, ABS, estofos de cabedal castanho, jantes especiais, teto de abrir, vidros elétricos, fecho central, alarme, rádio para CDs,

computador de bordo, asas, hélices, motor supersónico, antena de satélite... qualquer dia levantamos voo.

Na quinta-feira comemorou-se por cá a emissão 1000 do programa *Acontece*. Foi uma transmissão de duas horas, no Convento do Beato. Apareceu toda a fina flor da intelectualidade e afim. Saramago, Eduardo Prado Coelho, Presidente da República e esposa, ministro da cultura, uma carrada de escritores, outra tanta de pintores, músicos, cineastas e jornalistas, uma outra de uns tantos que não se sabia bem qual a especialidade. Falaram do Brasil, de África e do diabo a quatro. Só lá não vi os Açores e alguém que representasse a cultura nas comunidades de emigração por esse mundo fora. Será que nesses recantos não há cultura portuguesa? E então lembrei-me se não seria delicado da parte do Pinto Coelho convidar, entre outros, o Eduardo Lourenço, o Onésimo.

Desejo-lhe bom trabalho e muita ins (e trans)piração para o que tem para escrever.

Abraços do
J. Machado

E-MAIL DO ONÉSIMO
Segunda-feira, 22 de fevereiro de 1999, 22:50:24
Caro Leon:
>Desculpe-me o silêncio. É que tenho andado fugido. Não da polícia, pois tenho a consciência tranquila. Como sabe, por cá tivemos uma semana de férias (as do Carnaval).

Não se preocupe. Sei como é. Eu demoro muitíssimo mais.
>Eu e a Linda corremos as *stands* todas e não nos decidimos. Por mim, servia qualquer um. Mas ela quer um carro com todas as comodidades: ar condicionado, *airbag*, barras de proteção lateral, ABS, estofos de cabedal castanho, jantes especiais, teto de abrir, vidros elétricos, fecho central, alarme, rádio para CDs, computador

de bordo, asas, hélices, motor super-sónico, antena de satélite... qualquer dia levantamos voo.

Boa tirada. Meta-a numa crónica.

>Só lá não vi os Açores e alguém que representasse a cultura nas comunidades de emigração por esse mundo fora. Será que nesses recantos não há cultura portuguesa? E então lembrei-me se não seria delicado da parte do Pinto Coelho convidar, entre outros, o Eduardo Lourenço, o Onésimo.

Diga isso numa carta para lá. Não por causa de mim, mas acho desdenhoso não se lembrarem de trazer alguém dos Açores. Portugal nunca ligou ao império, mas quer tê-lo.

Por aqui, é o costume.

Amanhã chega um casal de Aveiro. A Professora Isabel Alarcão, Vice-Reitora, vem passar cinco dias na Brown a pedido do reitor de lá, para ver o que a universidade faz em áreas de apoio aos alunos.

Lá lhe arranjei um programa com entrevistas atrás uma da outra, tudo organizado. Mas lá se vão os meus dias. E logo hoje me escreve o F. J. Viegas, em silêncio há tanto tempo, a pedir-me as dia-crónicas com urgência. Não sei como vai ser.

Um abraço amigo do
Onésimo

E-MAIL DO LEON MACHADO
Terça-feira, 23 de fevereiro de 1999, 15:08:25

Caro Onésimo:

Grato pelo anedotário português. Hei de mandar-lhe outro qualquer dia.

Chegou-me hoje um livro de José Francisco Costa. Não conheço o autor, mas, pelo que li aqui e ali, parece-me ter uma escrita escorreita e limpa. Vou lê-lo com agrado.

Ainda não comprei o carro. A Linda está na dúvida se há de ser o Focus da Ford ou o Avensis da Toyota. Mas eu japoneses... Alguma sugestão?
  Abraços do
  J. MaCARRo

E-MAIL DO ONÉSIMO
Terça-feira, 23 de fevereiro de 1999, 10:42:53
Caro Leon:
>Chegou-me hoje um livro de José Francisco Costa. Não conheço o autor, mas, pelo que li aqui e ali, parece-me ter uma escrita escorreita e limpa. Vou lê-lo com agrado.
  O Zé é meu amigo desde os onze anos. Colega de curso no Seminário e companheiro de emigração por aqui. Vive também em Providence. Eu é que lhe disse para lhe enviar o livro. Deixa os contos do Zé Brites a milhas de distância. Mas veja por si e diga.
  >Ainda não comprei o carro. A Linda está na dúvida se há de ser o Focus da Ford ou o Avensis da Toyota. Mas eu japoneses... Alguma sugestão?
  Eu comprei há meses um Nissan Maxima e gostamos muito dele.
  >J. MaCARRo
  E se quiser um carro bom, será MaCaro!
  Abraço do
  Onésimo
  P.S. Esta mensagem foi-me devolvida. É que não posso fazer apenas o *reply* porque no endereço do remetente ainda vem (não sei porquê) *jleonmachado*. Desde que você me deu a indicação do novo endereço, costumo cortar o *machado* pela raiz, isto é, logo a seguir ao *jleon*. Os americanos dizem "Go figure" e nós mais ou menos "Vá lá a gente entender".

E-MAIL DO LEON MACHADO
Terça-feira, 23 de fevereiro de 1999, 15:25:16
Caro Onésimo:
Ao receber a sua, recebi esta do Mancelos. Parece-me engraçada.
Abraços do
J. Machado

Caro Machado,
Então queres um carro grande para chatear o teu cunhado? Ehehehe. Muito bem, eis três sugestões:
a) Ferrari Testarrossa (miniatura Burago), dez mil escudos;
b) Lamborghini (*kit* de plástico *ravell*), cinco mil escudos;
c) o blindado de luxo de Salazar (só custa uma entrada para o museu dos coches, no Caramulo. Tens de ter pé leve para entrar no veículo e pé de chumbo no acelerador para dares o fora. O único inconveniente é que gastarás uma fortuna em gasolina. O veículo é tão dispendioso que nem o ditador o quis).

Agora a sério: compra um 4WD – Four Wheel Drive, veículo de tração às quatro rodas. É o que está a dar. Tipo Jeep. É caro, mas seguro, robusto e tem uma mecânica brutal. Sugiro-te um Cherokee ou um Globe Trotter. Também há Mercedes, se o quiseres ficar a pagar durante o resto da vida...

Agora numa mais realista: presta atenção ao Opel Tigra e aos modelos novos da Ford.

Como última opção, sugiro-te algo mais típico e rústico, completamente ecológico e que não gasta gasolina nenhuma: um burro! É verdade, nada melhor do que um tração às quatro patas, cada vez mais raro na paisagem portuguesa. À exceção de um ou outro traque, não poluem nada. Dizem até que o bicho está em extinção, apesar de eu ver muitos na Assembleia da República...

Montas no bicho e lá vais tu por esse mundo fora, à maneira de Torga, de Camilo e de Lorca. Agora, as minhas colegas todas de Viseu andam no centro hípico a montar cavalos. O que a falta de atividade sexual faz!...

E-MAIL DO ONÉSIMO
Terça-feira, 23 de fevereiro de 1999, 19:56:10
Caro Leon:
Chiça! Tão pouco original. Todos os portugueses meio-cultos agora só querem o *chic* 4WD Cherokee. Chegam aqui à Brown para ficarem um ano e querem logo é comprar um. Mas quase sem exceção. Em Portugal, idem.
Em Portugal, quando começa uma moda, tornam-se mesmo escravos dela. E vai tudo na onda como carneirinhos. Foi assim com o salazarismo, com o marxismo, agora com o Cherokee e com o cão. Porra! Que falta de individualidade.
Abraço.
Onésimo
P.S. Não vá agora fazer caso de mim. Seja um português prafrentex! Compre um 4WD Cherokee e exiba-se nas estradas e nas ruas. Mostre que é culto e valente, europeu e global.
Outro a.
O.

E-MAIL DO ONÉSIMO
Quarta-feira, 24 de fevereiro de 1999, 10:38:32
PPPPPPPPPPPPPPPAAAAAAAAAAAAAAAAARRRRRRRRRR
EEEEEEEEENNNNNNNNNNNSSSSSSSSSSSSSS!!!!!!!!!!!!!!!!!
Escrevo logo.
Onésimo

E-MAIL DO LEON MACHADO
Quarta-feira, 24 de fevereiro de 1999, 15:23:46
Caro Onésimo:
Acabo de chegar de uma reunião de orientadores de estágio em Vila Real. Apanhei chuva pelo caminho e doem-me as costas, não só da viagem de ida e volta (a estrada só tem curvas), mas também de estar três horas sentado numa cadeira de pau.
No final da reunião, um dos supervisores (prof. da UTAD) aproxima-se de mim, leva-me para um canto e pergunta-me se eu não estaria disponível no próximo ano para ser assistente convidado da universidade. Eu fiquei gago, claro. Atabalhoadamente disse-lhe que em princípio estaria disponível. «Ótimo», disse ele. E acrescentou que, se o Conselho Científico der o aval definitivo, passarei a ser prof. da UTAD.
Pergunto-me por que carga de água me foi sair assim a sorte grande se eu nem cheguei a comprar a cautela...
Já li um dos contos do seu amigo da adolescência. Ele escreve muito bem. Quando terminar, digo-lhe mais pormenores.
Quanto ao carro, ainda estamos indecisos. O Nissan Maxima que o Onésimo comprou é que era. Mas parece que é demasiado pesado para as nossas somíticas carteiras. Havemos de ir à Nissan saber pormenores.
Termino esta com um abraço. Vou a outra reunião. Desta vez na escola. Ouvir falar de insucesso escolar.
J. MauCARRO

E-MAIL DO ONÉSIMO
Quarta-feira, 24 de fevereiro de 1999, 17:52:00
Caro Leon:

>Acabo de chegar de uma reunião de orientadores de estágio em Vila Real. Apanhei chuva pelo caminho e doem-me as costas, não só da viagem de ida e volta (a estrada só tem curvas), mas também de estar três horas sentado numa cadeira de pau. Qual é a distância? Quanto tempo de carro?
> No final da reunião, um dos supervisores (prof. da UTAD) aproxima-se de mim, leva-me para um canto e pergunta-me se eu não estaria disponível no próximo ano para ser assistente convidado da universidade. Eu fiquei gago, claro. Atabalhoadamente disse-lhe que em princípio estaria disponível. «Ótimo», disse ele. E acrescentou que, se o Conselho Científico der o aval definitivo, passarei a ser prof. da UTAD.

Fiquei quase tão contente como você. Acredite. Vai ser um grande salto. Você é material universitário e não deveria estar a perder-se numa escola secundária. Vai poder fazer montes de coisas na universidade com o aval dela. Que bela notícia!!!!!!!!

>Pergunto-me por que carga de água me foi sair assim a sorte grande se eu nem cheguei a comprar a cautela...

Você é um tipo com sorte, mas a sorte acontece a quem se expõe. Quem se mete num canto, não terá nunca sorte. Quem faz montes de coisas como você acaba, por ser notado e depois vão ter consigo. Assim é que é.

>Já li um dos contos do seu amigo da adolescência. Ele escreve muito bem. Quando terminar, digo-lhe mais pormenores.

Fico satisfeito.

>Quanto ao carro, ainda estamos indecisos. O Nissan Máxima que o Onésimo comprou é que era. Mas parece que é demasiado pesado para as nossas somíticas carteiras. Havemos de ir à Nissan saber pormenores.

Agora como Assistente convidado não vai ganhar um pouquinho mais?

Mais parabéns bem do fundo.

Abraço.

Onésimo

E-MAIL DO LEON MACHADO
Quinta-feira, 25 de fevereiro de 1999, 21:25:00
Caro Onésimo:
Muito obrigado pelo apoio e pelos parabéns. Seja eu digno (no futuro) de merecê-los. O que mais me preocupa se eu for dar aulas para a UTAD é o problema de ter de andar 64 quilómetros para lá e outros tantos para cá numa estrada bastante má. Aqui estou a quinhentos metros da escola. Quer isto dizer que a mama acaba-se. Neste momento posso fazer imensas coisas, pois não perco tempo em deslocar-me para onde quer que seja. Tenho tudo à mão. Depois serão pelo menos duas horas por dia de viagem, em que não poderei fazer mais nada senão conduzir e ouvir rádio. É claro que não seria por uma razão destas que eu iria dizer que não ao lugar de assistente. Tanto mais que fiz durante 5 anos o percurso Braga-Chaves, que é o dobro da estrada e com muitas mais curvas, para frequentar o mestrado e nem por isso desisti.

Tudo ficará decidido até ao final deste ano letivo. Entretanto, o melhor é pensar em coisas pendentes, como a marca do carro a comprar. Estivemos ontem, eu e a Linda, a folhear revistas da especialidade e a ver os modelos de carros a Diesel. Parece que compensa mais, uma vez que, se eu for para Vila Real... O tal Cherokee está fora de questão.

E em falar no Cherokee, envio-lhe um pedaço de mais uma mensagem do Mancelos, em que conta uma coisa que lhe aconteceu sumamente caricata. O rapaz anda bravo. Aí vai:

<<<<<<<<>>>>>>>>

Fiz ontem um total de 300 km, na ida e volta a Oliveira do Hospital, para dar a dita conferência sobre música, que te enviarei amanhã. Cheguei lá...e a data da conferência tinha sido mudada. Para hoje. Ninguém me avisou. Estou prestes a explodir, como uma panela de pressão que encravou. Estou farto da puta deste país. Somos um povo vencido, uma cambada de incompetentes. Se me deixarem acabar o doutoramento, a primeira coisa que faço é concorrer a todas as universidades, *colleges* e institutos superiores dos EUA. A próxima geração dos Mancelos há de ter olhos azuis, um metro e oitenta de altura mínima, falar inglês, jogar *baseball*, fornicar no banco de trás de um *Corvette* aos treze anos com miúdas loiras lindas, de pele cor de neve, e viver numa democracia mais livre.

Quer isto dizer que qualquer dia o Onésimo tem-no aí como colega. Se ele entretanto se não afogar ao atravessar o Rio Atlântico...

Abraços do
L. Machado

E-MAIL DO LEON MACHADO
Domingo, 28 de fevereiro de 1999, 21:17:36

Caro Onésimo:

Passei o dia cá por casa. Em Chaves não há mesmo onde ir. Se tivesse o mar, por mais vezes que lá fosse vê-lo, seria sempre diferente. Vai-se lá saber porquê.

Fiquei então em casa a corrigir testes dos alunos para entregar amanhã sobre as *Folhas Caídas* do Garrett. Em falar nele: ontem passou no Canal 2 um programa de divulgação sobre o poeta. Apareceram várias imagens da Terceira, deu a sé de Angra, algumas ruas e dois açorianos a falar. Um era o... como é que se chama? O Machado Peres, creio. O outro não sei quem era. Os Açores foram bem destacados no programa. Aleluia!

Terminei hoje o ensaio a apresentar no tal congresso sobre a China. Terminei é como quem diz: alinhavei-o. Deu nove páginas. Uns dias antes do congresso, passarei o texto a pente fino. Entretanto, fica a levedar. Terminei também a leitura do livro do seu amigo, o J. Francisco Costa. Escrevi-lhe uma carta que segue amanhã pelo correio com impressões da minha leitura. Gostei muito dos contos. O J. Francisco Costa, além daquilo que já disse ao Onésimo, tem uma faceta poética muito forte. Os títulos dos vários contos são, por si, exemplo disso. As personagens são muito reais e relevam, creio eu, da experiência pessoal do autor. Açores, emigração, América, saudades, regresso são temas que perpassam em praticamente todos os contos. O J. Francisco Costa neste livro aproxima-se de certo modo do Manuel Carvalho do *Parc du Portugal*, salvo as devidas distâncias, que são francamente favoráveis ao primeiro. Isto, claro, sem querer diminuir de forma alguma o segundo.

Ao serão, vou descansar um pedaço. Tocar viola para a Linda. A sério! Não acredita? Fazemos serenatas caseiras de vez em quando. As mulheres adoram.

Abraços do

J. Mcd.

E-MAIL DO ONÉSIMO

Segunda-feira, 1 de março de 1999, 18:53:14

Leon:

Conhecia várias. Olhe que, se o seu inglês dá para apanhar aqueles trocadilhos, é muito bom.

Recebi hoje a *LER* (o número mais recente). Não sei se lhe disse já que o F. J. Viegas me escreveu a dizer que o seu silêncio de quatro meses não significava nada. Contou-me um rol de coisas maior do que o meu. Ainda bem. Saiu mais uma série de

dia-crónicas e ando à pressão a escrever uma nova série para enviar esta semana. Depressa, porque tenho duas conferências para escrever: uma para os Açores e outra para a Alemanha (que repetirei na Holanda).
 Responderei às suas duas mensagens anteriores. Tive outro dia ocupadíssimo.
 Mil coisas sempre.
 Ainda tentarei escrever-lhe um pouco mais logo. Vou para casa. Estive todo o dia enterrado aqui exceto durante um almoço (bem tardio) com os meus colegas e amigos George Monteiro e Alice Clemente.
 Até logo. Mas não se fie nas minhas promessas.
 Abraço do
 O.

E-MAIL DO LEON MACHADO
Terça-feira, 2 de março de 1999, 15:25:34
 Caro Onésimo:
 Um amigo meu jornalista pediu-me isto:
  <<<<<<<<>>>>>>>>
 Caro Z. Machado
 A Leonor (ilha de S. Jorge), telefonou-me hoje no sentido de ver se eu conhecia alguém próximo do José Saramago. Pelos vistos, o escritor vai a S. Miguel lá para o dia 25 deste mês o em S. Jorge também pretendem uma visita do Prémio Nobel. Ora, alterar a agenda do laureado, só através da influência de um grande amigo. Como, quanto ao que me pede, apenas conheço, e mal, o José Manuel Mendes (que também se vai ausentar do país em breve, segundo disse a Leonor, resta apelar aos teus conhecimentos lá pelos Açores, a ver se conseguimos algum contacto para a n/ amiga.
 Eis o telefone dela: *******.

Se tiveres alguma pista para contacto, eventualmente também na Assírio & Alvim, agradeço que informes a Leonor ou me telefones, uma vez que lá em S. Jorge parece que há alguma urgência neste assunto.

Campinho

<<<<<<<<>>>>>>>>

Será que o Onésimo me poderá ajudar a descalçar esta bota? Eu já tinha falado à tal Leonor (que foi minha colega de curso) e até lhe recomendara que convidasse um escritor açoriano. Mas ela teima no Saramago.

Desde já grato,

J. Machado

E-MAIL DO ONÉSIMO

Terça-feira, 2 de março de 1999, 11:00:43

Enviarei um fax ao Saramago juntamente com cópia desta tua mensagem a ver o que ele faz. Mas o homem agora só recebe solicitações e nos últimos dias intervim em duas, uma da Florida e outra de Minnesotta. Não dá para as encomendas.

Ver-se-á.

Onésimo

E-MAIL DO ONÉSIMO

Terça-feira, 2 de março de 1999, 11:19:30

Leon:

Aí vai o fax que vai seguir para Saramago daqui a pouco.

Onésimo

<<<<<<<<>>>>>>>>

Date: Tue, 2 Mar 1999 11:17:15 – 0400

Escritor José Saramago

Lanzarote

Meu Nobilíssimo Senhor:

Serei brevíssimo porque imagino que não tem mais paz. Por respeito e amizade, não o tenho incomodado.

Mas tenho contribuído injustamente para que o incomodem: ainda recentemente dei o seu n.º de fax a dois amigos professores na Florida e em Minesotta. Querem chateá-lo para lá ir.

Agora chega-me por esta via o nosso José Leon Machado, que Saramago conhece de correspondência lá de Chaves. Pede-me que lhe transmita esse pedido (que junto) de ir a São Jorge quando for aos Açores.

Intervenho neste caso só por uma razão: adoro São Jorge. É uma ilha linda. A ilha açoriana de que mais gosto. (Sou de S. Miguel). Se aceitar lá ir, ponha como condição ficar uns dias a descansar e a passear por aquela imensidão de verde e mar, com o sublime Pico ao lado. Eu oferecer-me-ia para ir de cicerone mostrar-lhe a ilha, mas os meus amigos iriam rir-se, pois dizem que fazer turismo comigo é trabalho duro.

Se for, vá para descansar um pouco. E aquelas pessoas simples que encontrará pelas ruas são uma delícia de conversadores, cheios de humor e de uma bonomia sagaz. São Jorge tem o romanceiro mais rico do país. Meter conversa com a gente que por lá encontro nas ruas é para mim uma experiência sempre de arquivo.

E é tudo. Não sei como tem tempo para tudo o que lhe pedem e por isso tenho remorsos de intervir com esta cunha.

Devo-lhe um agradecimento pela oferta do V volume dos *Cadernos de Lanzarote*, que li imediatamente. Que rodopio de vida! E que ar calmo que dá àquelas páginas!

Não o incomodo mais. Perdoe-me mais este. E se for a São Jorge, goze por mim aquela Jangada de Verde, Silêncio e Paz.

Um grande abraço do
Onésimo

E-MAIL DO LEON MACHADO
Terça-feira, 2 de março de 1999, 21:21:06
Caro Onésimo:
Gratíssimo pelo esforço. Enfim, quem deveria agradecer era a Leonor... Quando for a São Jorge, lá a terá. É uma rapariga muito simpática e muito ligada a estas coisas da cultura. Imagine que queria casar-se com o Sebastião Alba, poeta moçambicano natural de Braga e que anda pela idade do Onésimo. Ele passou-lhe a mão pela cabeça e chamou-lhe filha. Não chegaram a casar e ela foi para os Açores dar aulas. Desgostos amorosos, creio. Era uma boa aluna e uma boa menina, também. Está claro que para mim era um pouco alta (ela é enorme em estatura).
Mais uma vez grato.
Abr. do
L. M.

E-MAIL DO ONÉSIMO
Quarta-feira, 3 de março de 1999, 10:33:12
Caro Leon:
Gratíssimo ponto e vírgula. Eu não convidei o Saramago. Pedi-lhe que aceitasse o convite. A sua amiga deve agora escrever-lhe a convidá-lo. E depressa, pois, se ele aceitar ir, terá de mudar planos de viagem. Sugiro inclusivamente que ela lhe sugira concretamente planos de voo para ele não perder tempo com isso. Seja eficiente, contacte com S. Miguel, saiba as datas em que ele lá vai estar, arranje todas as ligações e trate do bilhete para que o Saramago veja que não lhe vai dar muita maçada. O fax dele é o ******.
Nestas coisas a rapidez e a eficiência é que ganham. Seja-o ela.
Abraço.
Onésimo

E-MAIL DO LEON MACHADO
Quarta-feira, 3 de março de 1999, 13:11:14
Caro Onésimo:
As informações necessárias com vista ao contacto do J. Saramago já seguiram para a Leonor. Resta agora saber se ela tem unhas para tocar viola. Espero bem que consiga. Se não conseguir, poderá ser por dois motivos: ou ele realmente não pode ou ela não foi capaz de o convencer. Elementar, como dizia Watson. Por cá está um vento arrepiante e chove de vez em quando. Há neve nas terras altas. Nem parece primavera, embora se fale das amendoeiras em flor.
Passei parte do dia de ontem a terminar um conto com a ação em Angra para enviar à revista *Atlântida*. Tem por título "A Irmã" e fala de um professor de Filosofia (Pedro Almeida) que foi do continente dar aulas para uma das escolas da Terceira. Conheceu lá uma aluna (a sua melhor aluna) que tinha uma irmã, a Inês. E vai então... Acaba com os dois sentados, uma mão sobre a outra, na baía de Angra a olhar as ondas que lambiam o paredão.
Se o Mancelos o lesse, diria: «Andas a ver muitas novelas brasileiras». E até nem é verdade. Enfim, gosto de histórias de amor. Não tanto à Bernardim Ribeiro, mas mais à Marquês de Sade, como diria o Fernando Aires.
Abraços do
J. (I)mac(ula)do

E-MAIL DO ONÉSIMO
Quinta-feira, 4 de março de 1999, 14:21:15
Ao tentar enviar um fax para Saramago, a secretária não conseguia. Pediu ajuda à telefonista espanhola e ela disse que há

uma alteração no número no código de Lanzarote. É preciso acrescentar um 9. Assim, o novo número é: ******.
O meu fax seguiu sem problemas com o novo número.

Onésimo

E-MAIL DO ONÉSIMO

Sábado, 6 de março de 1999, 11:47:06
Escrevi-lhe esta ontem e só agora reparo que não lha enviei. Perdão.
O.

<<<<<<<<<>>>>>>>>
Meu sempre mui caro Leon:
Ando arredado dos e-mails. Apenas o estritamente necessário. Mas assalta-me o remorso do silêncio em relação a si, que menos do que ninguém o merece. É uma defesa, a ver se me avio dos textos das conferências. Estou atrasado. Muito.
Lá fora faz sol e céu azul, com temperaturas de abril. Dos bons abris. Mas não há tempo para gozá-lo senão do lado de cá da janela.
Fico com curiosidade de ler o conto. Esse Almeida, de Filosofia, é cá tabela para o praça?
Recebi o livro de poemas de António Cabral e reconheci vários deles. Vou escrever-lhe a agradecer.
E obrigado a si também.
Esta vai assim. Desenxabida. Se me ponho para aqui a tagarelar, não avanço. E ainda me falta acabar as crónicas da *LER*, que prometi ao FJV para domingo, dia em que ele regressa da Argentina.
Vou quedar-me por aqui com um abraço deslavado.
Estou bem de espírito e de corpo. Apenas esta prisão e pressão é que me estragam a primavera e as cartas para os amigos.
Abraço do

Onésimo

E-MAIL DO LEON MACHADO
Domingo, 7 de março de 1999, 14:27:37
Caro Onésimo:
O frio dos últimos dias entupiu-me as vias respiratórias e ando numa má disposição de cova. Vivo no polo norte, é o que é. Qualquer dia mando construir um iglu no jardim... E eu a pensar que em Braga e nos Açores nunca tive metade do frio que aqui passo. Nem sabe por isso quanto o invejo quando me conta que por aí é quase abril.

Como não posso sair, por cá fico a trabalhar na "tesa" e a concluir alguns contos. Tenho a mania de escrevinhar, desenvolver até, um certo número de historietas, mas depois por aqui ficam, em vinha de alho, meses e meses. Depois dá-me a genica e acabo-as.

Terminei, como lhe tinha dito, o tal conto do Pedro Almeida (mera coincidência, o apelido – Ou seria o inconsciente a trabalhar? Creio que não). Ontem foi a vez de um conto que tem por título "O telemóvel". Um tipo não tem mais nada, manda a mulher e os filhos para o Algarve passar férias e mete a amante em casa. Acontece que o telemóvel avaria quando ele mergulha na piscina. A mulher, que estava no Algarve, depois de tanto telefonar, decide interromper as férias e regressar a casa. Nesse dia o tipo tinha ido à cidade ver se consertava o telemóvel. E quem é que a mulher há de encontrar a preguiçar no quarto, coberta com um lençol? A amante.

Eu aqui a divertir-me a inventar histórias de cama e o Onésimo a suar as estopinhas para pôr os ensaios prontos, as crónicas, a revisão dos livros a publicar! Não é justo.

Falei pessoalmente com a Leonor ao telefone, a tal colega a dar aulas em São Jorge. Dei-lhe todas as informações necessárias e ela agora só tem de mexer os cordelinhos. A ver se consegue. Imagine que queria pôr o Saramago a comer na cantina da escola. Disse-lhe que, se não conseguisse subsídios para isso, pagasse ela própria do bolso. Mas que, por favor, não pusesse o nosso prémio Nobel a comer as horríveis ementas escolares no meio da algazarra dos alunos. O homem nunca mais punha os pés em São Jorge. Uma coisa é o Ministro da Educação ir uma vez por ano comer à cantina da melhor escola de Lisboa por questões políticas, outra obrigar um escritor a fazê-lo sem mais nem para quê. Ela concordou. Vai pô-lo no melhor hotel da ilha.

Abraços do

J. o (constip)ado

E-MAIL DO ONÉSIMO

Domingo, 7 de março de 1999, 11:07:19

Caro Leon:

Para que não se sinta tão mal, aqui nevou ontem e depois veio chuva que limpou a neve. Mas acordámos hoje com tudo branco. Ainda não fui limpá-la, porque não tenho tempo. O Duarte há de fazê-lo quando acordar. Como as casas são aquecidas, não se sente nada, claro. E está muito bonito lá fora. Hoje, porém, não tenho tempo de ir passear com a Leonor e a leitura dos jornais foi supersónica.

Ontem foi festa na família. Os 50 anos do meu irmão, que me quis seguir esse mau exemplo. Foi surpresa. Éramos umas cento e tal pessoas. As minhas sobrinhas (filhas de uma nossa irmã) fizeram um vídeo com uma montagem de fotos e vídeo com imensa laracha. O filho dele, que termina Biologia este ano, tem um enorme sentido de humor e fez-lhe um discurso de saudação com muita piada. Fiz também o meu, claro. O meu irmão era um "pele de lume", como lhe chamavam lá no Pico da Pedra. Sempre a inventar pirraças e a mobilizar os amigos para pregarem partidas a este e àquele. Nada de fazer mal. Só brincadeira. Ainda hoje, com os sobrinhos netos, está sempre na brincadeira. Em criança é que era o sério.

Ando ainda às trelas com a escrita e hoje é outro aniversário de uma amiga. Vamos almoçar a casa dela. Não sei como vai ser. A Leonor quer ir ver o filme *Central do Brasil* logo à noite e eu estou lixado sem tempo. Não ouvi resposta do Saramago, nem espero, claro. Mas vejo isso tudo muito em cima da hora.

Ainda bem que a você lhe dá para escrever, mesmo com essa constipação. É um danado. Mas só lhe faz bem descarregar os nervos na escrita.

Vou trabalhar.

Um abraço e melhoras.

Onésimo

E-MAIL DO LEON MACHADO
Terça-feira, 9 de março de 1999, 21:18:34

Caro Onésimo:

Ontem o dia todo na cama com a garganta num calvário. Dava a impressão de que tinha engolido um pneu Good Year. Hoje tive de ir trabalhar. Felizmente só dei duas aulas. Mesmo assim, continuo mal, a chorar das vistas, a cair-me o pingo no teclado do computador, a sarapintar o monitor com os espirros. Espero que o computador não se constipe...

Como não podia trabalhar grande coisa, fui lendo. Ando a ler coisas sobre a primeira guerra mundial. Há já muito tempo que venho forjando um projeto de um romance sobre isso. Um dos meus bisavós esteve nas trincheiras e, pelo que fui ouvindo na infância, mais umas leituras e alguma inspiração, talvez saísse um romance a publicar em 2014...[20]

Então o seu irmão fez 50 anos? Quer dizer que você é o mais velho. Temos mais alguma coisa em comum. Eu sou também o mais velho. Tenho 33 e o meu irmão 31. Somos apenas dois. Mas o Onésimo deve ter mais, creio eu. Não estou a ver o seu pai a ficar-se pelos 2 há meio século atrás.

Sempre foi ver o filme *Central do Brasil*? Aqui têm falado muito dele. Era bom que ganhasse o tal óscar. Eu para ver alguma coisa de jeito tenho de ir a Braga. Cá em Chaves só passam as fitas do Van Damme. E com sala cheia. Mas não vamos exigir muito mais a esta gente, coitada.

Hoje li qualquer coisa sobre a Natália Correia no *Público*. O que acontece é que me passou completamente o que era. Não deixava, no entanto, de ser interessante. Este vírus constipal dá-me cabo dos neurónios.

Cumprimentos ao longe (para o não contaminar) do
J. (Grip)ado

E-MAIL DO ONÉSIMO
Terça-feira, 9 de março de 1999, 18:39:55
Caro Leon:

Mesmo doente, a sua prosa não perde vigor. Isso é que é. Está a ficar transmontano o homem.

>Como não podia trabalhar grande coisa, fui lendo. Ando a ler coisas sobre a primeira guerra mundial. Há já muito tempo que venho forjando um projeto de um romance sobre isso. Um dos meus bisavós esteve nas trincheiras e, pelo que fui ouvindo na infância, mais umas leituras e alguma inspiração, talvez saísse um romance a publicar em 2014...

É o que eu digo. Você é da guerra.

>Então o seu irmão fez 50 anos? Quer dizer que você é o mais velho. Temos mais alguma coisa em comum. Eu sou também o mais velho. Tenho 33 e o meu irmão 31. Somos apenas dois. Mas o

Onésimo deve ter mais, creio eu. Não estou a ver o seu pai a ficar-se pelos 2 há meio século atrás.

Tenho uma irmã mais velha do que eu. Tem 54. Somos quatro. A mais nova de todos nós tem 47.

Há dias estávamos todos nos Açores com 3, 8, 11 e 13 anos!

>Sempre foi ver o filme *Central do Brasil*? Aqui têm falado muito dele.

Fui ver com a Leonor e o Duarte. Gostámos imenso. É um Brasil do terceiro mundo. Fernanda Montenegro faz um papel colossal.

>Hoje li qualquer coisa sobre a Natália Correia no *Público*. O que acontece é que me passou completamente o que era.

Se se lembrar, diga-me.

>J. (Grip)ado

Você continua criativo, mesmo gripado.

Fiz as crónicas para a *LER*. (Já saiu o número de inverno – n.º 44) e estou a acabar o texto para Ponta Delgada. O da Alemanha e Utreque está quase pronto. Era só acrescentar e rever um que ainda não publiquei.

Melhoras, homem.

E um abraço sem medo de apanhar o vírus.

Onésimo

E-MAIL DO ONÉSIMO
Quinta-feira, 11 de março de 1999, 17:03:33

Caro Leon:

Acabei uma aula e saio daqui a pouco para P. Delgada. No dia da chegada palro nos Rotários. No domingo, ao que parece, numa ex-igreja. Na segunda de manhã, Lisboa (aeroporto por umas horas) e Frankfurt. Daí de avião para o Luxemburgo, por ficar mais perto de Trier (terra Natal de Karl Marx) para palrar num

congresso. Na sexta de manhã, para Utrecht, conferência à tarde na universidade e regresso no sábado à noite a Frankfurt de avião para apanhar o avião para Boston no domingo de manhã.
Para quê esta vida louca?
Abraço.
Onésimo

E-MAIL DO LEON MACHADO

Domingo, 14 de março de 1999, 16:41:39[21]

Caro Onésimo:

A viagem foi boa? Fatigante, presumo. De qualquer forma, é sempre bom dar uns giros. E você é, das pessoas que eu conheço, um verdadeiro *homo peregrinus*.

Sempre falou para os Rotário de P. Delgada? Sabe que tivemos cá no sábado o Telmo Verdelho de Coimbra (não sei se conhece) a falar também num colóquio organizado pelos Rotários?

E já agora, por mera curiosidade: O Onésimo é sócio dessa associação?

Se foi a Utrecht, esteve com certeza com o Fernando Venâncio.

Enquanto você viajava e falava em público, eu andei por aqui a ler (ando agora com o João Grave, escritor muito conceituado no início deste século e que já ninguém conhece. Leio *O Mutilado*, um romance sobre a primeira guerra. Tenho aqui mais quatro obras para ler com essa temática, algumas de cariz autobiográfico, que me servirão para a tese.)

E falando na tese: O Onésimo saberá dizer-me se o autor do livro que acaba de sair no Campo das Letras em forma de diário (Cristóvão de Aguiar) é açoriano? Eu creio que o Fernando Aires me falou neste autor. Se não era ele, tinha um nome muito parecido. Agradecia a informação.

E como deve estar mortinho para ir descansar, deixo-o em paz, desejando-lhe uma recuperação rápida das insónias e da confusão dos fusos horários.
Abraços do
J. Ma.o

POSTAL DO ONÉSIMO[22]

18/3/99
Meu caro:
Não tenho tido acesso a e-mail. Ocupadíssimo entre conferências, encontros com amigos e turismo. Para dormir restam poucas horas. Recupero um pouco nos aviões e comboios. Mas de facto nasci com alma de viajante. Encho a alma de imagens novas e/ou renovadas.
Abraço do
Onésimo

****

Título: *Nas Margens do Atlântico – Correspondência (1997-1999)*
© Copyright Onésimo Teotónio Almeida & José Leon Machado
Todos os direitos reservados
Edições Vercial, Braga, 2024

****

[1] Foram acrescentados nesta edição.

[2] Postal com foto do campus da Brown University.

[3] Postal com foto de Nova Iorque ao pôr-do-sol.

[4] Postal com foto de uma cascata da Ribeira Grande, São Miguel, Açores.

[5] Postal com foto dos Açores.

[6] Postal com uma foto noturna de Providence, Rhode Island.

[7] Era a Sãozita, que não foi propriamente namorada.

[8] Acabei por mudar o título para *Ilhado em Circe*, o que levou o Eduíno de Jesus, amigo do Onésimo, a dizer que não gostava nada do "ilhado". Mudei-o então para *Mágico Veneno* e por fim para a solução mais fácil: *Na Ilha de Circe*.

[9] Era um queijo de São Jorge.

[10] Postal com foto de Providence, Rhode Island.

[11] O e-mail truncado tem a ver com o facto de o Onésimo se ter sentido melindrado com uma referência que eu fiz no diário aos seus filhos adotivos e a uma opinião que ele tinha tecido acerca do Saramago. Esta última preocupou-o muito, a ponto de me perguntar, ao telefone quando eu estava em casa do Fernando Aires em São Miguel, quantos exemplares eu mandei imprimir do livrinho. Receava que o Saramago acabasse por ler e não gostar.

[12] Este texto da entrevista não é o que se encontra publicado. O Fernando Aires, quando lha enviei, reescreveu-a à sua maneira. Mas entendi que não valia a pena fazer ondas. Aqui fica a entrevista original, a que eu realmente lhe fiz, baseada nas gravações áudio.

[13] Postal com uma foto de Boothbay Harbor, Maine.

[14] Postal com quatro fotos de Istambul.

[15] Assim no original. Descuido do autor, ou alterou o nome de propósito por mera piada?

[16] Postal com foto aérea da Caloura, São Miguel, AÇores

[17] Seguia em anexo o e-mail da aluna.

[18] Postal de Boas Festas.

[19] Claro que Saramago era estalinista, e dos fanáticos. Simplesmente na altura eu não conhecia os textos que ele escreveu a defender o comunismo e a União Soviética.

[20] Foi publicado em 2008 com o título *Memória das Estrelas sem Brilho*.

[21] Os e-mails trocados desde esta data até junho de 2013 perderam-se.
[22] Postal com foto de Trier, na Alemanha.

Milton Keynes UK
Ingram Content Group UK Ltd.
UKHW020139260924
448838UK00011BB/484